이렇게만 공부하면 자격증딴다!

ITQ 정보기술자격
파워포인트
(파워포인트 2021)

발 행 일 : 2025년 11월 03일(1판 1쇄)
개 정 일 : 2026년 02월 02일(1판 2쇄)
I S B N : 979-11-92695-76-1(13000)
정　　가 : 17,000원

집　　필 : KIE기획연구실
진　　행 : 김동주
본문디자인 : 아카데미소프트 편집팀

발 행 처 : (주)아카데미소프트
발 행 인 : 유성천
주　　소 : 경기도 파주시 정문로 588번길 24
홈페이지 : www.aso.co.kr

※ 이 책은 저작권법에 따라 보호를 받는 저작물이므로 무단 전재와 무단 복제를 금지하며,
　이 책 내용의 전부 또는 일부를 이용하려면 반드시 (주)아카데미소프트의 서면동의를 받아야 합니다.

CONTENTS

PART 01   ITQ 시험 안내 및 자료 사용 방법

| 시험안내 01 | ITQ 시험 안내 | 4 |
| 시험안내 02 | ITQ 자료 사용 방법 | 6 |

PART 02   출제유형 완전정복

출제유형 01	페이지 설정 / 슬라이드 마스터	16
출제유형 02	[슬라이드1]《표지 디자인》	32
출제유형 03	[슬라이드 2]《목차 슬라이드》	48
출제유형 04	[슬라이드 3]《텍스트/동영상 슬라이드》	64
출제유형 05	[슬라이드 4]《표 슬라이드》	78
출제유형 06	[슬라이드 5]《차트 슬라이드》	94
출제유형 07	[슬라이드 6]《도형 슬라이드》	114

PART 03   출제예상 모의고사

모의고사 01	제 01 회 출제예상 모의고사	136
모의고사 02	제 02 회 출제예상 모의고사	140
모의고사 03	제 03 회 출제예상 모의고사	144
모의고사 04	제 04 회 출제예상 모의고사	148
모의고사 05	제 05 회 출제예상 모의고사	152
모의고사 06	제 06 회 출제예상 모의고사	156
모의고사 07	제 07 회 출제예상 모의고사	160
모의고사 08	제 08 회 출제예상 모의고사	164
모의고사 09	제 09 회 출제예상 모의고사	168
모의고사 10	제 10 회 출제예상 모의고사	172
모의고사 11	제 11 회 출제예상 모의고사	176
모의고사 12	제 12 회 출제예상 모의고사	180
모의고사 13	제 13 회 출제예상 모의고사	184
모의고사 14	제 14 회 출제예상 모의고사	188
모의고사 15	제 15 회 출제예상 모의고사	192

PART 04   최신유형 기출문제

기출문제 01	제 01 회 최신유형 기출문제	198
기출문제 02	제 02 회 최신유형 기출문제	202
기출문제 03	제 03 회 최신유형 기출문제	206
기출문제 04	제 04 회 최신유형 기출문제	210
기출문제 05	제 05 회 최신유형 기출문제	214
기출문제 06	제 06 회 최신유형 기출문제	218
기출문제 07	제 07 회 최신유형 기출문제	222
기출문제 08	제 08 회 최신유형 기출문제	226
기출문제 09	제 09 회 최신유형 기출문제	230
기출문제 10	제 10 회 최신유형 기출문제	234

※ 부록 : 시험직전 모의고사 3회분 수록

PART 01
ITQ 시험 안내 및 자료 사용 방법

- ☑ **시험안내 01** ITQ 시험 안내
  - ☑ 정보기술자격(ITQ) 시험의 응시 자격 및 시험 과목
  - ☑ 합격 결정기준 및 시험 시간

- ☑ **시험안내 02** ITQ 자료 사용 방법
  - ☑ 자료 다운로드 방법
  - ☑ 아카데미소프트의 코딩아지트에서 개발한 '온라인 답안 시스템'
  - ☑ 아카데미소프트의 코딩아지트에서 개발한 '개인용 채점 프로그램(MAG_Personal)'

PART 01 ITQ 시험 안내 및 자료 사용 방법

ITQ 시험 안내

☑ 정보기술자격(ITQ) 시험의 응시 자격 및 시험 과목
☑ 합격 결정기준 및 시험 시간

1. 정보기술자격(ITQ) 시험이란?

정보화 시대의 기업, 기관, 단체 구성원들에 대한 정보기술능력 또는 정보기술 활용능력을 객관적으로 평가하는 시험입니다. 정보기술 관리 및 실무능력 수준을 지수화, 등급화하여 객관성을 높였으며, 과학기술정보통신부에서 공식 인증하는 국가공인자격 시험입니다.

2. 응시 자격 및 시험 과목

❶ 정보기술자격(ITQ) 시험은 정보기술실무능력을 평가하는 시험으로 국민 누구나 응시가 가능합니다.

❷ ITQ 시험은 동일 회차에 아래 한글/MS 워드, 한글 엑셀/한셀, 한글 액세스, 한글 파워포인트/한쇼, 인터넷의 5개 과목 중 최대 3과목까지 시험자가 선택하여 신청할 수 있습니다.

※ 단, 한글 엑셀/한셀, 한글 파워포인트/한쇼, 아래 한글/MS 워드는 동일 과목군으로 동일 회차에 응시 불가
 (자격증에는 "한글 엑셀(한셀)", "한글 파워포인트(한쇼)"로 표기되며 최상위 등급이 기재됨)

자격종목		등급	ITQ시험 프로그램 버전		시험방식
			시험 S/W	공식버전	
ITQ 정보기술자격	아래 한글	A/B/C 등급	한컴 오피스	한컴오피스 2022/2020 선택 응시	PBT
	한셀			한컴오피스 2022 단일 응시	
	한쇼				
	MS 워드		MS 오피스	MS 오피스 2021 단일 응시	
	한글 엑셀				
	한글 액세스				
	한글 파워포인트				
	인터넷			내장 브라우저 : IE8.0이상	

※ 한컴오피스 : 2022/2020 중 선택 응시(시험지 2022/2020 공용), 한쇼/한셀 : 2022 단일 응시

3. 합격 결정기준

❶ 합격 결정기준

ITQ 시험은 500점 만점을 기준으로 A등급부터 C등급까지 등급별 자격을 부여하며, 낮은 등급을 받은 수험생이 차기시험에 재응시하여 높은 등급을 받으면 등급을 업그레이드 해주는 방법으로 평가를 합니다.

A등급	B등급	C등급
400~500점	300~399점	200~299점

❷ 등급별 수준

등급	수준
A등급	주어진 과제의 80~100%를 정확히 해결할 수 있는 능력
B등급	주어진 과제의 60~79%를 정확히 해결할 수 있는 능력
C등급	주어진 과제의 40~59%를 정확히 해결할 수 있는 능력

4. 시험 배점 및 시험 시간

시험 배점	문항 및 시험방법	시험 시간
과목당 500점	5~10문항 실무작업형 실기시험	과목당 60분

5. 시험출제기준(파워포인트)

문항	배점	출제기준
⊕ 전체구성	60점	전체 슬라이드 구성 내용을 평가 • 슬라이드 크기, 슬라이드 개수 및 순서, 슬라이드번호, 그림 편집, 슬라이드 마스터 등 전체적인 구성 내용을 평가
❶ 표지 디자인	40점	도형과 그림 이용한 제목 슬라이드 작성 능력 평가 • 도형 편집 및 그림삽입, 도형효과 • 워드아트(워드숍) • 로고삽입(투명한 색 설정 기능 사용)
❷ 목차슬라이드	60점	목차에 따른 하이퍼 링크와 도형, 그림 배치 능력을 평가 • 도형 편집 및 효과 • 하이퍼 링크 • 그림 편집
❸ 텍스트/동영상 슬라이드	60점	테스트 간의 조화로운 배치 능력을 평가 • 텍스트 편집 / 목록수준 조절 / 글머리기호 / 내어쓰기 • 동영상 삽입
❹ 표 슬라이드	80점	파워포인트 내에서의 표 작성 능력 평가 • 표 삽입 및 편집 • 도형 편집 및 효과
❺ 차트 슬라이드	100점	프리젠테이션을 위한 차트를 작성할 수 있는 종합 능력 평가 • 차트 삽입 및 편집 • 도형 편집 및 효과
❻ 도형 슬라이드	100점	도형을 이용한 슬라이드 작성능력 평가 • 도형 및 스마트아트 이용 : 실무에 활용되는 다양한 도형 작성 • 그룹화 / 애니메이션 효과

※ 응시료 확인 : https://license.kpc.or.kr/ 홈페이지 접속 → [자격소개-정보기술자격(ITQ)]

6. ITQ 회원 가입 및 시험 접수 안내

❶ 아카데미소프트(https://aso.co.kr) 홈페이지 자료실에 PDF로 제공합니다.
❷ [자료실]-[공지]-'ITQ 회원 가입 PDF 및 시험 접수 안내' 파일을 클릭

PART 01 ITQ 시험 안내 및 자료 사용 방법

ITQ 자료 사용 방법

- ☑ 자료 다운로드 방법
- ☑ 개인용 채점 프로그램
- ☑ 온라인 답안 시스템

1. 자료 다운로드 방법

❶ 웹 브라우저를 실행하여 아카데미소프트(https://aso.co.kr) 홈페이지에 접속합니다. 이어서, [교재소개]-[ITQ 자격증]-[26 ITQ 파포 2021(좌)] 교재를 클릭합니다.

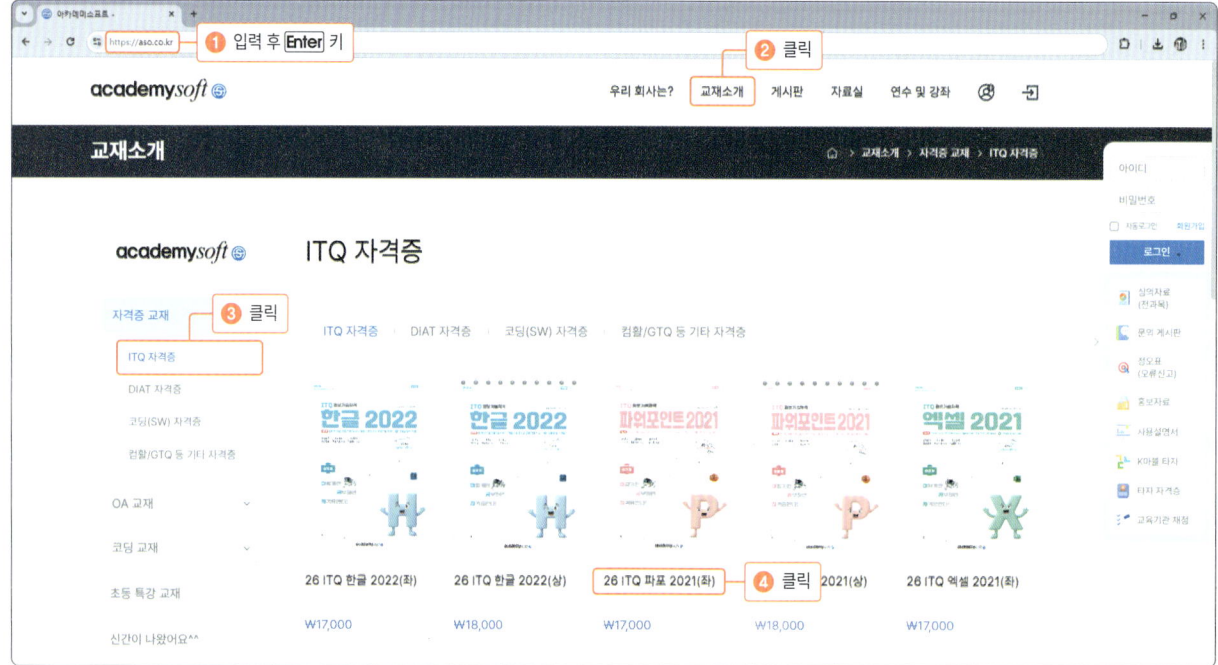

❷ 교재 이미지 오른쪽에 [교재 학습자료]를 클릭하면 [다운로드] 폴더에 저장됩니다.

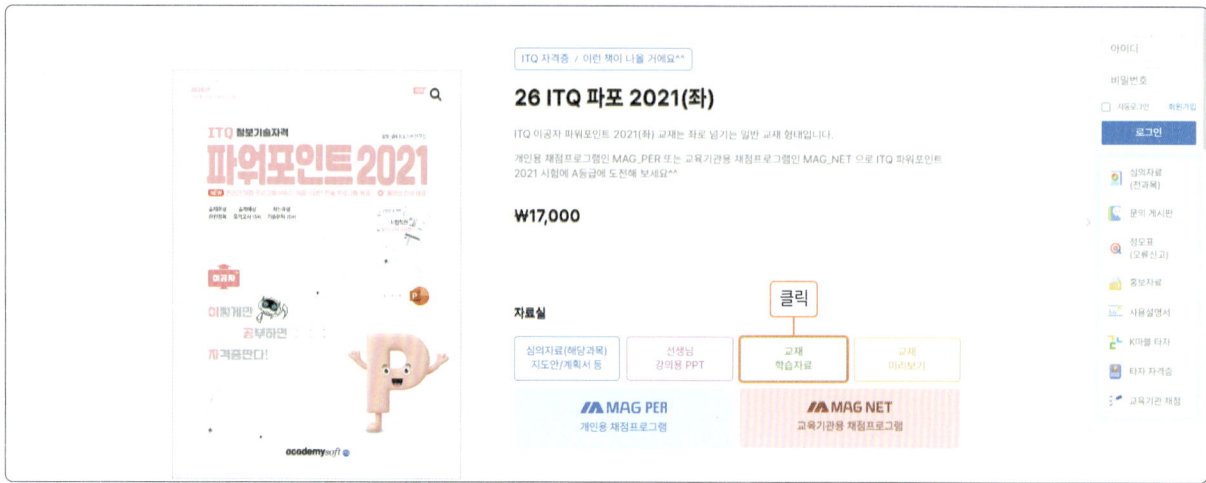

2. 아카데미소프트와 코딩아지트에서 개발한 '온라인 답안 시스템'

❶ 웹 브라우저를 실행하여 MAG 채점프로그램(https://asolicense.com) 홈페이지에 접속합니다. 이어서, [자료실]을 클릭합니다.

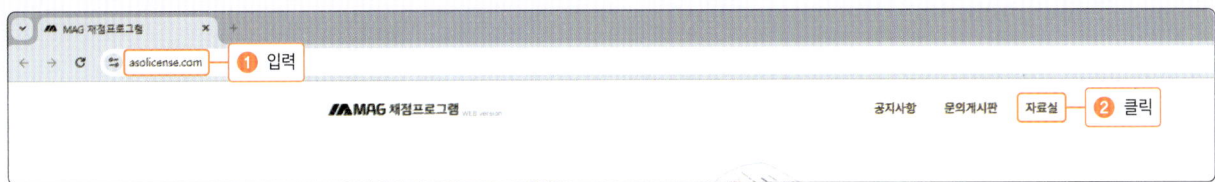

❷ [답안전송 프로그램(ITQ, DIAT 통합)]-〈다운로드〉 단추를 클릭합니다. 이어서, 압축을 해제한 후 [MAG-답안전송_프로그램] 폴더에서 'MAG-답안전송_프로그램.exe' 파일을 더블 클릭하여 실행합니다.

※ 해당 '온라인 답안 시스템'은 변경된 ITQ 시험 버전에 맞추어 수정된 최신 버전의 프로그램입니다.

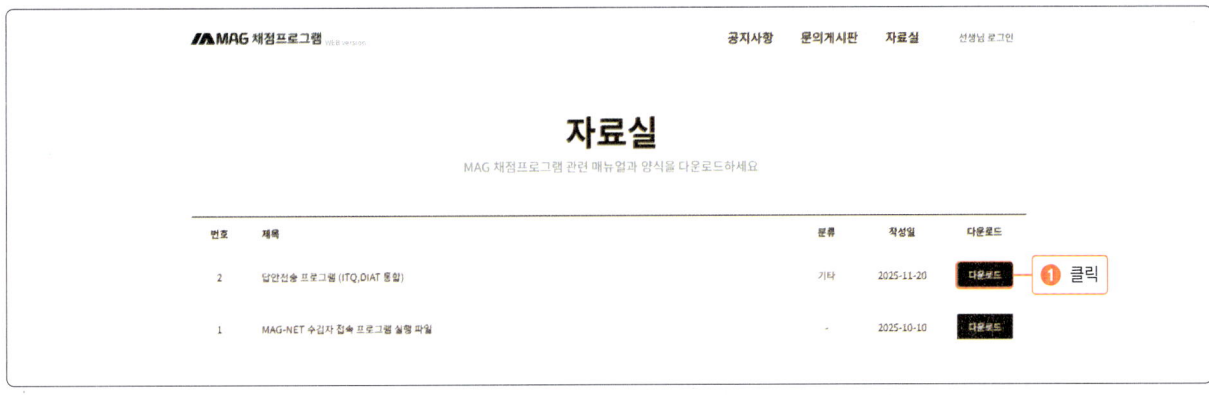

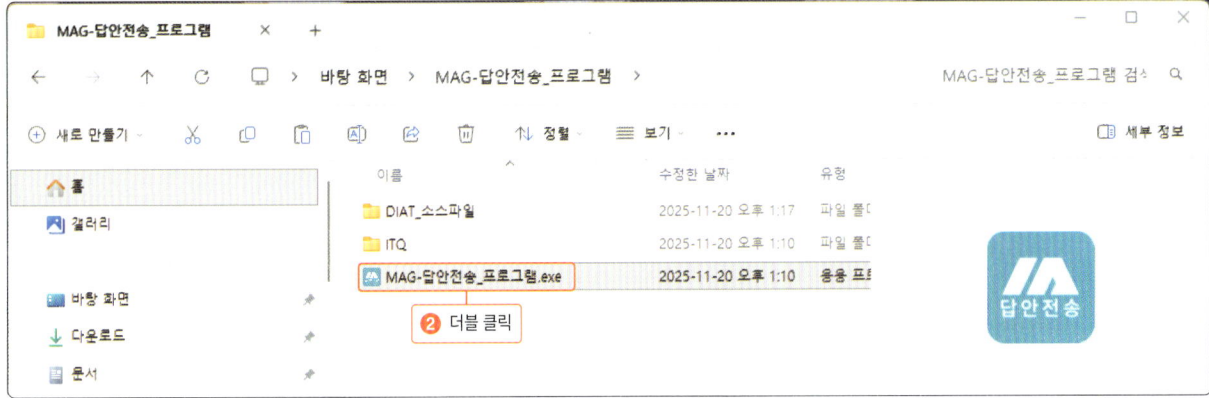

❸ 〈ITQ 답안 전송 프로그램〉 단추를 클릭합니다.

❹ '**수험번호**' 입력란에 임의대로 숫자 8자리를 입력한 후 〈조회〉 단추를 클릭합니다. 이어서, '**이 름**' 입력란에 본인 이름을 입력합니다.

※ 시험장에서는 수험번호만 입력한 후 〈조회〉 단추를 클릭하면 수험자의 이름, 수험과목, 좌석번호 등이 자동으로 표시됩니다.

❺ [수험과목]을 클릭한 후 '파워포인트'를 선택합니다. 이어서, 〈확인〉 단추를 클릭합니다.

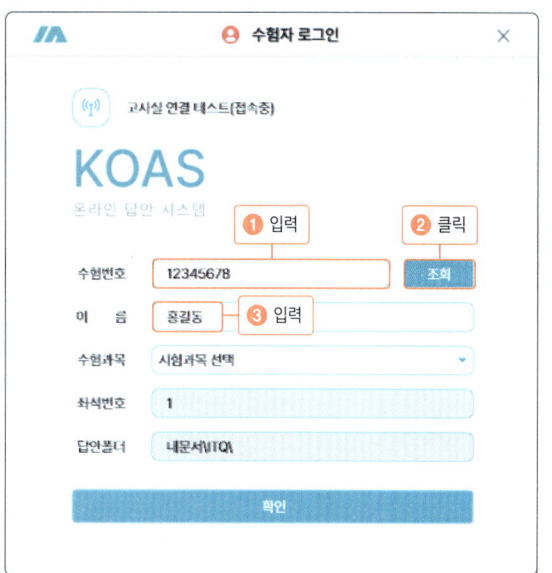 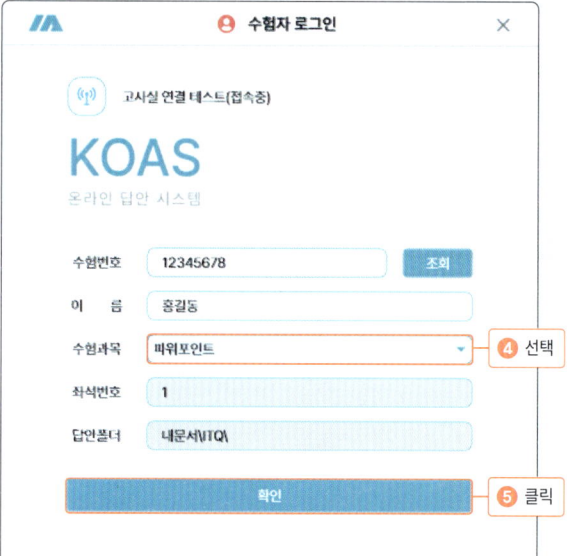

❻ [유의사항] 대화상자가 나오게 되면 유의사항을 숙지한 후 '동의합니다.'를 체크한 다음 〈확인〉 단추를 클릭합니다.

※ 시험장에서는 감독위원이 〈시험시작〉 단추를 누르게 되면 화면이 바탕 화면으로 바뀌면서 시험이 시작됩니다.

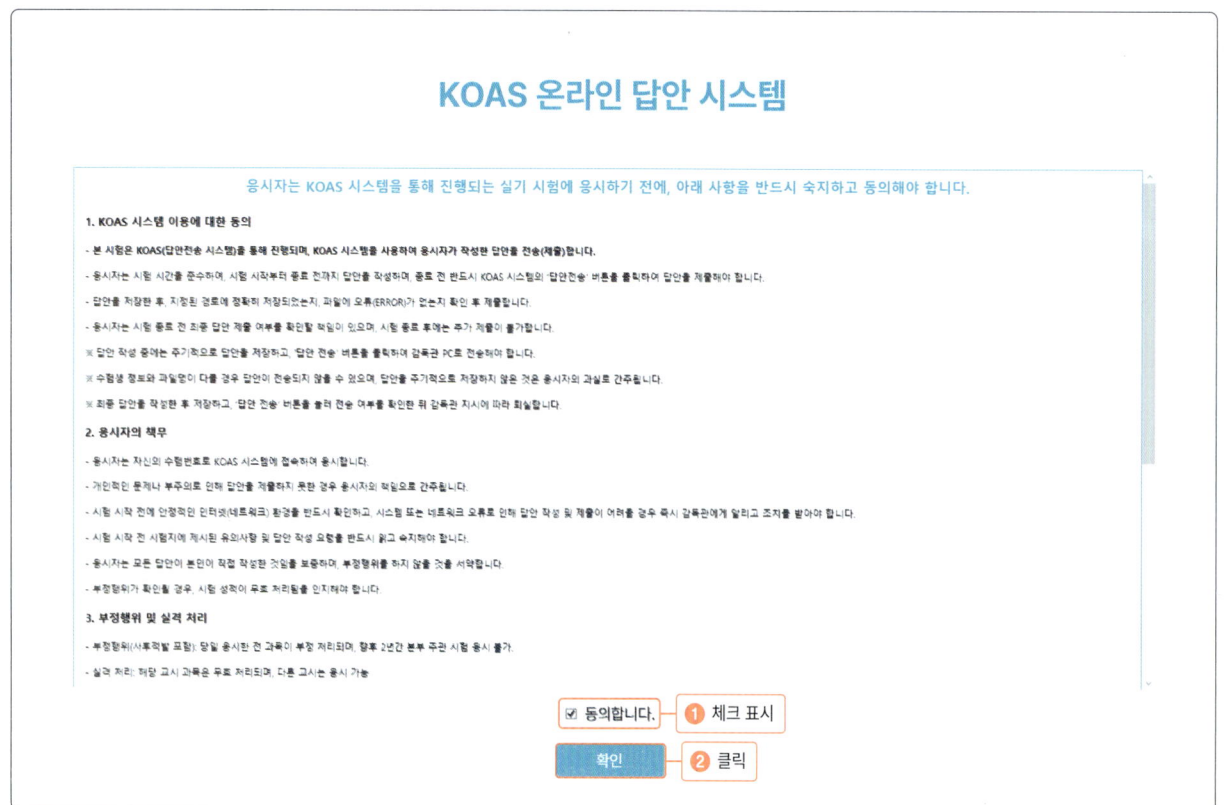

❼ 온라인 답안 시스템이 실행되면 모니터 오른쪽 상단에 답안 전송 프로그램이 나타납니다.

① 남은 시험 시간
② 답안 저장 파일명으로 '수험번호-수험자명'으로 구성
③ 사용자가 선택한 수험 과목
④ 답안을 마지막에 전송한 시간
⑤ 수험자가 작성한 답안을 감독위원 PC로 전송
⑥ 답안 작성시 필요한 그림의 폴더 보기
⑦ 답안 작성시 필요한 그림 파일 등을 감독위원 PC에서 수험자 PC로 가져오기
⑧ 수험자가 전송한 답안을 다시 불러옴
⑨ 시험 종료(비밀번호 : 0000)

❽ 답안 파일 이름은 수험자 자신의 '수험번호-성명(12345678-홍길동)' 형태로 「내 PC\문서\ITQ」 폴더에 저장합니다.

※ 간혹, 시험장에 따라 [내 PC] 폴더 안에 [문서] 폴더가 없을 수 있습니다. [문서] 폴더를 찾지 못할 때는 [라이브러리] 폴더 또는 [검색]-'문서'를 입력해서 찾는 방법도 있습니다.

❾ 답안 전송 프로그램에서 〈답안 전송〉 단추를 클릭합니다.

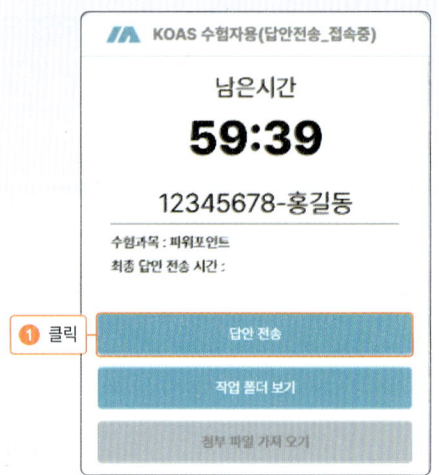

❿ 전송할 답안 파일이 맞는지 확인(파일목록과 존재)한 후 〈답안전송〉 단추를 클릭합니다. 이어서, 메시지 창이 나오면 〈확인〉 단추를 클릭합니다.

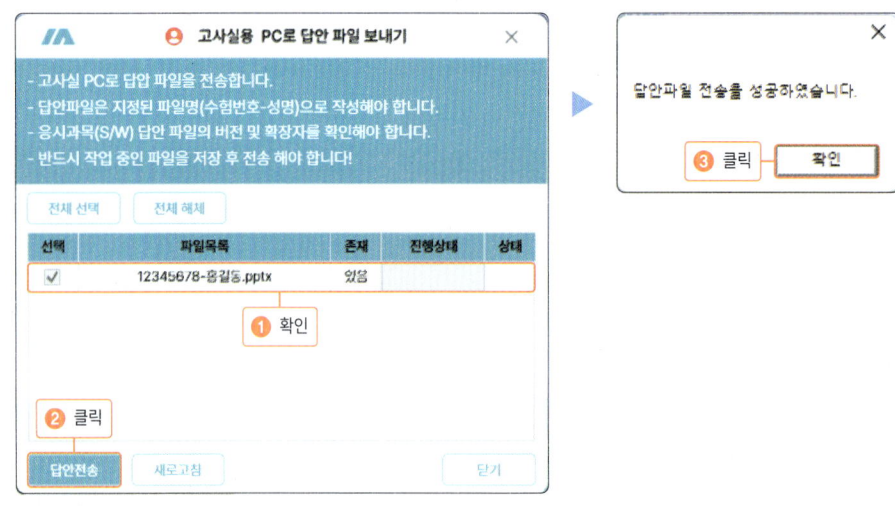

⓫ '상태' 항목이 '성공'인지 확인한 후 〈닫기〉 단추를 클릭합니다. 이어서, 감독위원의 지시를 따릅니다.

  ※ 해당 '온라인 답안 시스템'은 개인이 연습할 수 있도록 만들어진 프로그램으로 실제 답안 파일이 전송되지는 않습니다.

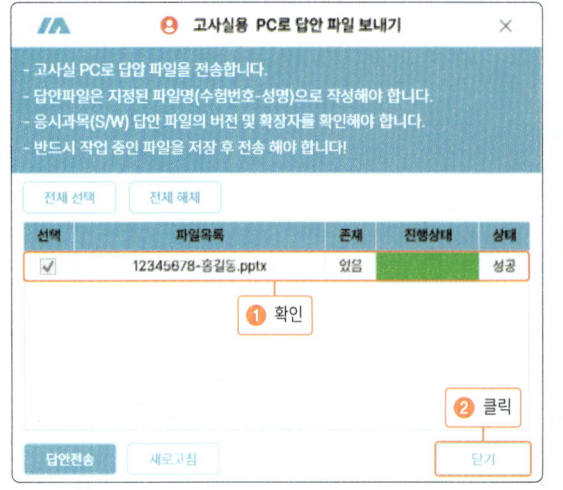 

3. 아카데미소프트와 코딩아지트에서 개발한 '개인용 채점 프로그램(MAG_Personal)'

❶ 웹 브라우저를 실행하여 MAG 채점프로그램(https://www.asolicense.com/) 홈페이지에 접속합니다. 이어서, 화면 오른쪽에 [개인용 웹 채점프로그램]을 클릭합니다.

❷ [MAG PER 채점프로그램]이 실행되면 [DIAT 자격증]을 클릭한 후 채점하고자 하는 표지 아래 〈채점 시작〉 단추를 클릭합니다.

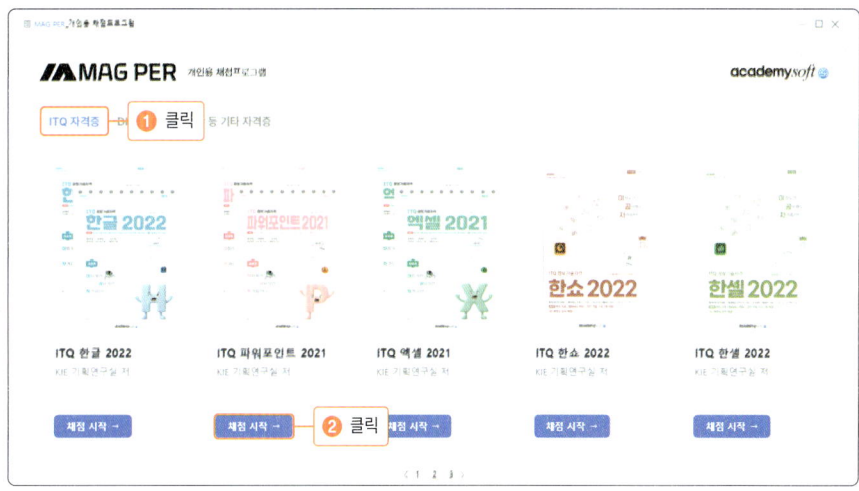

❸ [교재 정답 파일]에서 〈불러오기〉 단추를 클릭합니다. 이어서, [정답 파일 선택] 대화상자가 나오면 채점에 사용할 [모의고사 선택] 및 [정답 파일 선택]을 선택한 후 〈불러오기〉 단추를 클릭합니다.

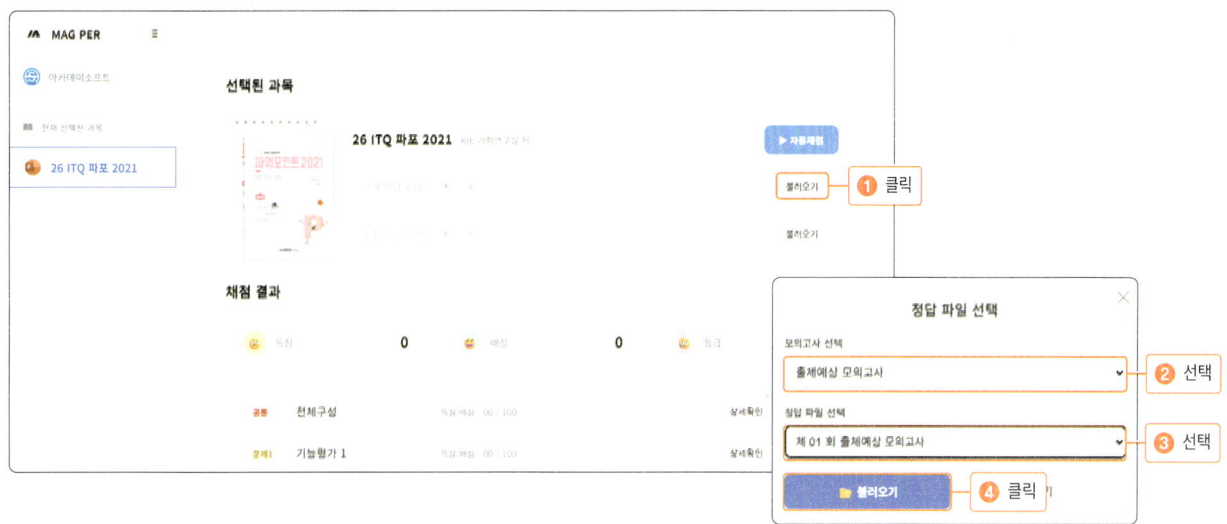

❹ 정답 파일이 열리면 [수험자 답안 파일]에서 〈불러오기〉 단추를 클릭합니다. 이어서, [열기] 대화상자가 나오면 정답 파일과 비교하여 채점할 학생 답안 파일을 선택한 후 〈열기〉 단추를 클릭한 다음 〈자동채점〉 단추를 클릭합니다.

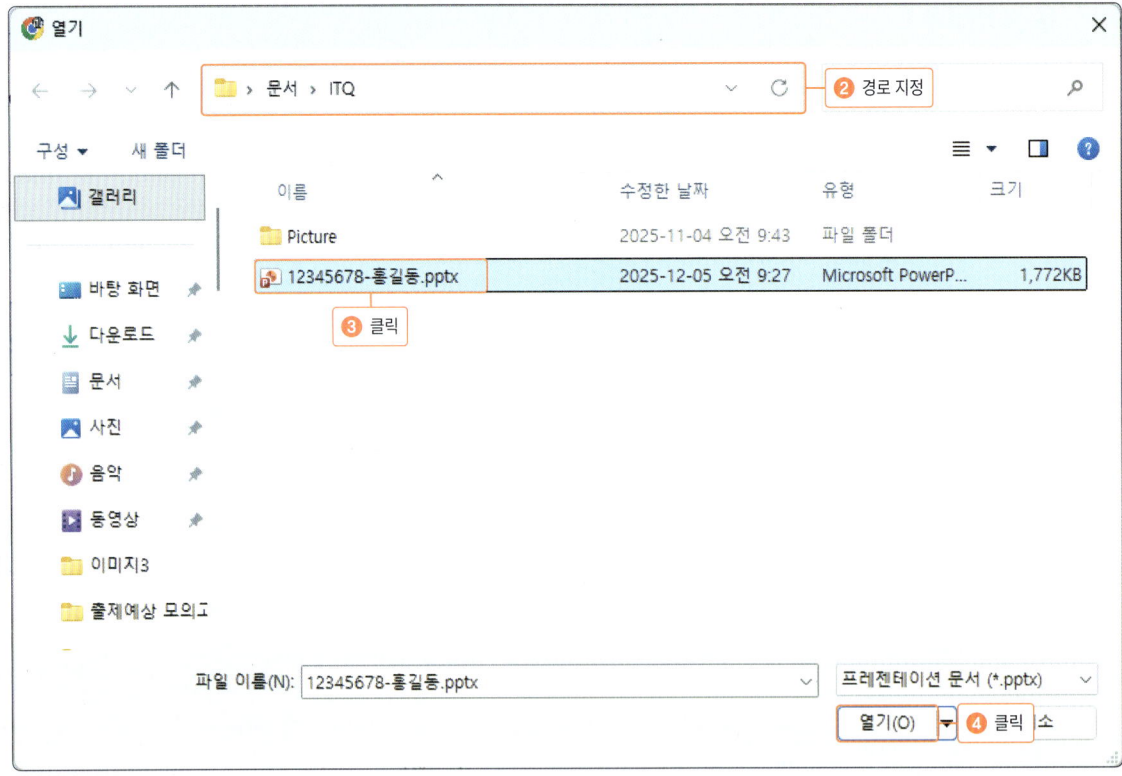

❺ 채점이 완료되면 문제별 전체 점수에서 맞은 점수를 확인하실 수 있습니다. 각 기능별로 자세하게 틀린 부분을 확인 할 때는 문제별 오른쪽에 〈상세분석〉 단추를 클릭하여 [정답] 항목과 비교하여 틀린 부분을 다시 확인합니다.

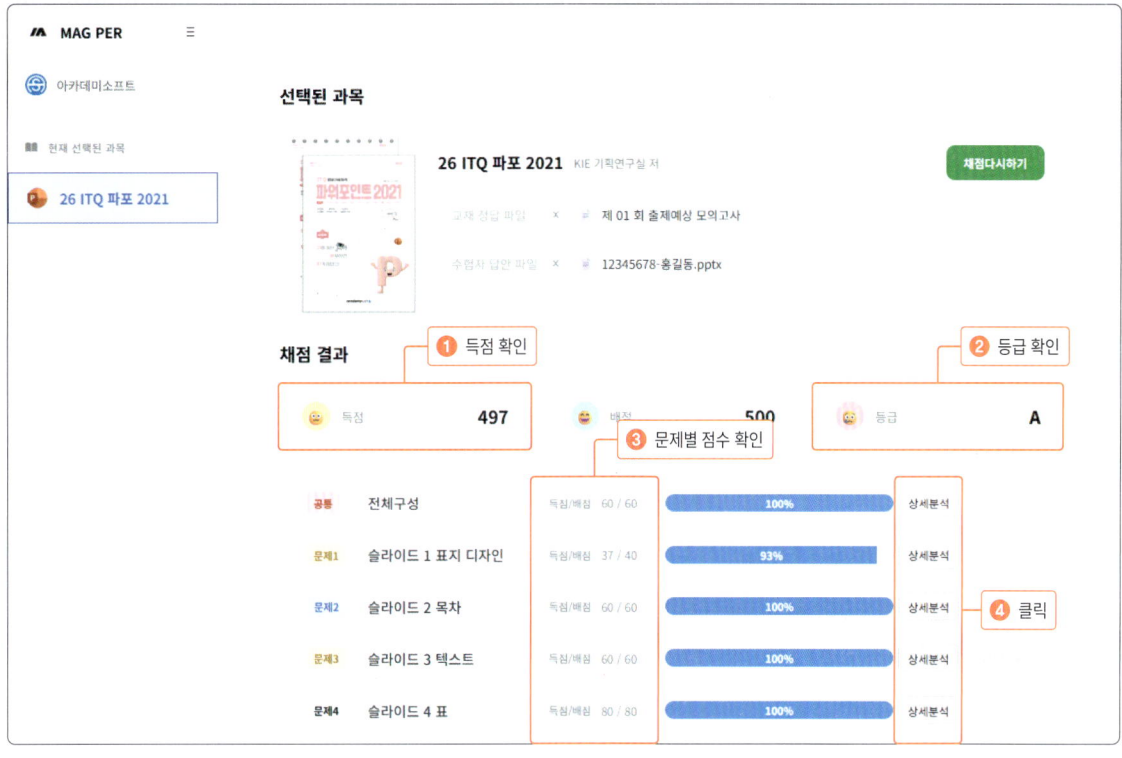

▲ 상세결과 페이지

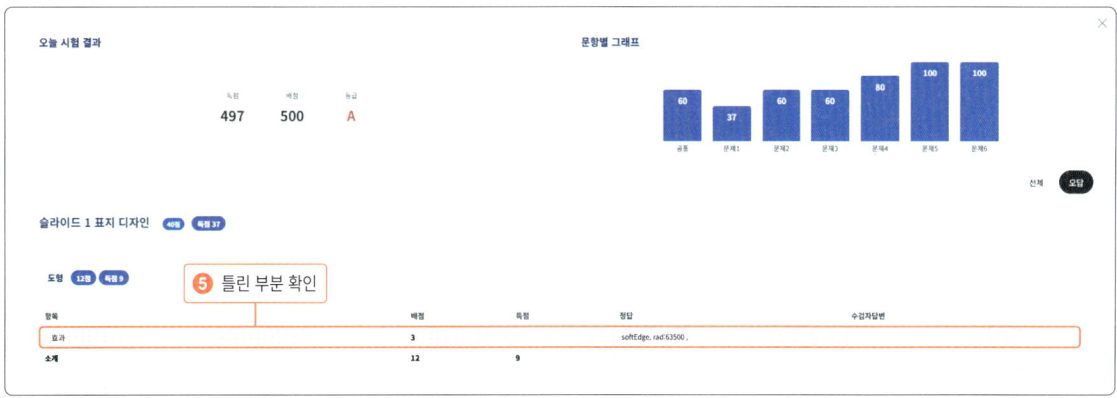

▲ 틀린 부분 확인

MEMO

PART 02
출제유형 완전정복

- ☑ 출제유형 **01** 페이지 설정 / 슬라이드 마스터 (60점)
- ☑ 출제유형 **02** [슬라이드 1]《표지 디자인》 (40점)
- ☑ 출제유형 **03** [슬라이드 2]《목차 슬라이드》 (60점)
- ☑ 출제유형 **04** [슬라이드 3]《텍스트/동영상 슬라이드》 (60점)
- ☑ 출제유형 **05** [슬라이드 4]《표 슬라이드》 (80점)
- ☑ 출제유형 **06** [슬라이드 5]《차트 슬라이드》 (100점)
- ☑ 출제유형 **07** [슬라이드 6]《도형 슬라이드》 (100점)

PART 02 출제유형 완전정복

페이지 설정 / 슬라이드 마스터

- ☑ 슬라이드 크기 지정하기
- ☑ 슬라이드 마스터 작성하기

• 소스 : 없음   • 정답 : 유형01_정답.pptx

[전체 구성]   (60점)

(1) 슬라이드 크기 및 순서 : 크기를 A4 용지로 설정하고 슬라이드 순서에 맞게 작성한다.

(2) 슬라이드 마스터 : 2~6슬라이드의 제목, 하단 로고, 슬라이드 번호는 슬라이드 마스터를 이용하여 작성한다.

　　- 제목 글꼴(돋움, 40pt, 흰색), 가운데 맞춤, 도형(선 없음)
　　- 하단 로고(「내 PC\문서\ITQ\Picture\로고1.jpg」, 배경(회색) 투명색으로 설정)

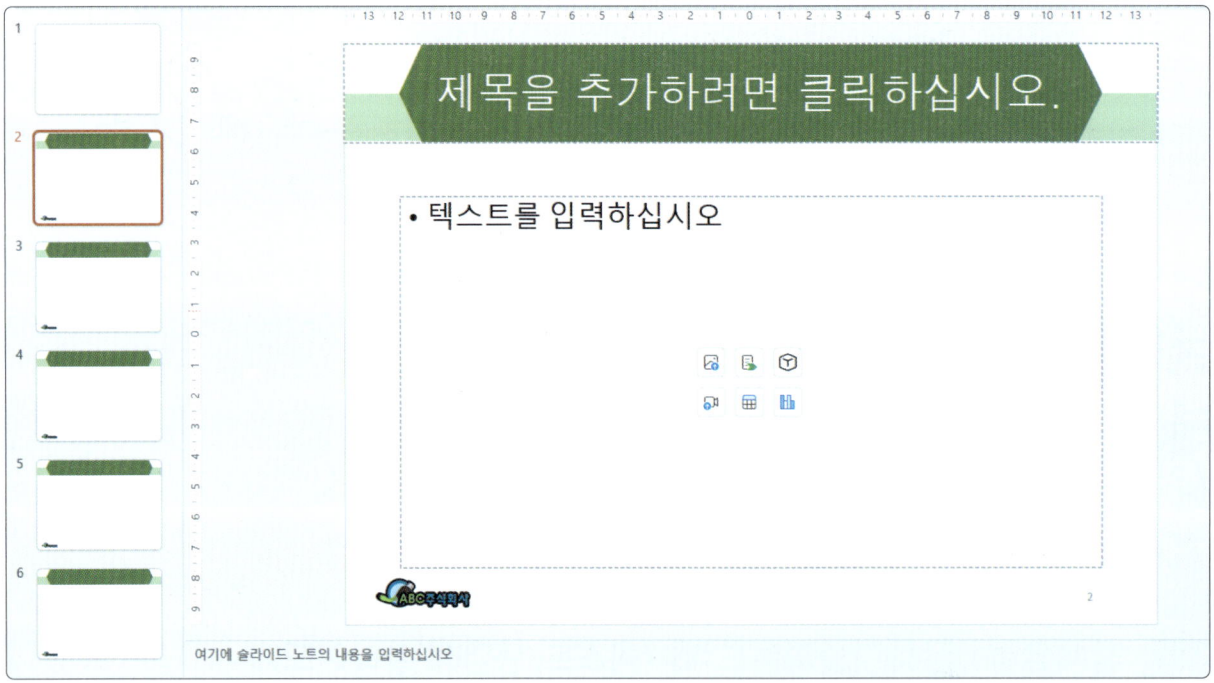

Information Technology Qualification

난이도	권장 시간 / 시험 시간
★★☆☆☆	5분 / 60분

시험 분석

➜ **주의 사항 : 실수가 많은 내용**

- ☑ 슬라이드의 크기는 'A4 용지(210×297mm)'로 지정하며 슬라이드는 총 6개를 만들어야 합니다.
- ☑ '슬라이드 마스터'에 삽입되는 도형에 선이 없는 형태(도형 : 선 없음)로 출제되며, 제목 텍스트 상자에 정렬(예 : 왼쪽 맞춤, 가운데 맞춤, 오른쪽 맞춤 등)을 지정하는 조건이 나오기 때문에 반드시 문제지를 확인해야합니다.
- ☑ 실제 시험에서는 감독위원의 지시에 따라 저장 위치(내 PC\문서\ITQ)를 선택하여 '수험번호-이름(예 : 12345678-홍길동)'의 형식으로 저장한 후 감독관 PC로 답안 파일을 전송해야 합니다. 단, 저장 경로는 운영 체제 버전 및 시험 규정에 따라 달라질 수 있습니다.

➜ **주요 단축키 : 문서 작성시 시간 단축에 도움**

- ☑ 저장하기 : Ctrl + S

Skill 01 페이지 설정 및 슬라이드 추가하기

(1) 슬라이드 크기 및 순서 : 크기를 A4 용지로 설정하고 슬라이드 순서에 맞게 작성한다.

❶ 〈시작()〉 단추를 클릭한 후 [모두]-[PowerPoint(P)]를 클릭하여 프로그램을 실행합니다.

❷ 슬라이드 크기를 지정하기 위해 [디자인] 탭의 [사용자 지정] 그룹에서 [**슬라이드 크기(□)**]-'**사용자 지정 슬라이드 크기**'를 클릭합니다.

❸ [슬라이드 크기] 대화상자가 나오면 슬라이드 크기를 'A4 용지(210×297mm)'로 선택한 후 〈확인〉 단추를 클릭합니다. 이어서, 〈맞춤 확인〉 단추를 클릭합니다.

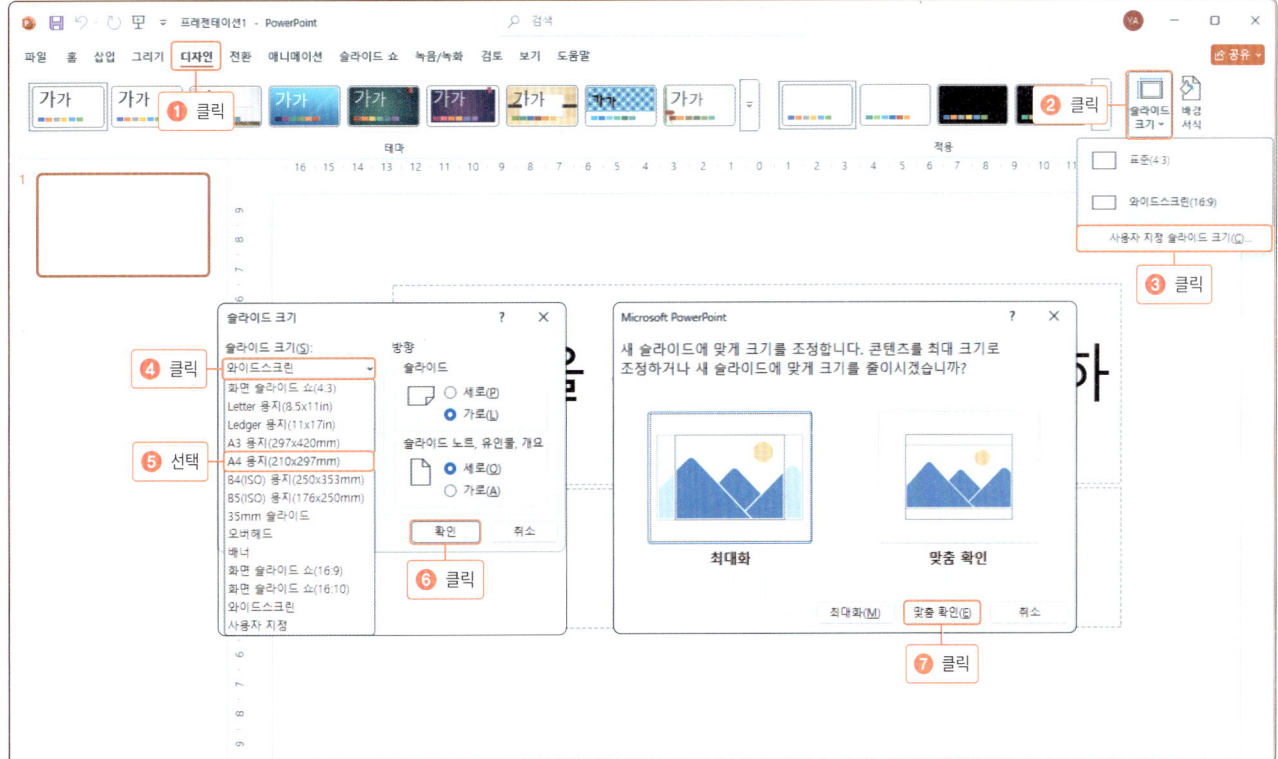

출제유형 01 · 페이지 설정 / 슬라이드 마스터

④ [슬라이드 미리보기] 창의 첫 번째 슬라이드를 클릭한 후 Enter 키를 5번 눌러 총 6개의 슬라이드를 만듭니다.

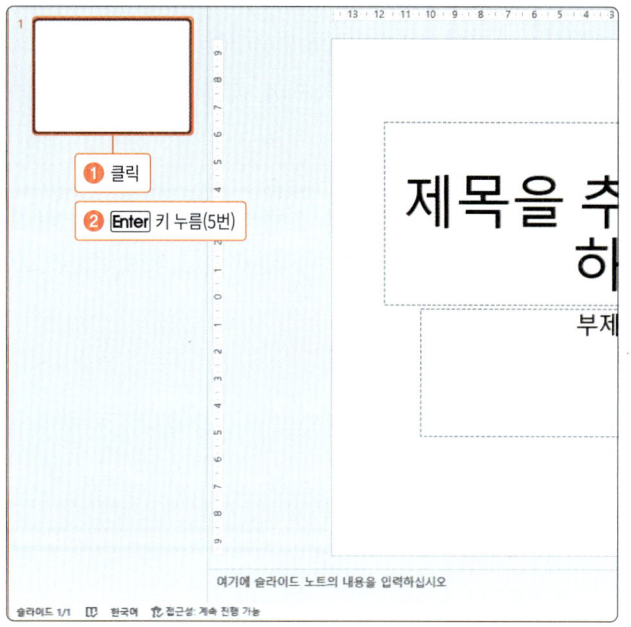 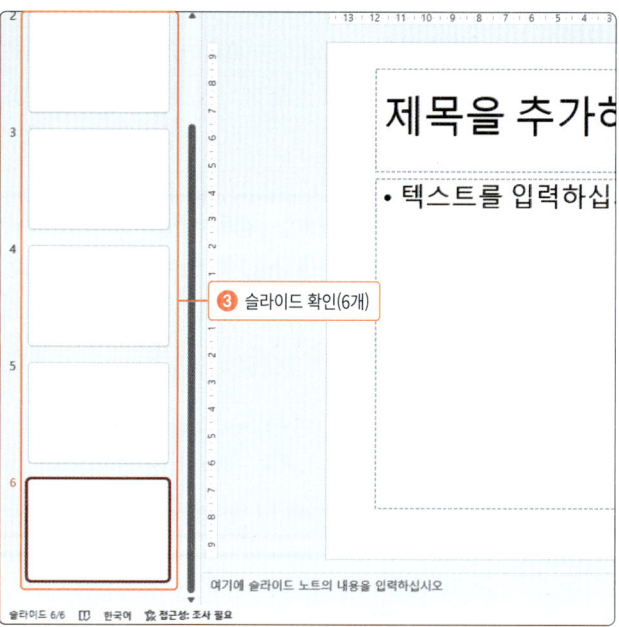

Skill 02 슬라이드 마스터에 제목 도형 작성하기

제목 글꼴(돋움, 40pt, 흰색), 가운데 정렬, 도형(선 없음)

■ 슬라이드 마스터에 도형 삽입하기-1(기본 도형)

① [보기] 탭의 [마스터 보기] 그룹에서 '슬라이드 마스터()'를 클릭합니다.

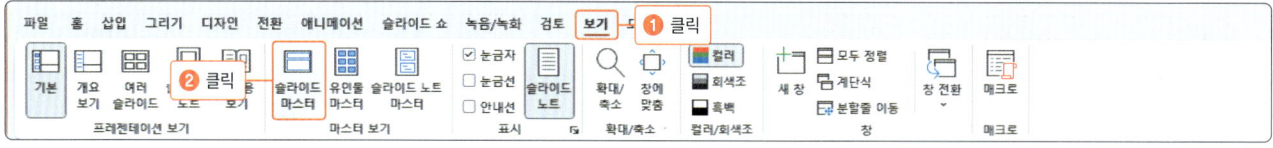

② 슬라이드 마스터 편집 창이 활성화되면 세 번째 슬라이드 마스터 '제목 및 내용 레이아웃: 슬라이드 2-6에서 사용'을 클릭합니다.

※ [슬라이드 2-6]에만 마스터를 적용하기 위해 반드시 '제목 및 내용 레이아웃: 슬라이드 2-6에서 사용' 슬라이드에서 작업합니다.

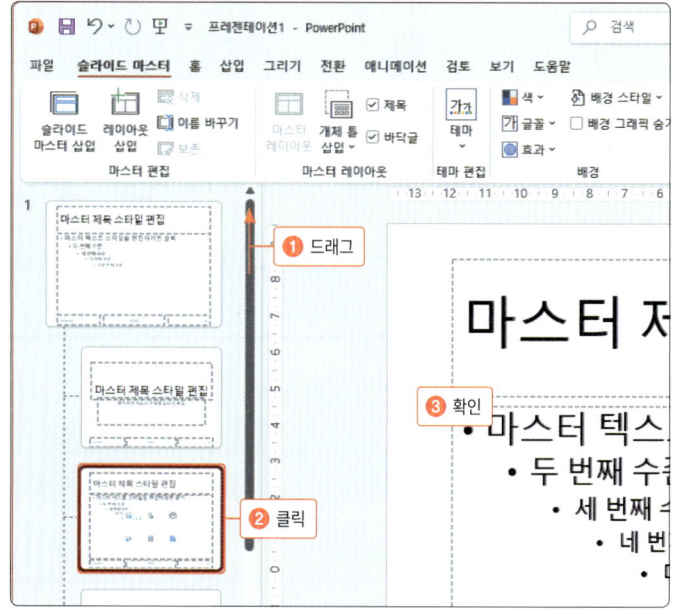

❸ 제목 도형을 작성하기 전에 [마스터 제목 스타일 편집] 텍스트 상자의 테두리를 그림과 같이 드래그하여 위치를 이동시킵니다.

※ 슬라이드 마스터의 [마스터 제목 스타일 편집] 텍스트 상자는 대각선 방향으로 드래그하여 이동하는 것이 편리합니다.

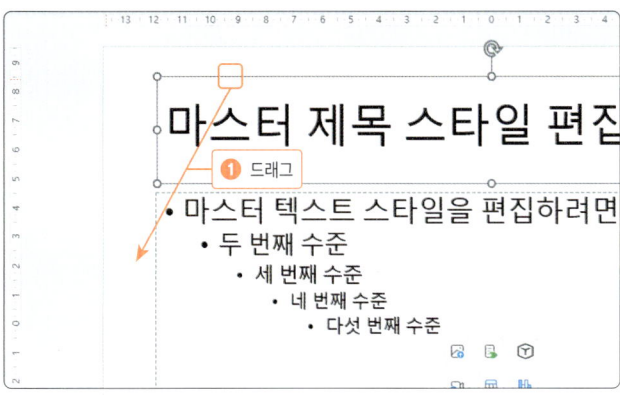
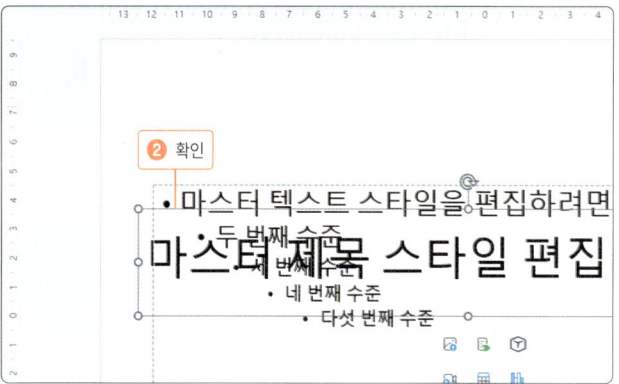

❹ 도형을 삽입하기 위해 [삽입] 탭의 [일러스트레이션] 그룹에서 [도형( )]-[기본 도형]-'**육각형**( )'을 선택합니다.

※ 슬라이드 마스터의 도형 작업은 문제지의 [슬라이드 2]를 참고하여 작업합니다.

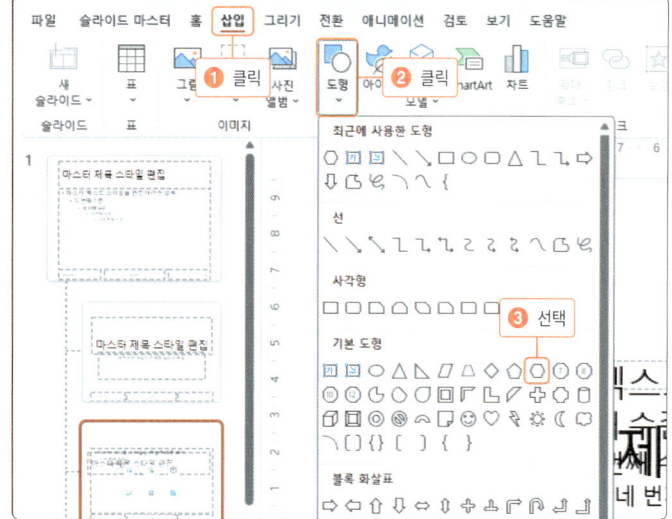

❺ 마우스 포인터가 + 모양으로 변경되면 드래그하여 도형을 삽입합니다. 이어서, 도형의 조절점( )을 이용하여 너비를 맞춘 후 그림과 같이 슬라이드 상단으로 위치를 변경합니다.

❻ 도형의 높이를 지정하기 위해 [도형 서식] 탭의 [크기] 그룹에서 높이( ) 입력 칸에 **값**(3.2)을 입력한 후 Enter 키를 눌러 높이를 지정합니다.

※ 도형의 높이를 '3.2'로 줄여서 지정하면 2-6 슬라이드 작업을 여유롭게 할 수 있습니다.

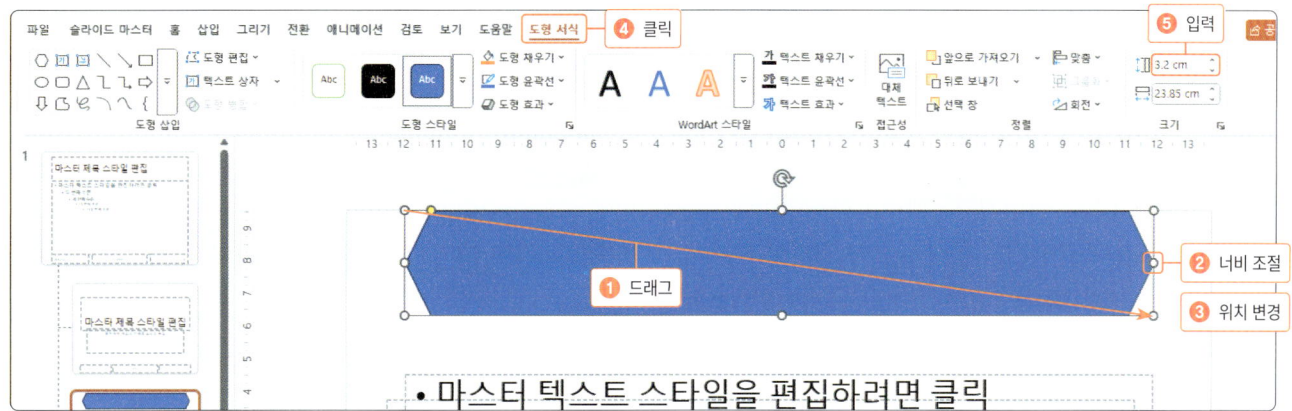

도형의 크기 및 위치

ITQ 파워포인트 시험에서 도형의 크기와 위치는 문제지의 《출력형태》를 보고 판단하여 작업합니다. 파워포인트 2021의 제목 텍스트 상자는 높이가 높기 때문에 3.2라는 숫자를 입력하여 높이를 지정하였지만 《출력형태》를 보면서 조절점을 이용하여 높이를 줄이는 방법도 있습니다.

■ 도형 윤곽선 변경 및 채우기

도형(선 없음)

❼ [도형 서식] 탭의 [도형 스타일] 그룹에서 [도형 윤곽선]-'**윤곽선 없음**'을 선택합니다.

※ 반드시 도형이 선택된 상태에서 작업합니다.

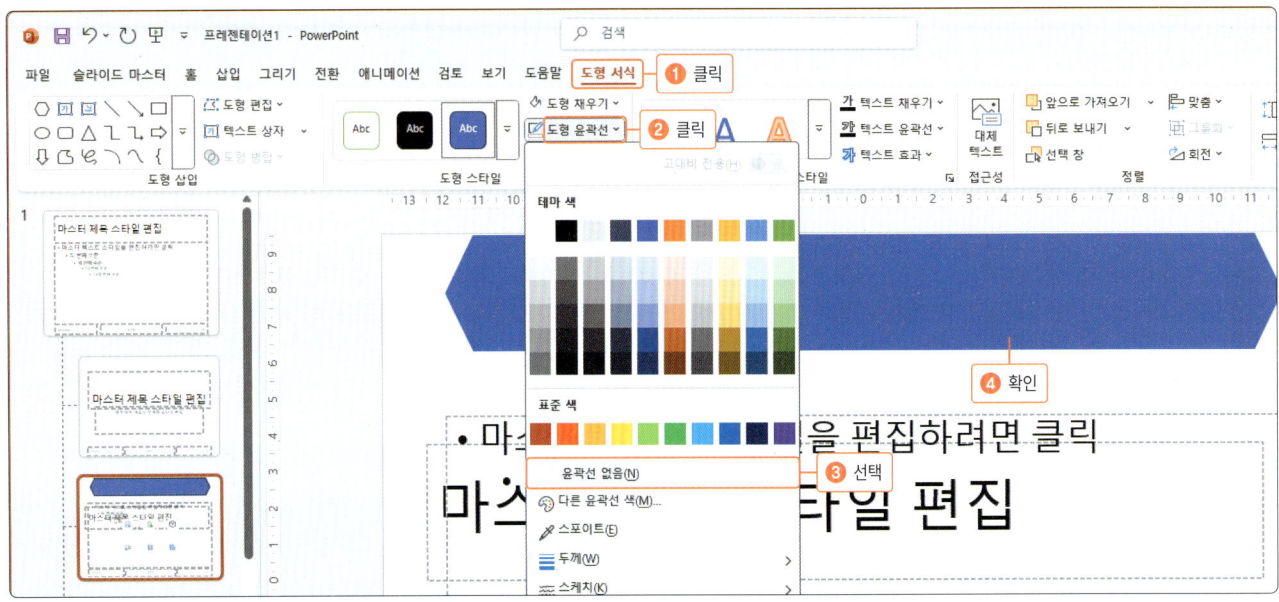

도형 윤곽선 서식(선 없음)

ITQ 파워포인트 시험은 '슬라이드 마스터'와 〈목차 슬라이드〉에서 사용되는 도형이 '도형(선 없음)'으로 출제되오니 반드시 확인하시기 바랍니다.

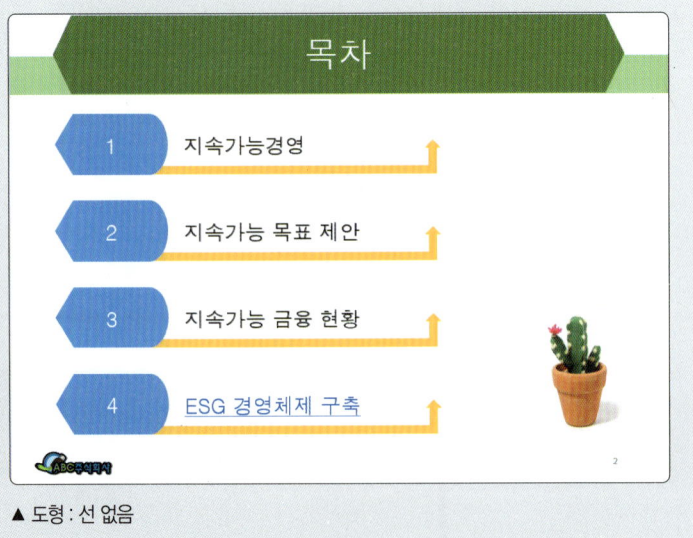

▲ 도형 : 선 없음

⑧ [도형 서식] 탭의 [도형 스타일] 그룹에서 [도형 채우기]-'**녹색, 강조 6, 25% 더 어둡게**'를 선택합니다.

※ 도형의 색상은 문제지 조건에 없기 때문에 임의의 색으로 선택할 수 있습니다.

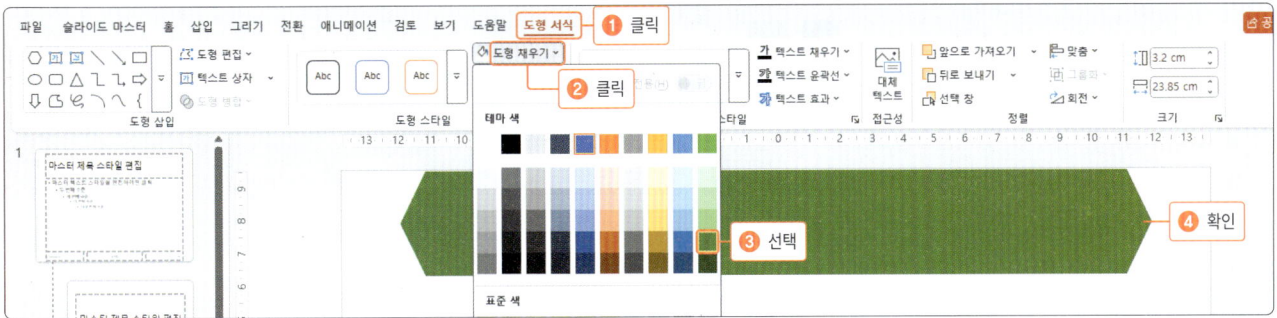

■ 슬라이드 마스터에 도형 삽입하기-2(중첩 도형)

⑨ [삽입] 탭의 [일러스트레이션] 그룹에서 [도형( )] -[사각형]-'**직사각형( )**'을 선택합니다.

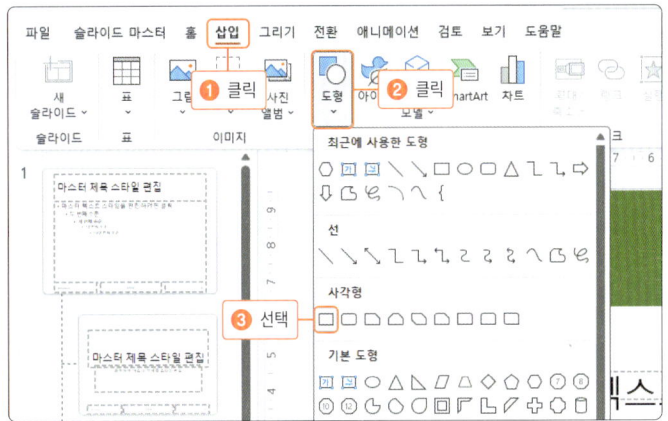

⑩ 마우스 포인터가 + 모양으로 변경되면 드래그하여 도형을 삽입합니다. 이어서, 도형의 가운데 조절점(○)을 이용하여 너비를 맞춘 후 그림과 같이 슬라이드 상단으로 위치를 변경합니다.

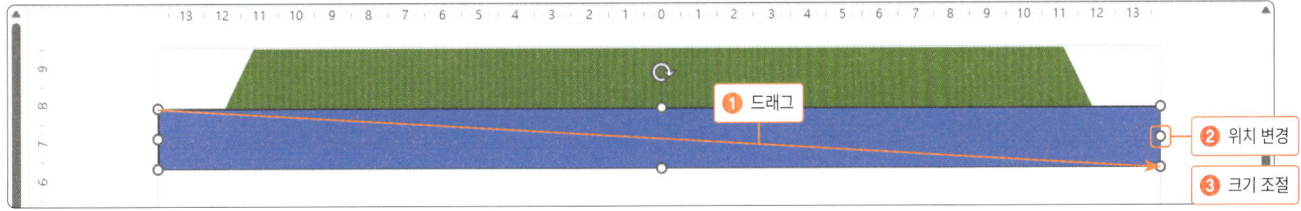

⑪ [도형 서식] 탭의 [도형 스타일] 그룹에서 [도형 윤곽선]-'**윤곽선 없음**'을 선택합니다.

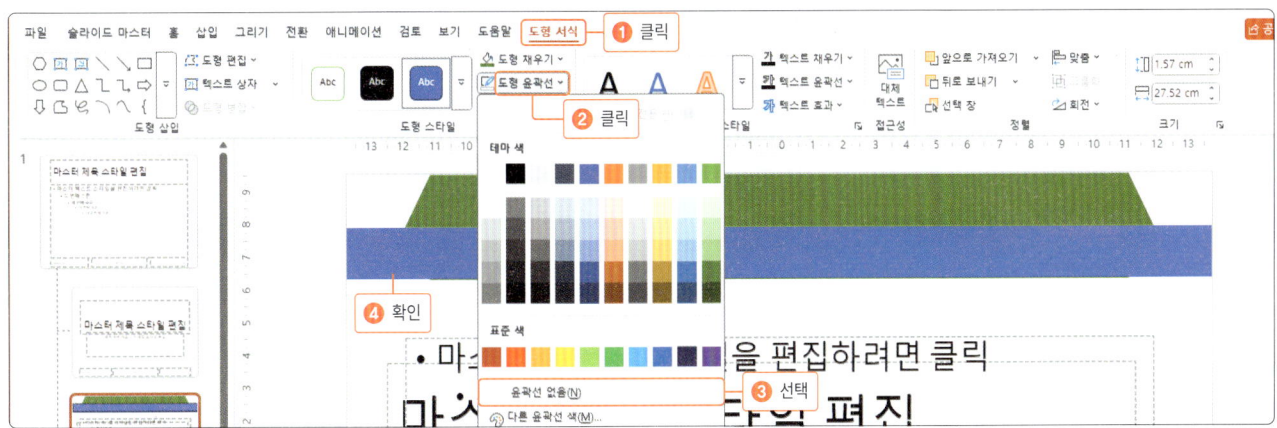

⓬ [도형 서식] 탭의 [도형 스타일] 그룹에서 [도형 채우기]-'**녹색, 강조 6, 40% 더 밝게**'를 선택합니다.

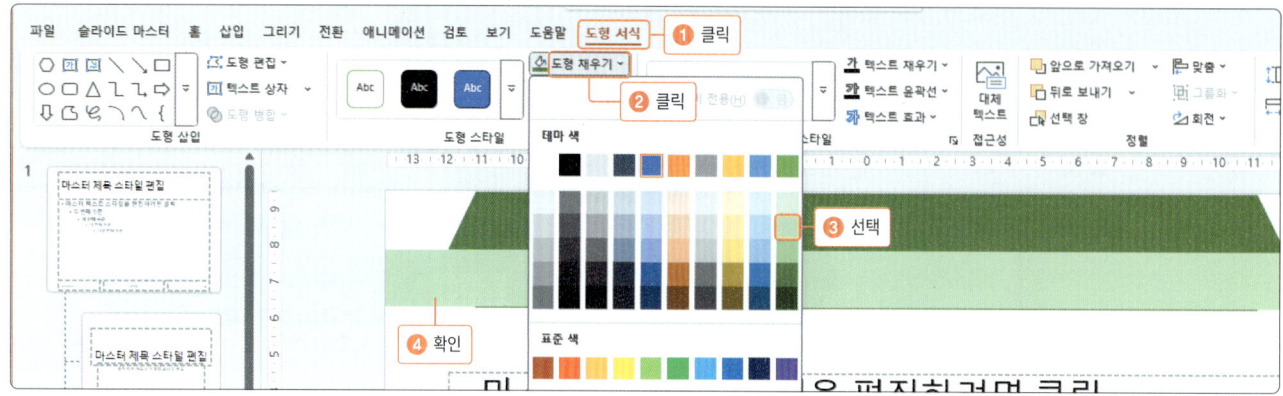

⓭ [도형 서식] 탭의 [정렬] 그룹에서 '**뒤로 보내기( )**'를 클릭합니다.

※ 상황에 따라 뒤로 보내기의 목록 단추( )를 눌러 '맨 뒤로 보내기'를 선택할 수도 있습니다.

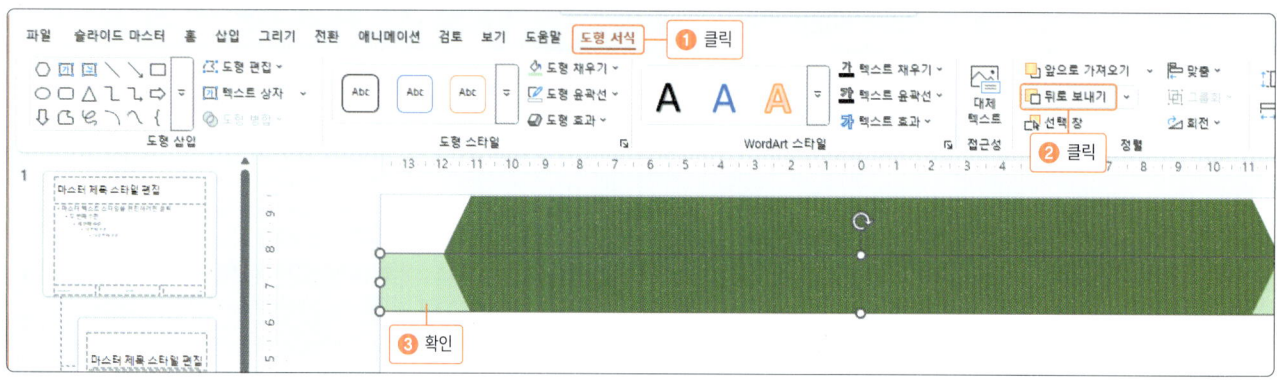

■ 텍스트 상자의 글꼴 서식 변경

제목 글꼴(돋움, 40pt, 흰색), 가운데 맞춤

⓮ [마스터 제목 스타일 편집] 텍스트 상자의 테두리를 클릭한 후 [홈] 탭의 [글꼴] 그룹에서 '**글꼴(돋움), 글꼴 크기(40pt), 글꼴 색(흰색, 배경 1)**'을 지정합니다. 이어서, [단락] 그룹에서 '**가운데 맞춤( )**'을 클릭합니다.

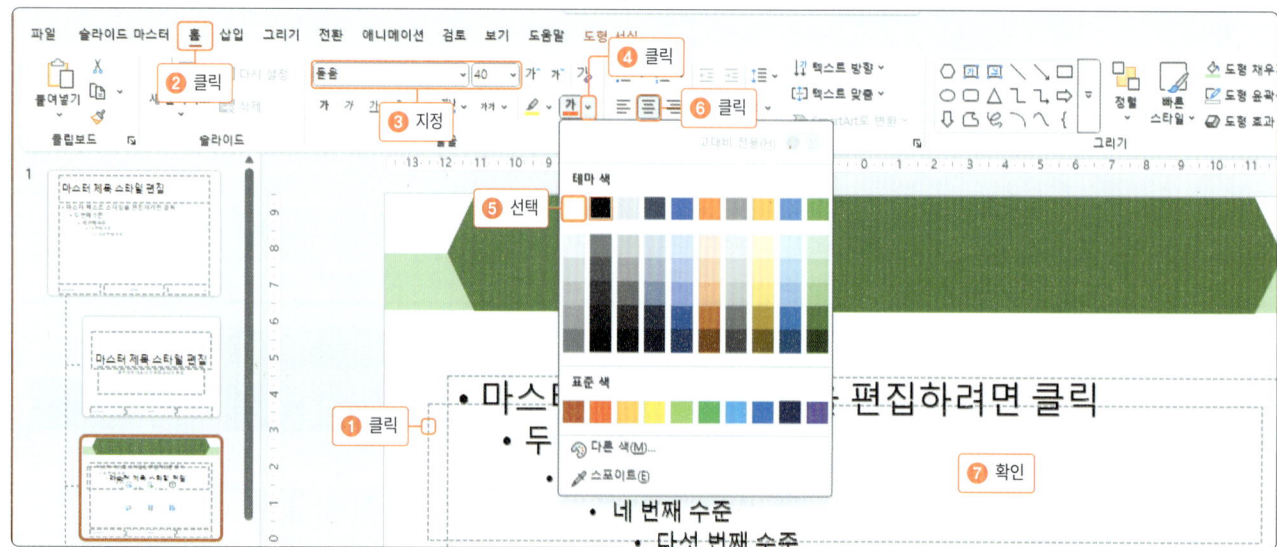

⑮ [마스터 제목 스타일 편집] 텍스트 상자를 이동하기 전에 텍스트 상자의 테두리 위에서 [마우스 오른쪽 단추]를 눌러 바로가기 메뉴가 나오면 '**맨 앞으로 가져오기**'를 클릭합니다.

※ 만약 [맨 앞으로 가져오기]를 작업 하지 않고 텍스트 상자를 이동할 경우 도형의 뒤쪽으로 숨겨지기 때문에 반드시 [맨 앞으로 가져오기]를 지정한 후 이동해야 합니다.

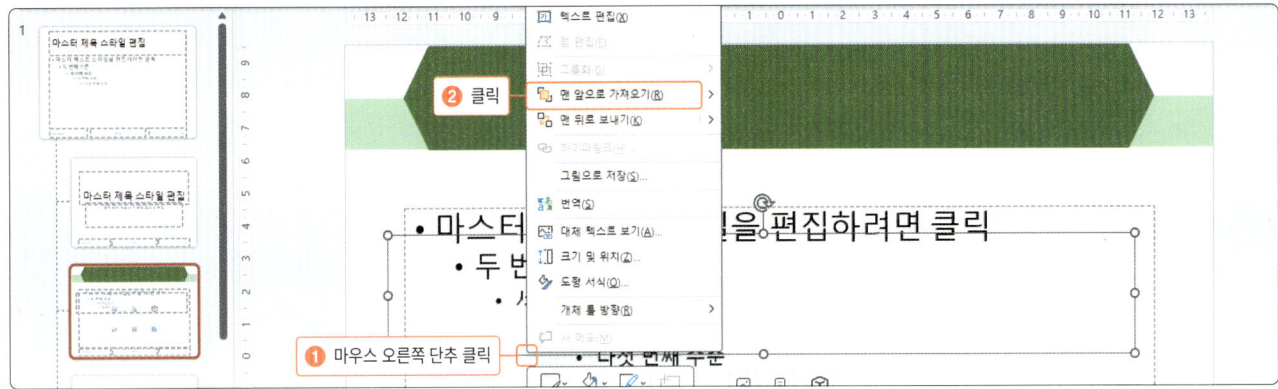

⑯ [마스터 제목 스타일 편집] 텍스트 상자의 테두리를 드래그하여 《출력형태》와 같이 위치를 변경한 후 크기를 조절합니다.

※ 위치 변경은 텍스트 상자의 테두리를 드래그하며, 크기 조절은 조절점(◦)을 드래그합니다.

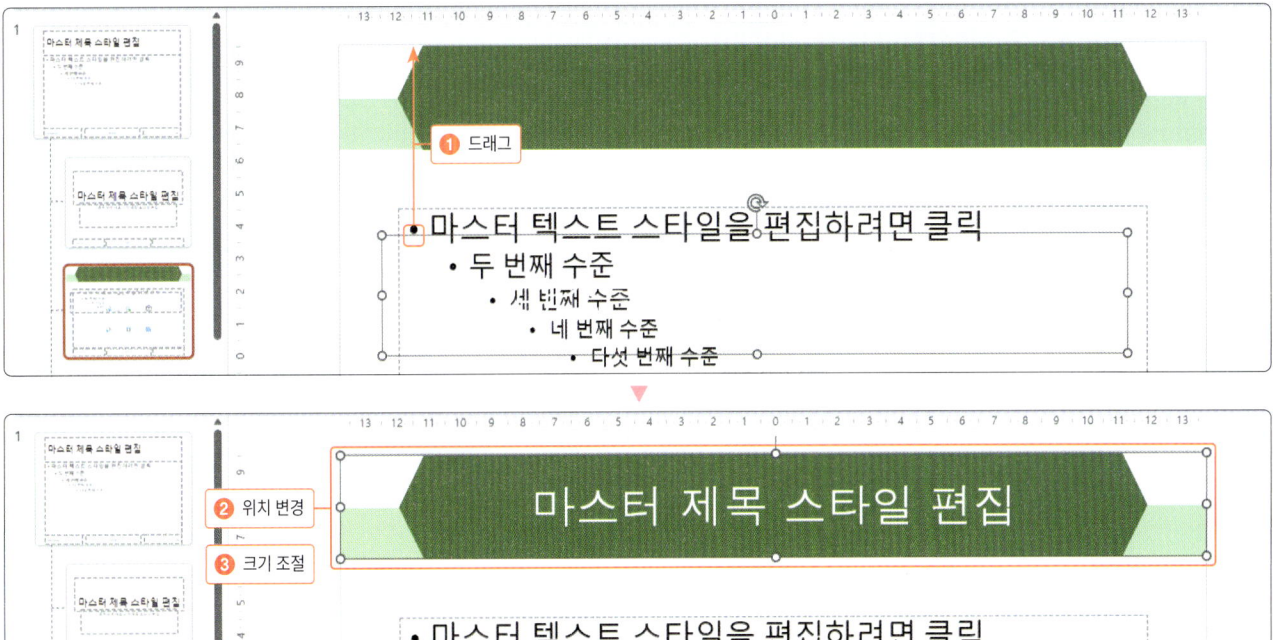

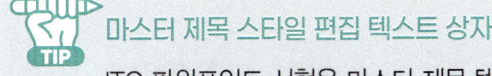

마스터 제목 스타일 편집 텍스트 상자

ITQ 파워포인트 시험은 마스터 제목 텍스트 상자에 '정렬(왼쪽 맞춤, 가운데 맞춤, 오른쪽 맞춤 등)'이 문제의 지시사항으로 나오기 때문에 《출력형태》를 참고하여 제목 텍스트 상자의 가로 맞춤을 지정합니다.

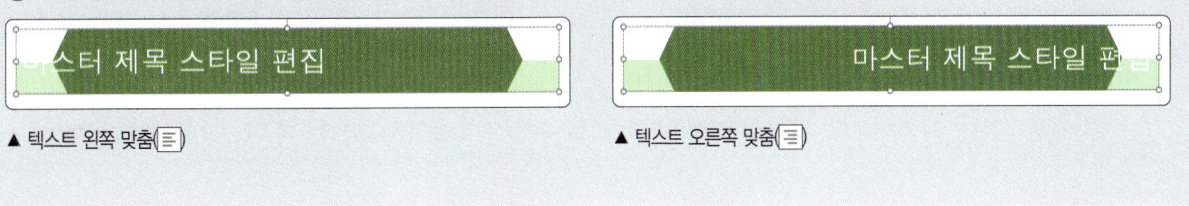

▲ 텍스트 왼쪽 맞춤(≡)   ▲ 텍스트 오른쪽 맞춤(≡)

Skill 03 슬라이드 마스터에 로고 삽입하기

하단 로고(「내 PC₩문서₩ITQ₩Picture₩로고1.jpg」, 배경(회색) 투명색으로 설정)

❶ [삽입] 탭의 [이미지] 그룹에서 [그림()]-[다음에서 그림 삽입:]-'**이 디바이스...**'를 선택합니다.

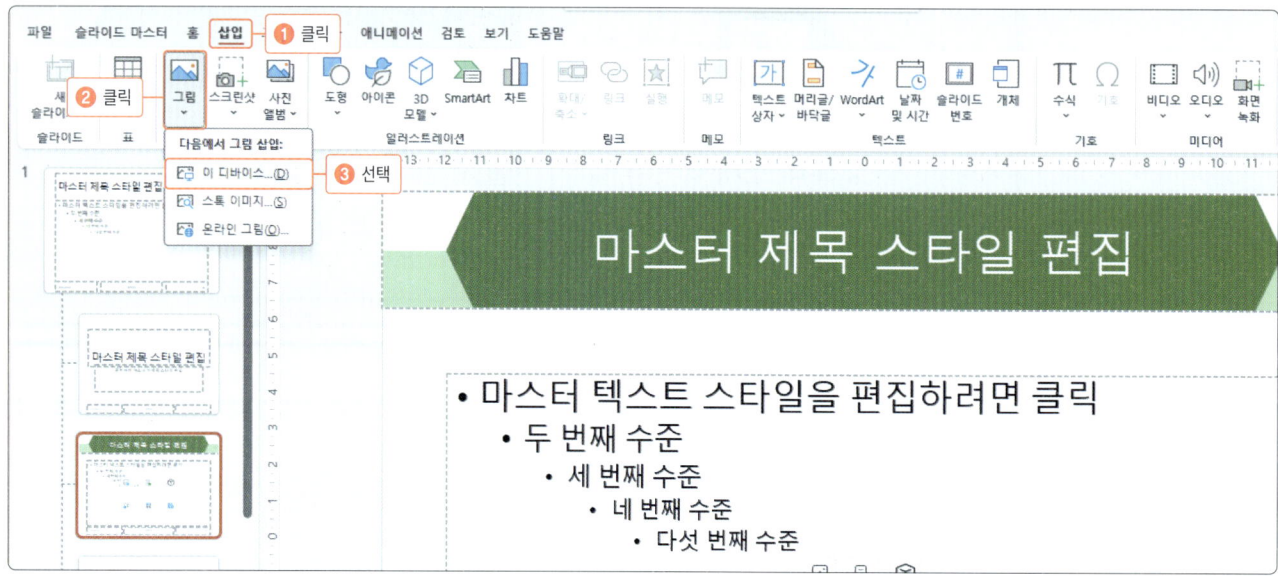

❷ [그림 삽입] 대화상자가 나오면 경로(내 PC\문서\ITQ\Picture)를 지정한 후 '**로고1**'을 선택한 다음 〈삽입〉 단추를 클릭합니다.

※ [문서] 폴더는 [내 PC] 또는 [라이브러리] 폴더를 클릭하면 됩니다.

 그림 삽입하기

그림을 가져오는 경로가 [내 PC\문서\ITQ\Picture] 폴더이므로 주의하시기 바랍니다.
단, 해당 경로는 운영체제 및 시험 규정에 따라 달라질 수 있으니 문제지 내용을 꼭 확인하시기 바랍니다.

❸ 그림이 삽입되면 [그림 서식] 탭의 [조정] 그룹에서 [색(🖼)]-'**투명한 색 설정**(🖌)'을 선택합니다. 이어서, 마우스 포인터가 🖌 모양으로 변경되면 삽입된 '**그림의 회색 부분**'을 클릭하여 투명하게 처리합니다.

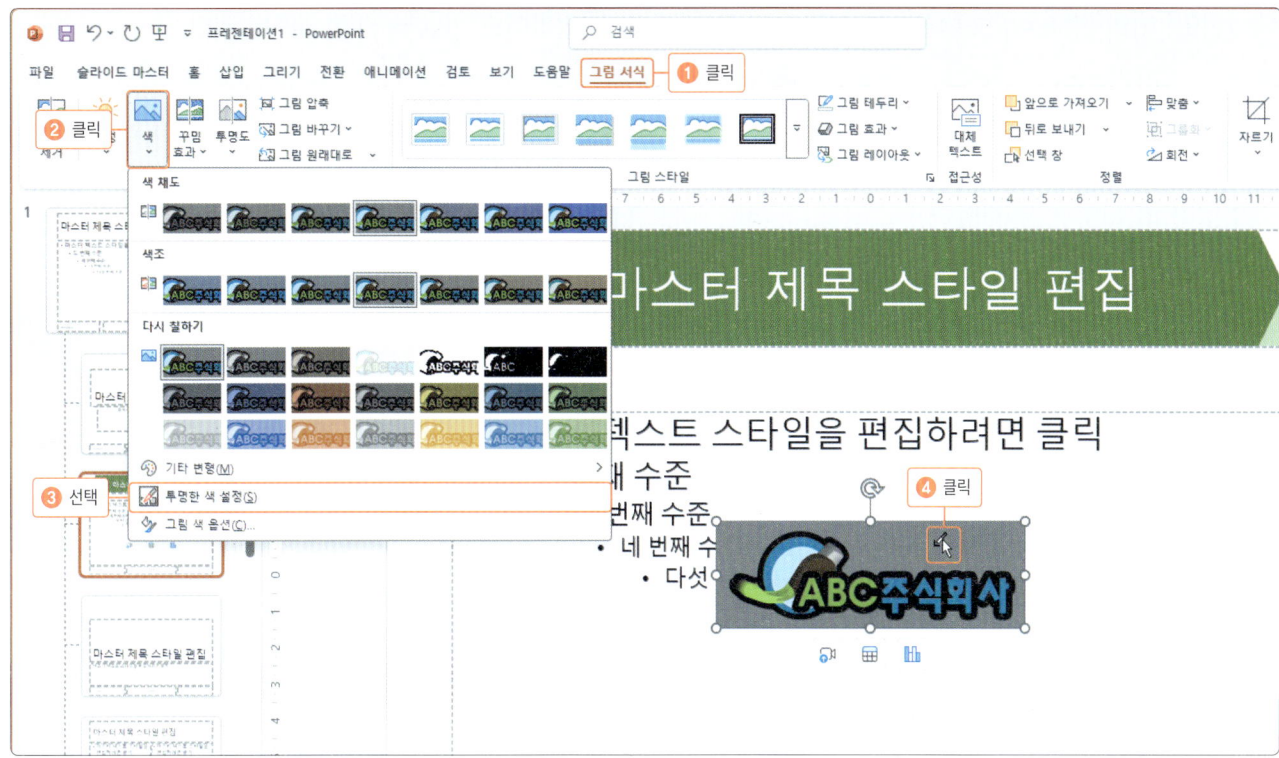

❹ 로고의 배경이 투명하게 변경되면 조절점(○)을 드래그하여 《출력형태》와 같이 크기를 조절한 후 위치를 변경합니다.

Skill 04 슬라이드 마스터에 슬라이드 번호 삽입하기

① [삽입] 탭의 [텍스트] 그룹에서 '머리글/바닥글(📄)' 또는 '슬라이드 번호(📄)'를 클릭합니다.

② [머리글/바닥글] 대화상자가 나오면 [슬라이드] 탭에서 '**슬라이드 번호**'와 '**제목 슬라이드에는 표시 안 함**'에 체크 표시(✅)를 지정한 후 〈모두 적용〉 단추를 클릭합니다.

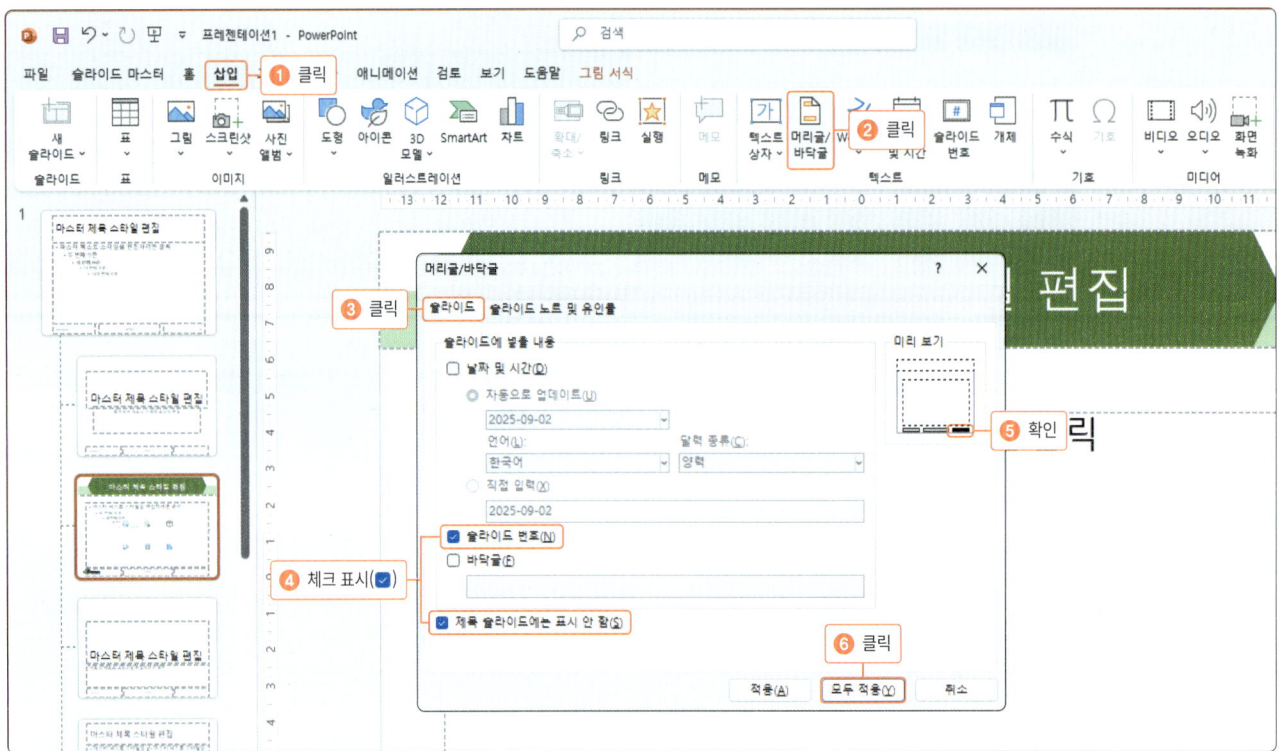

TIP 슬라이드 번호 삽입하기

실제 시험에서 슬라이드 번호 뒤에 '페이지'라고 적혀있는 유형이 출제될 수도 있습니다. 이런 유형의 문제는 〈#〉 뒤를 클릭한 다음 '페이지'를 입력한 후 [머리글/바닥글]을 작업합니다.

③ 모든 작업이 끝나면 [슬라이드 마스터] 탭의 [닫기] 그룹에서 '**마스터 보기 닫기**(❌)'를 클릭합니다.

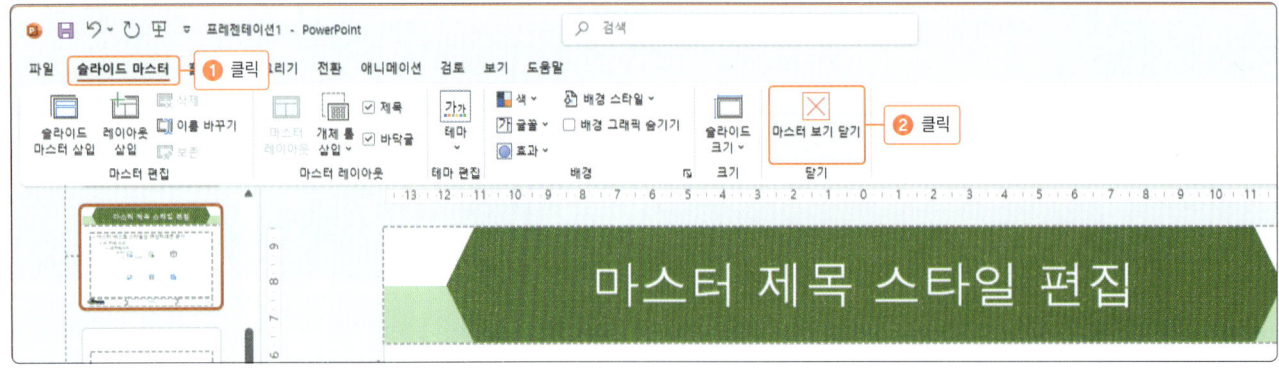

❹ [슬라이드2]~[슬라이드6]에 그림과 같이 **제목 도형, 로고, 페이지 번호**가 적용된 것을 확인합니다.

※ [머리말/꼬리말] 대화상자에서 '제목 슬라이드에는 표시 안 함'에 체크 표시(✓)를 지정했기 때문에 첫 번째 슬라이드 (제목 슬라이드)에는 페이지 번호가 적용되지 않습니다.

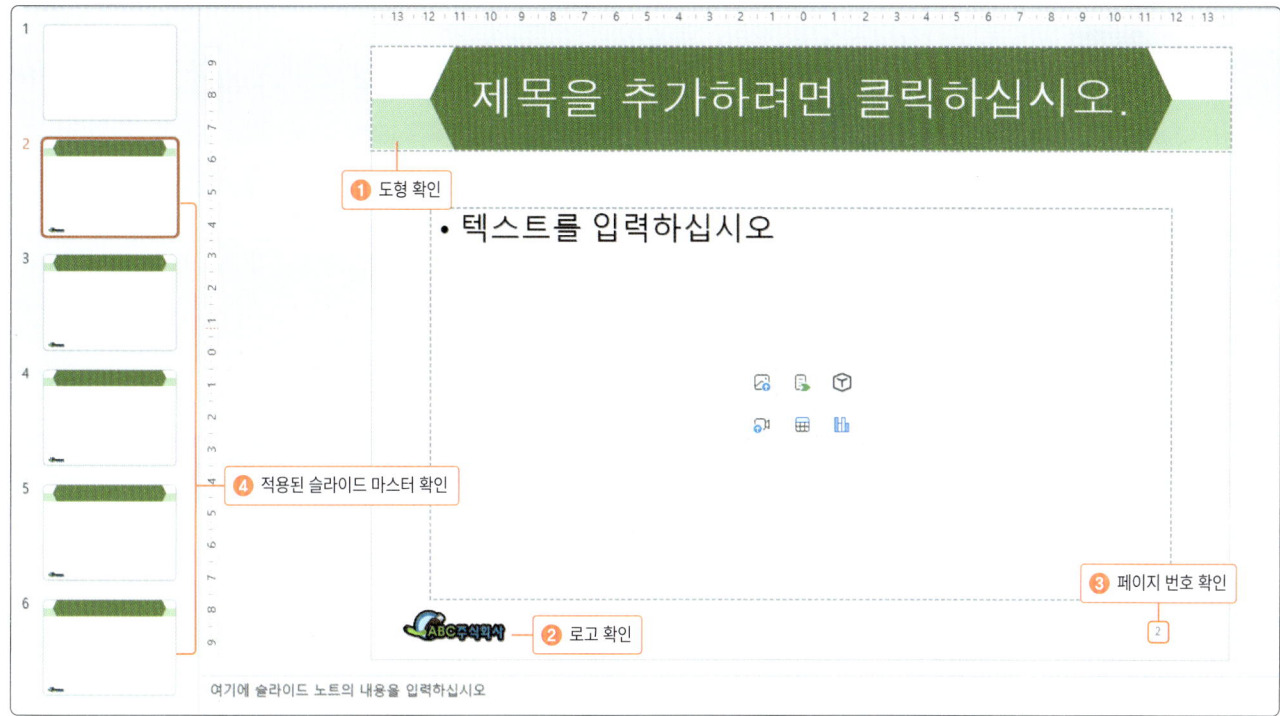

■ 저장하기

❺ [파일]-[다른 이름으로 저장]을 클릭한 후 [찾아보기]를 클릭합니다. 이어서 [다른 이름으로 저장] 대화상자가 나타나면 저장 위치(내 PC\문서\ITQ)를 지정한 후 파일 이름(수험번호-성명)을 입력한 다음 〈저장〉 단추를 클릭합니다.

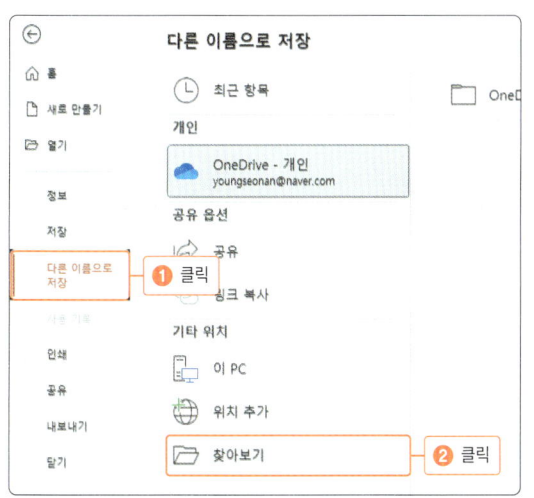
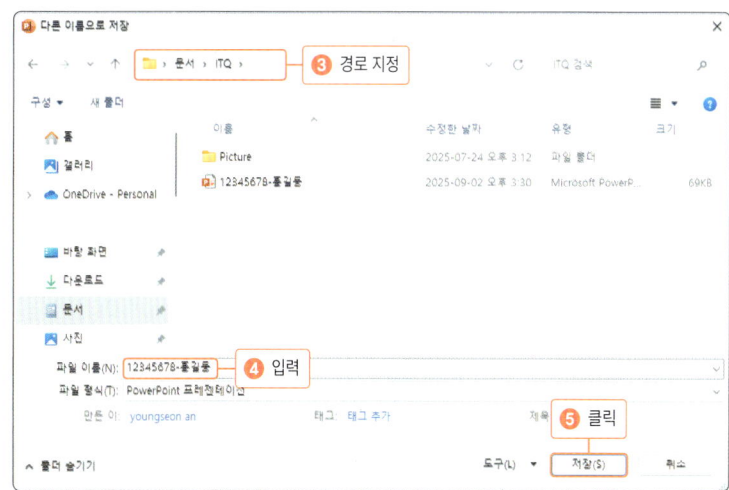

❻ 다음과 같이 파일이 저장되면 파일명을 확인합니다.

[전체 구성] 페이지 설정 / 슬라이드 마스터

완전정복-01

문제지의 지시사항 및 세부조건을 참고하여 《출력형태》에 알맞게 작업하시오.

- 소스 : 없음
- 정답 : 정복01_정답01.pptx

작성 시간 / 권장 시간: 분 / 5분

(1) 슬라이드 크기 및 순서 : 크기를 A4 용지로 설정하고 슬라이드 순서에 맞게 작성한다.
(2) 슬라이드 마스터 : 2~6슬라이드의 제목, 하단 로고, 슬라이드 번호는 슬라이드 마스터를 이용하여 작성한다.
 - 제목 글꼴(돋움, 40pt, 흰색), 가운데 맞춤, 도형(선 없음)
 - 하단 로고(「내 PC\문서\ITQ\Picture\로고1.jpg」, 배경(회색) 투명색으로 설정)

《출력형태》

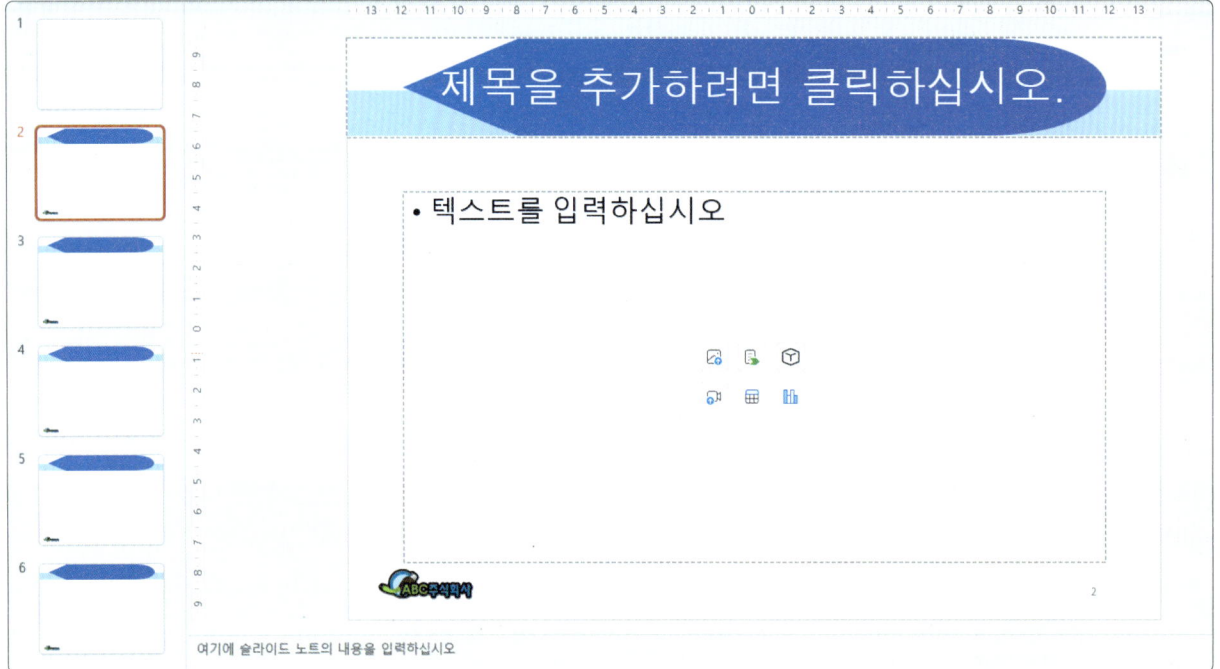

> **TIP 슬라이드 번호 위치를 왼쪽으로 변경하기**
>
> ❶ 하단의 첫 번째 텍스트 상자의 테두리를 클릭 → Shift 키를 누른 채 두 번째 텍스트 상자의 테두리를 클릭 → Delete 키 누름
>
> ❷ Shift 키를 누른 채 '〈#〉'이 입력된 텍스트 상자의 테두리를 왼쪽으로 드래그
>
>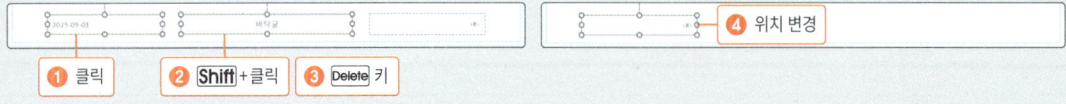
>
> ❸ 텍스트 상자가 선택된 상태에서 [홈]-[단락]-'왼쪽 맞춤(≡)'을 클릭
>
>

완전정복 - 02

문제지의 지시사항 및 세부조건을 참고하여 《출력형태》에 알맞게 작업하시오.

· 소스 : 없음　　· 정답 : 정복01_정답02.pptx

작성 시간 / 권장 시간 : 분 / 5분

(1) 슬라이드 크기 및 순서 : 크기를 A4 용지로 설정하고 슬라이드 순서에 맞게 작성한다.
(2) 슬라이드 마스터 : 2~6슬라이드의 제목, 하단 로고, 슬라이드 번호는 슬라이드 마스터를 이용하여 작성한다.
　 - 제목 글꼴(돋움, 40pt, 흰색), 가운데 맞춤, 도형(선 없음)
　 - 하단 로고(「내 PC\문서\ITQ\Picture\로고1.jpg」, 배경(회색) 투명색으로 설정)

완전정복 - 03

문제지의 지시사항 및 세부조건을 참고하여 《출력형태》에 알맞게 작업하시오.

· 소스 : 없음　　· 정답 : 정복01_정답03.pptx

작성 시간 / 권장 시간 : 분 / 5분

(1) 슬라이드 크기 및 순서 : 크기를 A4 용지로 설정하고 슬라이드 순서에 맞게 작성한다.
(2) 슬라이드 마스터 : 2~6슬라이드의 제목, 하단 로고, 슬라이드 번호는 슬라이드 마스터를 이용하여 작성한다.
　 - 제목 글꼴(돋움, 40pt, 흰색), 가운데 맞춤, 도형(선 없음)
　 - 하단 로고(「내 PC\문서\ITQ\Picture\로고2.jpg」, 배경(회색) 투명색으로 설정)

완전정복-**04** 문제지의 지시사항 및 세부조건을 참고하여 《출력형태》에 알맞게 작업하시오.

· 소스 : 없음　　· 정답 : 정복01_정답04.pptx

작성 시간 / 권장 시간

분 / 5분

(1) 슬라이드 크기 및 순서 : 크기를 A4 용지로 설정하고 슬라이드 순서에 맞게 작성한다.
(2) 슬라이드 마스터 : 2~6슬라이드의 제목, 하단 로고, 슬라이드 번호는 슬라이드 마스터를 이용하여 작성한다.
　- 제목 글꼴(돋움, 40pt, 흰색), 가운데 맞춤, 도형(선 없음)
　- 하단 로고(「내 PC₩문서₩ITQ₩Picture₩로고2.jpg」, 배경(회색) 투명색으로 설정)

완전정복-**05** 문제지의 지시사항 및 세부조건을 참고하여 《출력형태》에 알맞게 작업하시오.

· 소스 : 없음　　· 정답 : 정복01_정답05.pptx

작성 시간 / 권장 시간

분 / 5분

(1) 슬라이드 크기 및 순서 : 크기를 A4 용지로 설정하고 슬라이드 순서에 맞게 작성한다.
(2) 슬라이드 마스터 : 2~6슬라이드의 제목, 하단 로고, 슬라이드 번호는 슬라이드 마스터를 이용하여 작성한다.
　- 제목 글꼴(돋움, 40pt, 흰색), 가운데 맞춤, 도형(선 없음)
　- 하단 로고(「내 PC₩문서₩ITQ₩Picture₩로고2.jpg」, 배경(회색) 투명색으로 설정)

완전정복 - 06

문제지의 지시사항 및 세부조건을 참고하여 《출력형태》에 알맞게 작업하시오.

• 소스 : 없음   • 정답 : 정복01_정답06.pptx

작성 시간 / 권장 시간: 분 / 5분

(1) 슬라이드 크기 및 순서 : 크기를 A4 용지로 설정하고 슬라이드 순서에 맞게 작성한다.
(2) 슬라이드 마스터 : 2~6슬라이드의 제목, 하단 로고, 슬라이드 번호는 슬라이드 마스터를 이용하여 작성한다.
  - 제목 글꼴(궁서, 40pt, 흰색), 가운데 맞춤, 도형(선 없음)
  - 하단 로고(「내 PC\문서\ITQ\Picture\로고2.jpg」, 배경(회색) 투명색으로 설정)

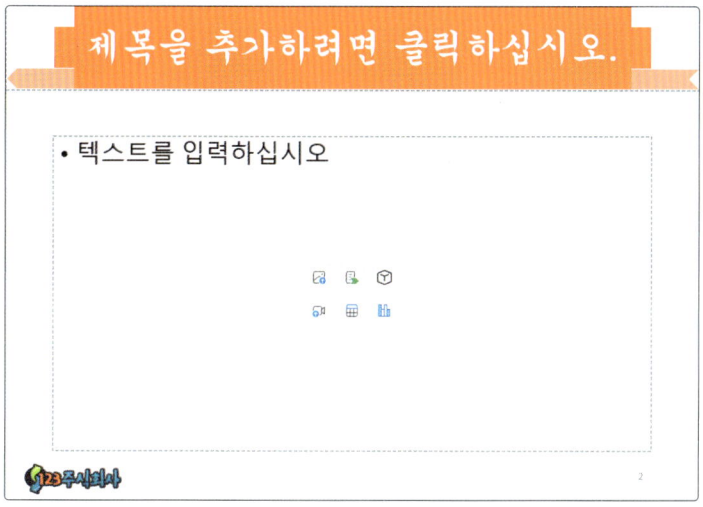

완전정복 - 07

문제지의 지시사항 및 세부조건을 참고하여 《출력형태》에 알맞게 작업하시오.

• 소스 : 없음   • 정답 : 정복01_정답07.pptx

작성 시간 / 권장 시간: 분 / 5분

(1) 슬라이드 크기 및 순서 : 크기를 A4 용지로 설정하고 슬라이드 순서에 맞게 작성한다.
(2) 슬라이드 마스터 : 2~6슬라이드의 제목, 하단 로고, 슬라이드 번호는 슬라이드 마스터를 이용하여 작성한다.
  - 제목 글꼴(궁서, 40pt, 흰색), 가운데 맞춤, 도형(선 없음)
  - 하단 로고(「내 PC\문서\ITQ\Picture\로고2.jpg」, 배경(회색) 투명색으로 설정)

PART 02 출제유형 완전정복

[슬라이드1] 《표지 디자인》

☑ 도형에 그림 채우기 ☑ 그림 삽입하기
☑ 워드아트 삽입하기

문제 미리보기 · 소스 : 유형02_문제.pptx · 정답 : 유형02_정답.pptx

[슬라이드 1] 《표지 디자인》 (40점)

(1) 표지 디자인 : 도형, 워드아트 및 그림을 이용하여 작성한다.

세부조건

① **도형 편집**
- 도형에 그림 채우기 : 「내 PC₩문서₩ITQ₩Picture₩그림2.jpg」, 투명도 50%
- 도형 효과 : 부드러운 가장자리 5포인트

② **워드아트 삽입**
- 변환 : 삼각형, 위로
- 글꼴 : 굴림, 굵게
- 텍스트 반사 : 1/2 반사, 4pt 오프셋

③ **그림 삽입**
- 「내 PC₩문서₩ITQ₩Picture₩로고1.jpg」
- 배경(회색) 투명색으로 설정

Information Technology Qualification

난이도	권장 시간 / 시험 시간
★★☆☆	5분 / 60분

시험분석

➜ **출제 경향 : 출제 문제를 분석**

☑ 도형 편집 : 도형에 그림을 채우는 부분이 여러 가지 형태로 변형되어 출제될 가능성이 있기 때문에 조금 더 주의 깊게 살펴봐야 합니다.

☑ 워드아트 : 과년도 기출 문제를 분석한 결과 '수축: 위쪽, 수축: 아래쪽, 삼각형: 아래로, 삼각형: 위로, 갈매기형 수장: 위로, 갈매기형 수장: 아래로, 물결: 아래로, 곡선: 아래로' 등이 자주 출제되었습니다. 하지만 이외에도 다양한 모양들이 출제되고 있으니 참고하시기 바랍니다.

➜ **주의 사항 : 실수가 많은 내용**

☑ 그림(로고 삽입) : [슬라이드 2~6]은 반드시 슬라이드 마스터를 이용하여 일괄적으로 로고를 삽입하며, [슬라이드 1]에는 개별적으로 삽입한 후 크기를 조절해야 합니다.

☑ 워드아트(WordArt)의 모양 조절점()은 [텍스트 효과]-[변환]을 지정해야 나타납니다.

Skill 01 도형 삽입하기

■ **도형을 삽입한 후 그림 채우기**

도형에 그림 채우기 : 「내 PC₩문서₩ITQ₩Picture₩그림2.jpg」, 투명도 50%
도형 효과 : 부드러운 가장자리 5포인트

① 유형02_문제.pptx 파일을 불러와 [슬라이드 1]을 클릭한 후 슬라이드 작업 창의 제목 및 부제목 개체를 선택한 다음 Delete 키를 눌러 삭제합니다.

※ 파일 불러오기 : [파일]-[열기]-[찾아보기]를 클릭한 후 [열기] 대화상자에서 파일을 선택합니다.

※ Ctrl + A 키를 눌러 모든 개체를 선택할 수도 있습니다.

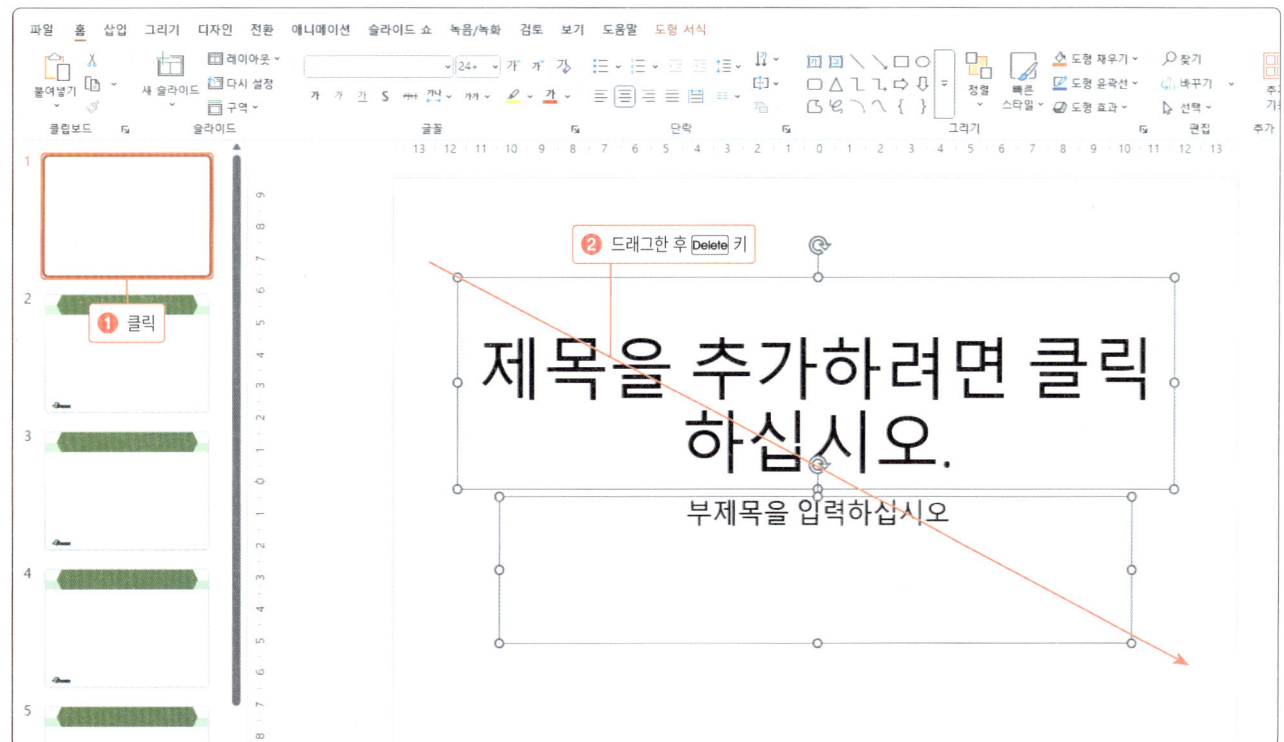

❷ [삽입] 탭의 [일러스트레이션] 그룹에서 [도형(　)]-[기본 도형]-'L 도형(　)'을 선택합니다.

❸ 마우스 포인터가 ＋ 모양으로 변경되면 드래그하여 도형을 삽입합니다. 이어서, 조절점(○)을 드래그하여《출력형태》와 같이 크기를 조절한 후 위치를 변경합니다.

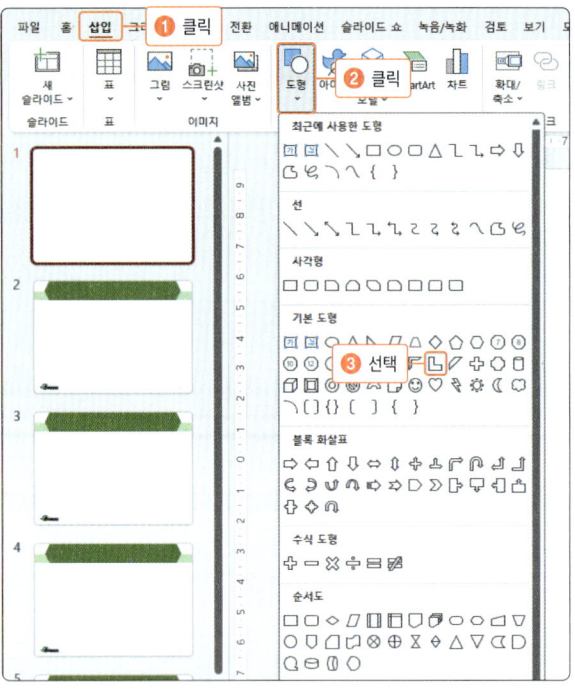
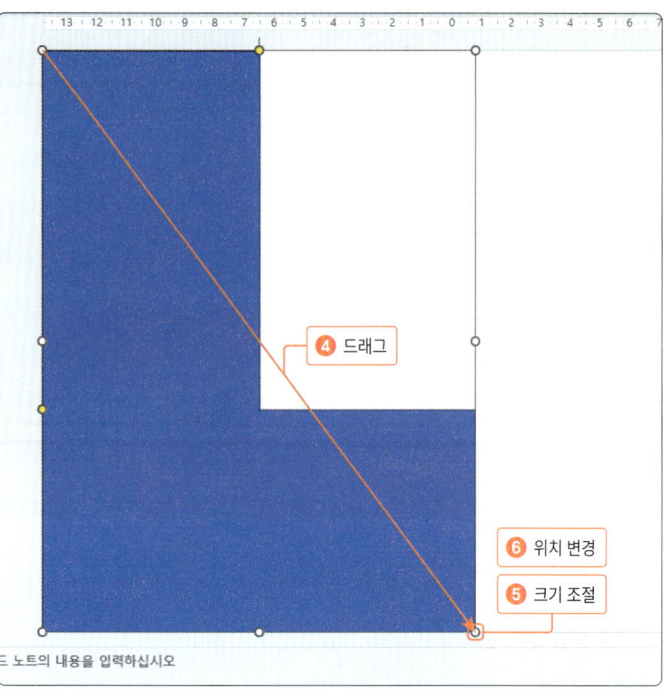

❹ 도형에 그림을 채우기 위해 도형 위에서 [마우스 오른쪽 단추]를 눌러 [도형 서식]을 클릭합니다.

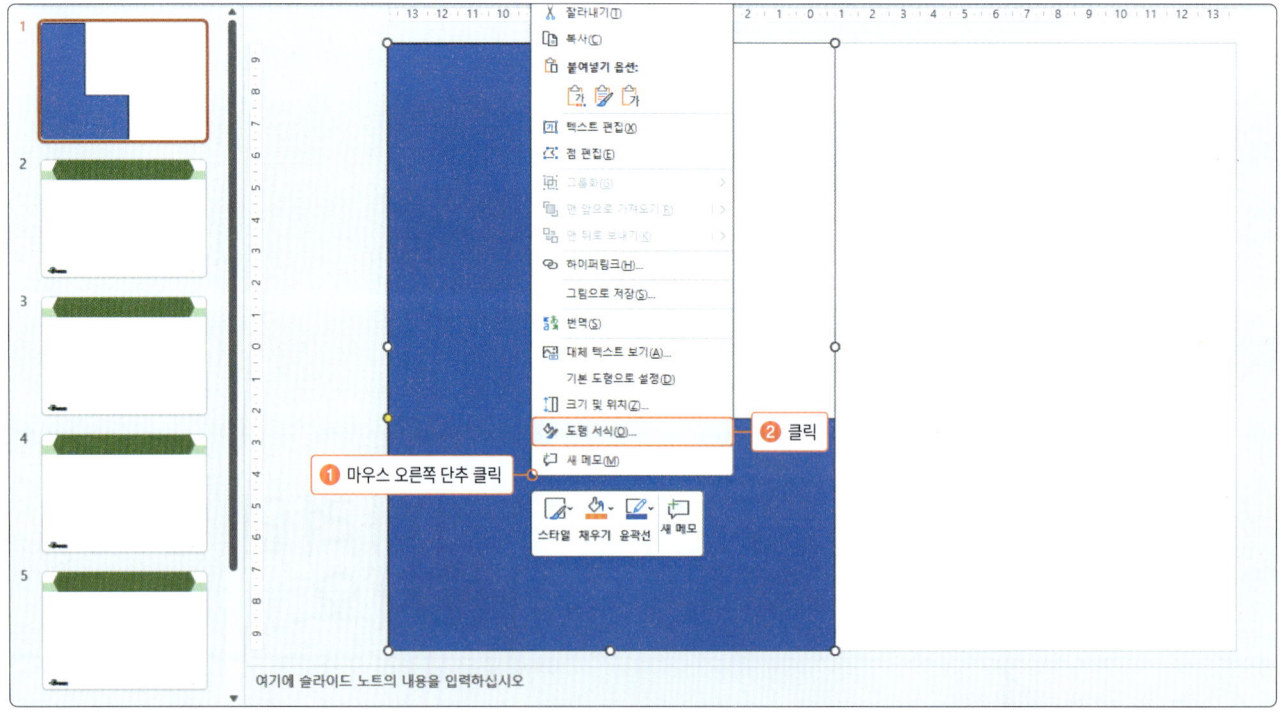

❺ 오른쪽 작업 창이 나오면 [채우기]-[그림 또는 질감 채우기]를 선택한 후 〈삽입〉 단추를 클릭합니다. 이어서, [그림 삽입] 대화상자가 나오면 [파일에서(🖼)]를 클릭합니다.

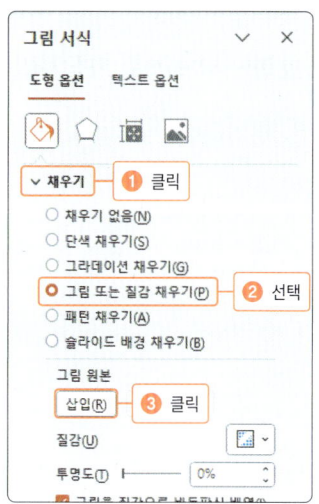

❻ [그림 삽입] 대화상자가 나오면 경로(내 PC\문서\ITQ\Picture)를 지정한 후 '**그림2**'를 선택한 다음 〈삽입〉 단추를 클릭합니다.

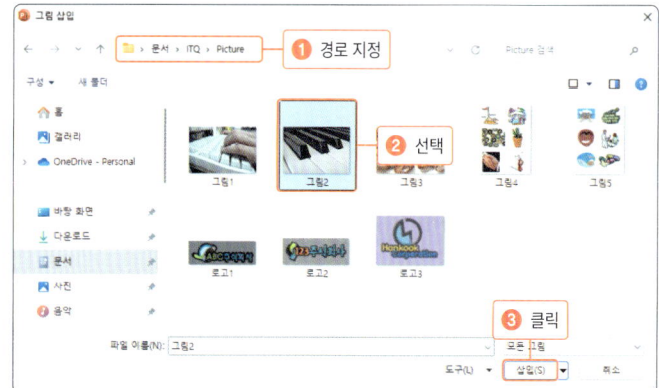

❼ 도형에 이미지가 삽입되면 오른쪽 작업 창 하단의 투명도를 '**50%**'로 지정한 후 작업 창을 종료(☒)합니다.

※ 투명도 입력 칸을 클릭한 후 직접 값(50)을 입력하는 것이 편리합니다.

■ **도형 효과 적용하기**

도형 효과 : 부드러운 가장자리 5포인트

⑧ 도형이 선택된 상태에서 [도형 서식] 탭의 [도형 스타일] 그룹에서 [도형 효과]-[부드러운 가장자리]-'**5 포인트**( )'
를 선택합니다.

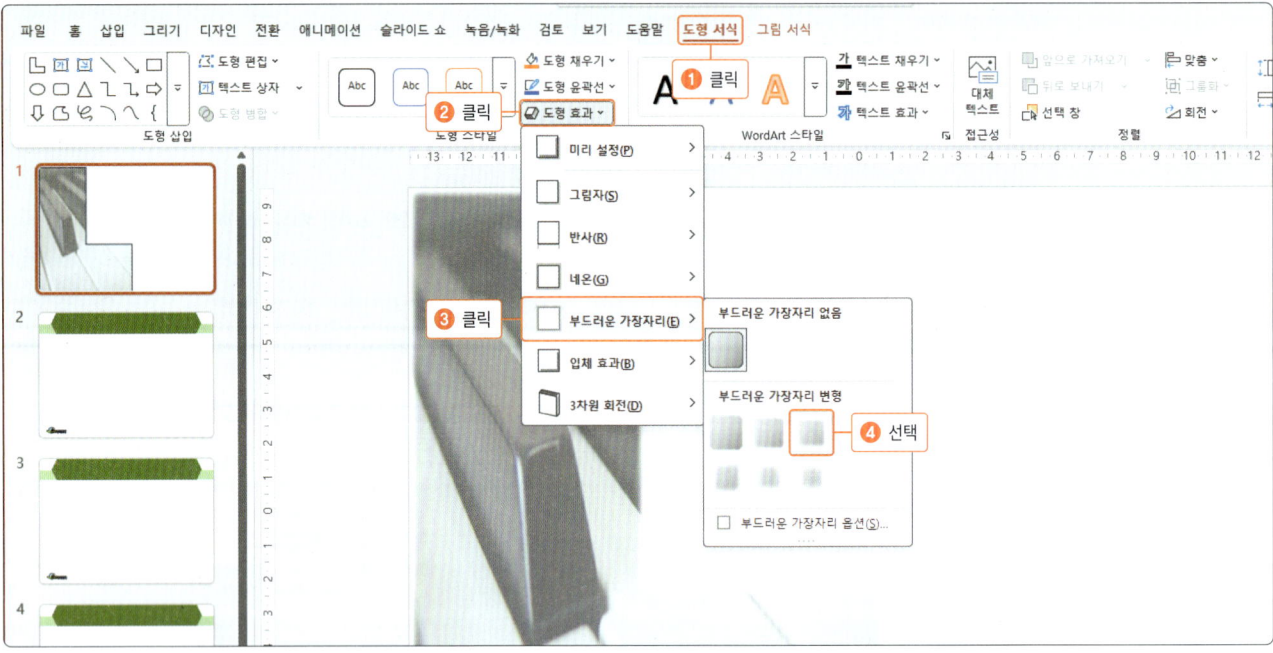

⑨ 도형 편집 작업이 끝나면 《출력형태》와 비교합니다.

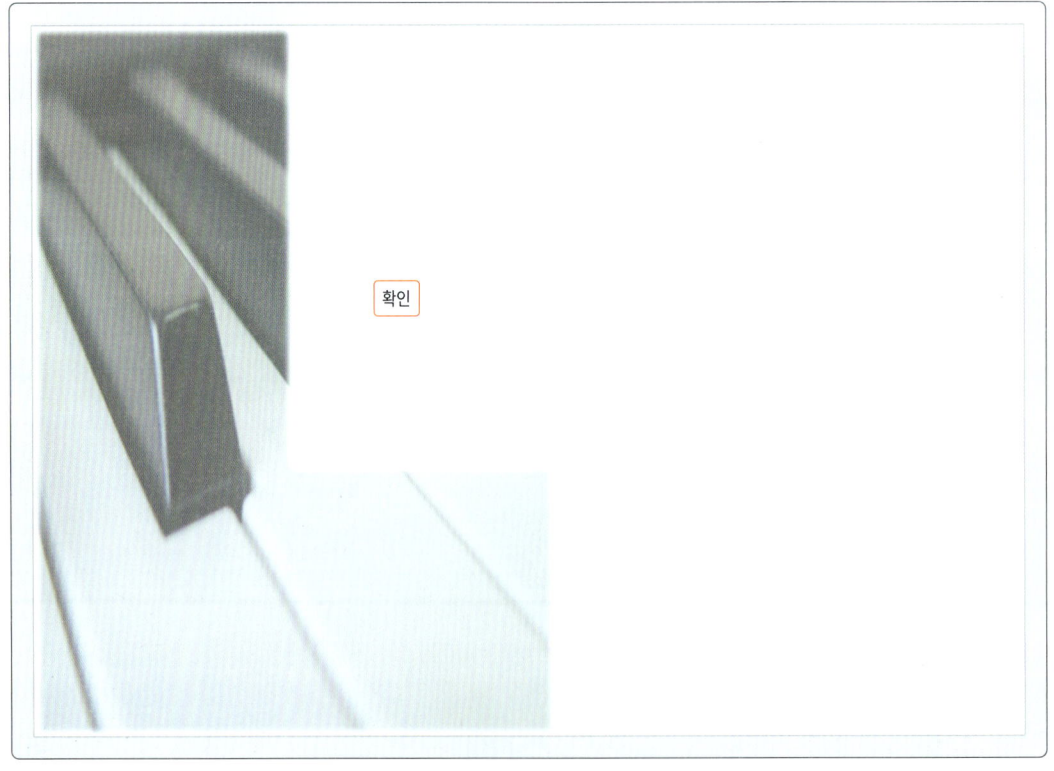

〈표지 디자인〉의 도형 편집 알아보기

❶ 기본적인 도형에 이미지를 넣고 투명도를 지정하는 기능은 매우 단순하기 때문에 도형의 노란색 조절점을 이용하여 도형의 모양을 변형하거나, 도형을 회전하는 등의 기능들을 활용하여 조금 더 어렵게 출제될 가능성도 있습니다.

〈예시〉

Ⓐ 사각형: 둥근 대각선 방향 모서리 도형을 삽입 → 노란색 조절점으로 모양을 변형

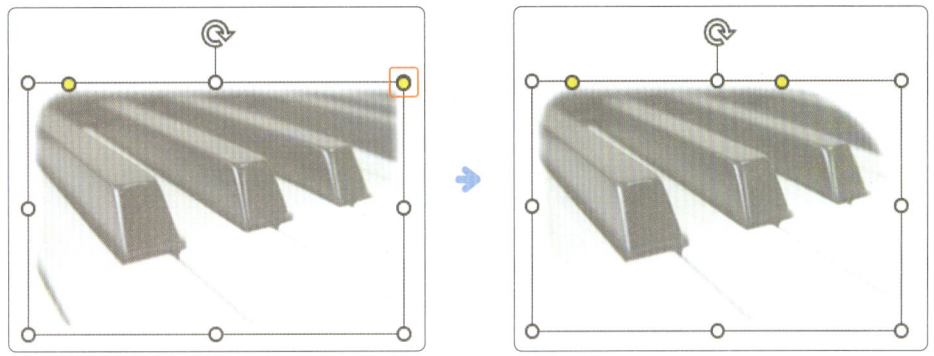

Ⓑ 설명선: 오른쪽 화살표 도형을 삽입 → 노란색 조절점으로 모양을 변형 → 좌우 대칭(◢◣)

※ 만약 도형을 회전하는 경우 그림의 방향이 《출력형태》와 다르면 감점이 될 수 있으니 반드시 그림의 방향을 맞추어 도형을 회전시킵니다.

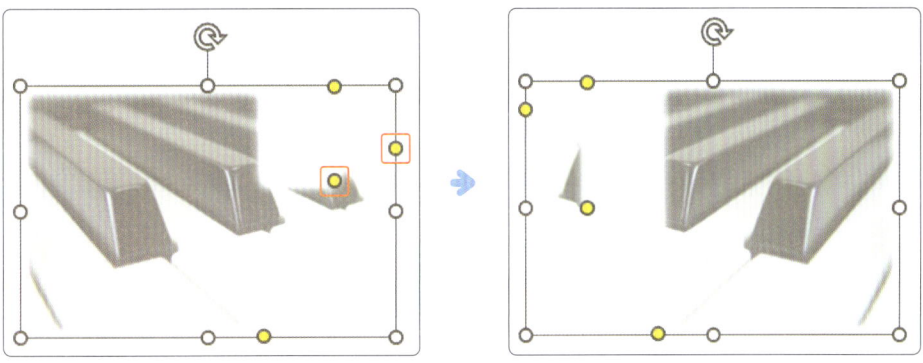

Ⓒ 액자 도형을 삽입 → 노란색 조절점으로 모양을 변형 → 상하 대칭(◀)

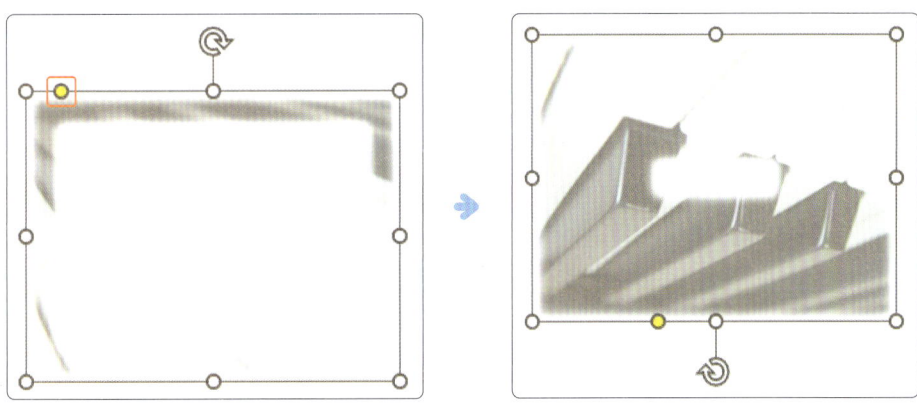

❷ 아래 내용과 이미지를 참고하여 다양한 방식으로 도형을 편집합니다.
- [파일]-[새로 만들기]-[새 프레젠테이션]을 클릭
- [홈]-[슬라이드]-[레이아웃]-빈 화면
- 도형 편집
    • 그림 삽입 : 「내 PC₩문서₩ITQ₩Picture」, 투명도 50%
    • 도형 효과 : 부드러운 가장자리 5 포인트

▲ 사각형: 잘린 위쪽 모서리 →노란색 조절점으로 모양 변형 → 상하 대칭

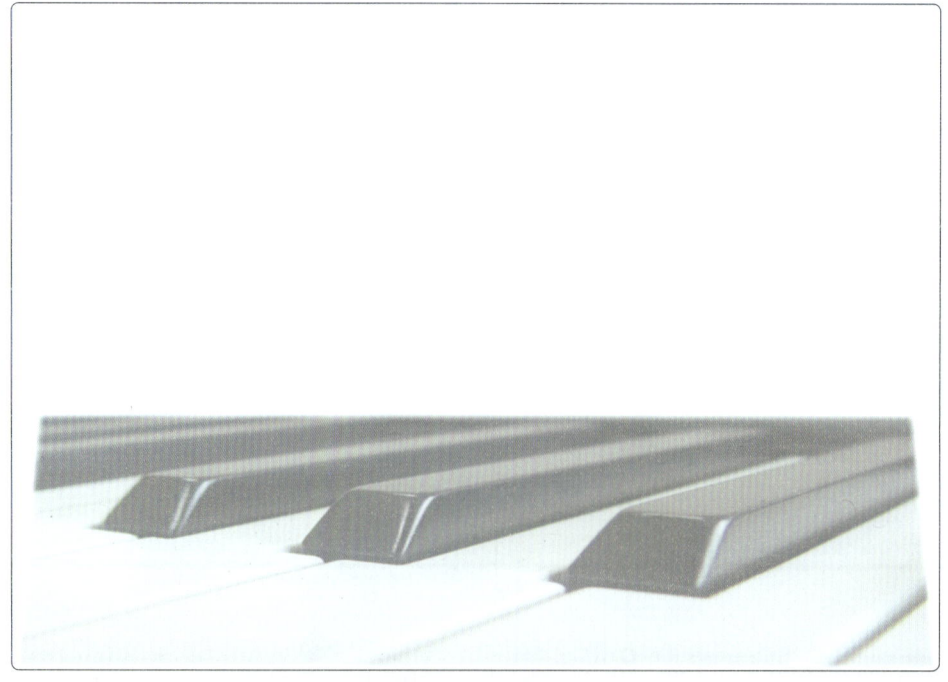

▲ 사다리꼴 → 노란색 조절점으로 모양 변형 → 좌우 대칭

▲ 물결 → 노란색 조절점으로 모양 변형 → 상하 대칭 → 좌우 대칭

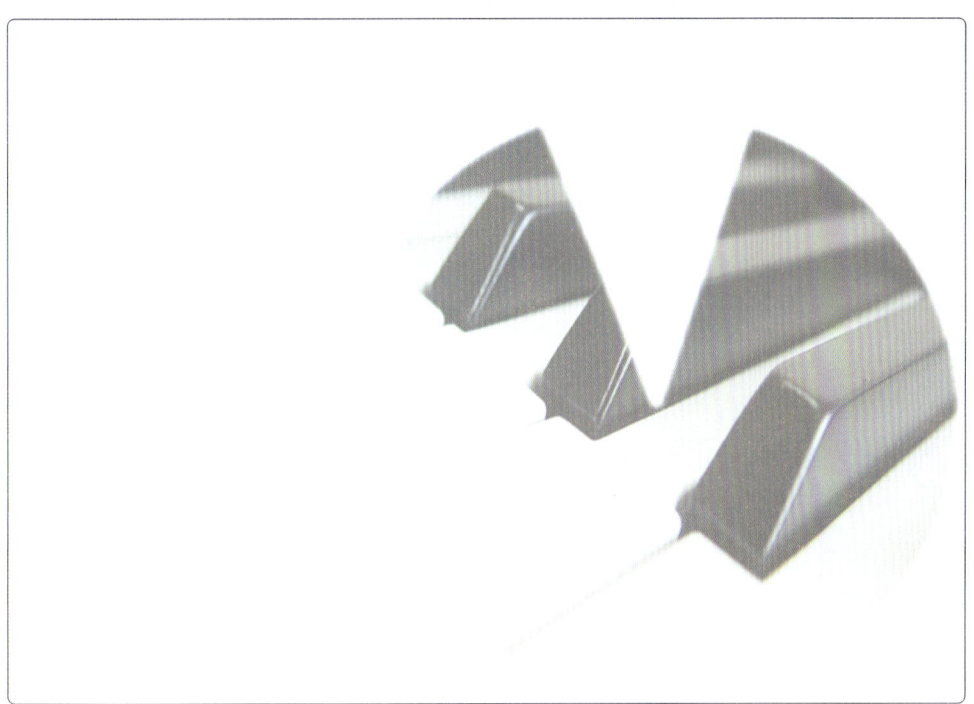

▲ 부분 원형 → 좌우 대칭 → 노란색 조절점으로 모양 변형 → 회전 조절점으로 회전

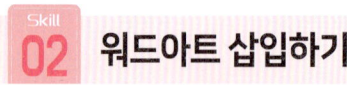

워드아트 삽입하기

■ 워드아트 삽입하기

글꼴 : 굴림, 굵게

❶ [삽입] 탭의 [텍스트] 그룹에서 [WordArt( )]–'**채우기: 검정, 텍스트 색 1, 그림자**'를 선택합니다.

   ※ 워드아트를 삽입할 때는 효과가 거의 없는 첫 번째 워드아트를 선택합니다.

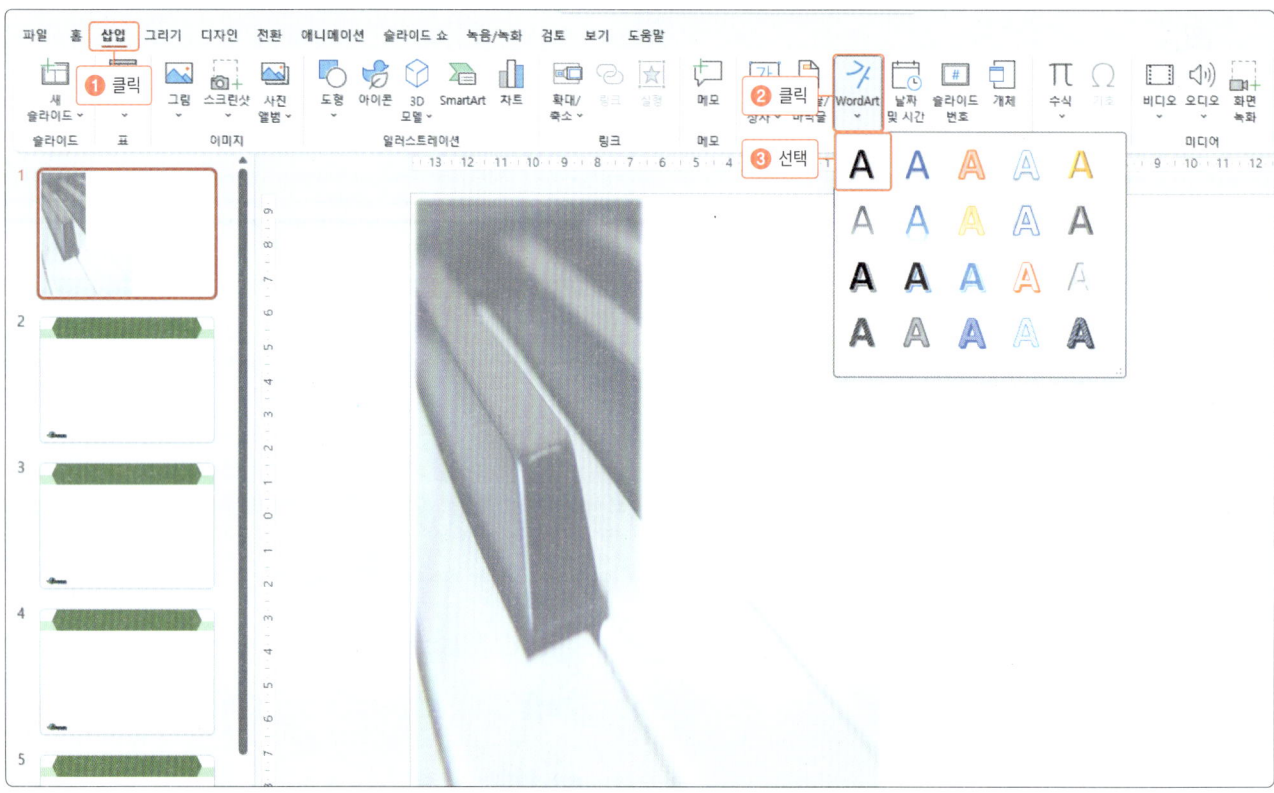

❷ '필요한 내용을 적으십시오.'라는 문구가 블록으로 지정된 상태에서 'ESG'를 입력한 후 Esc 키를 누릅니다.

   ※ WordArt를 삽입한 후 바로 내용을 입력하면 이전 내용('필요한 내용을 적으십시오')이 삭제되면서 새로운 내용으로 입력됩니다. 만약 블록 지정이 해제되었을 경우에는 워드아트 안쪽의 내용을 드래그하여 블록으로 지정한 후 새롭게 내용을 입력합니다.

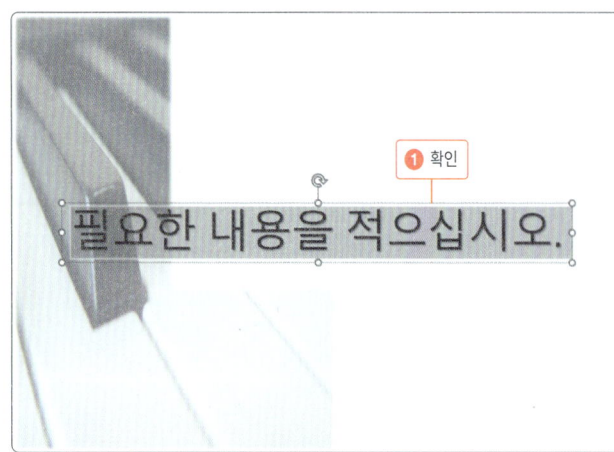

❸ 워드아트의 글꼴을 변경하기 위해 [홈] 탭의 [글꼴] 그룹에서 글꼴을 '**굴림**'으로 변경합니다. 이어서, '**굵게(가)**'를 클릭한 후 '**텍스트 그림자(S)**'의 지정을 해제합니다.

※ 워드아트의 글꼴 서식 및 스타일을 변경할 때는 테두리가 선택된 상태에서 작업합니다.
※ 워드아트의 글꼴은 '굴림'과 '굵게(가)'를 지정하라는 문제의 세부 조건에 따라 '텍스트 그림자(S)'는 지정을 해제합니다.

■ **워드아트 변환 및 텍스트 반사**

변환 : 삼각형, 위로   텍스트 반사 : 1/2 반사, 4pt 오프셋

❹ [도형 서식] 탭의 [WordArt 스타일] 그룹에서 [텍스트 효과]-[반사]-'**1/2 반사: 4pt 오프셋(□)**'을 선택합니다. 이어서, [텍스트 효과]-[변환]-'**삼각형: 위로(abcde)**'를 선택합니다.

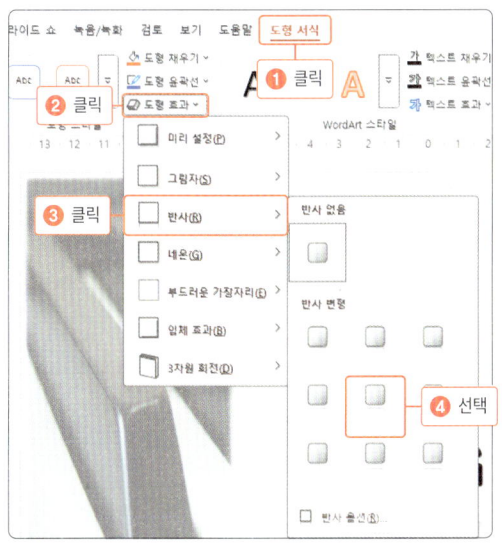 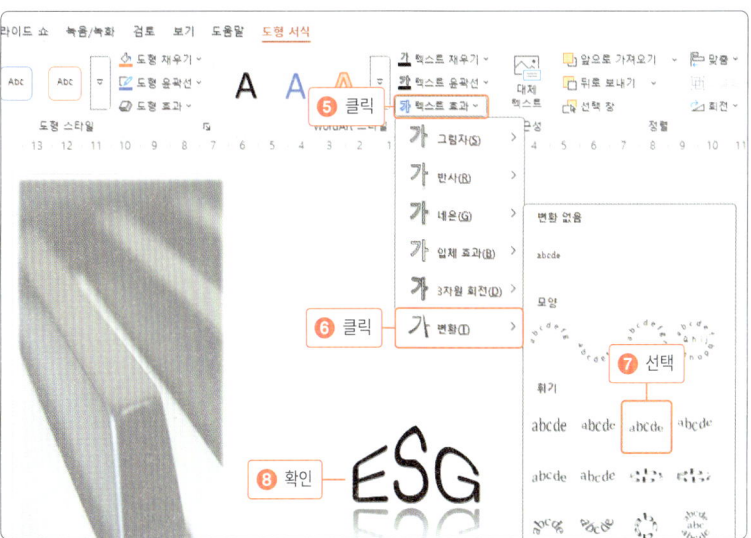

TIP [반사]-반사 변형에서의 용어 이해
PowerPoint 2021 프로그램에서는 '1/2 반사: 4pt 오프셋'으로 용어가 표시되지만 실제 시험에서는 '1/2 반사, 4pt 오프셋'으로 용어가 표기됩니다.

❺ 조절점(○)을 드래그하여 《출력형태》와 같이 크기를 조절한 후 위치를 변경합니다.

① 크기 조절
② 위치 변경

> **TIP 워드아트 크기 조절**
> 삽입된 워드아트에 [텍스트 효과]-[변환]을 적용해야만 조절점(○)을 이용하여 크기를 조절할 수 있습니다.

Skill 03 그림 삽입하기

「내 PC₩문서₩ITQ₩Picture₩로고1.jpg」 배경(회색) 투명색으로 설정

❶ [삽입] 탭의 [이미지] 그룹에서 [그림(🖼)]-[다음에서 그림 삽입:]-'**이 디바이스...(🖼)**'를 선택합니다. 이어서, [그림 삽입] 대화상자가 나오면 경로(내 PC\문서\ITQ\Picture)를 지정한 후 '**로고1**'을 선택한 다음 〈삽입〉 단추를 클릭합니다.

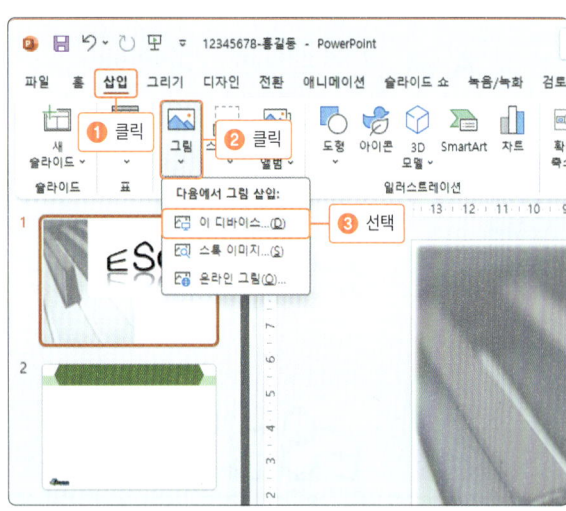

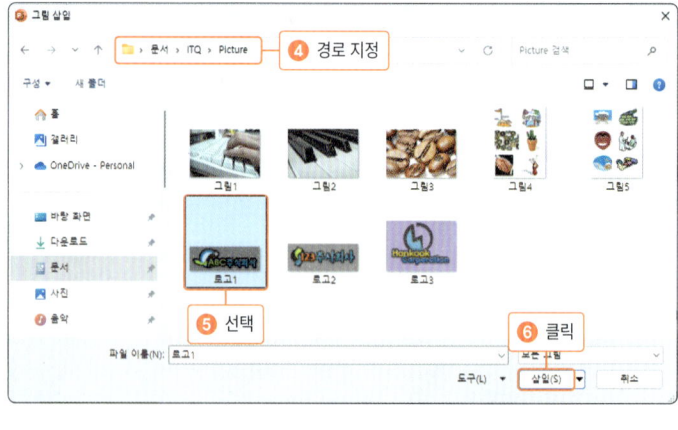

> **TIP 그림 삽입하기**
> 그림을 가져올 경로는 [내 PC\문서\ITQ\Picture] 폴더입니다. 해당 경로는 운영체제 및 시험 규정에 따라 달라질 수 있으니 문제지 내용을 꼭 확인하시기 바랍니다.

❷ 그림이 삽입되면 [그림 서식] 탭의 [조정] 그룹에서 [색( )]-'**투명한 색 설정( )**'을 선택합니다. 이어서, 마우스 포인터가 모양으로 변경되면 삽입된 **그림의 회색 부분**을 클릭하여 투명하게 처리합니다.

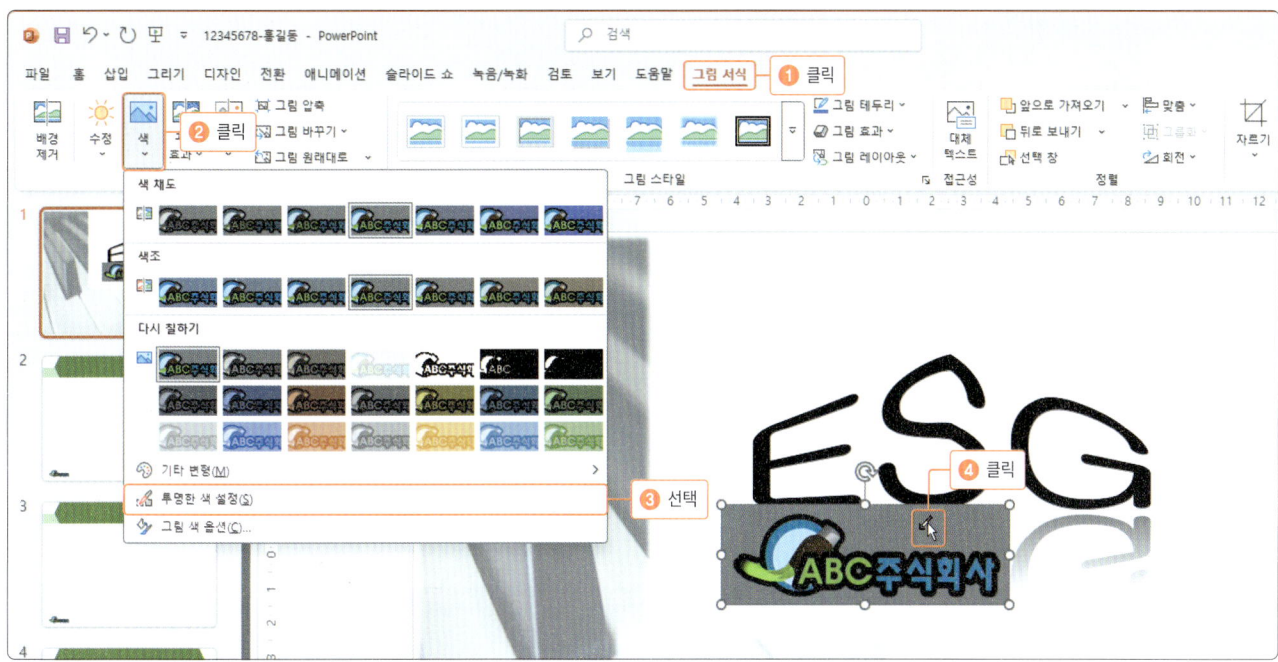

❸ 로고의 배경이 투명하게 변경되면 조절점( )을 드래그하여 《출력형태》와 같이 크기를 조절한 후 위치를 변경합니다.

❹ [파일]-[저장](Ctrl + S) 또는 [빠른 실행 도구 모음]에서 '**저장( )**'을 클릭합니다.

※ 실제 시험을 볼 때 작업 도중에 수시로(10분에 한 번 정도) 저장을 하는 것이 좋습니다.

출제유형 완전정복

[슬라이드 1] 《표지 디자인》

완전정복-01

문제지의 지시사항 및 세부조건을 참고하여 《출력형태》에 알맞게 작업하시오.

· 소스 : 정복02_문제01.pptx   · 정답 : 정복02_정답01.pptx

작성 시간 / 권장 시간
분 / 5분

(1) 표지 디자인 : 도형, 워드아트 및 그림을 이용하여 작성한다.

《출력형태》

◆ 세부 조건

① 도형 편집
- 도형에 그림 채우기 : 「내 PC\문서\ITQ\Picture\그림1.jpg」, 투명도 50%
- 도형 효과 : 부드러운 가장자리 5포인트

② 워드아트 삽입
- 변환 : 삼각형, 위로
- 글꼴 : 굴림, 굵게
- 텍스트 반사 : 1/2 반사, 4pt 오프셋

③ 그림 삽입
- 「내 PC\문서\ITQ\Picture\로고1.jpg」
- 배경(회색) 투명색으로 설정

완전정복 - 02

문제지의 지시사항 및 세부조건을 참고하여 《출력형태》에 알맞게 작업하시오.

• 소스 : 정복02_문제02.pptx   • 정답 : 정복02_정답02.pptx

작성 시간 / 권장 시간 : 분 / 5분

(1) 표지 디자인 : 도형, 워드아트 및 그림을 이용하여 작성한다.

세부조건

① 도형 편집
- 도형에 그림 채우기 : 「내 PC\문서\ITQ\Picture\그림1.jpg」, 투명도 50%
- 도형 효과 : 부드러운 가장자리 5포인트

② 워드아트 삽입
- 변환 : 삼각형, 위로
- 글꼴 : 굴림, 굵게
- 텍스트 반사 : 1/2 반사, 4pt 오프셋

③ 그림 삽입
- 「내 PC\문서\ITQ\Picture\로고1.jpg」
- 배경(회색) 투명색으로 설정

완전정복 - 03

문제지의 지시사항 및 세부조건을 참고하여 《출력형태》에 알맞게 작업하시오.

• 소스 : 정복02_문제03.pptx   • 정답 : 정복02_정답03.pptx

작성 시간 / 권장 시간 : 분 / 5분

(1) 표지 디자인 : 도형, 워드아트 및 그림을 이용하여 작성한다.

세부조건

① 도형 편집
- 도형에 그림 채우기 : 「내 PC\문서\ITQ\Picture\그림1.jpg」, 투명도 50%
- 도형 효과 : 부드러운 가장자리 5포인트

② 워드아트 삽입
- 변환 : 중지
- 글꼴 : 굴림, 굵게
- 텍스트 반사 : 1/2 반사, 4pt 오프셋

③ 그림 삽입
- 「내 PC\문서\ITQ\Picture\로고2.jpg」
- 배경(회색) 투명색으로 설정

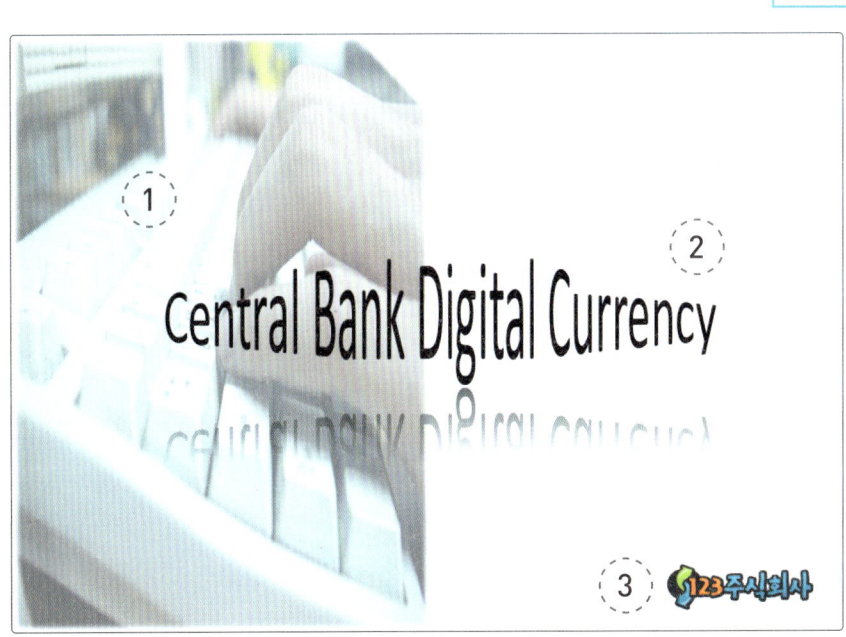

완전정복 - 04

문제지의 지시사항 및 세부조건을 참고하여 《출력형태》에 알맞게 작업하시오.

• 소스 : 정복02_문제04.pptx   • 정답 : 정복02_정답04.pptx

작성 시간 / 권장 시간
분 / 5분

(1) 표지 디자인 : 도형, 워드아트 및 그림을 이용하여 작성한다.

세부조건

① 도형 편집
- 도형에 그림 채우기 :
  「내 PC₩문서₩ITQ₩Picture₩
  그림1.jpg」, 투명도 50%
- 도형 효과 : 부드러운 가장자리
  5포인트

② 워드아트 삽입
- 변환 : 중지
- 글꼴 : 굴림, 굵게
- 텍스트 반사 :
  1/2 반사, 4pt 오프셋

③ 그림 삽입
- 「내 PC₩문서₩ITQ₩
  Picture₩로고2.jpg」
- 배경(회색) 투명색으로 설정

완전정복 - 05

문제지의 지시사항 및 세부조건을 참고하여 《출력형태》에 알맞게 작업하시오.

• 소스 : 정복02_문제05.pptx   • 정답 : 정복02_정답05.pptx

작성 시간 / 권장 시간
분 / 5분

(1) 표지 디자인 : 도형, 워드아트 및 그림을 이용하여 작성한다.

세부조건

① 도형 편집
- 도형에 그림 채우기 :
  「내 PC₩문서₩ITQ₩Picture₩
  그림1.jpg」, 투명도 50%
- 도형 효과 : 부드러운 가장자리
  5포인트

② 워드아트 삽입
- 변환 : 중지
- 글꼴 : 굴림, 굵게
- 텍스트 반사 :
  1/2 반사, 4pt 오프셋

③ 그림 삽입
- 「내 PC₩문서₩ITQ₩
  Picture₩로고2.jpg」
- 배경(회색) 투명색으로 설정

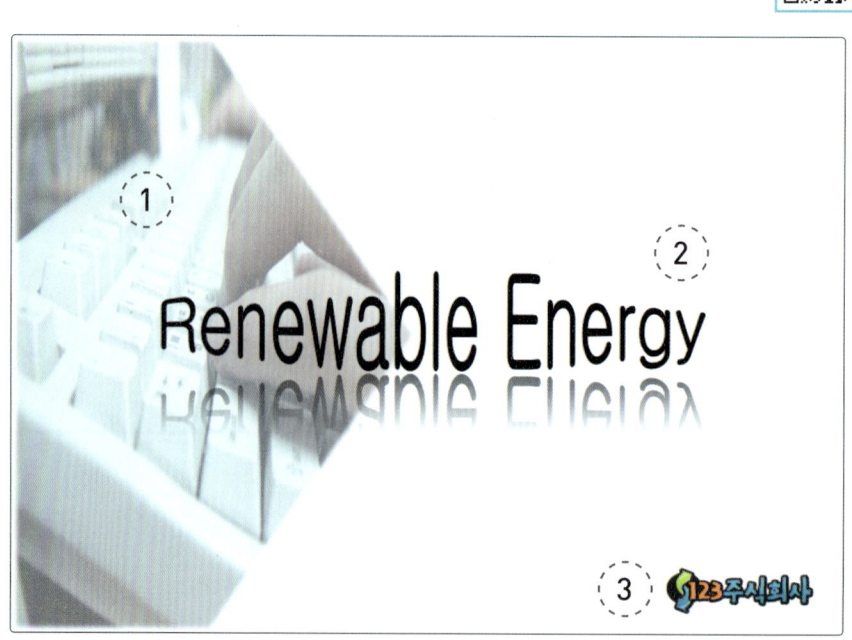

완전정복-06

문제지의 지시사항 및 세부조건을 참고하여 《출력형태》에 알맞게 작업하시오.

· 소스 : 정복02_문제06.pptx   · 정답 : 정복02_정답06.pptx

작성 시간 / 권장 시간 : 분 / 5분

(1) 표지 디자인 : 도형, 워드아트 및 그림을 이용하여 작성한다.

세부조건

① **도형 편집**
  - 도형에 그림 채우기 :
    「내 PC\문서\ITQ\Picture\
    그림3.jpg」, 투명도 50%
  - 도형 효과 : 부드러운 가장자리
    5포인트

② **워드아트 삽입**
  - 변환 : 중지
  - 글꼴 : 돋움, 굵게
  - 텍스트 반사 :
    근접 반사, 터치

③ **그림 삽입**
  - 「내 PC\문서\ITQ\
    Picture\로고2.jpg」
  - 배경(회색) 투명색으로 설정

완전정복-07

문제지의 지시사항 및 세부조건을 참고하여 《출력형태》에 알맞게 작업하시오.

· 소스 : 정복02_문제07.pptx   · 정답 : 정복02_정답07.pptx

작성 시간 / 권장 시간 : 분 / 5분

(1) 표지 디자인 : 도형, 워드아트 및 그림을 이용하여 작성한다.

세부조건

① **도형 편집**
  - 도형에 그림 채우기 :
    「내 PC\문서\ITQ\Picture\
    그림3.jpg」, 투명도 50%
  - 도형 효과 : 부드러운 가장자리
    5포인트

② **워드아트 삽입**
  - 변환 : 중지
  - 글꼴 : 돋움, 굵게
  - 텍스트 반사 :
    근접 반사, 터치

③ **그림 삽입**
  - 「내 PC\문서\ITQ\
    Picture\로고2.jpg」
  - 배경(회색) 투명색으로 설정

PART 02 출제유형 완전정복

[슬라이드 2] 《목차 슬라이드》

☑ 도형으로 목차 만들기 ☑ 그림 삽입한 후 자르기
☑ 텍스트에 하이퍼링크 적용하기

 · 소스 : 유형03_문제.pptx · 정답 : 유형03_정답.pptx

[슬라이드 2] 〈목차 슬라이드〉 (60점)

(1) 출력형태와 같이 도형을 이용하여 목차를 작성한다(글꼴 : 돋움, 24pt).
(2) 도형 : 선 없음

세부 조건

① 텍스트에 하이퍼링크 적용 → '슬라이드 6'
② 그림 삽입
  -「내 PC\문서\ITQ\Picture\그림4.jpg」
  - 자르기 기능 이용

Information Technology Qualification

난이도	권장 시간 / 시험 시간
★★☆☆☆	5분 / 60분

➜ **출제 경향 : 출제 문제를 분석**
- ☑ 목차 도형 : 목차 도형의 모양이 2개의 도형을 겹쳐서 만드는 형태이기 때문에 반드시 《출력형태》를 참고하여 작업합니다.
- ☑ 하이퍼링크 : 도형 안쪽의 텍스트를 드래그하여 블록으로 지정한 후 텍스트에 하이퍼링크를 지정합니다.

➜ **주의 사항 : 실수가 많은 내용**
- ☑ 시험 문제지는 흑백으로 출제되기 때문에 도형의 명도(색의 밝고 어두운 정도)를 보고 임의의 색상을 지정합니다(도형의 기본 색상을 사용해도 됩니다.)
- ☑ 번호 형식이 로마 숫자(Ⅰ,Ⅱ,Ⅲ,Ⅳ)인 경우 한글 자음 'ㅈ'을 입력한 후 [한자] 키를 눌러 로마 숫자(Ⅰ,Ⅱ,Ⅲ,Ⅳ)를 선택합니다.
- ☑ 맞춤법 검사(빨간 밑줄)가 적용된 텍스트에서는 바로가기 메뉴가 다르게 나타나기 때문에 [삽입] 탭의 [링크] 그룹에서 '링크(🔗)'를 사용합니다.

Skill 01 도형을 이용하여 목차 작성하기

(1) 출력형태와 같이 도형을 이용하여 목차를 작성한다(글꼴 : 돋움, 24pt).
(2) 도형 : 선 없음

 유형03_문제.pptx 파일을 불러와 **[슬라이드 2]**를 클릭한 후 작업합니다.

※ 파일 불러오기 : [파일]-[열기]-[찾아보기]를 클릭한 후 [열기] 대화상자에서 파일을 선택합니다.

❷ 슬라이드 상단의 '제목을 추가하려면 클릭하십시오.'를 클릭한 후 **'목차'**를 입력합니다.

※ 슬라이드 마스터에서 작업한 제목 도형의 글꼴 속성은 '돋움, 40pt, 흰색'으로 지정되어 있습니다. 만약, 글꼴을 잘못 지정했을 경우에는 [보기] 탭의 [마스터 보기] 그룹에서 '슬라이드 마스터'에서 수정합니다.

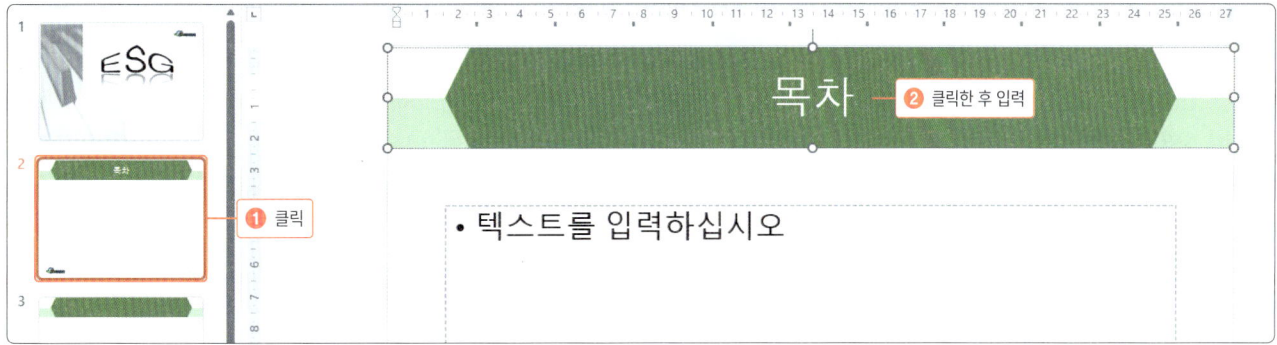

❸ '텍스트를 입력하십시오' 개체의 테두리를 클릭한 후 Delete 키를 눌러 삭제합니다.

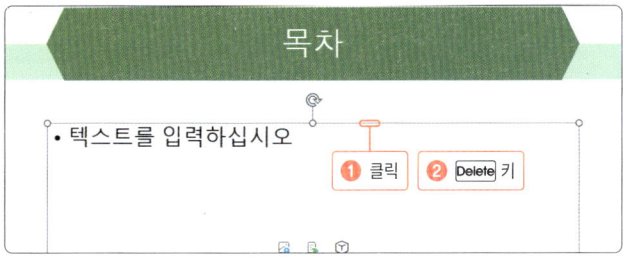

■ **목차 도형 작성하기**

④ [삽입] 탭의 [일러스트레이션] 그룹에서 [도형(🔷)]–[순서도]–'**순서도: 화면 표시(⬜)**'을 선택합니다.

⑤ 마우스 포인터가 ➕ 모양으로 변경되면 드래그하여 도형을 삽입합니다. 이어서, 조절점(○)을 드래그하여 《출력형태》와 같이 크기를 조절한 후 위치를 변경합니다.

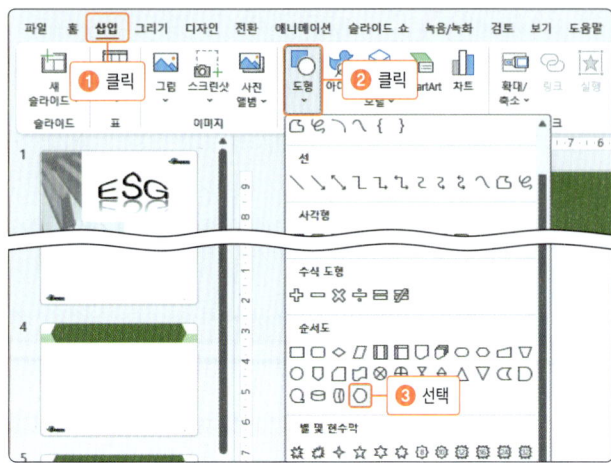
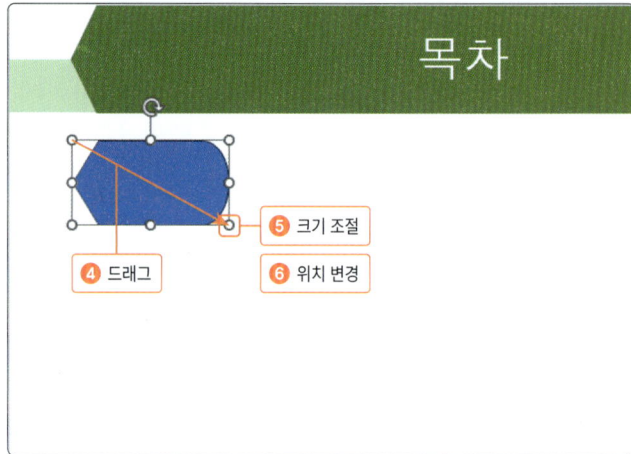

⑥ [도형 서식] 탭의 [도형 스타일] 그룹에서 [도형 윤곽선]–'**윤곽선 없음**'을 선택합니다.

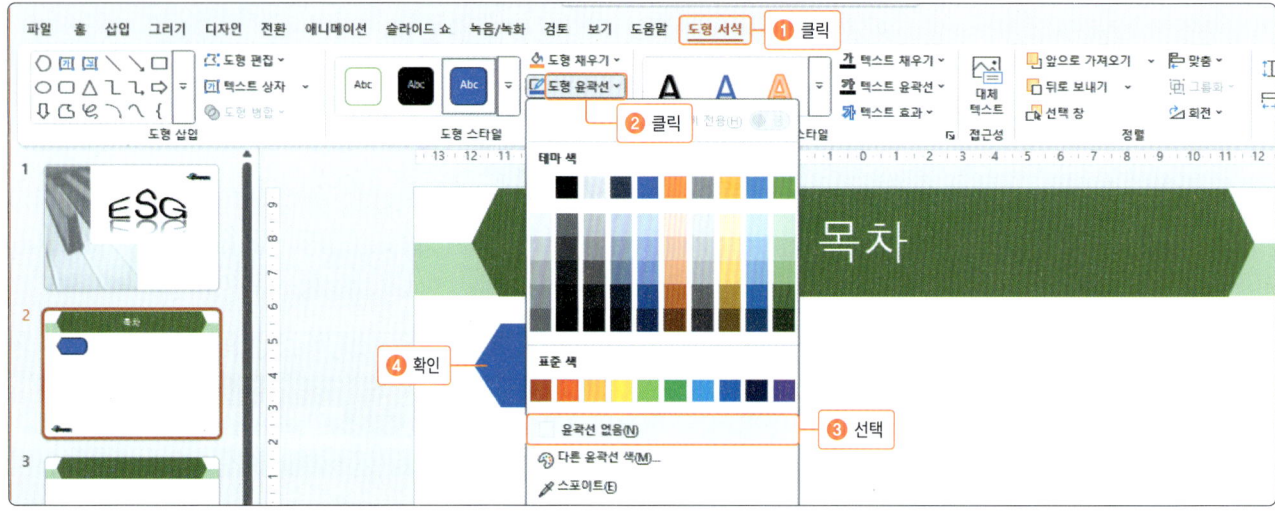

⑦ [도형 서식] 탭의 [도형 스타일] 그룹에서 [도형 채우기]–'**파랑, 강조 5**'를 선택합니다.

 ※ 도형의 색상은 문제지 조건에 없기 때문에 임의의 색으로 선택할 수 있습니다.

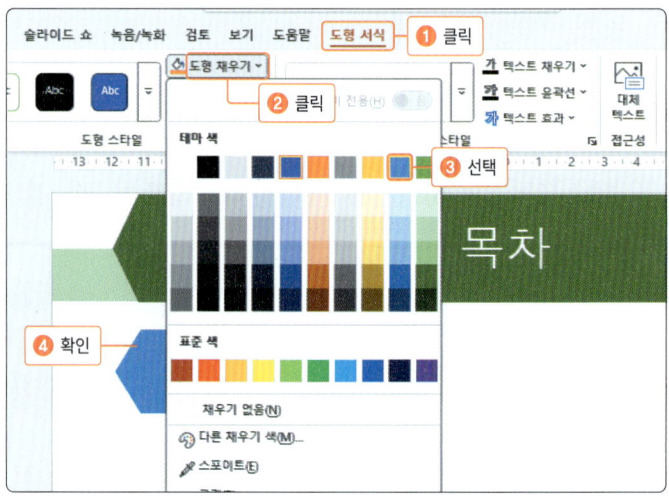

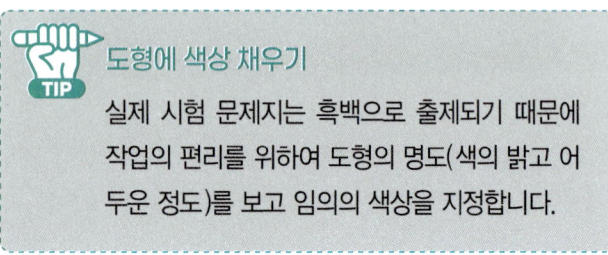

도형에 색상 채우기
실제 시험 문제지는 흑백으로 출제되기 때문에 작업의 편리를 위하여 도형의 명도(색의 밝고 어두운 정도)를 보고 임의의 색상을 지정합니다.

⑧ [삽입] 탭의 [일러스트레이션] 그룹에서 [도형(⬚)]-[블록 화살표]-'화살표: 위로 굽음(⬚)'을 선택합니다.

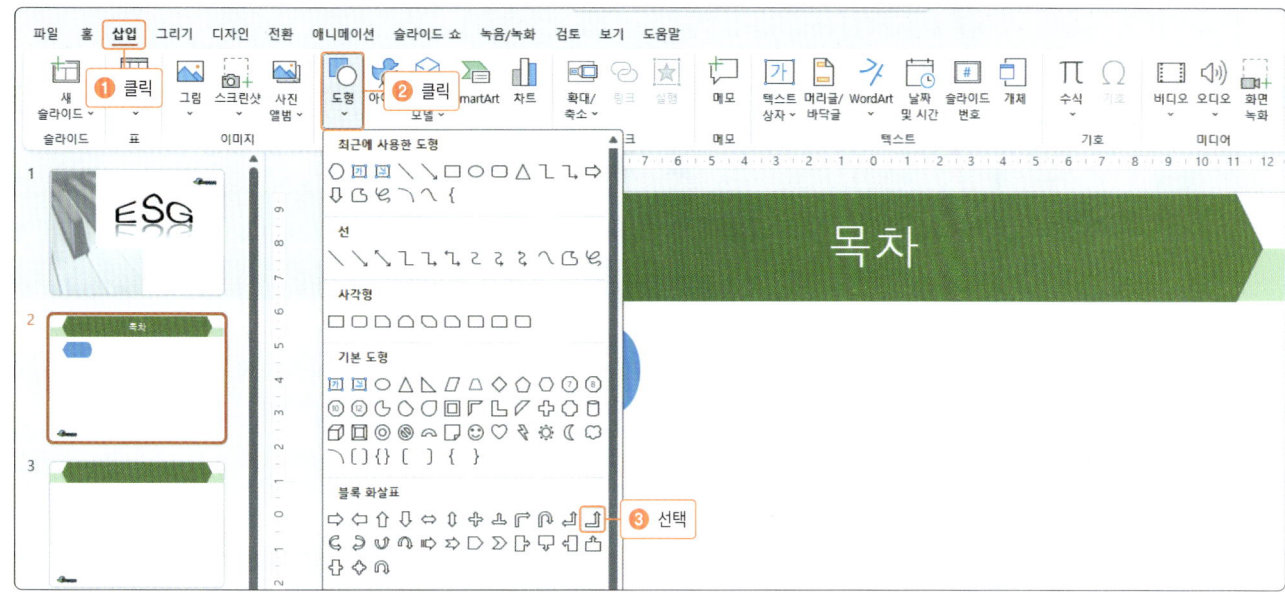

⑨ 마우스 포인터가 + 모양으로 변경되면 드래그하여 도형을 삽입합니다. 이어서, 조절점(○)을 드래그하여 《출력형태》와 같이 크기를 조절한 후 위치를 변경합니다.

※ Alt 키를 누른 채 조절점(○)을 드래그하면 세밀하게 도형의 크기를 조절할 수 있습니다.

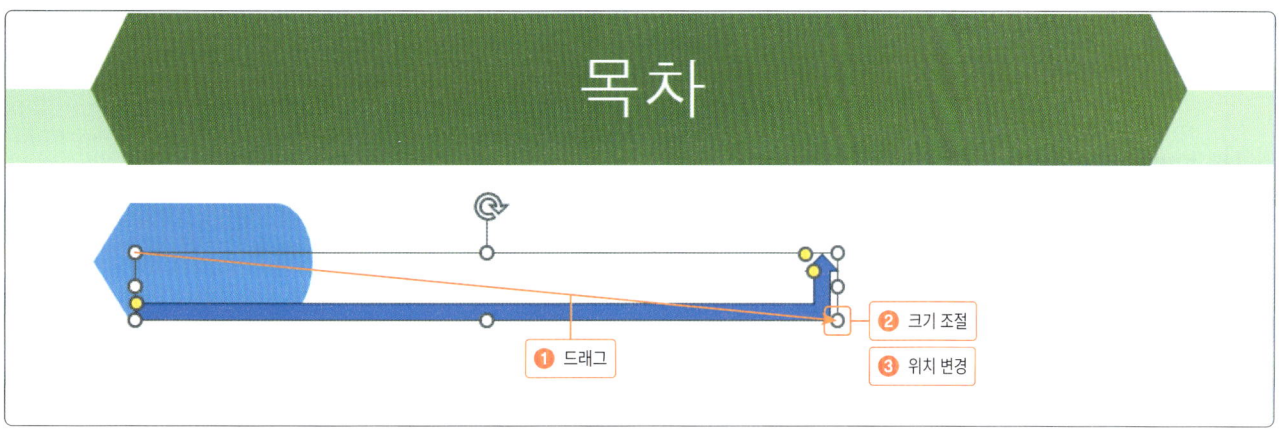

⑩ [도형 서식] 탭의 [도형 스타일] 그룹에서 [도형 윤곽선]-'윤곽선 없음'을 선택합니다.

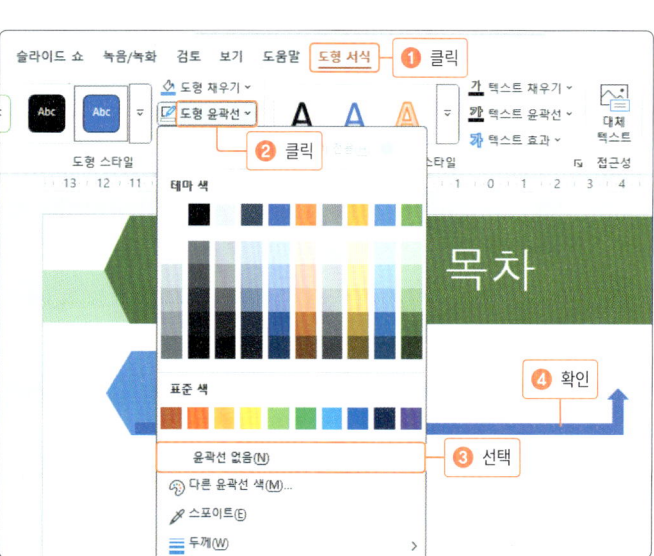

 목차 슬라이드

목차 슬라이드를 작성할 때 도형의 선이 '선 없음'으로 출제되며, 2개의 도형을 겹쳐서 만드는 목차 도형의 모양으로 출제되오니 《출력형태》를 반드시 확인하시기 바랍니다.

⑪ [도형 서식] 탭의 [도형 스타일] 그룹에서 [도형 채우기]-'**주황**'을 선택합니다.

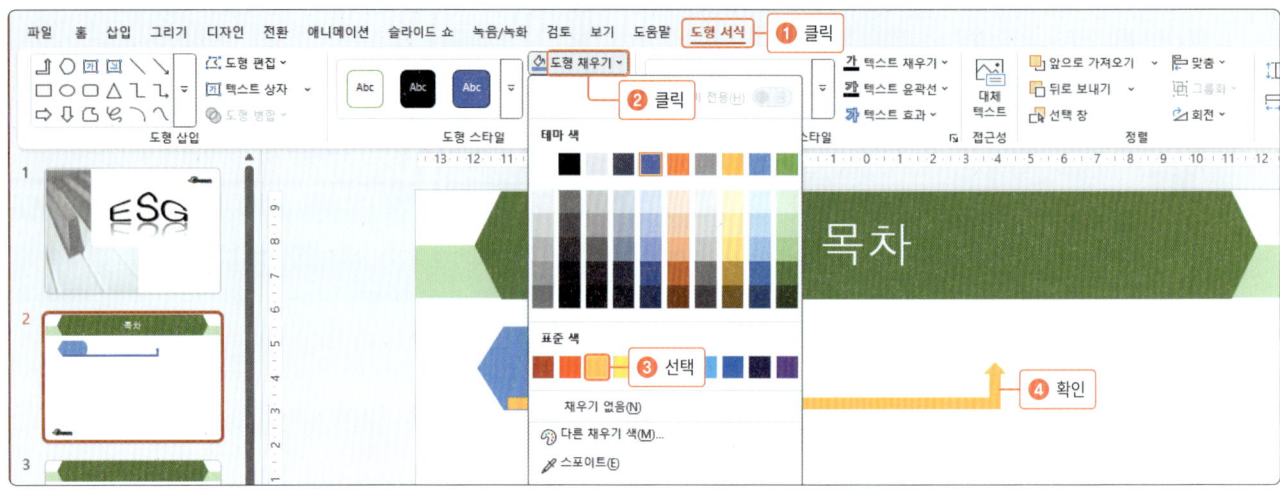

⑫ '화살표: 위로 굽음' 도형이 선택된 상태에서 [도형 서식] 탭의 [정렬] 그룹에서 '**뒤로 보내기**( )'를 클릭합니다.

※ 상황에 따라 뒤로 보내기의 목록 단추( )를 눌러 '맨 뒤로 보내기'를 선택할 수도 있습니다.

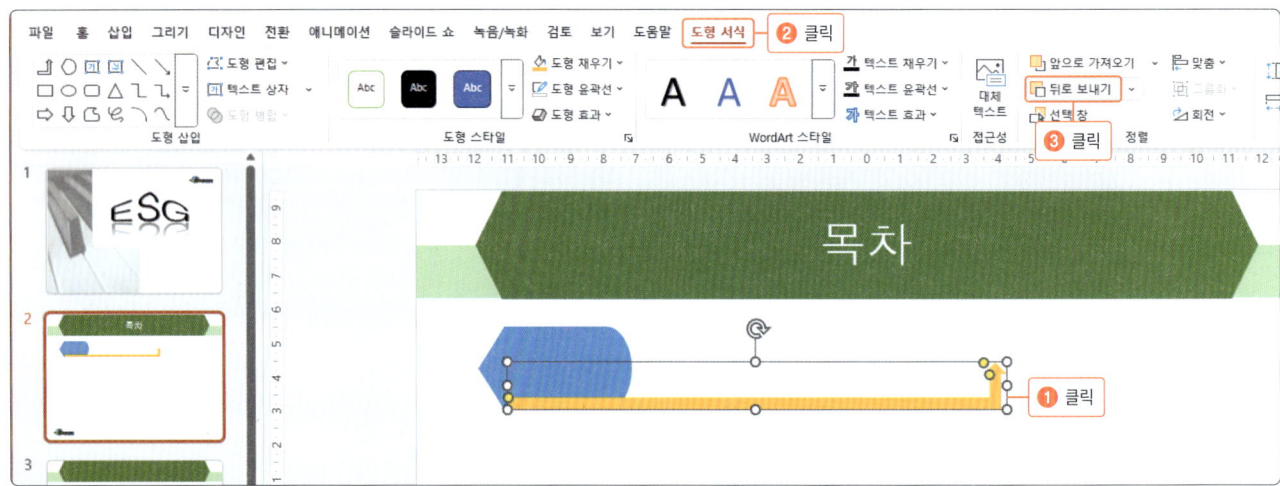

■ 텍스트 입력하기

글꼴 : 돋움, 24pt

⑬ 왼쪽 도형을 선택한 후 숫자 '**1**'을 입력한 다음 Esc 키를 눌러 입력을 종료합니다.

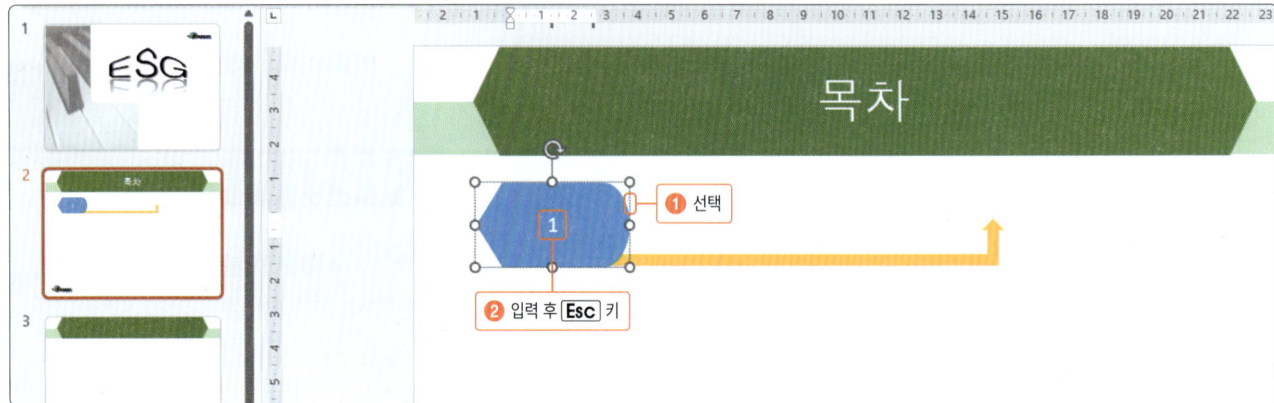

⑭ [홈] 탭의 [글꼴] 그룹에서 '**글꼴(돋움), 글꼴 크기(24pt)**'를 지정합니다.

※ 답안 작성요령에 글꼴 색은 '검정' 또는 '흰색'으로 작성하라는 조건이 있기 때문에 도형 안의 글꼴 색이 흰색(흰색, 배경 1)이 맞는지 확인한 후 작업합니다.

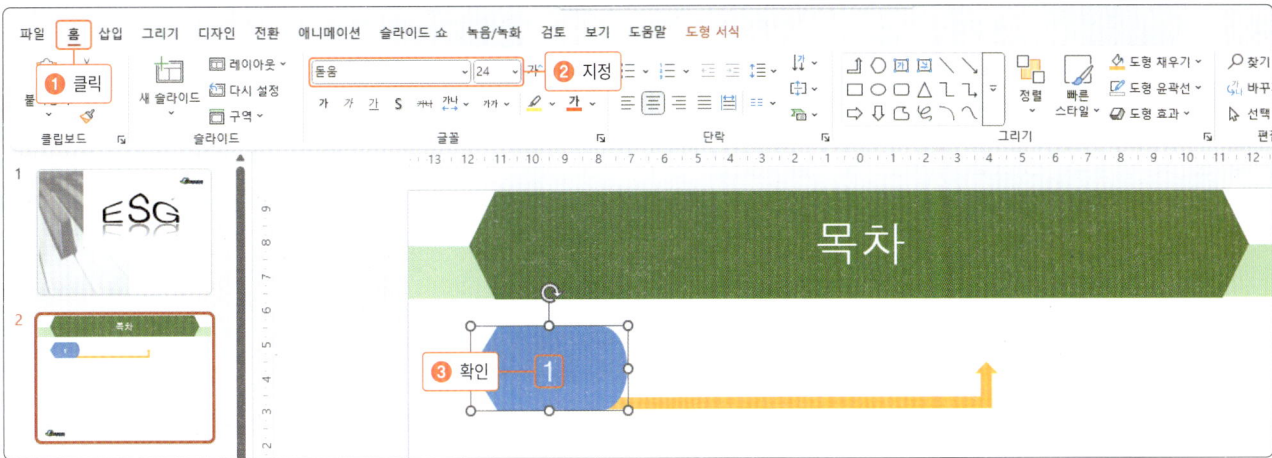

⑮ 번호에 맞추어 목차 내용을 입력하기 위해 [삽입] 탭의 [텍스트] 그룹에서 '**가로 텍스트 상자 그리기( )**'를 클릭합니다. 이어서, 마우스 포인터가 ↓ 모양으로 변경되면 아래 그림처럼 드래그합니다.

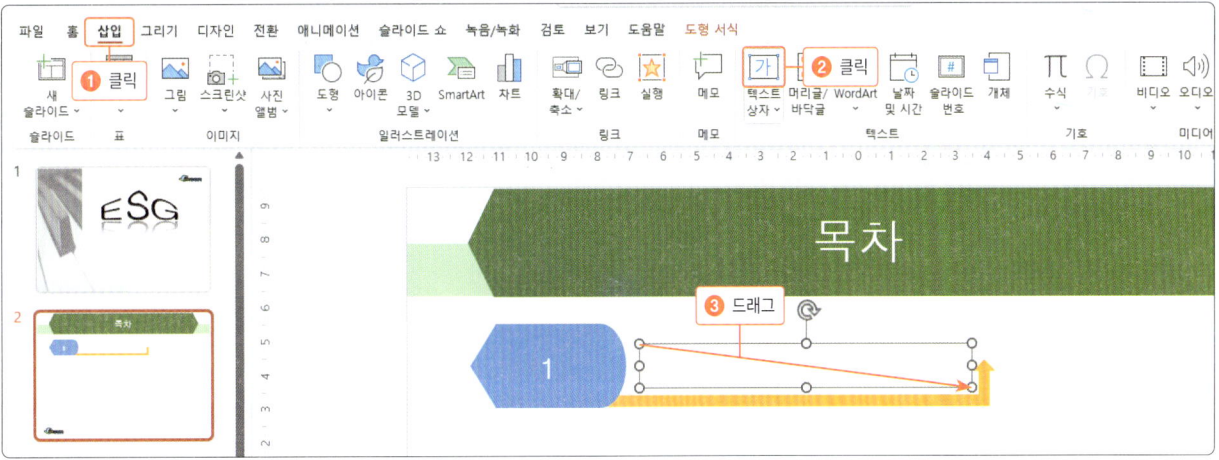

⑯ 가로 텍스트 상자가 삽입되면 '**지속가능경영**'을 입력한 후 Esc 키를 누릅니다. 이어서, [홈] 탭의 [글꼴] 그룹에서 '**글꼴(돋움), 글꼴 크기(24pt)**'를 지정합니다.

※ 《출력형태》를 확인하여 텍스트를 정렬(왼쪽 맞춤/가운데 맞춤/오른쪽 맞춤)합니다.

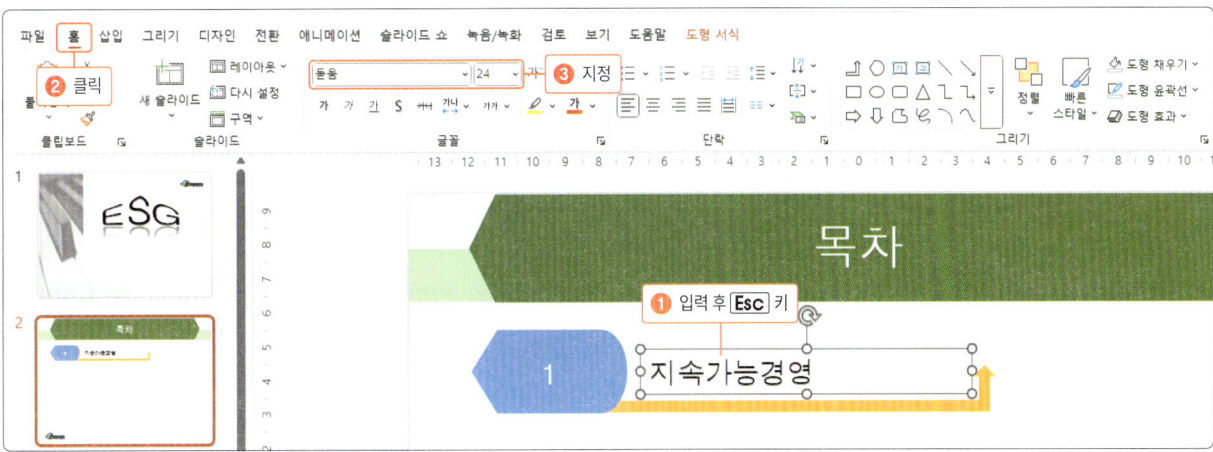

⑰ 입력이 완료되면 《출력형태》를 참고하여 텍스트 상자의 크기를 조절한 후 위치를 변경합니다.

※ 위치 변경은 텍스트 상자의 테두리를 드래그하며, 크기 조절은 조절점(○)을 드래그합니다.

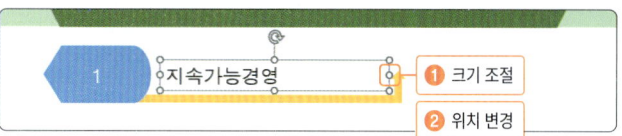
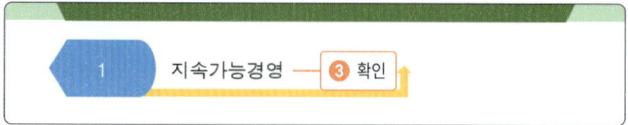

■ 도형 및 텍스트 상자를 복사한 후 내용 변경하기

글꼴 : 돋움, 24pt

⑱ 그림과 같이 드래그하여 복사할 도형과 텍스트 상자를 선택합니다.

※ 위쪽 슬라이드 마스터의 텍스트 상자('목차')가 선택되지 않도록 주의하여 드래그합니다.

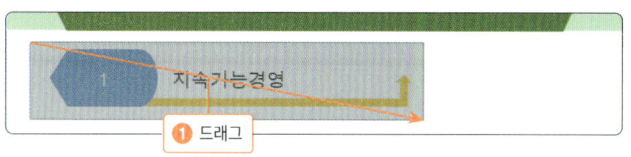
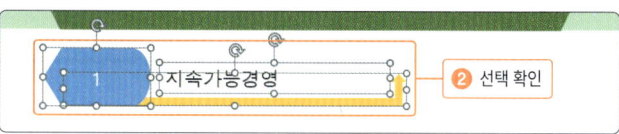

⑲ Ctrl + Shift 키를 누른 채 아래쪽으로 드래그하여 복사합니다. 도형과 텍스트 상자가 복사되면 똑같은 방법으로 2개를 더 복사하여 총 4개를 만듭니다.

※ 도형의 간격이 《출력형태》와 같지 않을 경우 키보드의 방향키(↑, ↓)를 눌러 조절합니다.

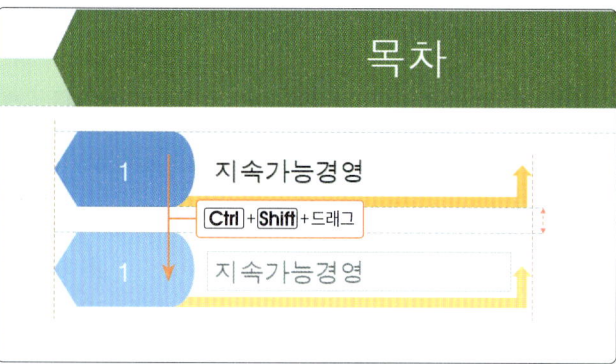

⑳ 복사가 완료되면 도형과 가로 텍스트 상자 안쪽의 텍스트를 드래그하여 블록으로 지정한 후 《출력형태》와 같이 내용을 입력합니다.

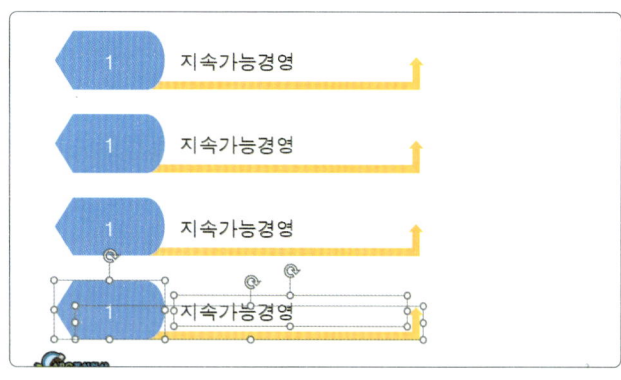

▲ 도형 및 텍스트 상자 복사

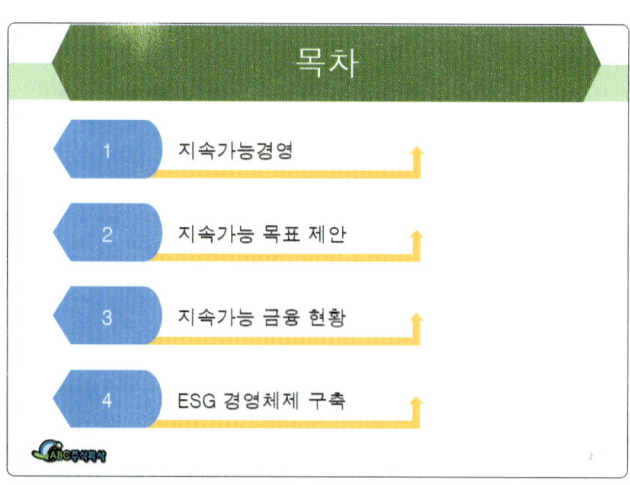

▲ 도형 및 텍스트 상자의 내용 수정

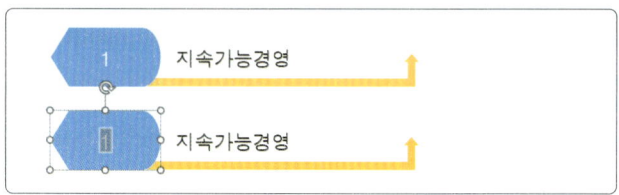

▲ 블록 지정 후 내용 입력

《목차 슬라이드》의 도형 편집 알아보기

❶ 《목차 슬라이드》에서 작성하는 도형의 모양이 기본적인 도형만 이용하여 작업한다면 큰 어려움이 없겠지만 다양한 기능을 활용하여 출제될 가능성도 있습니다.
  - 예 : 상하 대칭(◁), 좌우 대칭(△) 기능을 이용하여 도형을 회전, 노란색 조절점(○)으로 도형을 변형시킨 후 상하 대칭, 회전 조절점(◎)으로 도형을 회전시킨 후 좌우 대칭, 도형을 회전한 후 텍스트 상자를 삽입하여 숫자 입력 등

❷ 아래 내용과 이미지를 참고하여 목차 도형을 완성합니다.
  - [파일]-[새로 만들기]-[새 프레젠테이션]을 더블 클릭
  - [홈]-[슬라이드]-[레이아웃]-'빈 화면'

▲ 완성 이미지

▲ 순서도: 순차적 액세스 저장소 도형 삽입

▲ 윤곽선 없음

▲ 도형 채우기

▲ 오른쪽으로 90도 회전

▲ 좌우 대칭

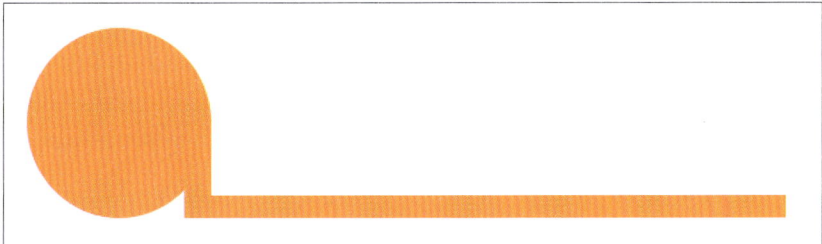

▲ 직사각형 도형 삽입 → 윤곽선 없음 → 도형 채우기 → 목차 도형 완성

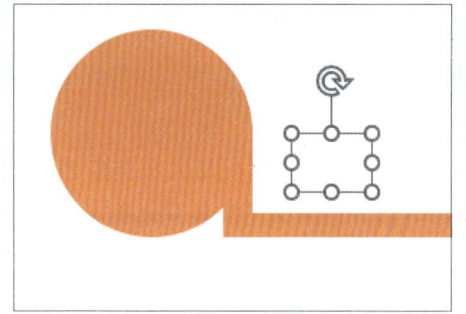
▲ 가로 텍스트 상자 그리기(📧) 삽입

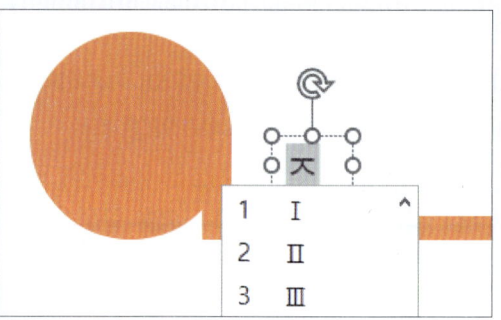
▲ 'ㅈ' 입력 후 한자 키를 눌러 1을 선택

※ 주의 : 도형을 회전했기 때문에 도형 안에 글자를 입력하면 도형과 함께 글자도 회전됩니다. 이런 경우에는 텍스트 상자를 이용하여 글자를 입력한 후 도형 안쪽으로 텍스트 상자의 위치를 이동시킵니다.

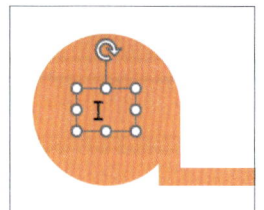
▲ 도형 안쪽으로 텍스트 상자 이동

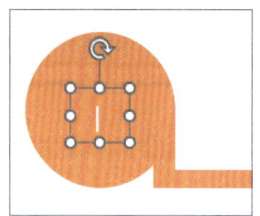
▲ 글꼴(돋움), 글꼴 크기(24pt), 글꼴 색(흰색, 배경 1)

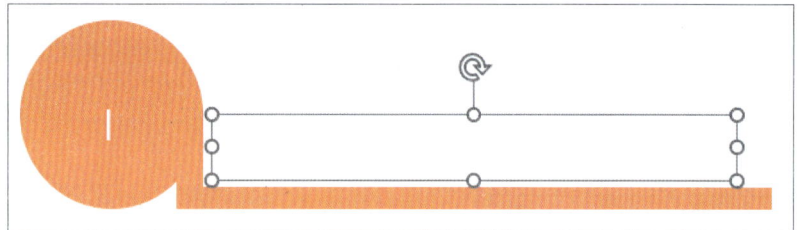
▲ 가로 텍스트 상자 그리기(📧) 삽입

▲ 목차 내용 입력

▲ 글꼴(돋움), 글꼴 크기(24pt)

※ 주의 : 크기가 작은 텍스트 상자를 이동시킬 때는 텍스트 상자의 크기를 키워 위치를 변경하거나, 텍스트 상자의 테두리를 클릭한 후 키보드의 방향키(←, →, ↑, ↓)를 눌러 이동합니다.

Skill 02 텍스트에 하이퍼링크 적용하기

텍스트에 하이퍼링크 적용 → '슬라이드 6'

❶ 'ESG 경영체제 구축'을 드래그하여 블록으로 지정합니다. 이어서, 지정된 블록 위에서 [마우스 오른쪽 단추]를 눌러 바로가기 메뉴가 나오면 **'하이퍼링크'**를 클릭합니다.

※ [삽입] 탭의 [링크] 그룹에서 '링크(🔗)'를 클릭해도 됩니다.

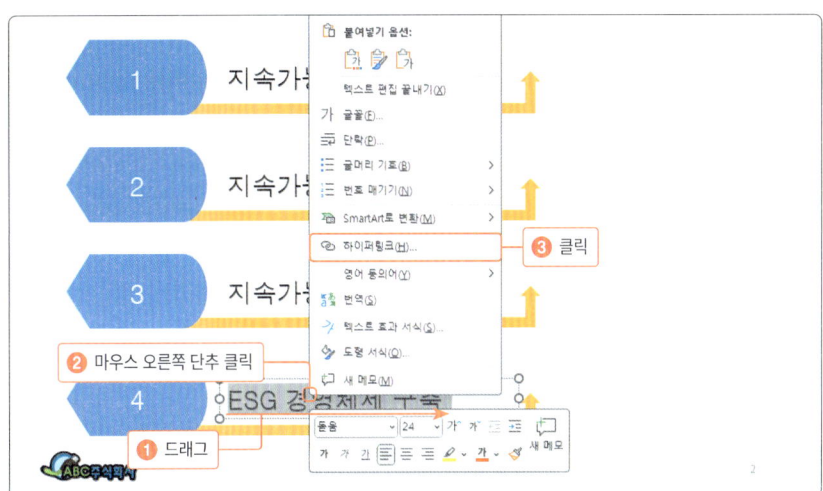

TIP 하이퍼링크 적용시 주의할 점
맞춤법 검사(빨간 밑줄)가 적용된 텍스트에서는 바로가기 메뉴가 다르게 나타나기 때문에 [삽입] 탭의 [링크] 그룹에서 '링크(🔗)' 를 사용합니다.

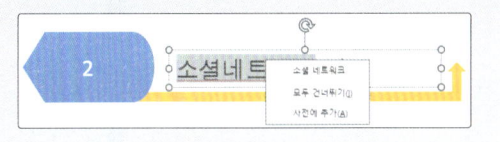

❷ [하이퍼링크 삽입] 대화상자가 나오면 [연결 대상]-**'현재 문서'**를 클릭한 후 [이 문서에서 위치 선택]-**'6. 슬라이드 6'**을 선택한 다음 〈확인〉 단추를 클릭합니다.

※ 시험에서는 [슬라이드 3~6]에 하이퍼링크를 적용하는 문제가 출제되고 있습니다.

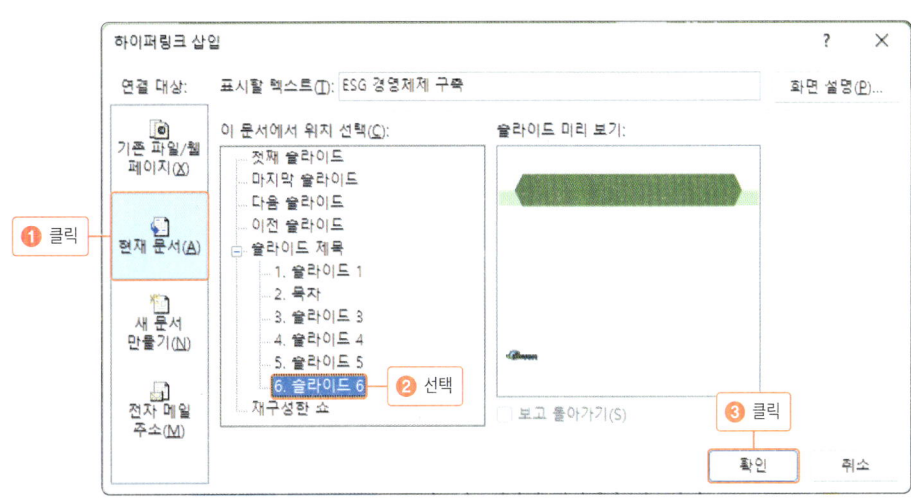

③ Esc 키를 눌러 블록 지정을 해제한 후 텍스트에 적용된 하이퍼링크를 확인합니다.

 하이퍼링크

① 하이퍼링크가 적용되면 텍스트가 파란색으로 변경되며 동시에 밑줄이 생깁니다.
② 문제지 조건에 따라 하이퍼링크는 반드시 도형이 아닌 텍스트에 지정합니다.
③ 하이퍼링크를 잘못 지정했을 때는 하이퍼링크 위에서 [마우스 오른쪽 단추]를 눌러 바로가기 메뉴가 나오면 [링크 제거]를 클릭한 후 다시 하이퍼링크를 지정합니다.

03 자르기 기능을 이용하여 그림 삽입하기

그림 삽입 : 「내 PC₩문서₩ITQ₩Picture₩그림4.jpg」 자르기 기능 이용

① [삽입] 탭의 [이미지] 그룹에서 [그림( )]-[다음에서 그림 삽입:]-'이 디바이스...'를 선택합니다. 이어서, [그림 삽입] 대화상자가 나오면 경로(내 PC\문서\ITQ\Picture)를 지정한 후 '**그림4**'를 선택한 다음 〈삽입〉 단추를 클릭합니다.

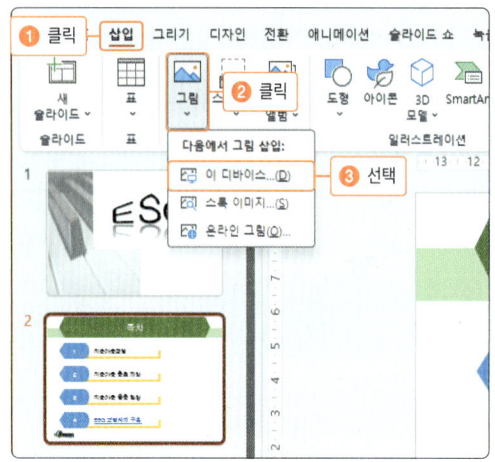

❷ 그림이 삽입되면 [그림 서식] 탭의 [크기] 그룹에서 '**자르기(**☑**)**'를 클릭합니다. 이어서, 하단의 자르기 구분선 (⌐)을 드래그하여 필요한 부분만 보이도록 한 후 Esc 키를 눌러 이미지를 잘라냅니다.

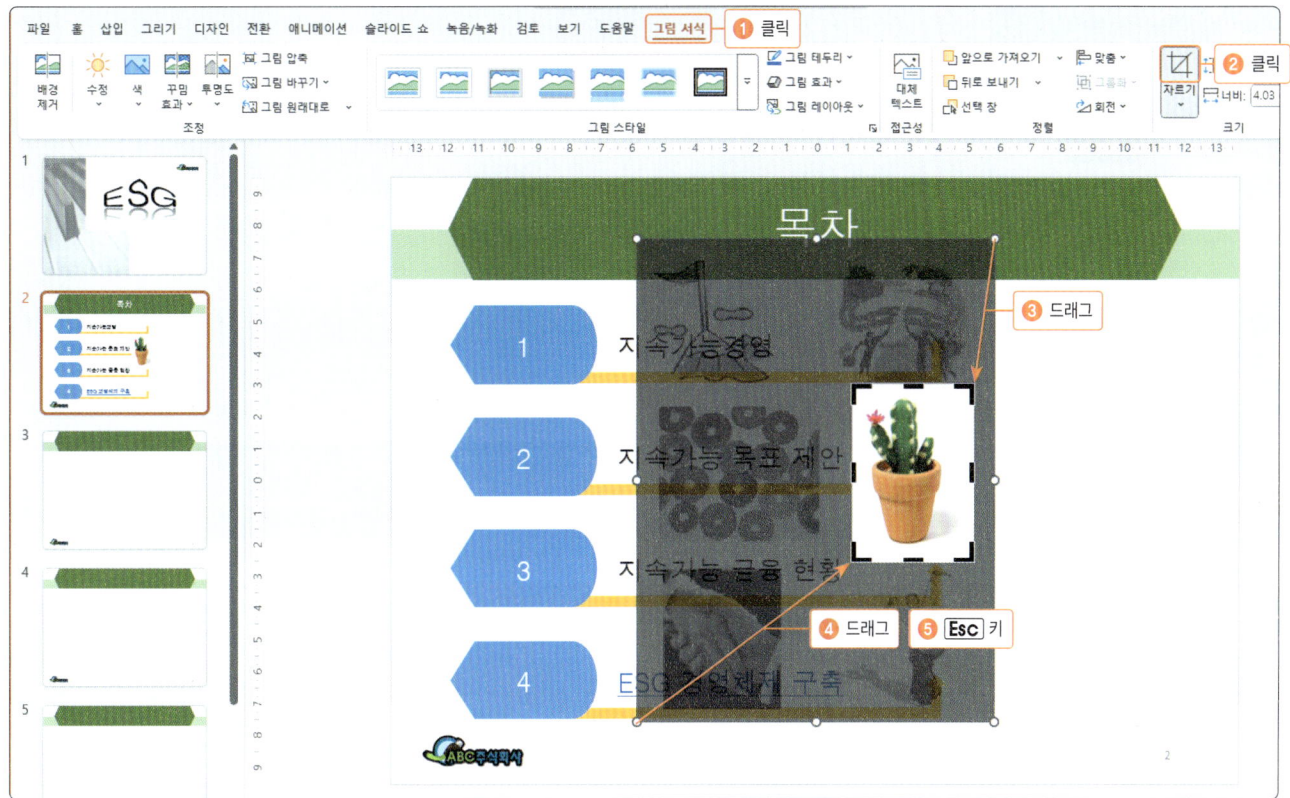

❸ 《출력형태》를 참고하여 그림의 위치를 변경합니다.

❹ [파일]-[저장](Ctrl+S) 또는 [빠른 실행 도구 모음]에서 '**저장(**🖫**)**'을 클릭합니다.

※ 실제 시험을 볼 때 작업 도중에 수시로(10분에 한 번 정도) 저장을 하는 것이 좋습니다.

출제유형 완전정복 > [슬라이드 2]《목차 슬라이드》

완전정복 - 01 문제지의 지시사항 및 세부조건을 참고하여《출력형태》에 알맞게 작업하시오.

· 소스 : 정복03_문제01.pptx   · 정답 : 정복03_정답01.pptx

작성 시간 / 권장 시간
분 / 5분

(1) 출력형태와 같이 도형을 이용하여 목차를 작성한다(글꼴 : 돋움, 24pt).
(2) 도형 : 선 없음

《출력형태》

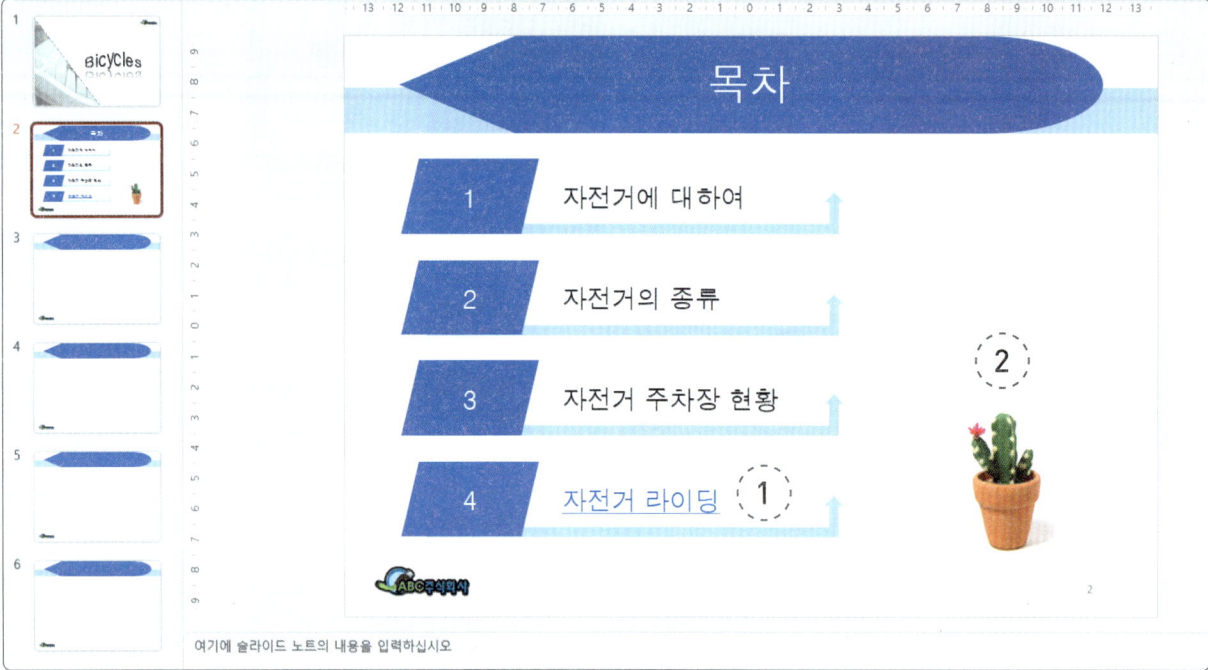

◆ 세부 조건
① 텍스트에 링크 적용
  → '슬라이드 6'

② 그림 삽입
  -「내 PC₩문서₩ITQ₩Picture₩그림4.jpg」
  - 자르기 기능 이용

완전정복-02

문제지의 지시사항 및 세부조건을 참고하여 《출력형태》에 알맞게 작업하시오.

· 소스 : 정복03_문제02.pptx   · 정답 : 정복03_정답02.pptx

작성 시간 / 권장 시간 : 분 / 5분

(1) 출력형태와 같이 도형을 이용하여 목차를 작성한다(글꼴 : 돋움, 24pt).
(2) 도형 : 선 없음

세부조건
① 텍스트에 링크 적용
  → '슬라이드 6'
② 그림 삽입
  - 「내 PC\문서\ITQ\Picture\그림4.jpg」
  - 자르기 기능 이용

완전정복-03

문제지의 지시사항 및 세부조건을 참고하여 《출력형태》에 알맞게 작업하시오.

· 소스 : 정복03_문제03.pptx   · 정답 : 정복03_정답03.pptx

작성 시간 / 권장 시간 : 분 / 5분

(1) 출력형태와 같이 도형을 이용하여 목차를 작성한다(글꼴 : 돋움, 24pt).
(2) 도형 : 선 없음

세부조건
① 텍스트에 링크 적용
  → '슬라이드 4'
② 그림 삽입
  - 「내 PC\문서\ITQ\Picture\그림4.jpg」
  - 자르기 기능 이용

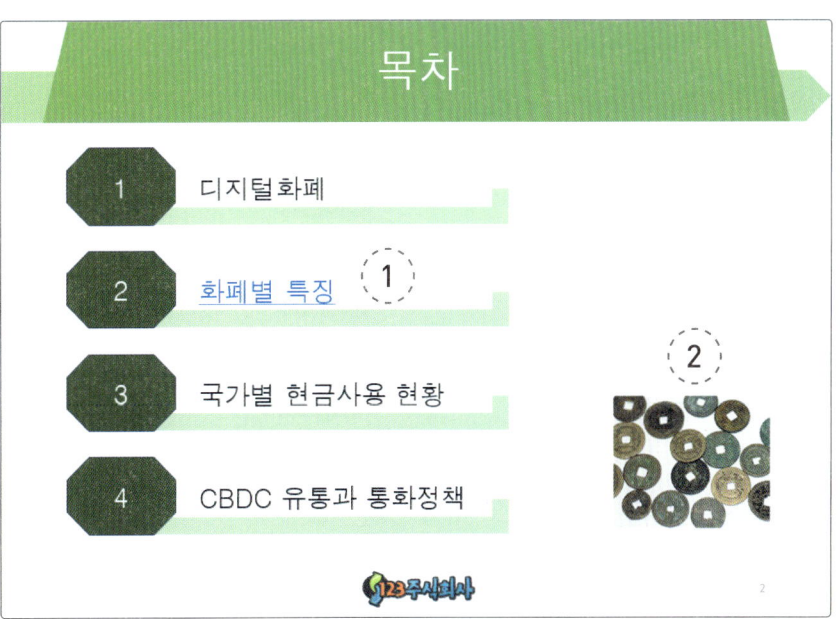

[슬라이드 2] 《목차 슬라이드》

완전정복-04

문제지의 지시사항 및 세부조건을 참고하여 《출력형태》에 알맞게 작업하시오.

· 소스 : 정복03_문제042.pptx　　· 정답 : 정복03_정답04.pptx

작성 시간 / 권장 시간 : 분 / 5분

(1) 출력형태와 같이 도형을 이용하여 목차를 작성한다(글꼴 : 돋움, 24pt).
(2) 도형 : 선 없음

세부조건
① 텍스트에 링크 적용
　→ '슬라이드 4'
② 그림 삽입
　-「내 PC\문서\ITQ\Picture\그림4.jpg」
　- 자르기 기능 이용

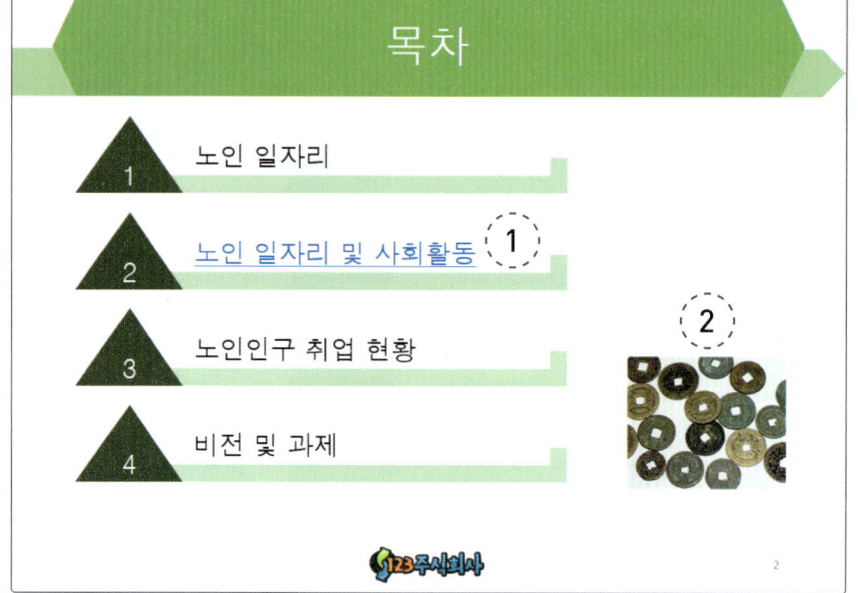

완전정복-05

문제지의 지시사항 및 세부조건을 참고하여 《출력형태》에 알맞게 작업하시오.

· 소스 : 정복03_문제05.pptx　　· 정답 : 정복03_정답05.pptx

작성 시간 / 권장 시간 : 분 / 5분

(1) 출력형태와 같이 도형을 이용하여 목차를 작성한다(글꼴 : 돋움, 24pt).
(2) 도형 : 선 없음

세부조건
① 텍스트에 링크 적용
　→ '슬라이드 4'
② 그림 삽입
　-「내 PC\문서\ITQ\Picture\그림4.jpg」
　- 자르기 기능 이용

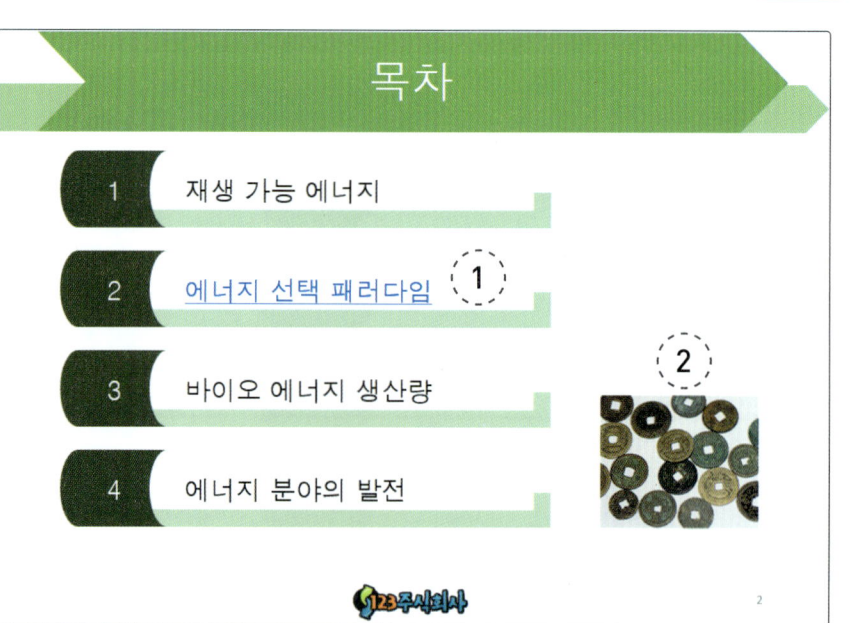

완전정복 - 06

문제지의 지시사항 및 세부조건을 참고하여 《출력형태》에 알맞게 작업하시오.

· 소스 : 정복03_문제06.pptx   · 정답 : 정복03_정답06.pptx

작성 시간 / 권장 시간
분 / 5분

(1) 출력형태와 같이 도형을 이용하여 목차를 작성한다(글꼴 : 굴림, 24pt).
(2) 도형 : 선 없음

세부조건
① **텍스트에 링크 적용**
　→ '슬라이드 4'
② **그림 삽입**
　– 「내 PC\문서\ITQ\Picture\그림4.jpg」
　– 자르기 기능 이용

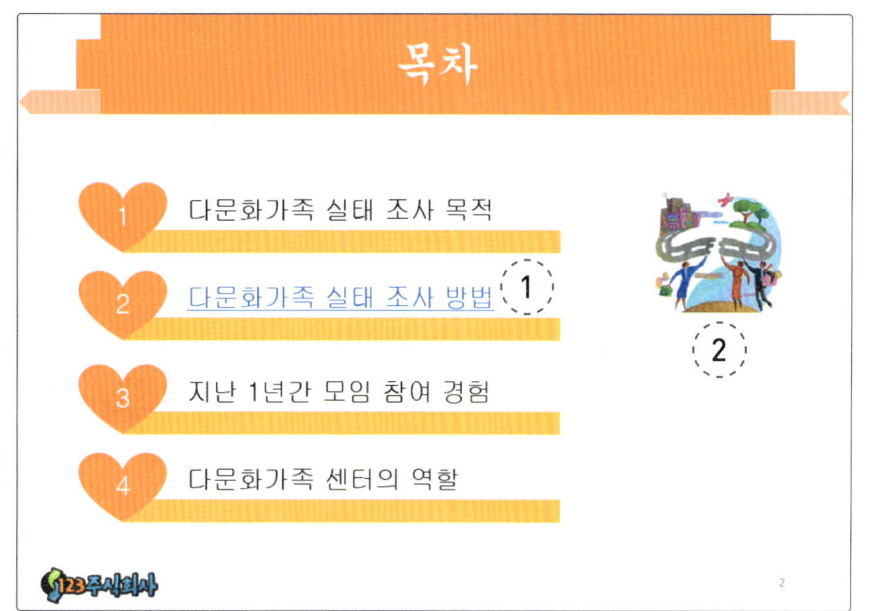

완전정복 - 07

문제지의 지시사항 및 세부조건을 참고하여 《출력형태》에 알맞게 작업하시오.

· 소스 : 정복03_문제07.pptx   · 정답 : 정복03_정답07.pptx

작성 시간 / 권장 시간
분 / 5분

(1) 출력형태와 같이 도형을 이용하여 목차를 작성한다(글꼴 : 굴림, 24pt).
(2) 도형 : 선 없음

세부조건
① **텍스트에 링크 적용**
　→ '슬라이드 4'
② **그림 삽입**
　– 「내 PC\문서\ITQ\Picture\그림4.jpg」
　– 자르기 기능 이용

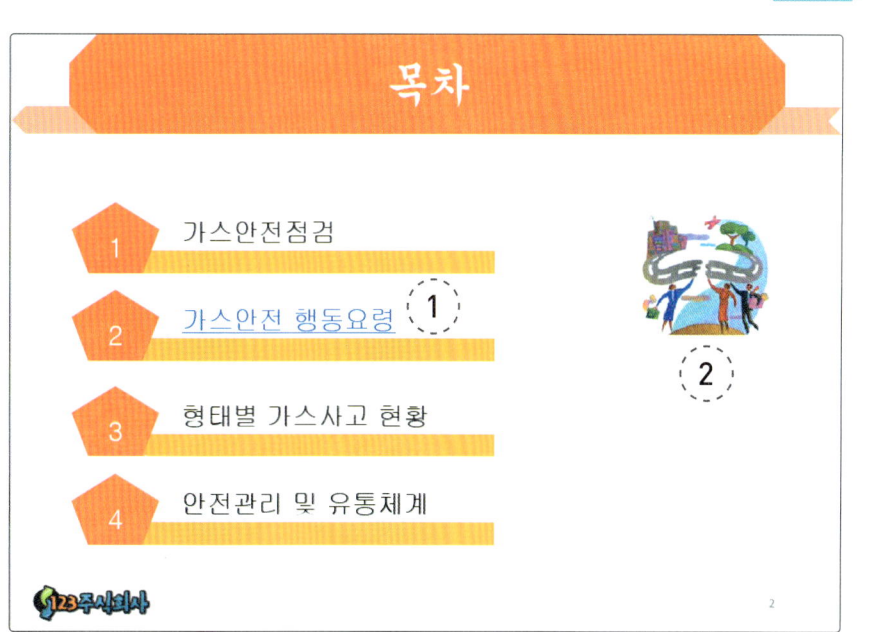

PART 02 출제유형 완전정복

[슬라이드 3] 《텍스트/동영상 슬라이드》

☑ 글머리 기호 지정하기 ☑ 문단 서식 지정하기
☑ 줄 간격 지정하기 ☑ 동영상 삽입하기

문제 미리보기

• 소스 : 유형04_문제.pptx • 정답 : 유형04_정답.pptx

[슬라이드 3] 《텍스트/동영상 슬라이드》 (60점)

(1) 텍스트 작성 : 글머리 기호 사용(◆, ✓)

◆ 문단(굴림, 24pt, 굵게, 줄간격 : 1.5줄), ✓문단(굴림, 20pt, 줄간격 : 1.5줄)

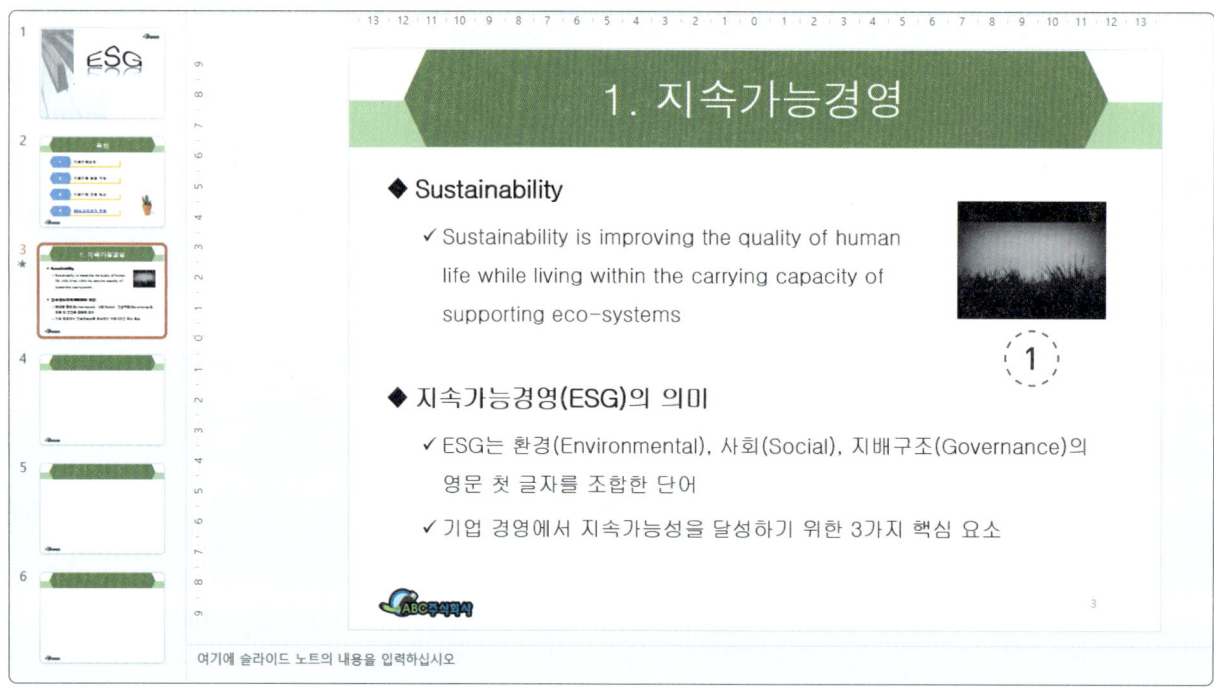

세부 조건

① **동영상 삽입:**
- 「내 PC\문서\ITQ\Picture\동영상.wmv」
- 자동실행, 반복재생 설정

Information Technology Qualification

난이도	권장 시간 / 시험 시간
★★☆☆☆	5분 / 60분

시험분석

◆ **출제 경향 : 출제 문제를 분석**
- ☑ 제목 텍스트 상자에 제목을 입력할 때 번호를 함께 입력합니다.
- ☑ 글머리 기호는 ❖, ✓, ➤ 등의 모양이 자주 출제되고 있습니다.
- ☑ 동영상을 삽입할 때는 '자동 실행'과 '반복 재생'을 지정하는 형식으로 계속 출제되고 있으나, 반드시 세부 조건을 참고하여 작업합니다.

◆ **주의 사항 : 실수가 많은 내용**
- ☑ 번호 형식이 로마 숫자(Ⅰ, Ⅱ, Ⅲ, Ⅳ)인 경우 한글 자음 'ㅈ'을 입력한 후 한자 키를 눌러 로마 숫자(Ⅰ, Ⅱ, Ⅲ, Ⅳ)를 선택합니다.
- ☑ 텍스트 상자 안에 내용을 입력할 때 텍스트 상자의 크기에 비해 글자 수가 많아 글자가 넘치게 되면 임의로 글꼴의 '크기 및 줄 간격'이 자동으로 변경되므로 변경되는 것을 막기 위해 '자동 맞춤 안함'을 지정합니다.
- ☑ 작업 도중 글머리 기호가 삭제되었어도 나중에 다시 지정하는 작업이 있기 때문에 삭제된 글머리 기호는 무시하고 내용을 입력합니다.(단, Tab 키를 눌러 하위 수준으로 반드시 변경해야 함)

◆ **주요 단축키 : 문서 작성시 시간 단축에 도움**
- ☑ 글머리 기호(하위 수준 : Tab, 상위 수준 : Shift + Tab)

Skill 01 텍스트 상자에 내용을 입력하기

■ 텍스트 상자 '자동 맞춤 안 함' 지정하기

① 유형04_문제.pptx 파일을 불러와 [슬라이드 3]을 클릭한 후 작업합니다.

※ 파일 불러오기 : [파일]-[열기]-[찾아보기]를 클릭한 후 [열기] 대화상자에서 파일을 선택합니다.

② 슬라이드 상단의 '제목을 추가하려면 클릭하십시오.'를 클릭한 후 '**1. 지속가능경영**'을 입력합니다. 이어서, '텍스트를 입력하십시오' 텍스트 상자의 테두리 위에서 [마우스 오른쪽 단추]를 눌러 바로가기 메뉴가 나오면 '**도형 서식**'을 클릭합니다.

③ 오른쪽 작업 창이 활성화되면 [텍스트 옵션]에서 [텍스트 상자()]를 눌러 '**자동 맞춤 안 함**'을 선택한 후 작업 창을 종료(☒)합니다.

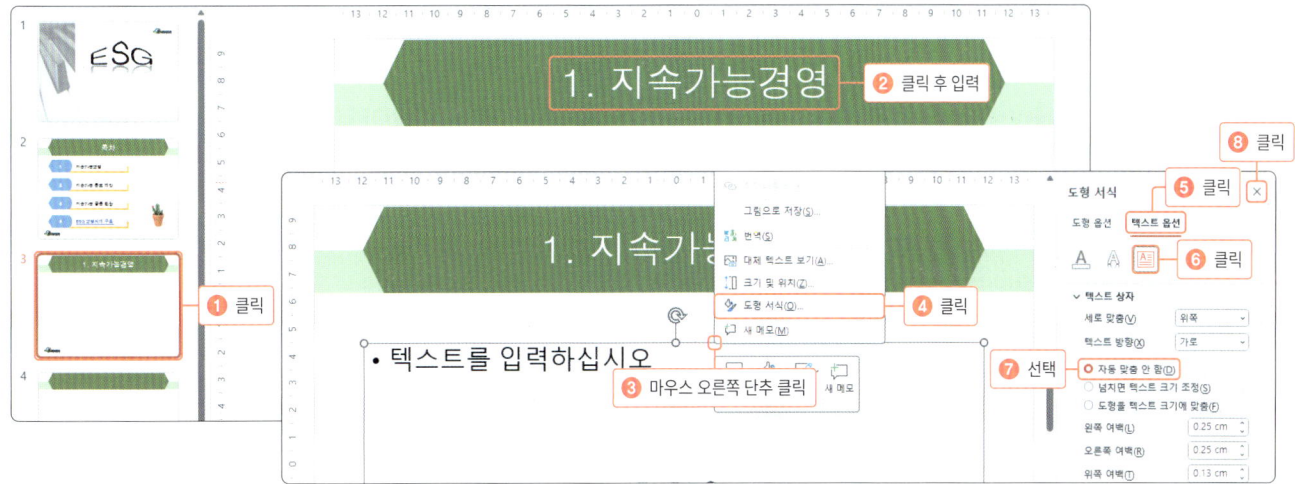

> **[자동 맞춤 안함]**
>
> 텍스트 상자 안에 내용을 입력할 때 텍스트 상자의 크기에 비해 글자 수가 많아 글자가 넘치게 되면 임의로 글꼴의 '크기 및 줄 간격'이 자동으로 변경됩니다. 하지만 '자동 맞춤 안 함'을 지정하면 텍스트 상자의 크기와 상관없이 변경했던 글자 크기를 고정할 수 있습니다.
>
>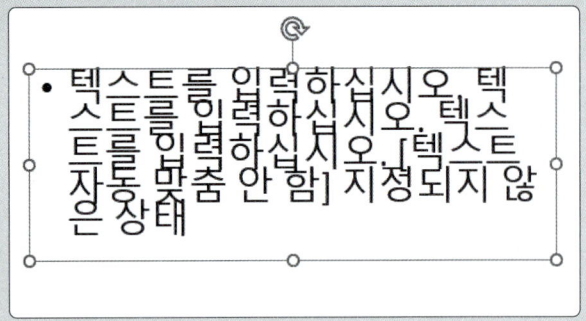
>
> ▲ 텍스트에 [자동 맞춤 안 함]이 지정되지 않았을 경우 → 글꼴의 크기와 줄 간격이 줄어들게 됩니다.
> ▲ 텍스트에 [자동 맞춤 안 함]이 지정되어 있을 경우 → 텍스트 상자 밖으로 글자가 넘치지만 글꼴의 크기 및 줄 간격은 그대로 유지됩니다.

■ 첫 번째 텍스트 상자 지정하기

◆문단(굴림, 24pt, 굵게, 줄간격 : 1.5줄), ✓문단(굴림, 20pt, 줄간격 : 1.5줄)

④ '텍스트를 입력하십시오'를 클릭하여 'Sustainability'를 입력한 후 Enter 키를 눌러 다음 문단으로 이동합니다. 이어서, Tab 키를 눌러 **하위 수준**으로 변경한 후 내용을 입력합니다.

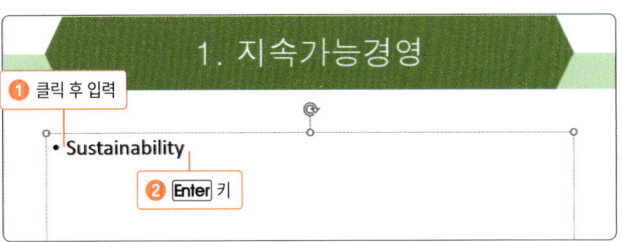 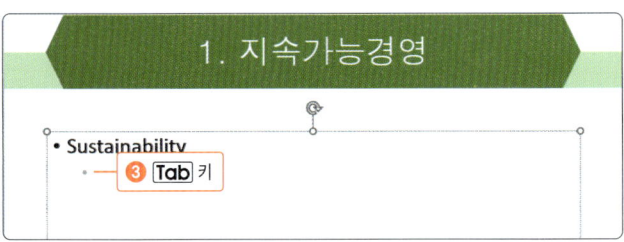

> **하위 수준 목록의 내용 입력시 주의할 점**
> ❶ 현재 작업은 하위 수준 목록의 글머리 기호가 두 개이기 때문에 Enter 키를 누르고 입력합니다.
> ❷ 작업 도중 글머리 기호가 삭제되었어도 나중에 다시 지정하는 작업이 있기 때문에 삭제된 글머리 기호는 무시하고 내용을 입력합니다.(단, Tab 키를 눌러 하위 수준으로 반드시 변경해야 함)

❺ 첫 번째 문단의 '제목(Sustainability)'을 드래그하여 블록으로 지정합니다. 이어서, [홈] 탭의 [단락] 그룹에서 글머리 기호( )의 목록 단추( )를 눌러 **'속이 찬 다이아몬드형 글머리 기호(◆)'**를 선택합니다.

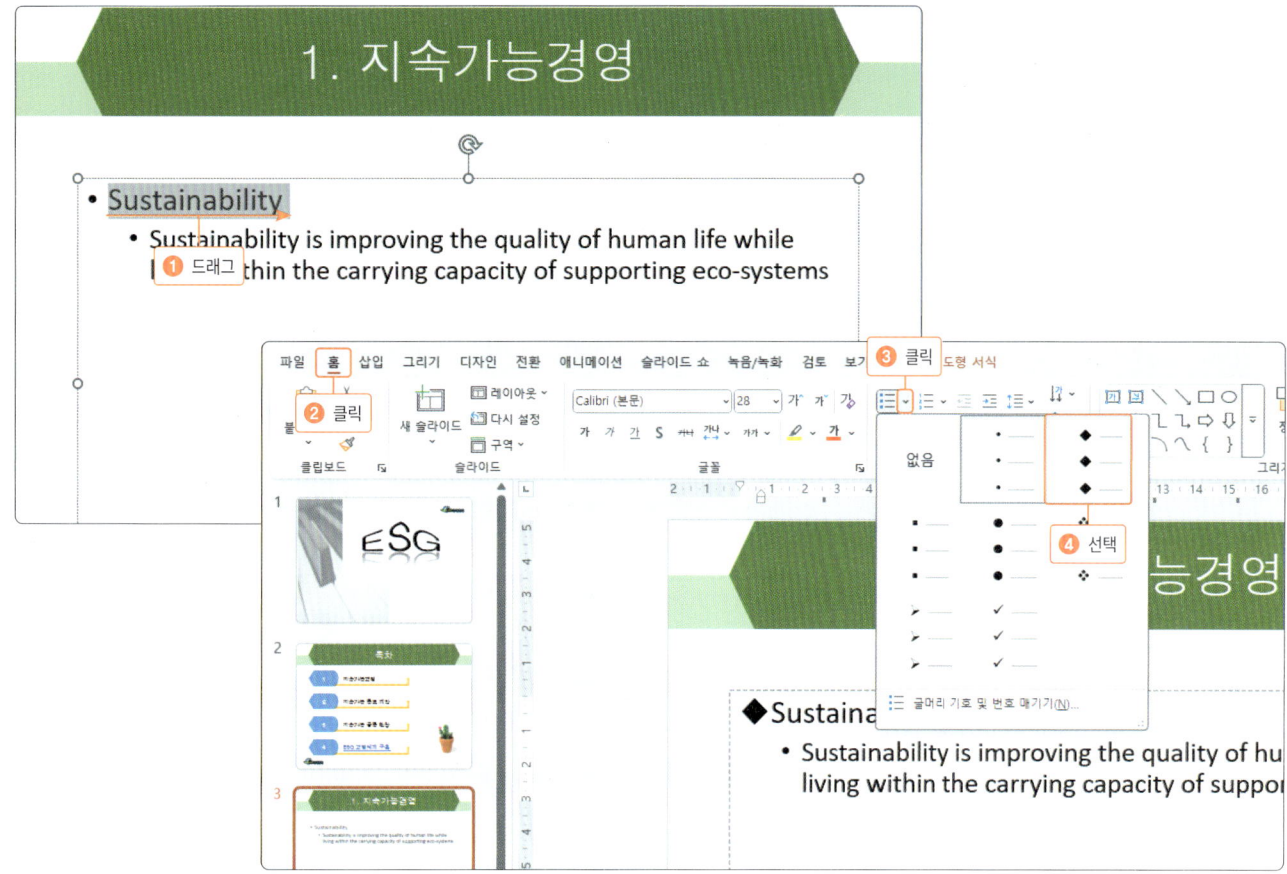

❻ [홈] 탭의 [글꼴] 그룹에서 **'글꼴(굴림), 글꼴 크기(24pt), 굵게(가)'**를 지정한 후 [단락] 그룹에서 [줄 간격( )]-'1.5'를 선택합니다.

※ 반드시 첫 번째 문단의 '제목(Sustainability)'이 블록으로 지정되어 있어야 합니다.

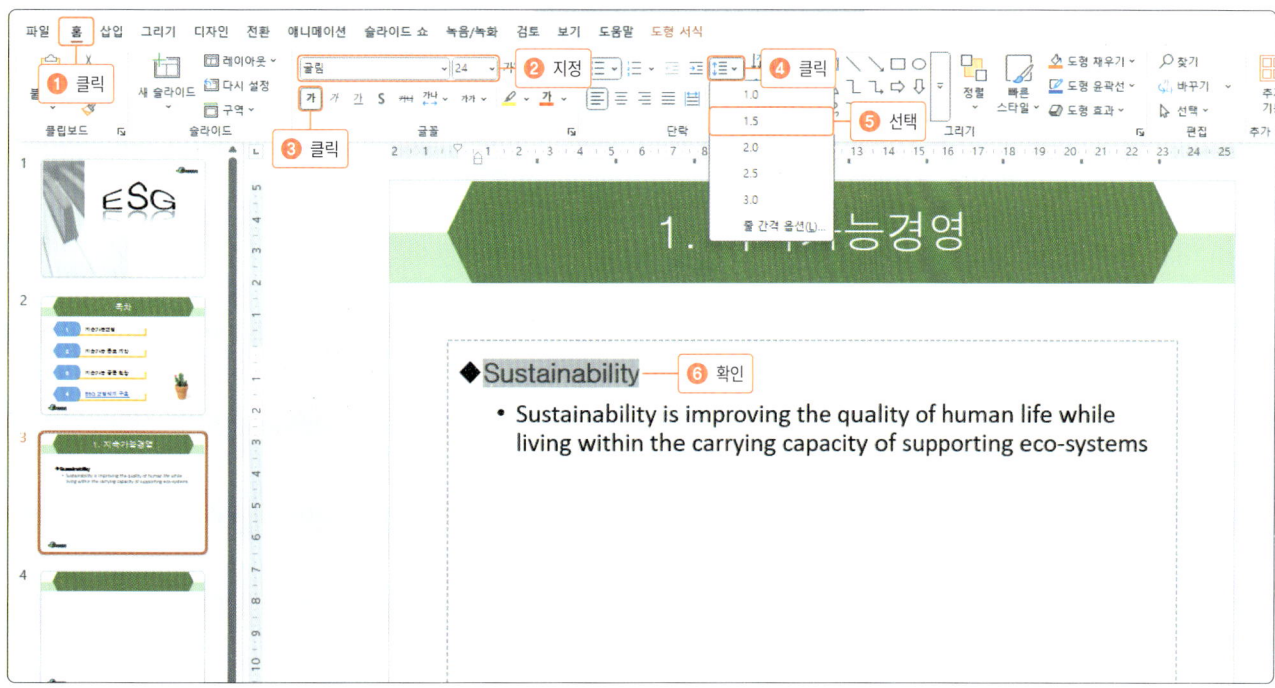

❼ 첫 번째 문단의 내용이 블록으로 지정된 상태에서 눈금자 부분의 삼각형과 사각형이 합쳐진 모양(⬒)을 드래그하여 간격을 조절합니다.

 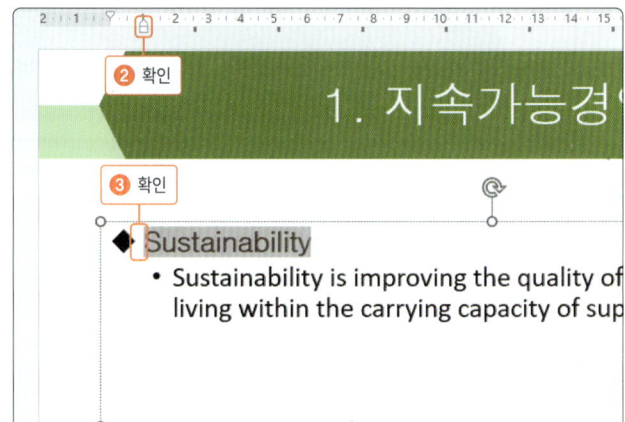

텍스트 상자를 이용하여 글머리 기호 간격 조절하기

눈금자 부분의 삼각형과 사각형이 합쳐진 모양(⬒)을 드래그하여 간격을 조절하지 않고 새롭게 텍스트 상자를 만들면 글머리 기호 간격이 자동으로 조절됩니다.

❶ 슬라이드 편집 창에서 텍스트 개체를 클릭한 후 Delete 키를 눌러 삭제
❷ [삽입] 탭의 [텍스트] 그룹에서 '가로 텍스트 상자 그리기(가)'를 클릭

 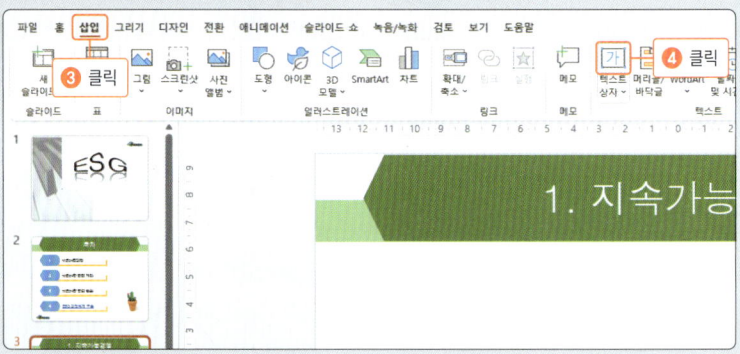

❸ 텍스트를 입력한 후 제목을 드래그하여 블록으로 설정
❹ [홈] 탭의 [단락] 그룹에서 글머리 기호(☰)의 목록 단추(▾)를 눌러 '속이 찬 다이아몬드형 글머리 기호(◆)'를 선택

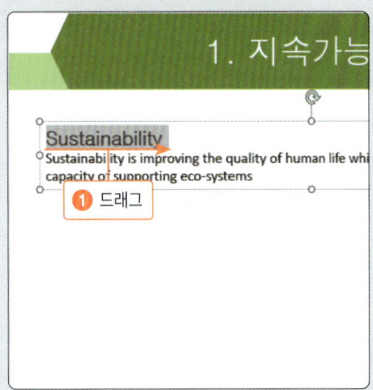 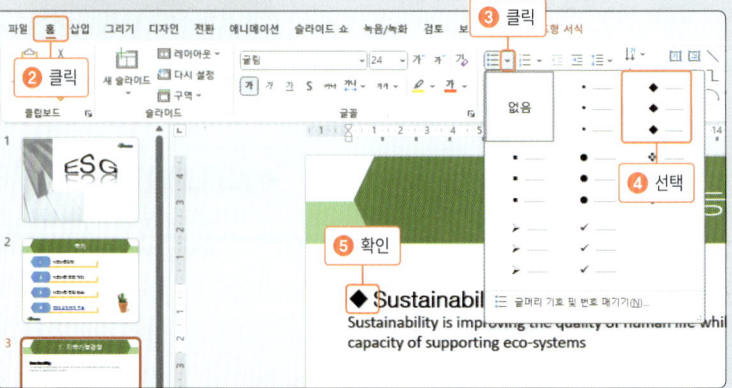

⑧ 첫 번째 문단의 내용(하위 수준 목록의 내용)을 마우스로 드래그하여 블록으로 지정합니다. 이어서, [홈] 탭의 [단락] 그룹에서 글머리 기호(☰)의 목록 단추(⌄)를 눌러 '**대조표 글머리 기호(✓)**'를 선택합니다.

※ 프로그램의 버전 및 사용 환경에 따라 글머리 기호의 목록이 다르게 보일 수 있습니다.

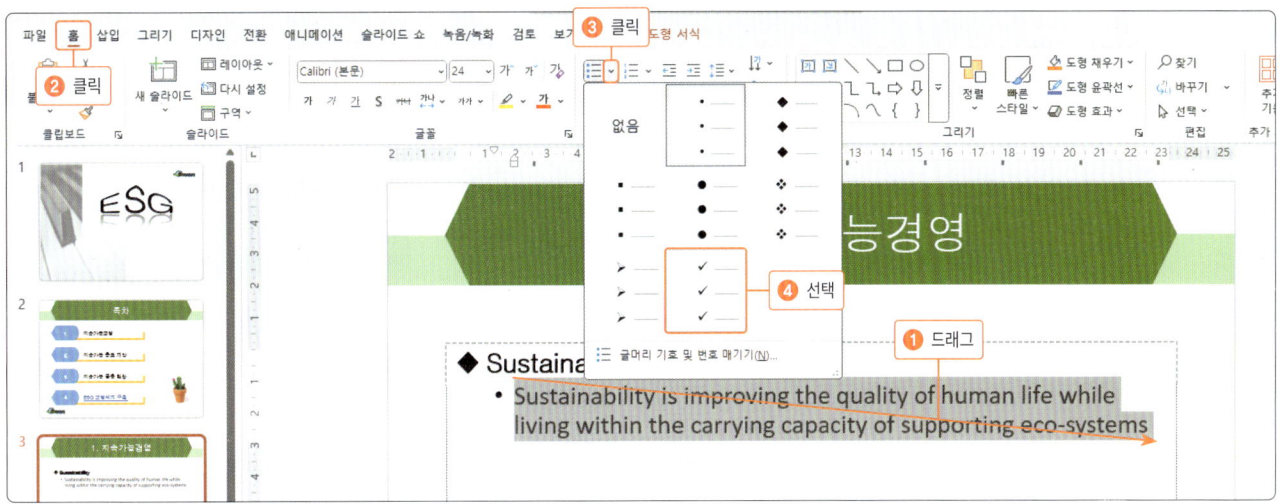

TIP 다양한 글머리 기호 찾기

만약 《출력형태》와 똑같은 모양의 글머리 기호가 보이지 않는 경우에는 아래 그림을 참고하여 똑같은 글머리 기호를 찾아 지정하도록 합니다.

❶ [홈]-[단락]-[글머리 기호(☰)]의 목록 단추(⌄) 클릭 → '글머리 기호 및 번호 매기기' 클릭
❷ [글머리 기호 및 번호 매기기] 대화상자가 나오면 〈사용자 지정〉 단추 클릭

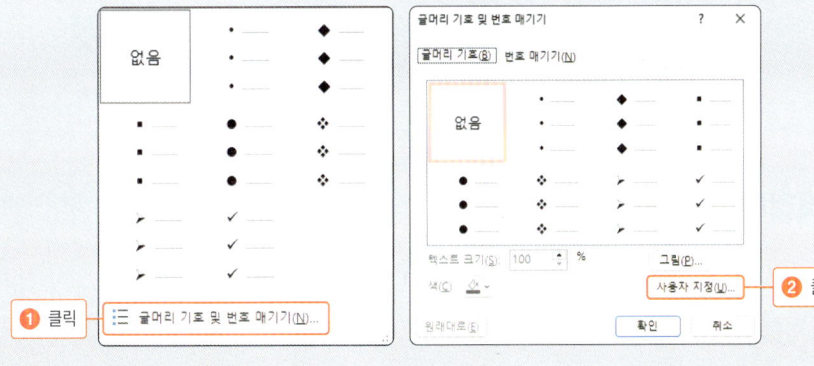

❸ [기호] 대화상자가 나오면 글꼴-wingdings에서 글머리 기호(☞)를 선택한 후 〈확인〉 단추 클릭
❹ [글머리 기호 및 번호 매기기] 대화상자가 다시 나오면 추가된 글머리 기호(☞)를 선택한 후 〈확인〉 단추 클릭

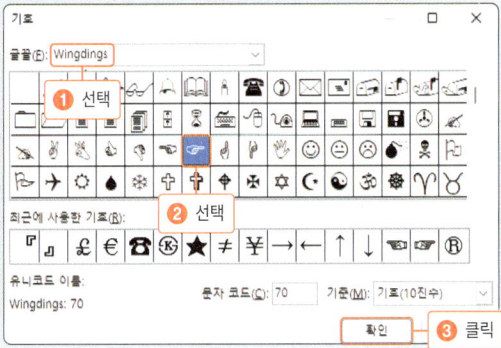
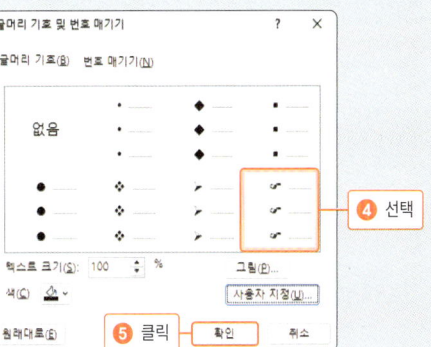

⑨ 두 번째 문단의 내용(하위 수준 목록의 내용)이 블록으로 지정된 상태에서 눈금자 부분의 삼각형과 사각형이 합쳐진 모양(⌂)을 드래그하여 간격을 조절합니다.

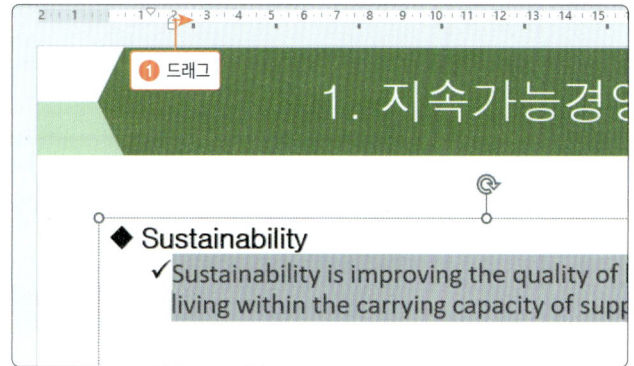

⑩ [홈] 탭의 [글꼴] 그룹에서 '글꼴(굴림), 글꼴 크기(20pt)'를 지정한 후 [단락] 그룹에서 [줄 간격(≣)] – '1.5'를 선택합니다.

■ 텍스트 상자의 크기 및 위치를 《출력형태》처럼 맞추기

⑪ 텍스트 상자의 아래쪽 가운데 조절점(○)을 드래그하여 그림과 같이 크기를 조절한 후 텍스트 상자의 테두리를 드래그하여 《출력형태》와 같이 위치를 변경합니다.

※ 텍스트 상자의 위치를 슬라이드의 왼쪽 상단으로 이동하여 아래쪽에 텍스트를 입력할 공간을 마련합니다.

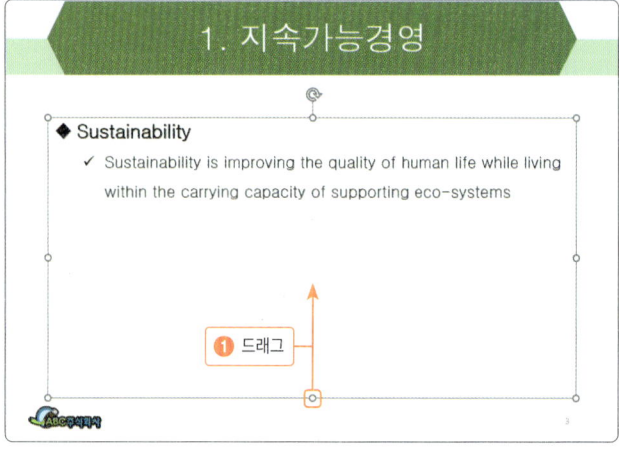
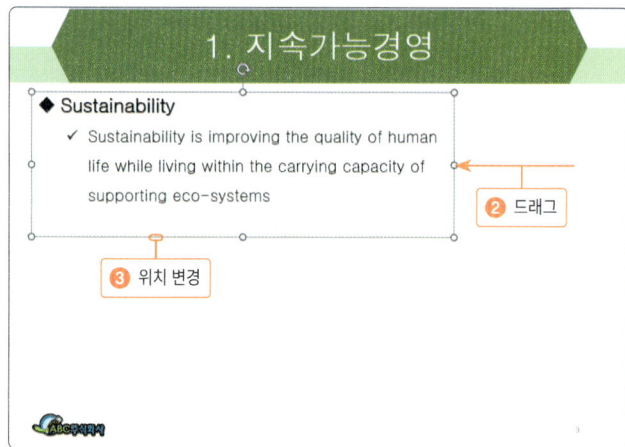

Skill 02 텍스트 상자를 복사한 후 내용 수정하기

❶ Ctrl+Shift 키를 누른 채 작성된 텍스트 상자의 테두리를 아래쪽으로 드래그하여 복사합니다.

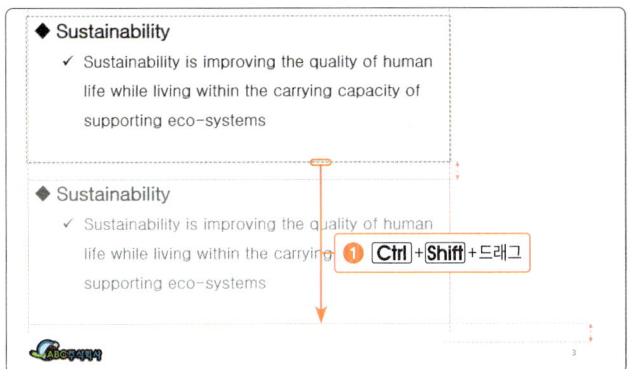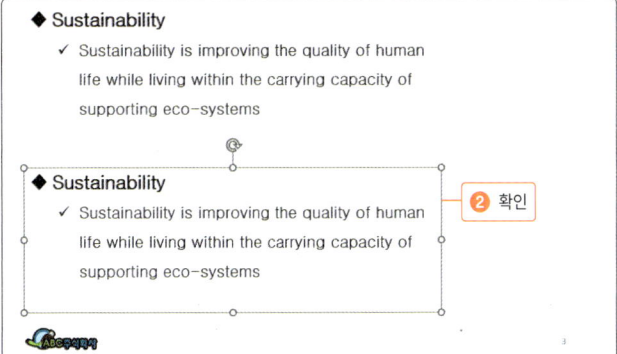

❷ 복사된 문단의 '제목(Sustainability)' 뒤쪽을 클릭한 후 Ctrl+Back space 키를 눌러서 내용을 삭제한 다음 **'지속가능경영(ESG)의 의미'**를 입력합니다.

※ 내용을 잘 못 삭제하여 글머리 기호 및 글자 서식이 변경되었을 경우에는 Ctrl+Z 키를 눌러 되돌리기 한 후 위와 같은 방법으로 다시 작업합니다.

※ Ctrl+Back space 키를 누르면 한 단어씩 삭제되기 때문에 편리합니다.

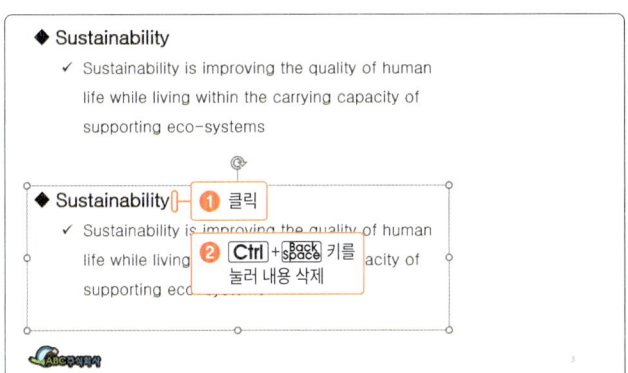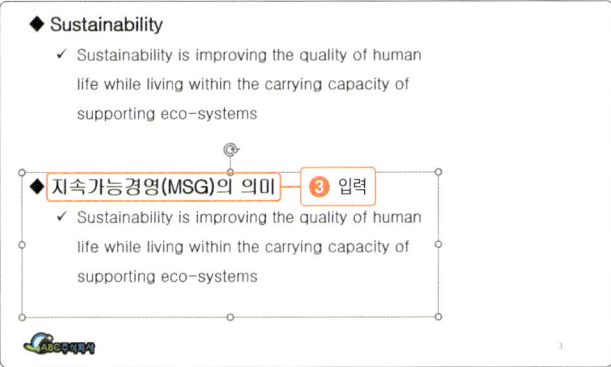

❸ 복사된 문단의 내용을 입력하기 위해 '~systems' 뒤쪽을 클릭한 후 Ctrl+Back space 키를 눌러서 내용을 삭제한 다음 그림과 같이 내용을 입력합니다.

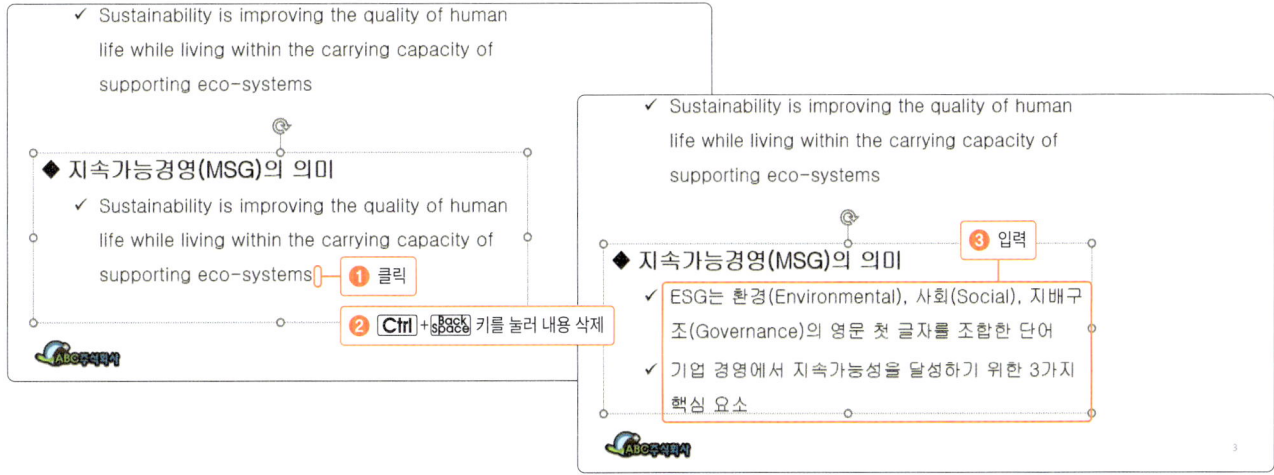

❹ 텍스트 입력이 완료되면 텍스트 상자의 오른쪽 가운데 조절점(○)을 드래그하여 《출력 형태》와 같은 크기로 조절합니다.

※ 만약 오탈자가 없음에도 불구하고 오른쪽 끝 글자가 《출력형태》처럼 맞춰지지 않을 경우에는 줄을 바꿀 단어 뒤에서 Shift + Enter 키를 눌러 강제로 맞출 수 있습니다.

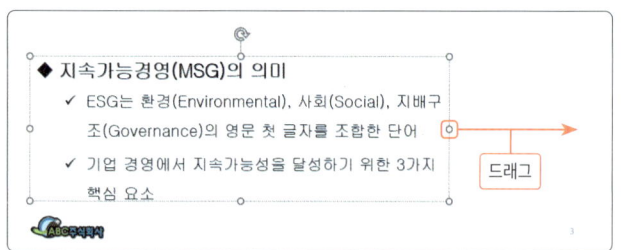
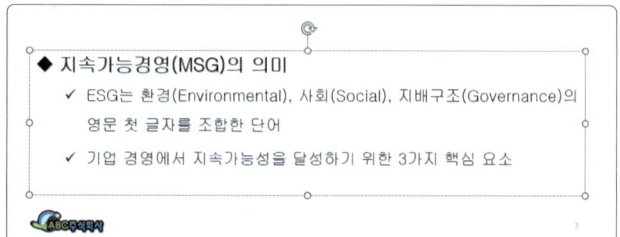

TIP 한글 단어 잘림 허용 해제하기

❶ 텍스트 상자를 클릭한 후 [홈] 탭의 [단락] 그룹에서 단락(⌟)을 클릭

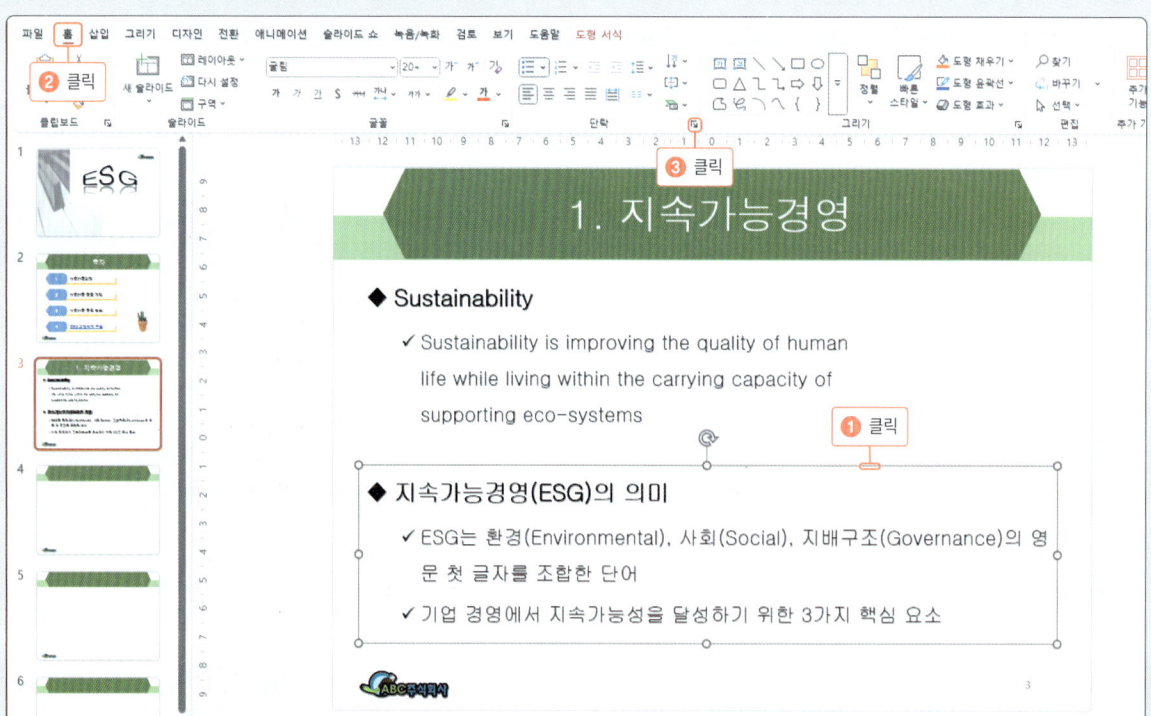

❷ [단락] 대화상자가 나오면 [한글 입력 체계] 탭에서 '한글 단어 잘림 허용'을 클릭하여 체크를 해제

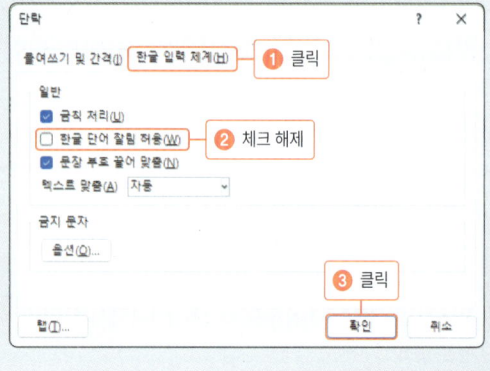
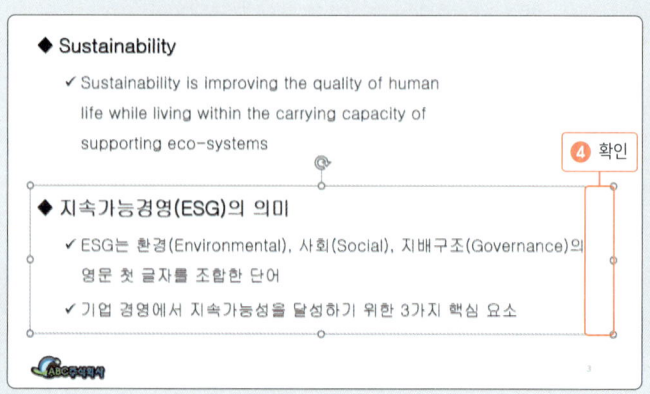

03 동영상 삽입하기

동영상 삽입 : 「내 PC₩문서₩ITQ₩Picture₩동영상.wmv」 자동실행, 반복재생 설정

① [삽입] 탭의 [미디어] 그룹에서 [비디오(　)]-[비디오 삽입 위치]-'**이 디바이스(　)**'를 선택합니다. 이어서, [비디오 삽입] 대화상자가 나오면 경로(내 PC\문서\ITQ\Picture)를 지정한 후 '**동영상**'을 선택한 다음 〈삽입〉 단추를 클릭합니다.

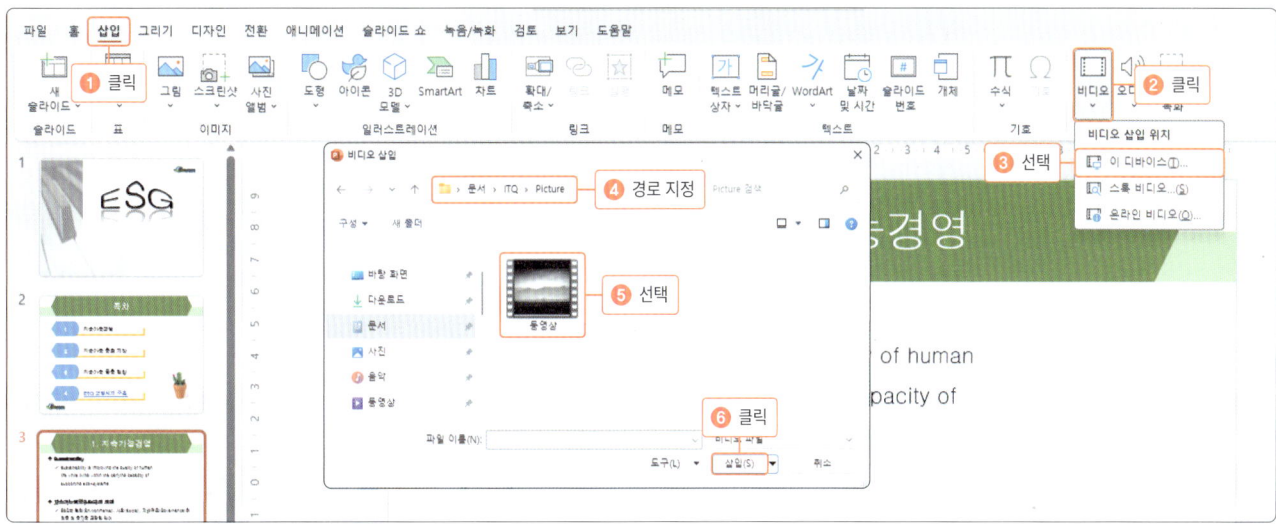

② 《출력형태》를 참고하여 동영상의 크기를 조절한 후 위치를 변경합니다.

③ [재생] 탭의 [비디오 옵션] 그룹에서 [시작]-'**자동 실행**'을 선택한 후 '**반복 재생**'을 체크 표시(✓)를 지정합니다.

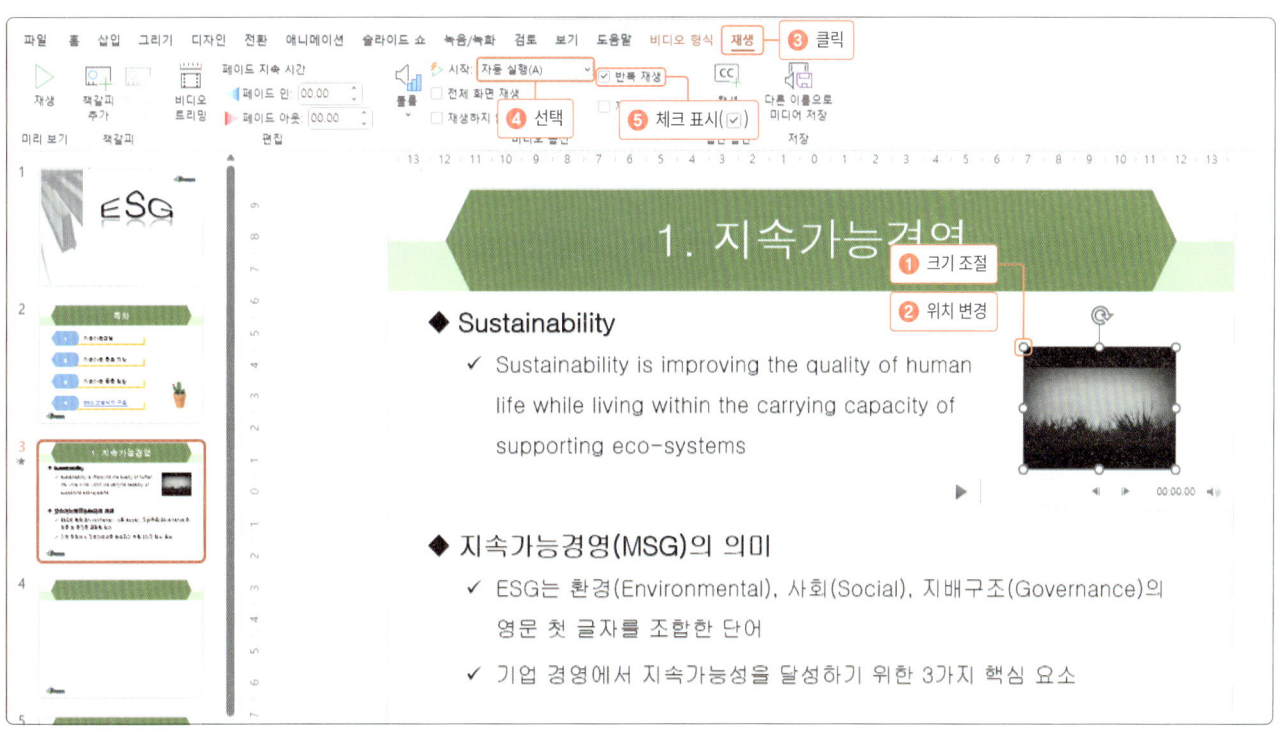

④ [파일]-[저장](Ctrl+S) 또는 [빠른 실행 도구 모음]에서 '**저장(　)**'을 클릭합니다.

※ 실제 시험을 볼 때 작업 도중에 수시로(10분에 한 번 정도) 저장을 하는 것이 좋습니다.

출제유형 완전정복 ▶ [슬라이드 3] 《텍스트/동영상 슬라이드》

완전정복- 01 문제지의 지시사항 및 세부조건을 참고하여 《출력형태》에 알맞게 작업하시오.

· 소스 : 정복04_문제01.pptx   · 정답 : 정복04_정답01.pptx

작성 시간 / 권장 시간
분 / 5분

(1) 텍스트 작성 : 글머리 기호 사용(◆, ✓)
  ◆문단(굴림, 24pt, 굵게, 줄간격 : 1.5줄), ✓문단(굴림, 20pt, 줄간격 : 1.5줄)

《출력형태》

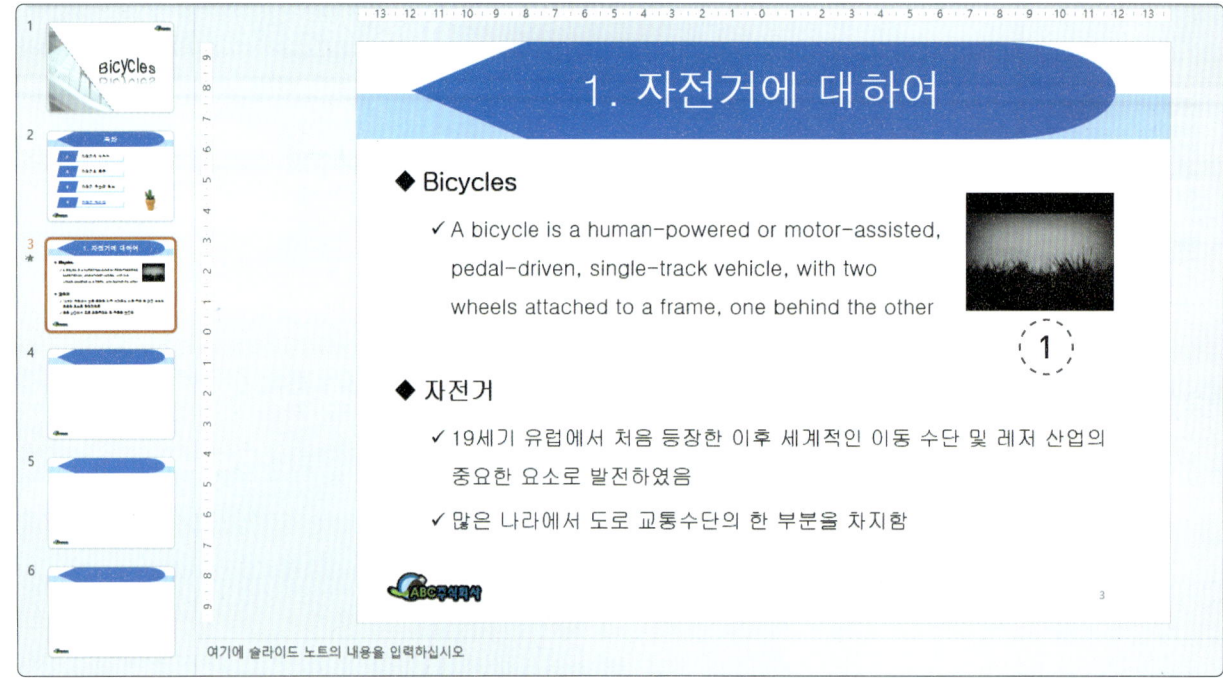

◆ 세부 조건
① 동영상 삽입:
  - 「내 PC\문서\ITQ\Picture\동영상.wmv」
  - 자동실행, 반복재생 설정

완전정복 - 02

문제지의 지시사항 및 세부조건을 참고하여 《출력형태》에 알맞게 작업하시오.

· 소스 : 정복04_문제02.pptx   · 정답 : 정복04_정답02.pptx

작성 시간 / 권장 시간 : 분 / 5분

(1) 텍스트 작성 : 글머리 기호 사용(◆, ✓)
◆문단(굴림, 24pt, 굵게, 줄간격 : 1.5줄), ✓문단(굴림, 20pt, 줄간격 : 1.5줄)

세부조건

① 동영상 삽입:
- 「내 PC\문서\ITQ\Picture\동영상.wmv」
- 자동실행, 반복재생 설정

A. 여행박람회 소개

◆ Visitation Guide
  ✓ If you do not want to join the Mode Tour membership, you can purchase an on site ticket at a discount of 10,000 won

◆ 박람회 목적
  ✓ 올해의 관광 정책 및 관광도시, 주요 기관 및 여행 테마 등 소개
  ✓ 국내 관광을 활성화하고 축제산업의 전문화 및 체계화를 통한 새로운 문화산업 방향 제시

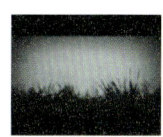

완전정복 - 03

문제지의 지시사항 및 세부조건을 참고하여 《출력형태》에 알맞게 작업하시오.

· 소스 : 정복04_문제03.pptx   · 정답 : 정복04_정답03.pptx

작성 시간 / 권장 시간 : 분 / 5분

(1) 텍스트 작성 : 글머리 기호 사용(◆, ■)
◆문단(굴림, 24pt, 굵게, 줄간격 : 1.5줄), ■문단(굴림, 20pt, 줄간격 : 1.5줄)

세부조건

① 동영상 삽입:
- 「내 PC\문서\ITQ\Picture\동영상.wmv」
- 자동실행, 반복재생 설정

1. 디지털화폐

◆ Cryptocurrency and CBDCs
  ■ The key difference between cryptocurrency and CBDCs is that CBDCs are regulated and issued by the central bank, while cryptocurrencies are decentralized and unregulated

◆ 디지털화폐란?
  ■ 기존의 실물 화폐와 달리 가치가 전자적으로 저장
  ■ 이용자간 자금이체 기능을 통해 지급결제가 이루어지는 화폐

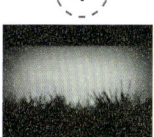

완전정복-04 문제지의 지시사항 및 세부조건을 참고하여 《출력형태》에 알맞게 작업하시오.

· 소스 : 정복04_문제04.pptx   · 정답 : 정복04_정답04.pptx

작성 시간 / 권장 시간
분 / 5분

(1) 텍스트 작성 : 글머리 기호 사용(❖, ■)
❖ 문단(굴림, 24pt, 굵게, 줄간격 : 1.5줄), ■ 문단(굴림, 20pt, 줄간격 : 1.5줄)

세부조건
① 동영상 삽입:
 - 「내 PC₩문서₩ITQ₩Picture₩동영상.wmv」
 - 자동실행, 반복재생 설정

1. 노인 일자리

❖ Senior jobs
 ■ Job suitable for the elderly aged 65 or older due to various organs including the government in the elderly problem of the aging society

❖ 노인 일자리
 ■ 건강한 노후생활을 위한 다양한 일자리 및 사회활동 지원
 ■ 고령화 사회의 노인문제에 대비하고자 정부, 지방자치단체, 한국노인인력개발원이 사업운영주체

완전정복-05 문제지의 지시사항 및 세부조건을 참고하여 《출력형태》에 알맞게 작업하시오.

· 소스 : 정복04_문제05.pptx   · 정답 : 정복04_정답05.pptx

작성 시간 / 권장 시간
분 / 5분

(1) 텍스트 작성 : 글머리 기호 사용(❖, ■)
❖ 문단(굴림, 24pt, 굵게, 줄간격 : 1.5줄), ■ 문단(굴림, 20pt, 줄간격 : 1.5줄)

세부조건
① 동영상 삽입:
 - 「내 PC₩문서₩ITQ₩Picture₩동영상.wmv」
 - 자동실행, 반복재생 설정

1. 재생 가능 에너지

❖ Renewable Energy
 ■ The energy that is regenerated by natural processes even after one use is called 'new energy' or 'renewable energy'

❖ 재생 에너지
 ■ 최근 10년간 우리나라의 에너지 소비는 매년 10% 증가
 ■ 지구 환경을 나쁘게 만들지 않으면서 지속적으로 발전하기 위한 에너지원으로 태양 에너지, 풍력, 수력, 지열, 바이오 등이 있음

완전정복 - 06

문제지의 지시사항 및 세부조건을 참고하여 《출력형태》에 알맞게 작업하시오.

· 소스 : 정복04_문제06.pptx   정답 : 정복04_정답06.pptx

작성 시간 / 권장 시간
분 / 5분

(1) 텍스트 작성 : 글머리 기호 사용(➢, ✓)
   ➢ 문단(돋움, 24pt, 굵게, 줄간격 : 1.5줄), ✓문단(돋움, 20pt, 줄간격 : 1.5줄)

세부조건

① **동영상 삽입**:
 - 「내 PC₩문서₩ITQ₩Picture₩동영상.wmv」
 - 자동실행, 반복재생 설정

1. 다문화가족 실태 조사 목적

➢ Purpose of investigation
  ✓ To understand the economic status, family relationships, and lifestyle of multicultural families
  ✓ Necessary for establishing policies for multicultural families

➢ 조사 목적
  ✓ 다문화가족에 대한 경제상태, 가족관계, 생활양식 등을 파악하여 다문화가족 정책수립에 필요한 기초 자료를 수집

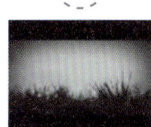

완전정복 - 07

문제지의 지시사항 및 세부조건을 참고하여 《출력형태》에 알맞게 작업하시오.

· 소스 : 정복04_문제07.pptx   정답 : 정복04_정답07.pptx

작성 시간 / 권장 시간
분 / 5분

(1) 텍스트 작성 : 글머리 기호 사용(➢, ✓)
   ➢ 문단(돋움, 24pt, 굵게, 줄간격 : 1.5줄), ✓문단(돋움, 20pt, 줄간격 : 1.5줄)

세부조건

① **동영상 삽입**:
 - 「내 PC₩문서₩ITQ₩Picture₩동영상.wmv」
 - 자동실행, 반복재생 설정

1. 가스안전점검

➢ Quantitative Risk Assessment
  ✓ QRA is a method which enables to calculate the potential level of gas incident quantitatively by analyzing the facility, operation, work condition of the process

➢ 가스안전점검
  ✓ 가스렌지 : 가스누설여부, 퓨즈콕 설치여부, 호스길이(3m이내)상태 등
  ✓ 보일러 연결부 가스누출여부, 고시기준 미달여부

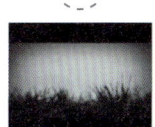

PART 02 출제유형 완전정복

[슬라이드 4] 《표 슬라이드》

☑ 표를 작성한 후 표 스타일 지정하기
☑ 도형을 삽입하기

문제 미리보기

· **소스** : 유형05_문제.pptx   · **정답** : 유형05_정답.pptx

[슬라이드 4] 〈표 슬라이드〉 (80점)

(1) 도형과 표 작성 기능을 이용하여 슬라이드를 작성한다(글꼴 : 굴림, 18pt).

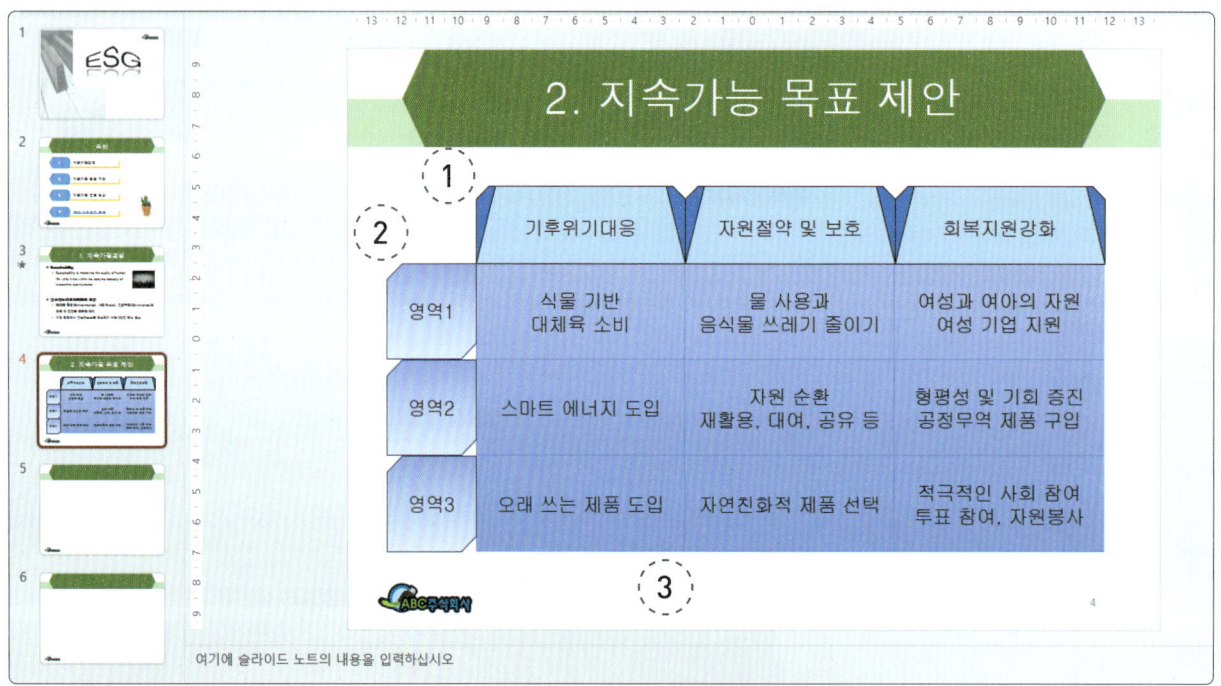

① **상단 도형** :
  - 2개 도형의 조합으로 작성

② **좌측 도형** :
  - 그라데이션 효과(선형 아래쪽)

③ **표 스타일** :
  - 테마 스타일 1 - 강조 1

시험분석

Information Technology Qualification

난이도	권장 시간 / 시험 시간
★★☆☆☆	10분 / 60분

➔ **출제 경향 : 출제 문제를 분석**
- ☑ 표 테마 스타일은 '테마 스타일 1 강조 1 ~ 테마 스타일 1 강조 6'이 번갈아 가며 출제되고 있습니다.
- ☑ 표 왼쪽에 삽입되는 도형을 분석한 결과 2년 동안 거의 '선형 아래쪽'에 그라데이션을 적용하는 문제가 출제되었습니다. 하지만 언제든지 조건이 변경될 수 있기 때문에 항상 문제지의 세부 조건을 확인하여 작업합니다.

➔ **주의 사항 : 실수가 많은 내용**
- ☑ 표를 삽입한 후 스타일을 지정하고 글꼴을 지정합니다. 표에 글꼴을 지정한 후 스타일을 지정하게 되면 스타일에 맞게 글꼴이 변경되기 때문에 다시 지정해야 합니다.
- ☑ 《출력형태》를 참고하여 오타 없이 띄어쓰기 하며, 표 안쪽 내용을 정렬 할 때는 반드시 '가운데 맞춤(☰)'과 '텍스트 맞춤(⊡)-중간'을 지정해야 합니다.

Skill 01 표를 삽입한 후 스타일 지정하기

■ 표 삽입 및 스타일 지정하기

표 스타일 : 테마 스타일 1 - 강조 1

① 유형05_문제.pptx 파일을 불러와 [슬라이드 4]를 클릭한 후 작업합니다.

※ 파일 불러오기 : [파일]-[열기]-[찾아보기]를 클릭한 후 [열기] 대화상자에서 파일을 선택합니다.

② 슬라이드 상단의 '제목을 추가하려면 클릭하십시오.'를 클릭한 후 '**2. 지속가능 목표 제안**'을 입력합니다. 이어서, 슬라이드 안쪽의 '**표 삽입(▦)**'을 클릭합니다.

③ [표 삽입] 대화상자가 나오면 《출력형태》를 참고하여 '**열 개수(3)**'와 '**행 개수(3)**'를 입력한 후 〈확인〉 단추를 클릭합니다.

※ 열은 표의 가로(칸), 행은 표의 세로(줄)를 의미합니다.

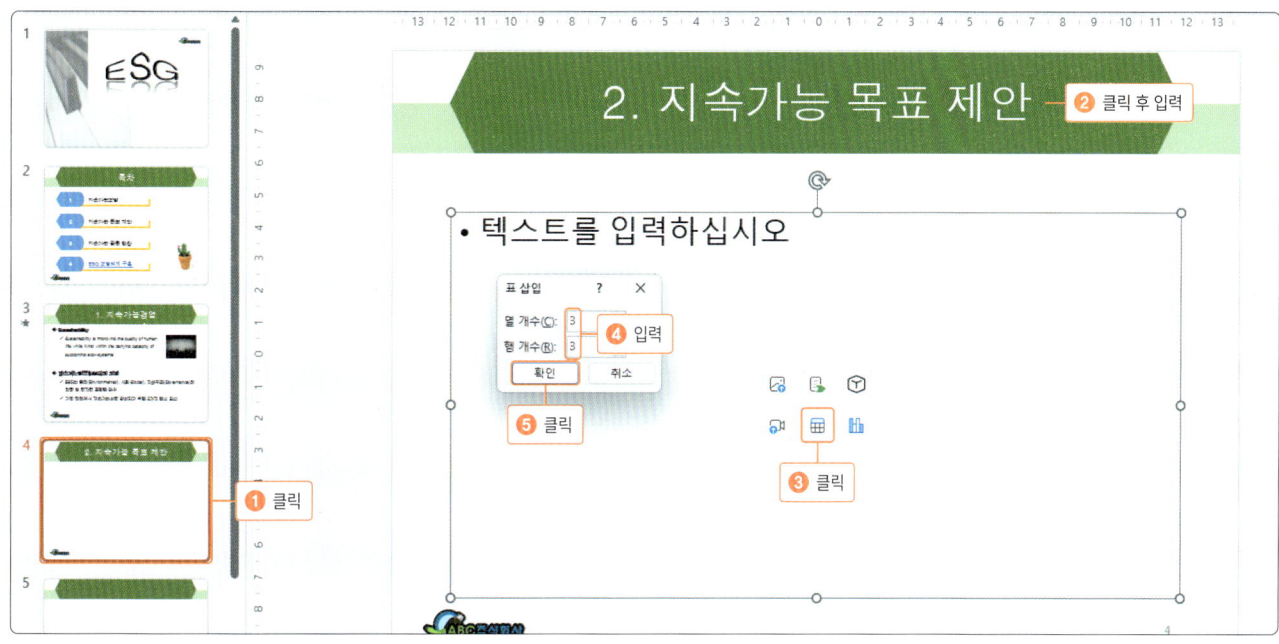

❹ 표가 만들어지면 [테이블 디자인] 탭의 [표 스타일] 그룹에서 자세히(▽) 단추를 눌러 '**테마 스타일 1 - 강조 1**(▦)'을 선택합니다. 이어서, [표 스타일 옵션] 그룹에서 '**머리글 행**'과 '**줄무늬 행**'을 클릭하여 '**체크 표시(☑)를 해제**'합니다.

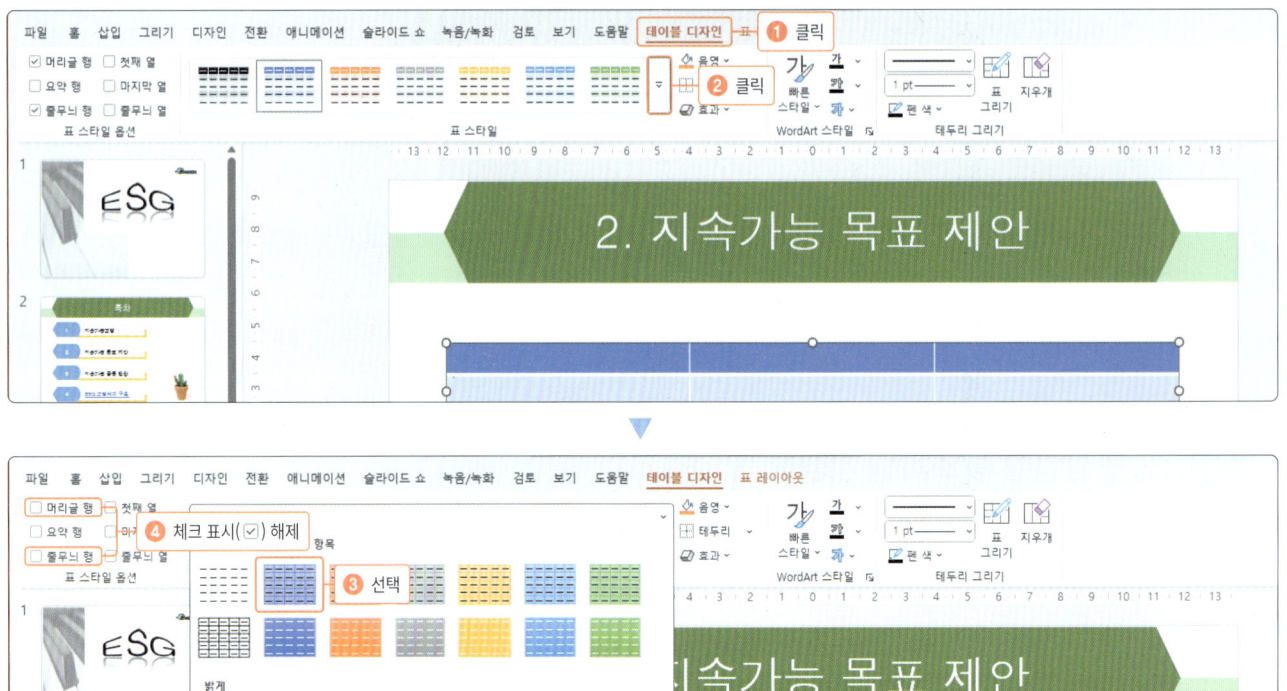

❺ 표 스타일이 변경되면 Shift 키를 누른 채 표의 테두리를 아래쪽으로 드래그하여 《출력형태》와 같이 위치를 변경합니다.

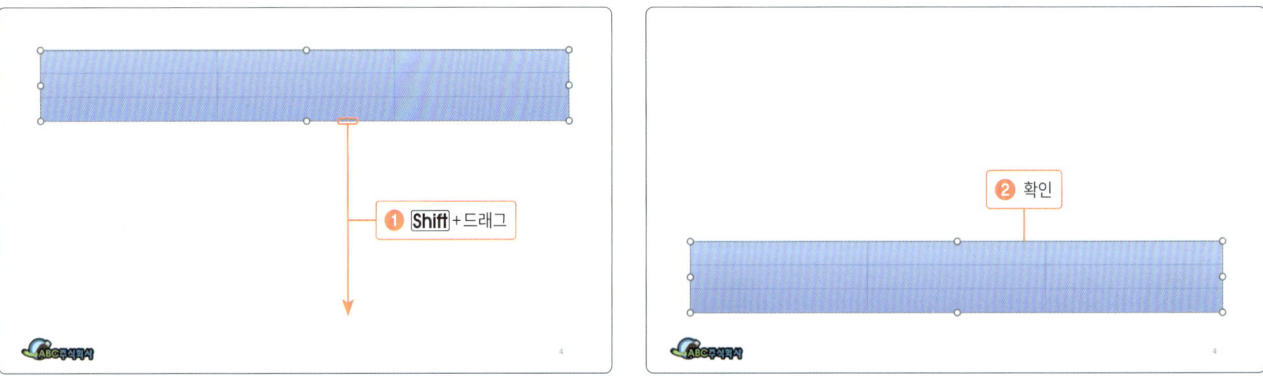

❻ 표의 왼쪽 대각선 조절점(○)을 드래그하여 《출력형태》와 같이 크기를 조절합니다.

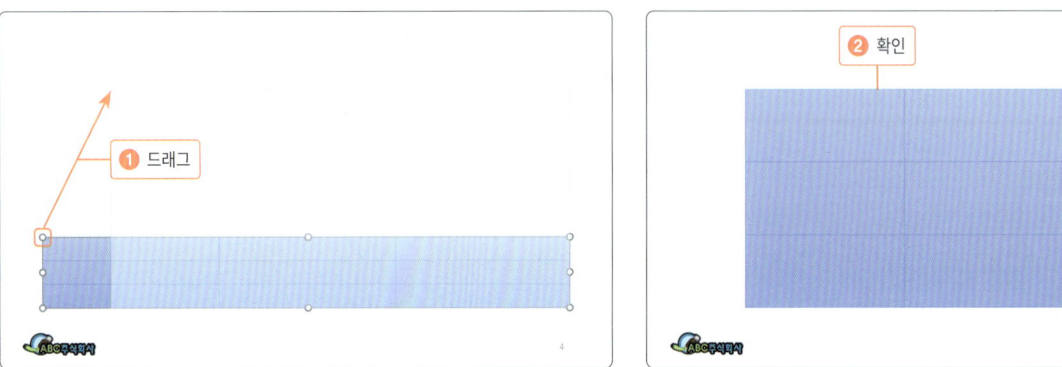

표 안쪽 셀의 크기를 다르게 조절하는 방법

≪출력형태≫를 확인하여 표 안의 셀 크기가 다를 경우 셀의 크기를 임의로 조절합니다. 조절하려는 셀의 가로선 또는 세로선 위에 커서를 위치한 후 마우스 포인터가 (◂▮▸) 모양으로 변경되면 드래그하여 선택한 셀의 크기를 조절할 수 있습니다.

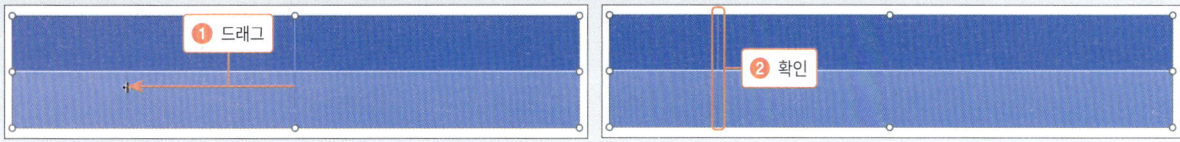

 셀 병합, 셀 분할

❶ 셀을 분할하기 위해 그림과 같이 표 안쪽의 셀을 드래그하여 블록으로 지정합니다. 이어서, 지정된 블록 위에서 [마우스 오른쪽 단추]를 눌러 바로가기 메뉴가 나오면 [셀 분할]을 클릭합니다.

❷ [셀 분할] 대화상자가 나오면 열 개수(1)와 행 개수(2)를 입력한 후 〈확인〉 단추를 클릭합니다.

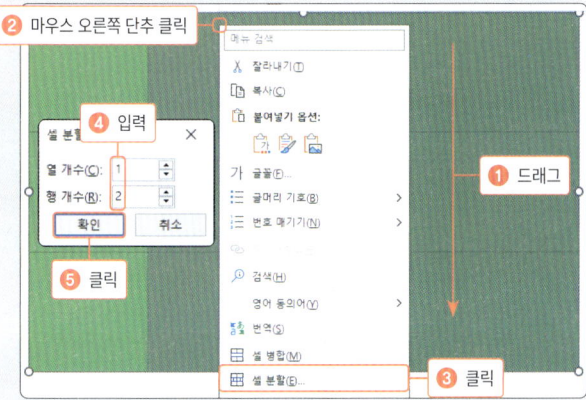
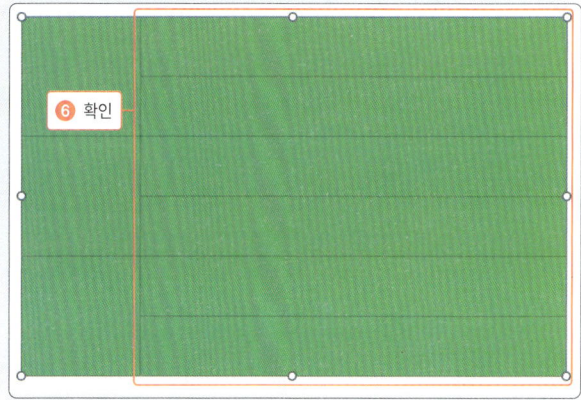

❸ 셀을 병합하기 위해 그림과 같이 표 안쪽 셀을 드래그하여 블록으로 지정합니다. 이어서, 지정된 블록 위에서 [마우스 오른쪽 단추]를 눌러 바로가기 메뉴가 나오면 [셀 병합]을 클릭합니다.

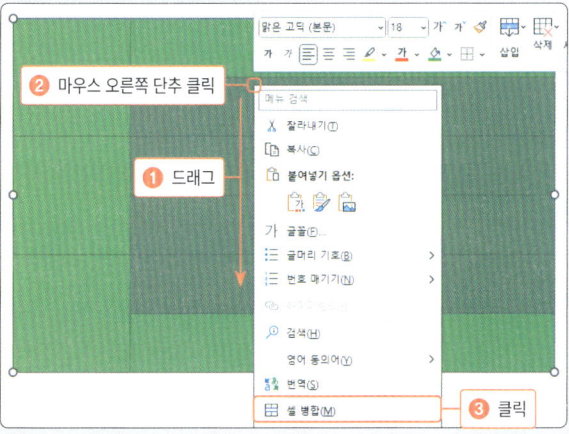
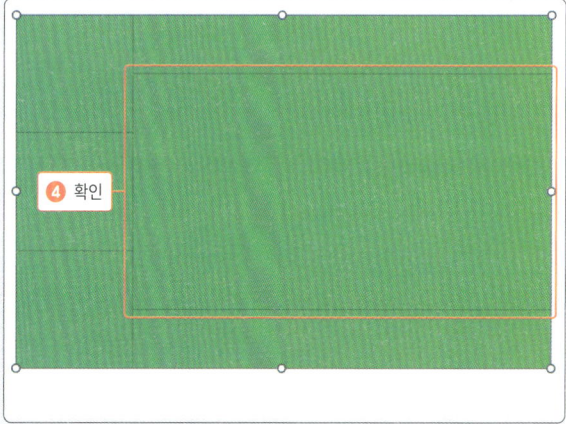

Skill 02 표의 글꼴 서식을 변경한 후 데이터 입력하기

글꼴 : 굴림, 18pt

❶ 표의 테두리를 클릭한 후 [홈] 탭의 [글꼴] 그룹에서 '**글꼴(굴림), 글꼴 크기(18pt)**'를 지정합니다. 이어서, [단락] 그룹에서 '**가운데 맞춤(三)**'을 클릭한 후 [텍스트 맞춤(⊞)]-'**중간**'을 선택합니다.

※ 정렬에 대한 별도의 지시사항이 없기 때문에 《출력형태》를 참고하여 작업합니다.

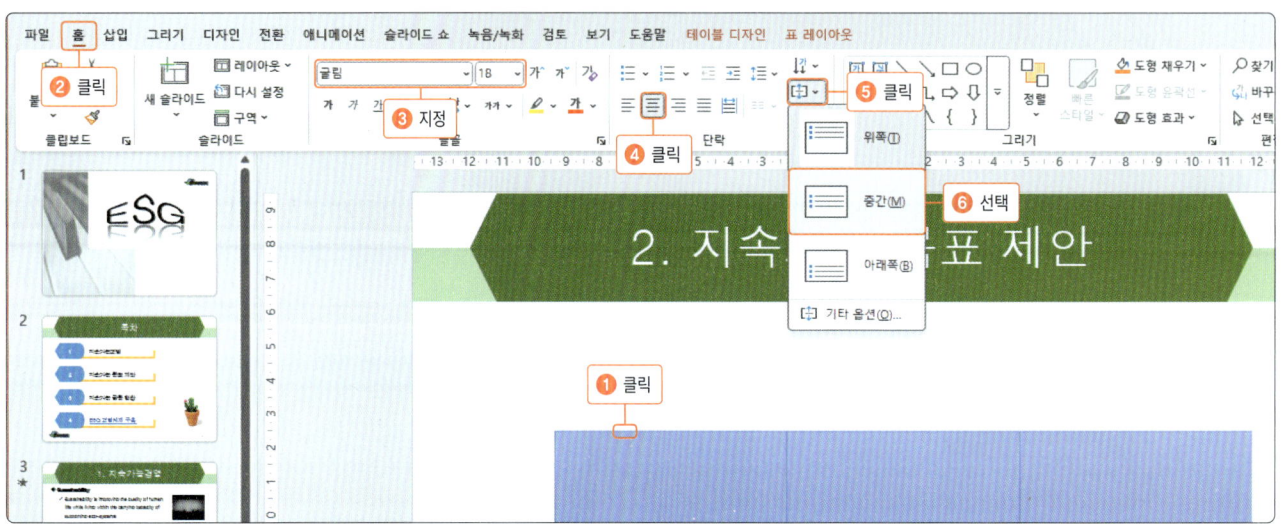

❷ 글꼴 서식이 변경되면 《출력형태》를 참고하여 표 안쪽의 내용을 입력합니다.

※ 실제 시험지의 《출력형태》에서는 텍스트의 줄 간격이 넓게 보일 수 있으나, [슬라이드 4]에서는 줄 간격에 대한 조건이 없기 때문에 줄 간격을 변경하지 않고 작성해도 감점되지 않습니다.

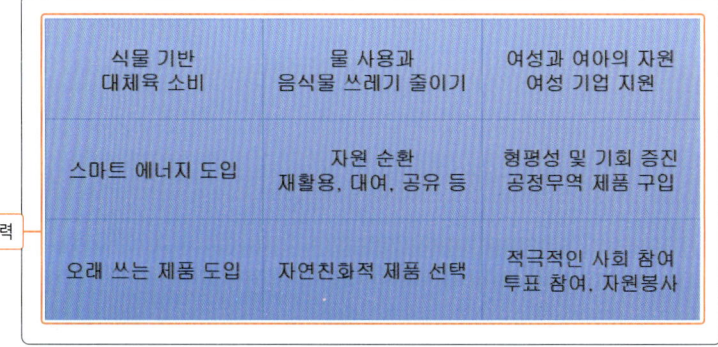

TIP 표 안에 데이터 입력 시 참고사항

❶ 필요에 따라 Enter 키를 눌러 강제 줄바꿈하여 《출력형태》와 똑같이 입력합니다.
❷ Tab 키 또는 키보드의 방향키(↑, ↓, ←, →)를 눌러 커서를 이동하면 편리합니다.
❸ 셀에 내용 입력이 끝난 상태에서 Enter 키를 눌렀을 경우 글자가 강제 줄바꿈 되어 위로 올라갑니다. 이런 경우에는 마지막 글자 뒤를 클릭한 후 Delete 키를 눌러 빈 줄을 삭제합니다.

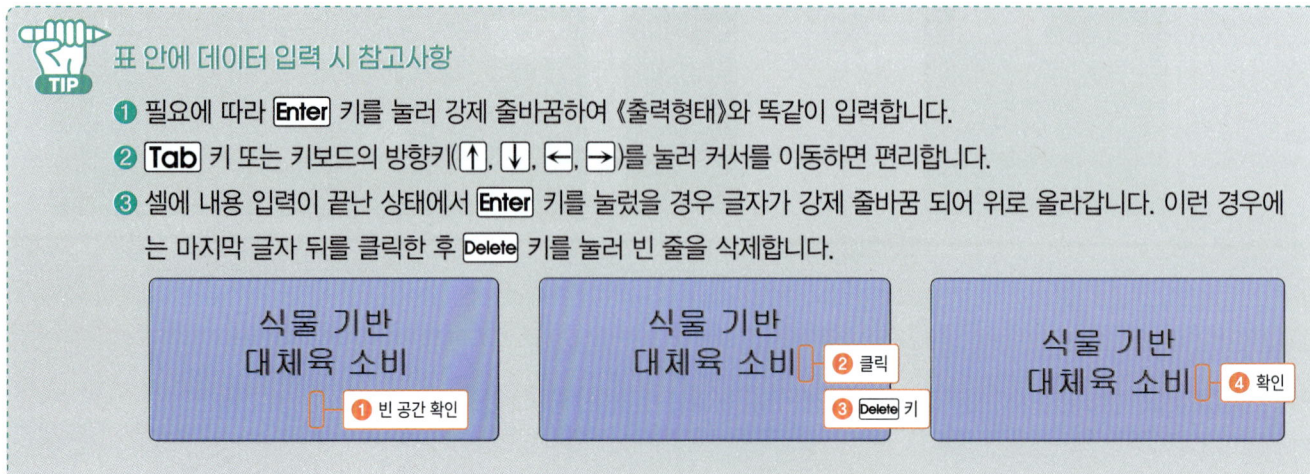

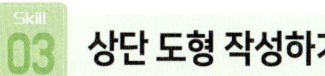
상단 도형 작성하기

■ 상단 도형 삽입하기(뒤쪽)

상단 도형 : 2개 도형의 조합으로 작성

① [삽입] 탭의 [일러스트레이션] 그룹에서 [도형(🔽)]-[사각형]-'**사각형: 잘린 위쪽 모서리(⌂)**'를 선택합니다.

② 마우스 포인터가 ➕ 모양으로 변경되면 드래그하여 도형을 삽입합니다. 이어서, 조절점(◯)을 드래그하여 《출력형태》와 같이 크기를 조절한 후 위치를 변경합니다.

※ Alt 키를 누른 채 개체의 조절점(◯)을 드래그하면 크기를 세밀하게 조절할 수 있습니다.

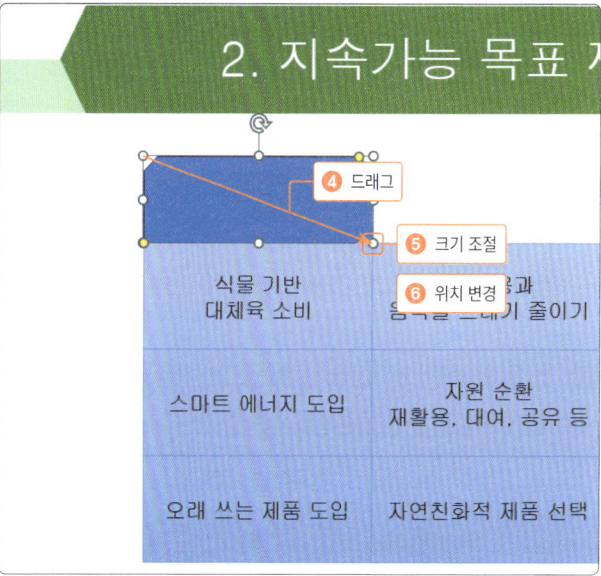

③ 도형이 선택된 상태에서 [도형 서식] 탭의 [도형 스타일] 그룹에서 [도형 채우기]-'**파랑, 강조 1**'을 선택합니다. 이어서, [도형 윤곽선]-'**검정, 텍스트 1**'을 선택합니다.

※ 도형의 색상은 문제지 조건에 없기 때문에 임의의 색으로 선택할 수 있습니다.

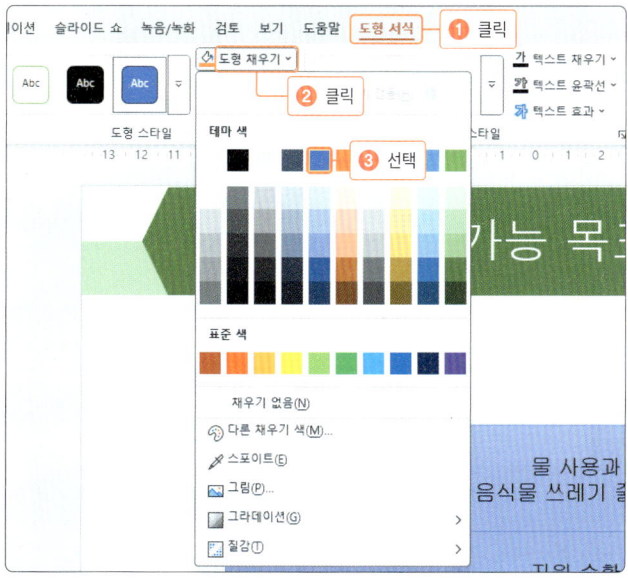
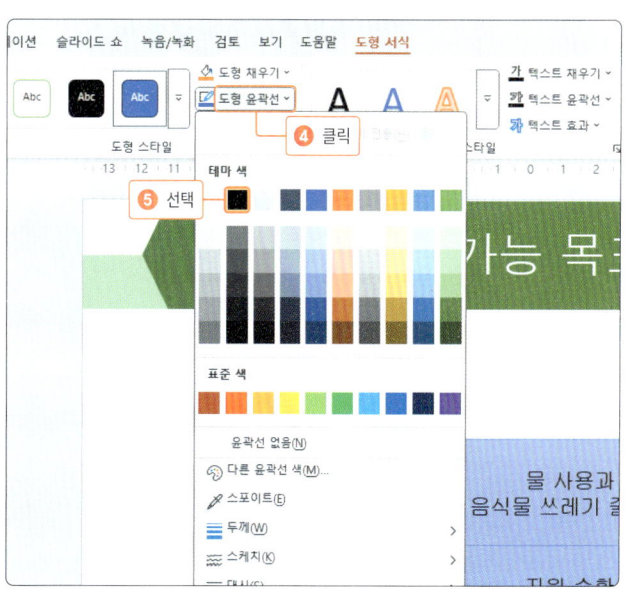

■ 상단 도형 삽입하기(앞쪽)

❹ [삽입] 탭의 [일러스트레이션] 그룹에서 [도형(🔲)]-[기본 도형]-'**사다리꼴(△)**'을 선택합니다.

❺ 마우스 포인터가 ➕ 모양으로 변경되면 드래그하여 도형을 삽입합니다. 이어서, 조절점(○)을 드래그하여 《출력형태》와 같이 크기를 조절한 후 위치를 변경합니다.

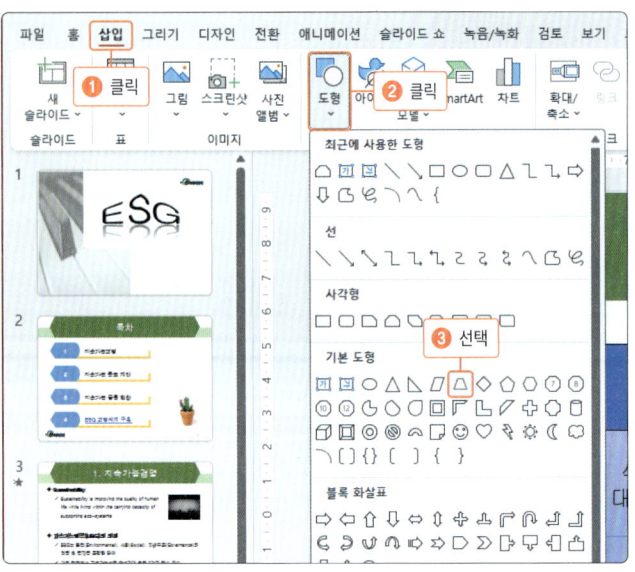 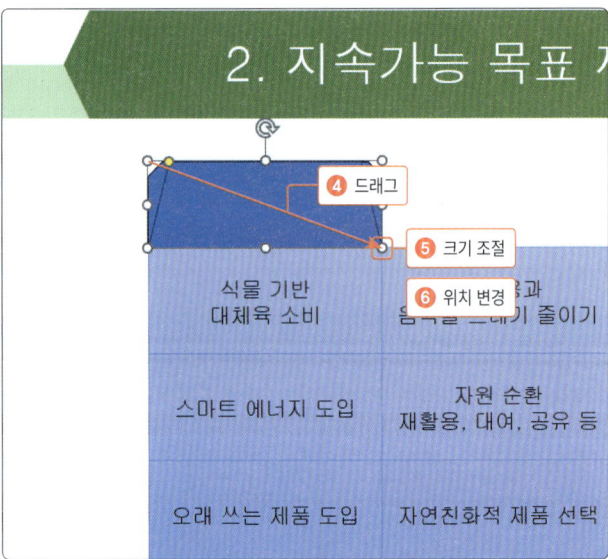

❻ 도형이 선택된 상태에서 [도형 서식] 탭의 [도형 스타일] 그룹에서 [도형 채우기]-'**파랑, 강조 5, 60% 더 밝게**'를 선택합니다. 이어서, [도형 윤곽선]-'**검정, 텍스트 1**'을 선택합니다.

※ 도형의 색상은 문제지 조건에 없기 때문에 임의의 색으로 선택할 수 있습니다.

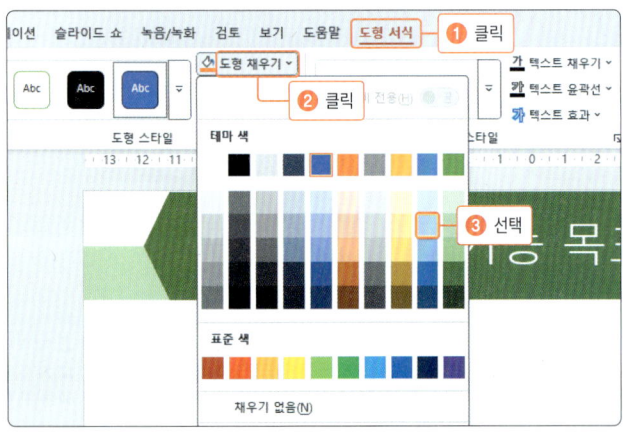 

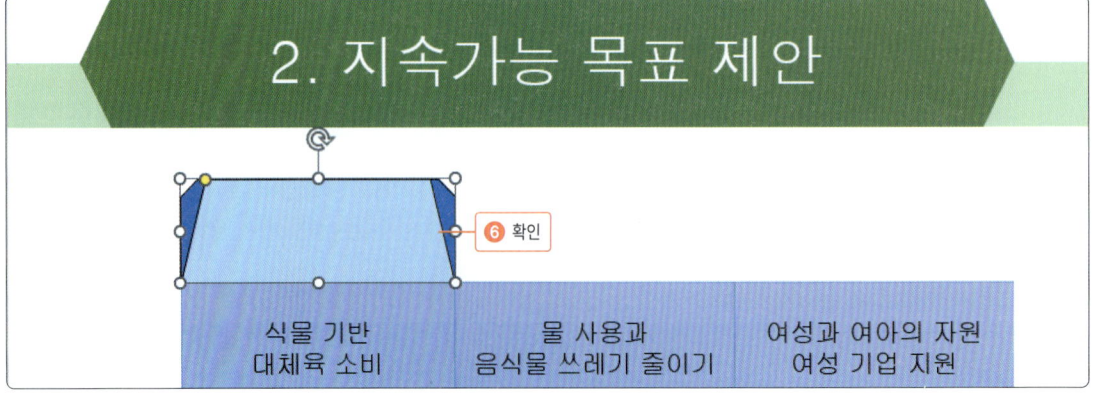

❼ 앞쪽 도형이 선택된 상태에서 '**기후위기대응**'을 입력합니다.

※ 도형의 스타일에 따라서 글꼴 색상이 '검정색' 또는 '흰색'이 나타납니다.

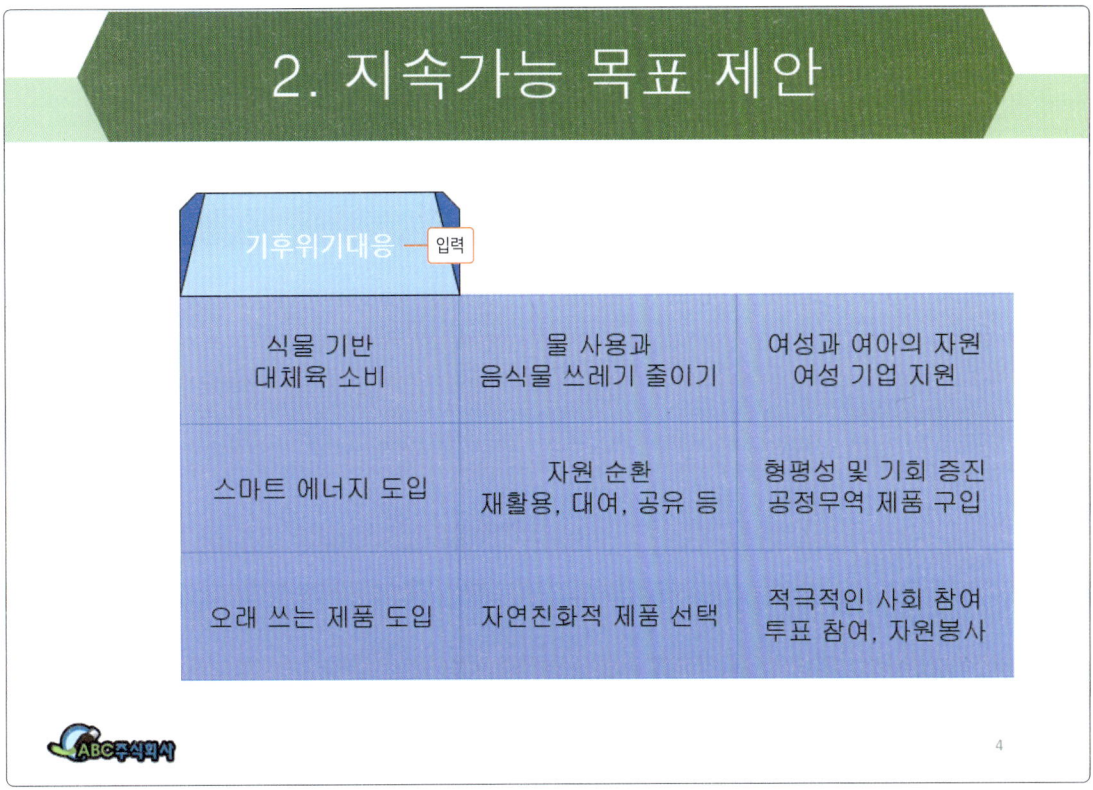

■ **도형의 글꼴 서식 변경, 도형 복사, 내용 변경**

글꼴 : 굴림, 18pt

❽ 그림과 같이 드래그하여 도형을 선택합니다.

※ 드래그하여 두 개의 도형을 같이 선택하는 이유는 글꼴을 변경한 후 복사를 하기 위한 작업 때문입니다.

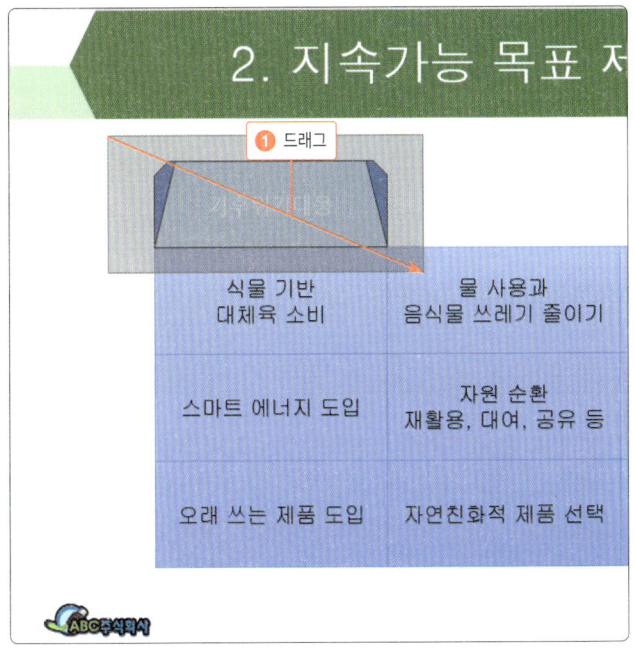 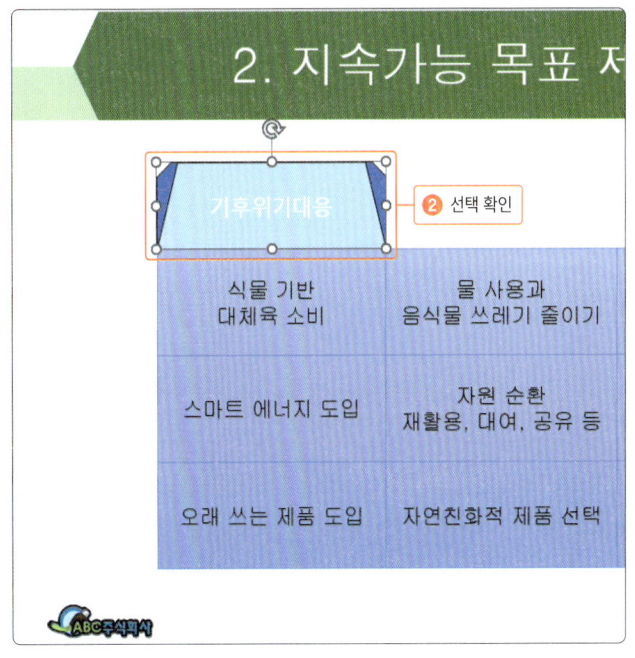

⑨ [홈] 탭의 [글꼴] 그룹에서 '글꼴(굴림), 글꼴 크기(18pt), 글꼴 색(검정, 텍스트 1)'을 지정합니다.

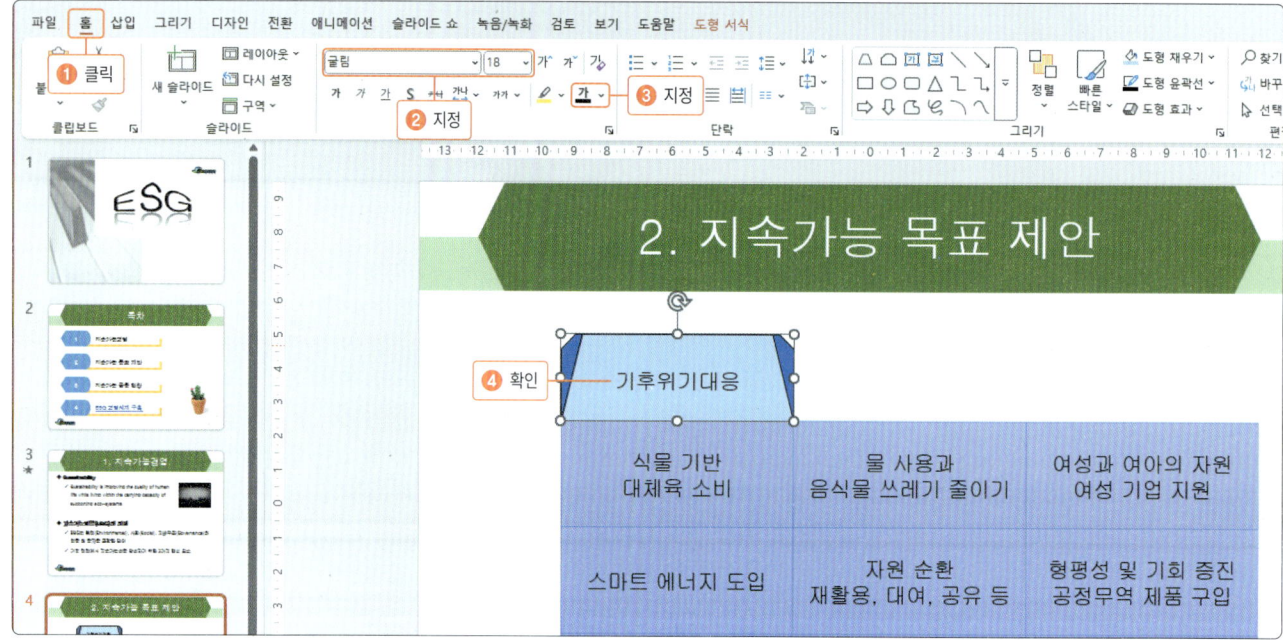

⑩ 아래 그림을 참고하여 Ctrl+Shift 키를 누른 채 선택된 도형을 오른쪽으로 드래그하여 복사한 후 동일한 방법으로 오른쪽으로 드래그하여 하나 더 복사합니다.

⑪ 복사된 도형을 선택한 후 조절점(○)을 이용하여 너비를 조절합니다.

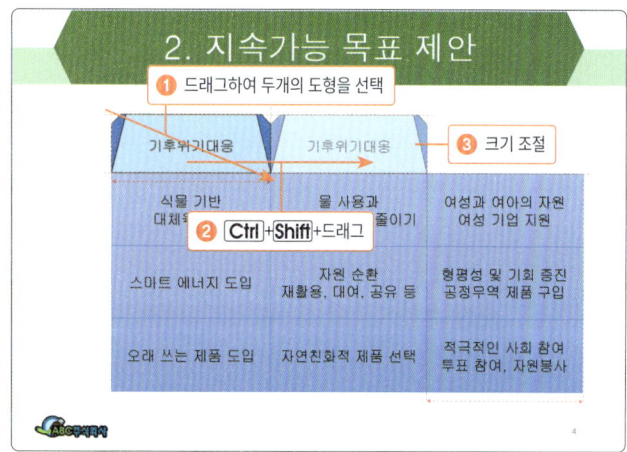 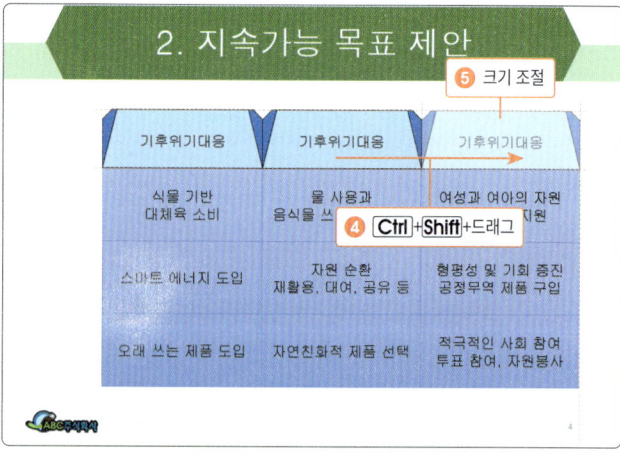

⑫ 도형 복사가 완료되면 도형 안쪽 텍스트의 내용을 드래그하여 블록으로 지정한 후 내용을 변경합니다.

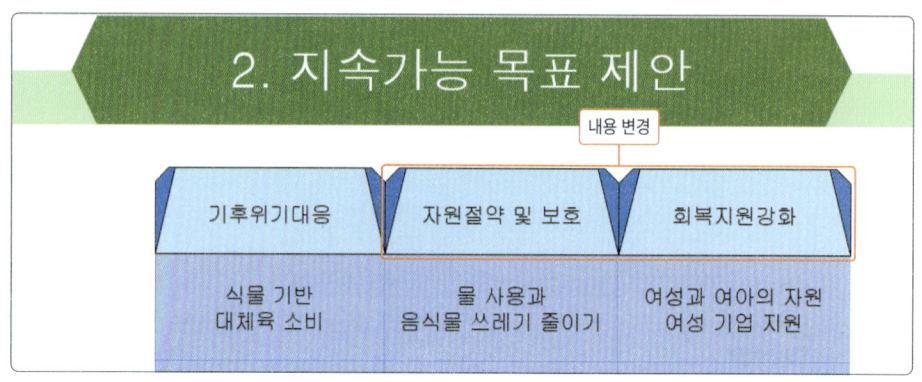

Skill 04 좌측 도형 작성하기

좌측 도형 : 그라데이션 효과(선형 아래쪽)

① [삽입] 탭의 [일러스트레이션] 그룹에서 [도형()]-[사각형]-'**사각형: 잘린 대각선 방향 모서리(▱)**'을 선택합니다.

② 마우스 포인터가 ┼ 모양으로 변경되면 드래그하여 도형을 삽입합니다. 이어서, 조절점(○)을 드래그하여 《출력형태》와 같이 크기를 조절한 후 위치를 변경합니다.

※ `Alt` 키를 누른 채 조절점(○)을 드래그하여 크기를 세밀하게 조절합니다.

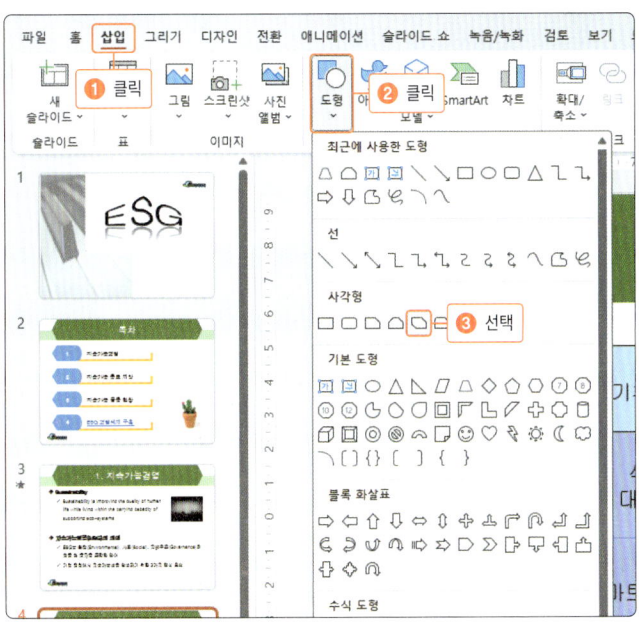
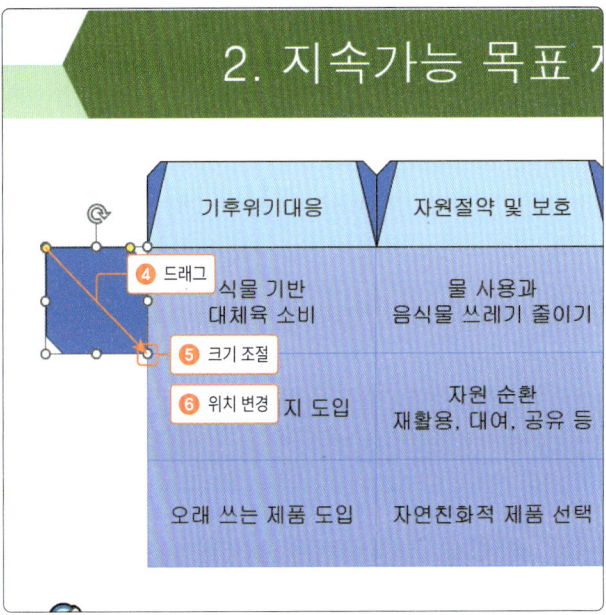

③ 도형을 회전하기 위해 [도형 서식] 탭의 [정렬] 그룹에서 [회전(⌖)]-'**좌우 대칭(▲)**'을 선택한 후 위치를 변경합니다.

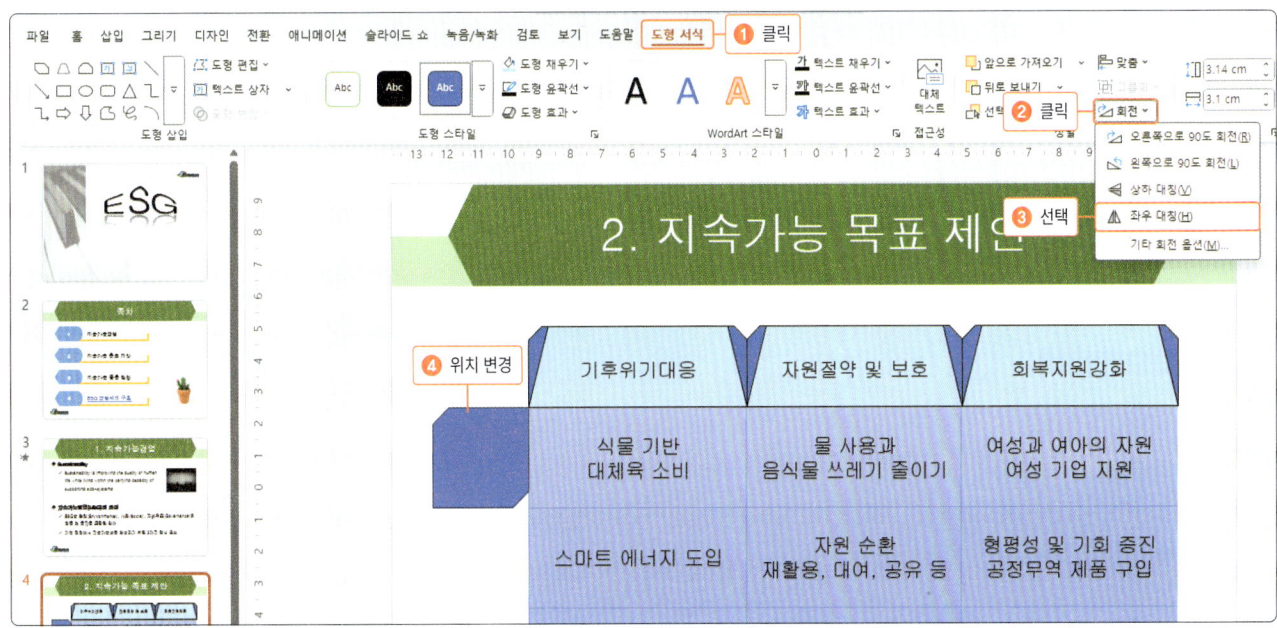

④ [도형 서식] 탭의 [도형 스타일] 그룹에서 [도형 채우기]-[그라데이션]-[밝은 그라데이션]-'**선형 아래쪽**'을 선택합니다. 이어서, [도형 윤곽선]-'**검정, 텍스트 1**'을 선택합니다.

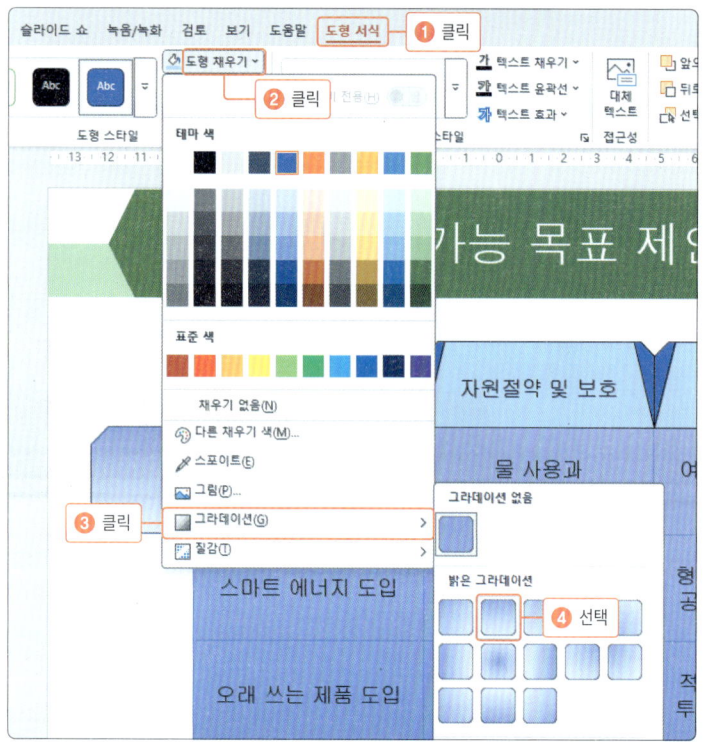 

⑤ 도형이 선택된 상태에서 '**영역1**'를 입력한 후 Esc 키를 누릅니다. 이어서, [홈] 탭의 [글꼴] 그룹에서 '**글꼴(굴림), 글꼴 크기(18pt), 글꼴 색(검정, 텍스트 1)**'을 지정합니다.

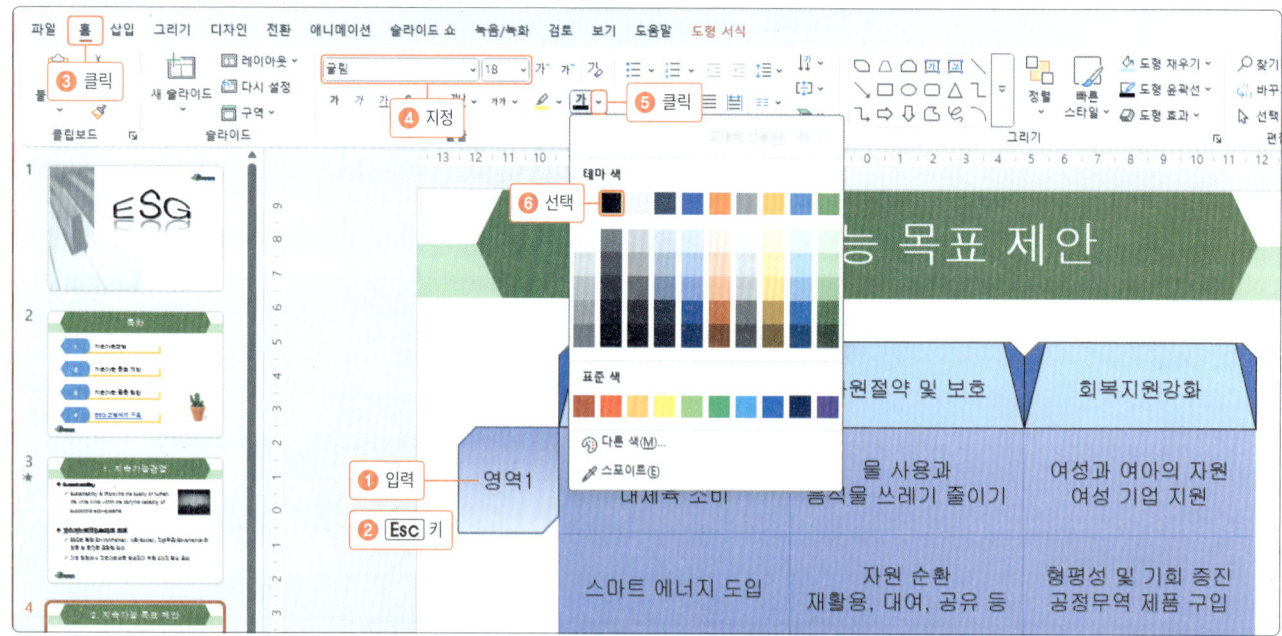

> **주의할 점**
> 만약 도형 안쪽에 입력하는 텍스트가 긴 경우에는 내용이 아래쪽으로 밀릴 수 있습니다. 이런 경우에는 도형의 왼쪽/오른쪽 조절점(○)을 이용하여 높이와 너비를 조절합니다.

❻ Ctrl+Shift 키를 누른 채 그림과 같이 선택된 도형을 아래쪽으로 드래그하여 복사합니다. 이어서, 동일한 방법으로 아래쪽으로 드래그하여 하나 더 복사합니다.

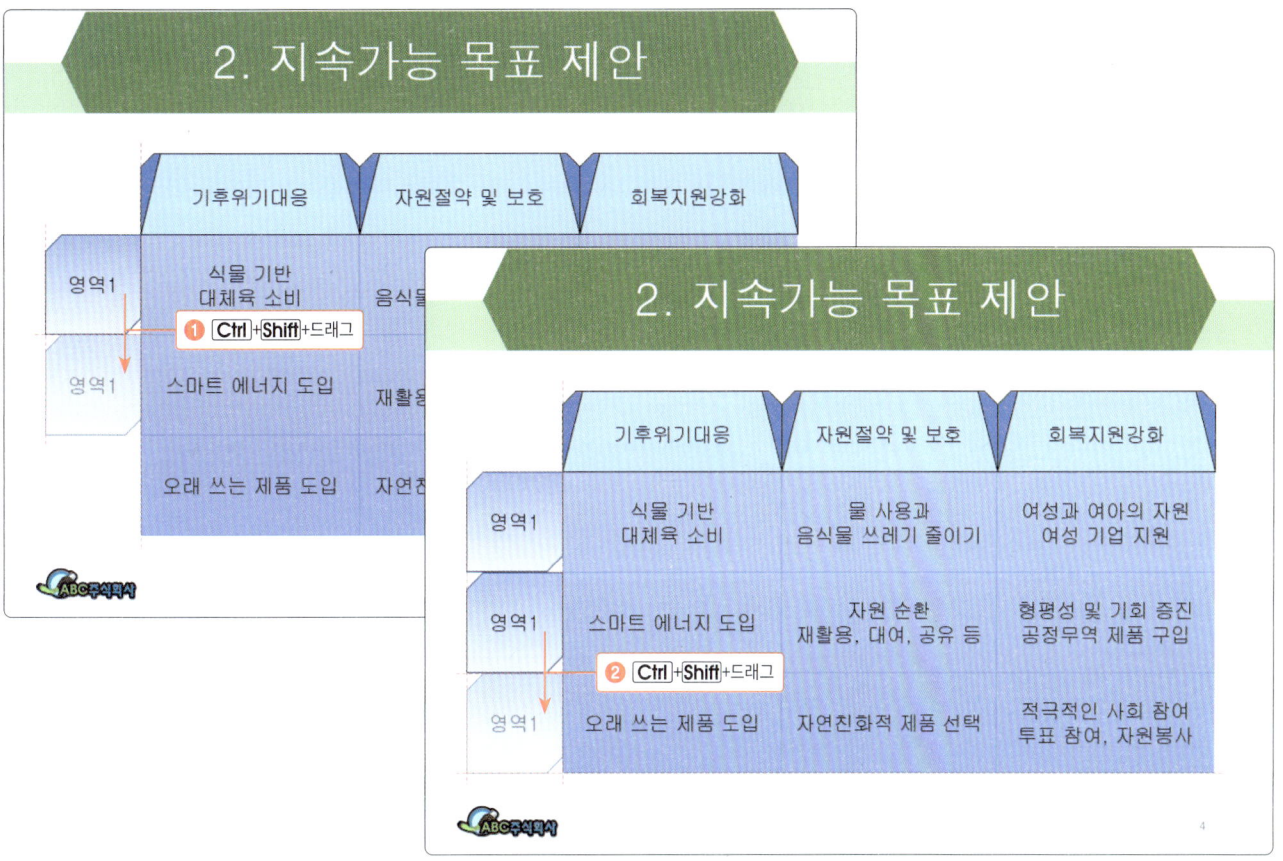

❼ 복사한 도형에 '**영역2**'와 '**영역3**'을 입력합니다.

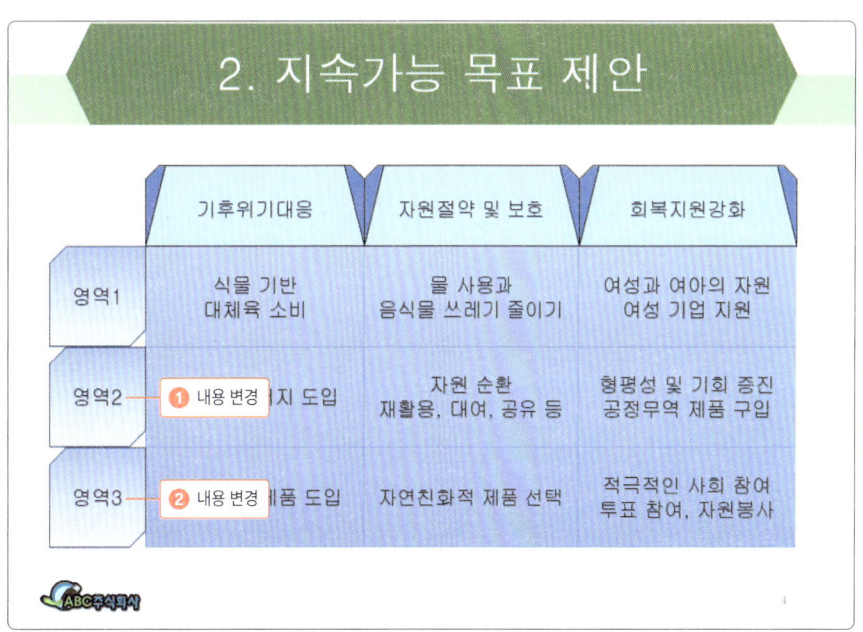

❽ [파일]-[저장](Ctrl+S) 또는 [빠른 실행 도구 모음]에서 '**저장( )**'을 클릭합니다.

※ 실제 시험을 볼 때 작업 도중에 수시로(10분에 한 번 정도) 저장을 하는 것이 좋습니다.

출제유형 완전정복 [슬라이드 4] 《표 슬라이드》

완전정복-01 문제지의 지시사항 및 세부조건을 참고하여 《출력형태》에 알맞게 작업하시오.

· 소스 : 정복05_문제01.pptx   · 정답 : 정복05_정답01.pptx

작성 시간 / 권장 시간
분 / 10분

(1) 도형과 표 작성 기능을 이용하여 슬라이드를 작성한다(글꼴 : 굴림, 18pt).

《출력형태》

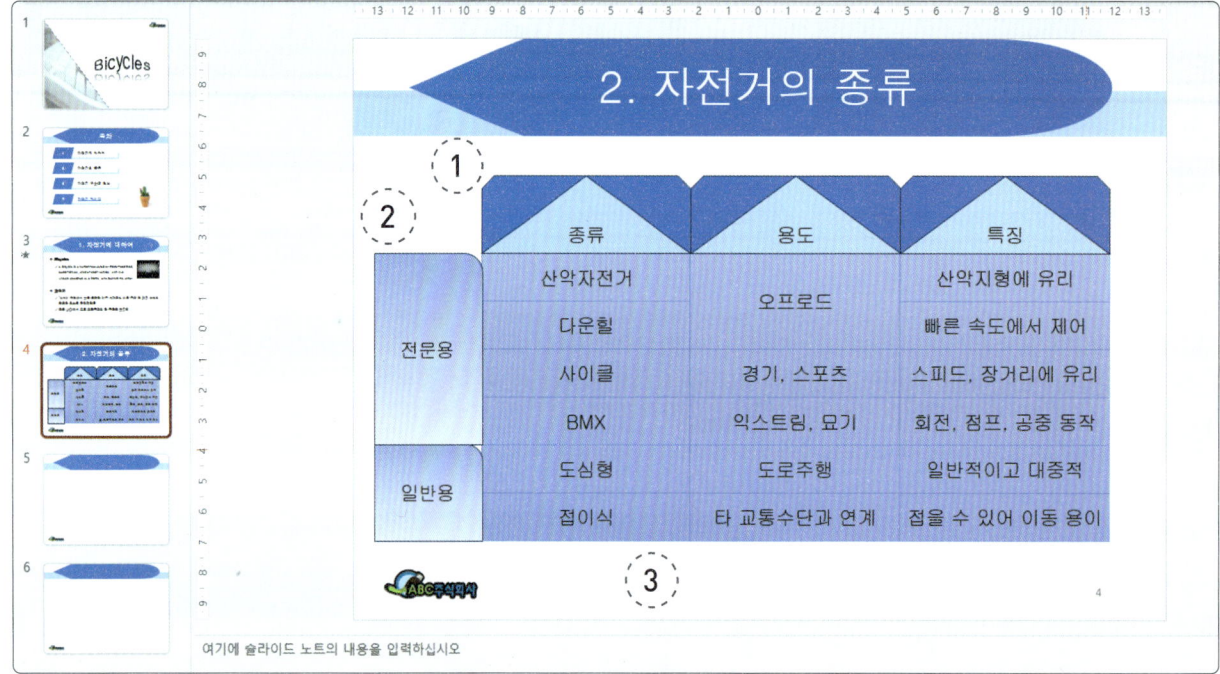

◆ 세부 조건

① 상단 도형 :
   2개 도형의 조합으로 작성

② 좌측 도형 :
   그라데이션 효과(선형 아래쪽)

③ 표 스타일 :
   테마 스타일 1 - 강조 1

 문제지의 지시사항 및 세부조건을 참고하여 《출력형태》에 알맞게 작업하시오.

· 소스 : 정복05_문제02.pptx   · 정답 : 정복05_정답02.pptx

작성 시간 / 권장 시간
분 / 10분

(1) 도형과 표 작성 기능을 이용하여 슬라이드를 작성한다(글꼴 : 굴림, 18pt).

세부조건

① **상단 도형 :**
  2개 도형의 조합으로 작성

② **좌측 도형 :**
  그라데이션 효과(선형 아래쪽)

③ **표 스타일 :**
  테마 스타일 1 - 강조 1

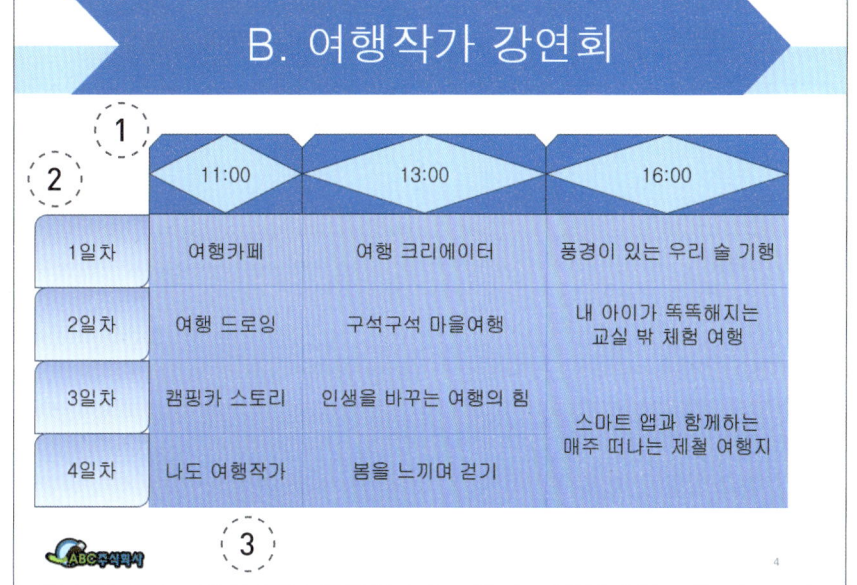

완전정복-03 문제지의 지시사항 및 세부조건을 참고하여 《출력형태》에 알맞게 작업하시오.

· 소스 : 정복05_문제03.pptx   · 정답 : 정복05_정답03.pptx

작성 시간 / 권장 시간
분 / 10분

(1) 도형과 표 작성 기능을 이용하여 슬라이드를 작성한다(글꼴 : 굴림, 18pt).

세부조건

① **상단 도형 :**
  2개 도형의 조합으로 작성

② **좌측 도형 :**
  그라데이션 효과(선형 아래쪽)

③ **표 스타일 :**
  테마 스타일 1 - 강조 6

완전정복 - 04

문제지의 지시사항 및 세부조건을 참고하여 《출력형태》에 알맞게 작업하시오.

· 소스 : 정복05_문제04.pptx   · 정답 : 정복05_정답04.pptx

작성 시간 / 권장 시간
분 / 10분

(1) 도형과 표 작성 기능을 이용하여 슬라이드를 작성한다(글꼴 : 굴림, 18pt).

세부조건

① **상단 도형** :
2개 도형의 조합으로 작성

② **좌측 도형** :
그라데이션 효과(선형 아래쪽)

③ **표 스타일** :
테마 스타일 1 - 강조 6

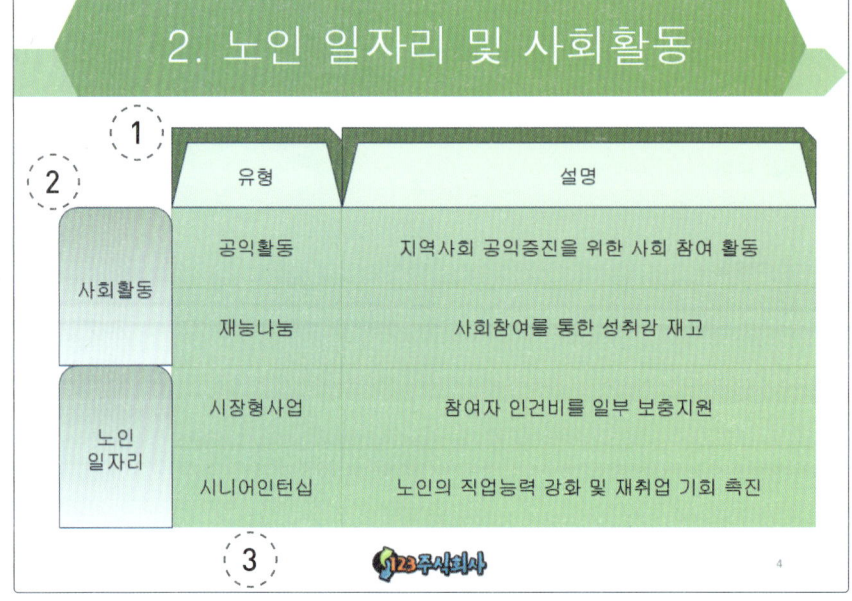

완전정복 - 05

문제지의 지시사항 및 세부조건을 참고하여 《출력형태》에 알맞게 작업하시오.

· 소스 : 정복05_문제05.pptx   · 정답 : 정복05_정답05.pptx

작성 시간 / 권장 시간
분 / 10분

(1) 도형과 표 작성 기능을 이용하여 슬라이드를 작성한다(글꼴 : 굴림, 18pt).

세부조건

① **상단 도형** :
2개 도형의 조합으로 작성

② **좌측 도형** :
그라데이션 효과(선형 아래쪽)

③ **표 스타일** :
테마 스타일 1 - 강조 6

 **완전정복-06** 문제지의 지시사항 및 세부조건을 참고하여 《출력형태》에 알맞게 작업하시오.

· 소스 : 정복05_문제06.pptx · 정답 : 정복05_정답06.pptx

작성 시간 / 권장 시간
분 / 10분

(1) 도형과 표 작성 기능을 이용하여 슬라이드를 작성한다(글꼴 : 돋움, 18pt).

세부조건

① **상단 도형 :**
   2개 도형의 조합으로 작성

② **좌측 도형 :**
   그라데이션 효과(선형 아래쪽)

③ **표 스타일 :**
   테마 스타일 1 – 강조 3

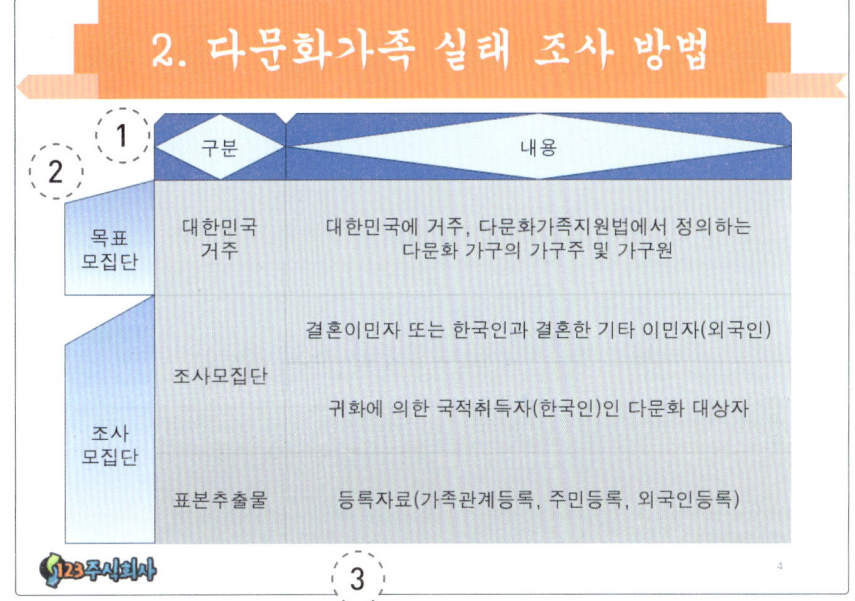

완전정복-07 문제지의 지시사항 및 세부조건을 참고하여 《출력형태》에 알맞게 작업하시오.

· 소스 : 정복05_문제07.pptx · 정답 : 정복05_정답07.pptx

작성 시간 / 권장 시간
분 / 10분

(1) 도형과 표 작성 기능을 이용하여 슬라이드를 작성한다(글꼴 : 돋움, 18pt).

세부조건

① **상단 도형 :**
   2개 도형의 조합으로 작성

② **좌측 도형 :**
   그라데이션 효과(선형 아래쪽)

③ **표 스타일 :**
   테마 스타일 1 – 강조 3

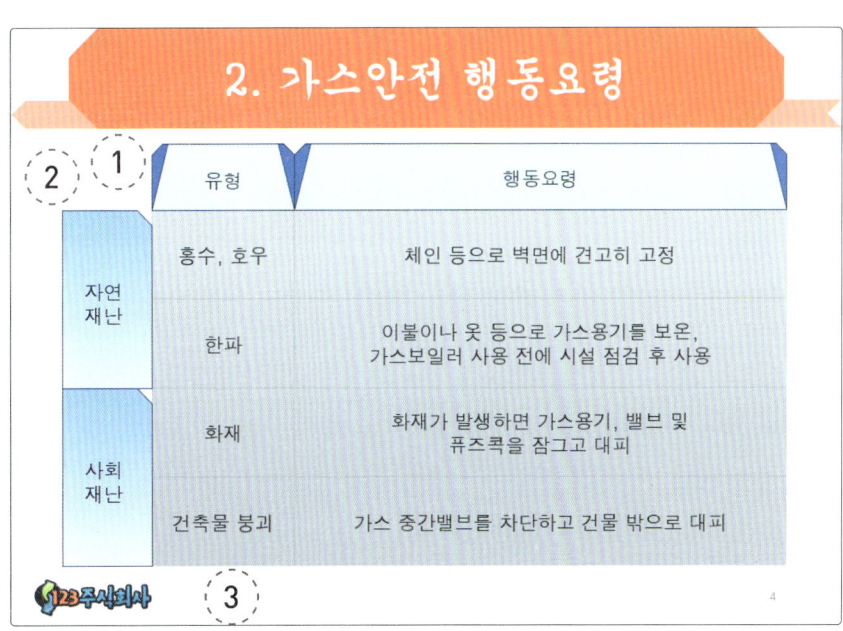

PART 02 출제유형 완전정복

[슬라이드 5]《차트 슬라이드》

☑ 차트 작성 및 편집하기
☑ 도형 삽입 후 스타일 지정하기

 **미리보기**　　　　　　　　　　　　　　• 소스 : 유형06_문제.pptx　　• 정답 : 유형06_정답.pptx

[슬라이드 5]《차트 슬라이드》　　　　　　　　　　　　　　　　　　　　　　(100점)

(1) 차트 작성 기능을 이용하여 슬라이드를 작성한다.
(2) 차트 : 종류(묶은 세로 막대형), 글꼴(돋움, 16pt), 외곽선

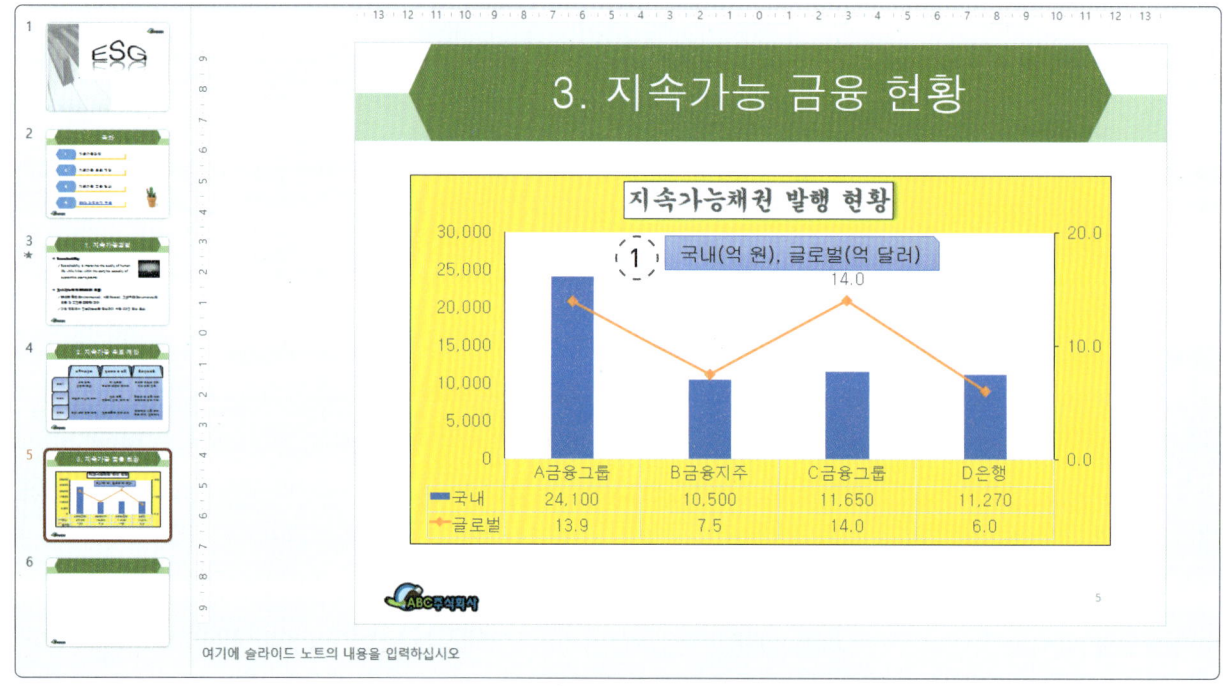

세부 조건

※ **차트설명**
• 차트제목 : 궁서, 24pt, 굵게, 채우기(흰색), 테두리, 그림자(오프셋 오른쪽)
• 차트영역 : 채우기(노랑) / 그림영역 : 채우기(흰색)
• 데이터 서식 : 글로벌 계열을 표식(◆)이 있는 꺾은선형으로 변경 후 보조축으로 지정
• 값 표시 : C금융그룹의 글로벌 계열만

① **도형 삽입**
　－ 스타일 : 미세 효과 – 파랑, 강조 1
　－ 글꼴 : 굴림, 18pt

시험 분석

Information Technology Qualification

난이도	권장 시간 / 시험 시간
★★☆☆☆	10분 / 60분

➔ **출제 경향** : 출제 문제를 분석

- ☑ 차트의 모양은 '묶은 세로 막대형 + 표식이 있는 꺾은선형' 조합으로 출제되고 있습니다.
- ☑ 도형에 스타일(예 : 미세 효과 – 파랑, 강조 1)을 적용시키고 차트에 삽입되는 도형도 다양한 도형으로 출제되고 있습니다. 특히 노란색 조절점()을 이용하여 도형의 모양을 변형하는 문제가 자주 출제됩니다.
- ☑ 기본 축 서식 및 보조 축 서식에서 표시 형식 변경과 눈금의 간격을 지정하는 문제가 지속적으로 출제되고 있으니 《출력형태》를 잘 확인하여 작업합니다.

➔ **주의 사항** : 실수가 많은 내용

- ☑ 차트의 행/열을 전환하기 위해서는 [Microsoft Powerpoint 차트] 대화상자가 나타나 있어야 합니다. [Microsoft Powerpoint 차트] 대화상자가 종료되면 '행/열 전환'이 비 활성화됩니다.
- ☑ 차트의 레이아웃을 지정한 후에 글꼴 속성을 지정합니다. 글꼴을 먼저 지정한 후 레이아웃을 지정하면 글꼴 속성이 레이아웃 속성으로 변경되기 때문에 다시 지정해야 합니다.
- ☑ 데이터 레이블, 세로 (값) 축, 보조 세로 (값) 축 등은 《출력형태》를 보고 수험자가 판단하여 지정해야 합니다.

Skill 01 차트 작성하기

■ 차트 삽입하기

(2) 차트 : 종류(묶은 세로 막대형), 글꼴(돋움, 16pt), 외곽선

❶ 유형06_문제.pptx 파일을 불러와 [**슬라이드 5**]를 클릭한 후 작업합니다.

※ 파일 불러오기 : [파일]-[열기]-[찾아보기]를 클릭한 후 [열기] 대화상자에서 파일을 선택합니다.

❷ 슬라이드 상단의 '제목을 추가하려면 클릭하십시오.'를 클릭한 후 '**3. 지속가능 금융 현황**'을 입력합니다. 이어서, 슬라이드 안 쪽의 '**차트 삽입( )**'을 클릭합니다.

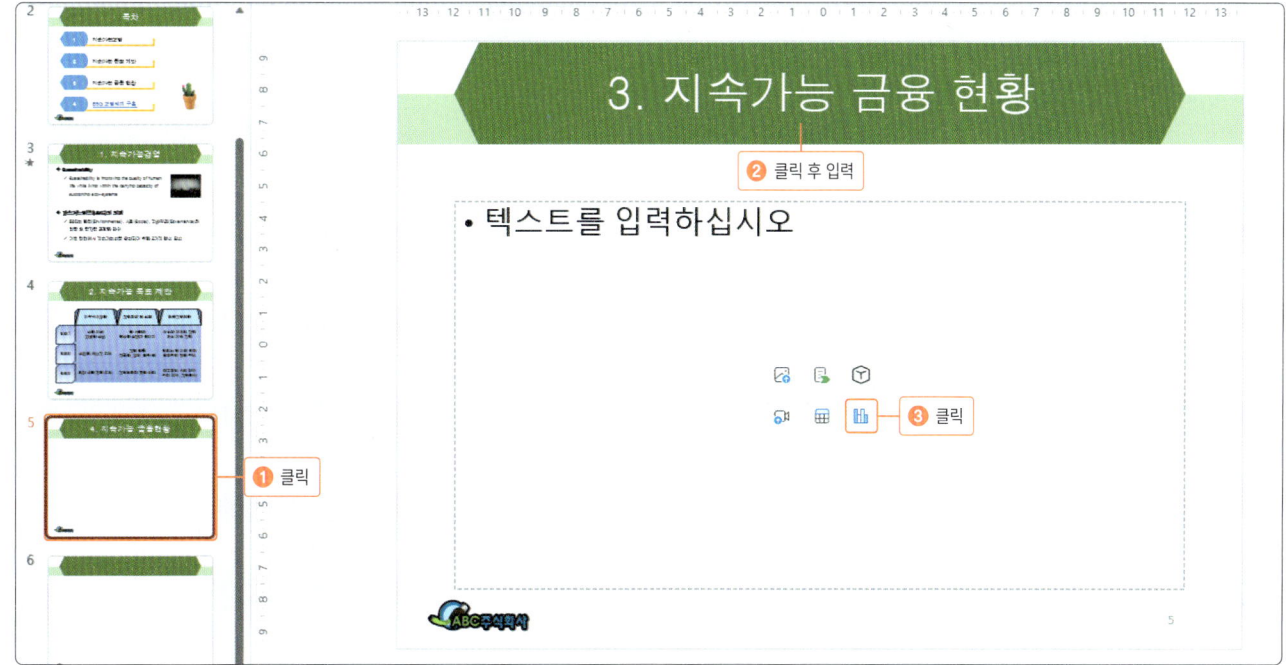

출제유형 06 [슬라이드 5] 《차트 슬라이드》

❸ [차트 삽입] 대화상자가 나오면 [혼합( )]-'**사용자 지정 조합( )**'을 선택합니다. 이어서, **계열1(묶은 세로 막대형)**과 **계열2(표식이 있는 꺾은선형)**의 옵션을 그림과 같이 지정한 후 〈확인〉 단추를 클릭합니다.

※ [혼합( )]-'사용자 지정 조합( )'을 이용하여 차트를 작성하면 계열별로 차트의 모양과 보조축을 미리 지정할 수 있습니다.

계열 차트 종류 지정

문제지의 《출력형태》를 참고하여 계열에 맞는 차트 종류를 지정합니다.

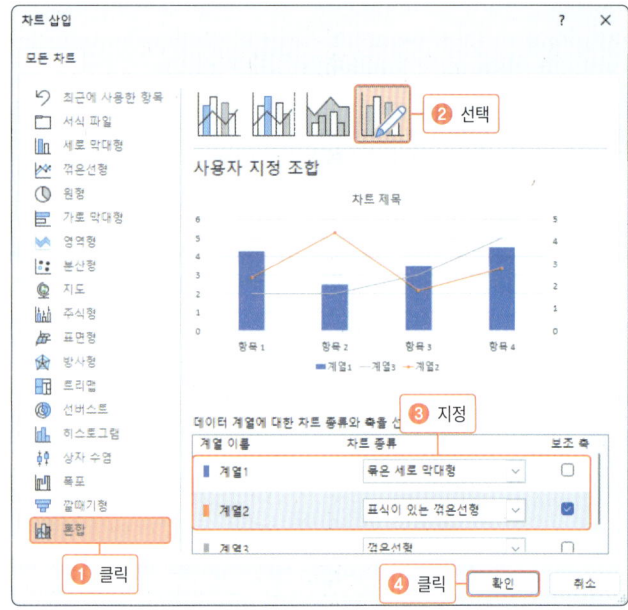

■ 차트 데이터 입력 및 범위 지정, 행/열 전환

❹ 차트 삽입과 동시에 엑셀 데이터 입력 창이 활성화되면 그림과 같이 차트에 필요한 데이터를 입력한 후 파란색 선 바깥쪽의 빈 셀을 클릭합니다.

※ 키보드의 방향키(↑, ↓, ←, →)를 눌러 다른 셀로 이동이 가능합니다.

※ 데이터 입력 시 소수점(.) 또는 천 단위 구분 기호(,)를 잘 구분하여 입력합니다.

❺ 오른쪽 하단의 파란색 점( ) 위에 마우스 포인터를 위치시킨 후, 모양으로 변경되면 그림과 같이 위쪽으로 드래그합니다.

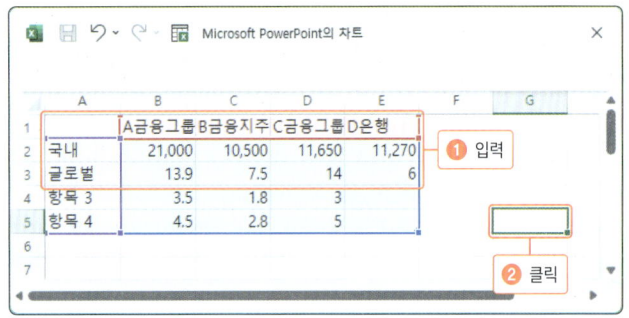
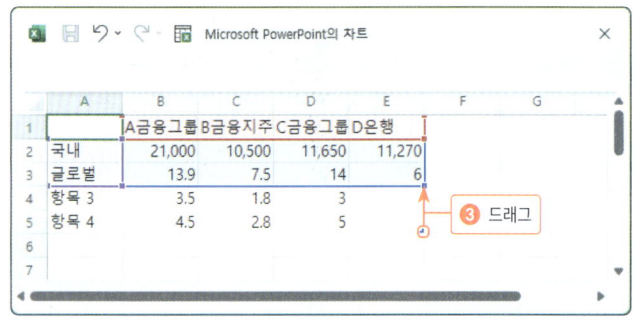

❻ 차트 범위가 지정되면 불필요한 데이터를 드래그한 후 Delete 키를 눌러 삭제합니다.

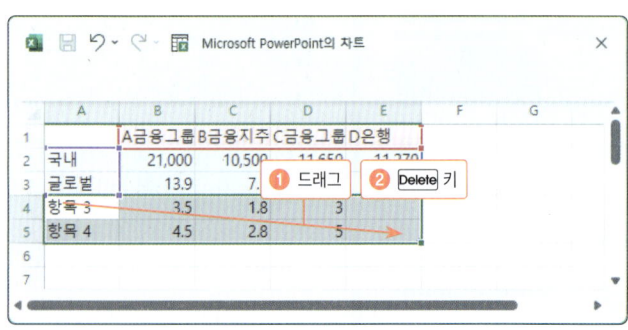

⑦ 차트의 모양을 변경하기 위해 [차트 디자인] 탭의 [데이터] 그룹에서 '**행/열 전환( )**'을 클릭합니다.

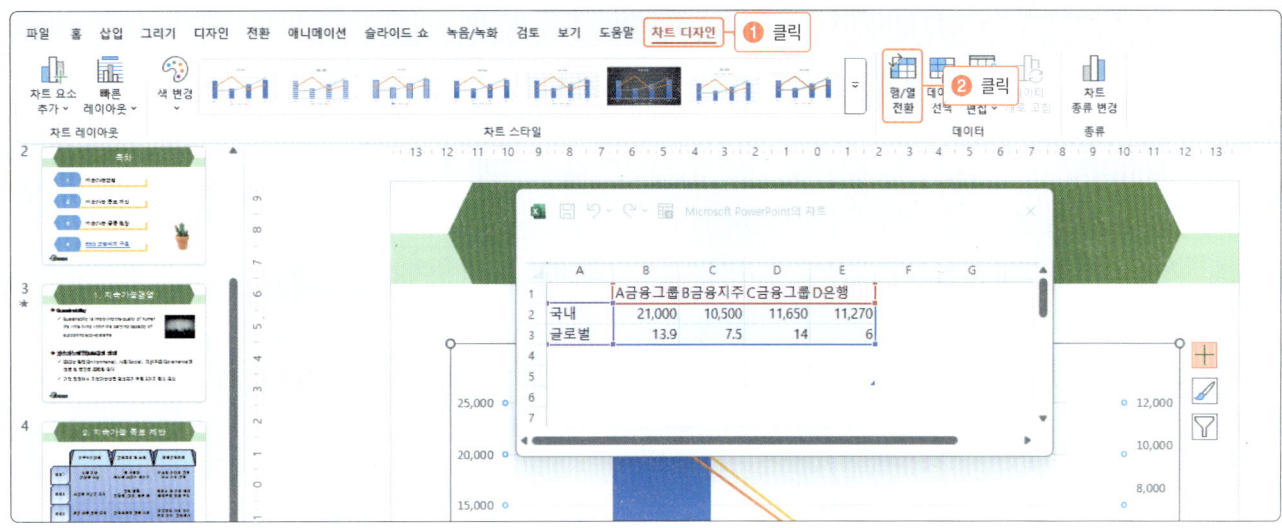

■ 차트 축 서식의 형식 지정하기

⑧ 차트의 《출력형태》를 참고하여 축의 최소값 모양(0)을 확인합니다.

※ ITQ 파워포인트 시험에서는 차트 축의 최소값이 '-' 또는 숫자로 출제됩니다.

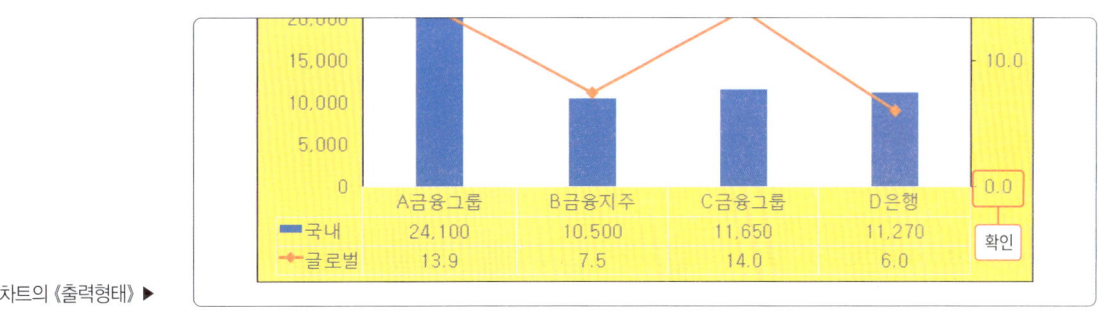

차트의 《출력형태》 ▶

⑨ 보조 세로축의 형식을 《출력형태》와 똑같이 맞추기 위해 엑셀 데이터 입력 창에서 보조 세로 축의 **데이터(글로벌)**를 드래그하여 블록으로 지정합니다.

⑩ 블록으로 지정된 셀 위에서 [마우스 오른쪽 단추]를 눌러 바로가기 메뉴가 나오면 '**셀 서식**'을 클릭합니다.

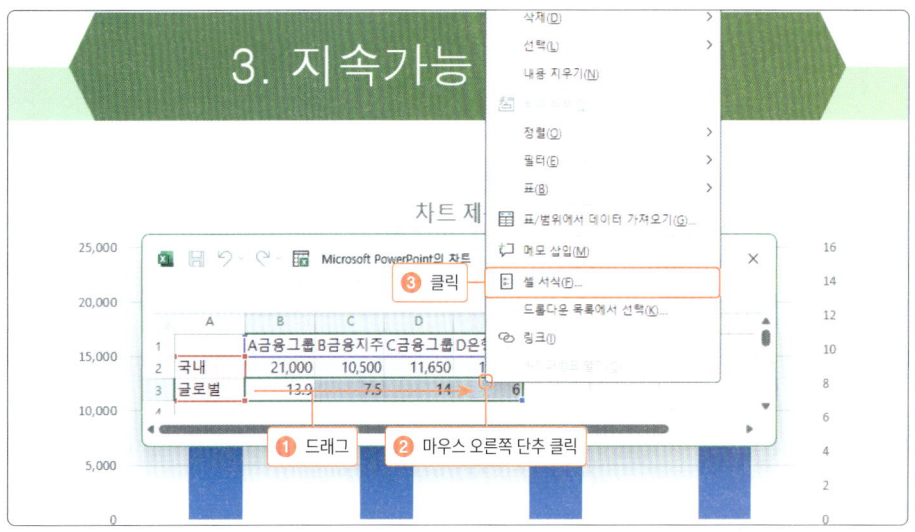

출제유형 06 **97** [슬라이드 5] 《차트 슬라이드》

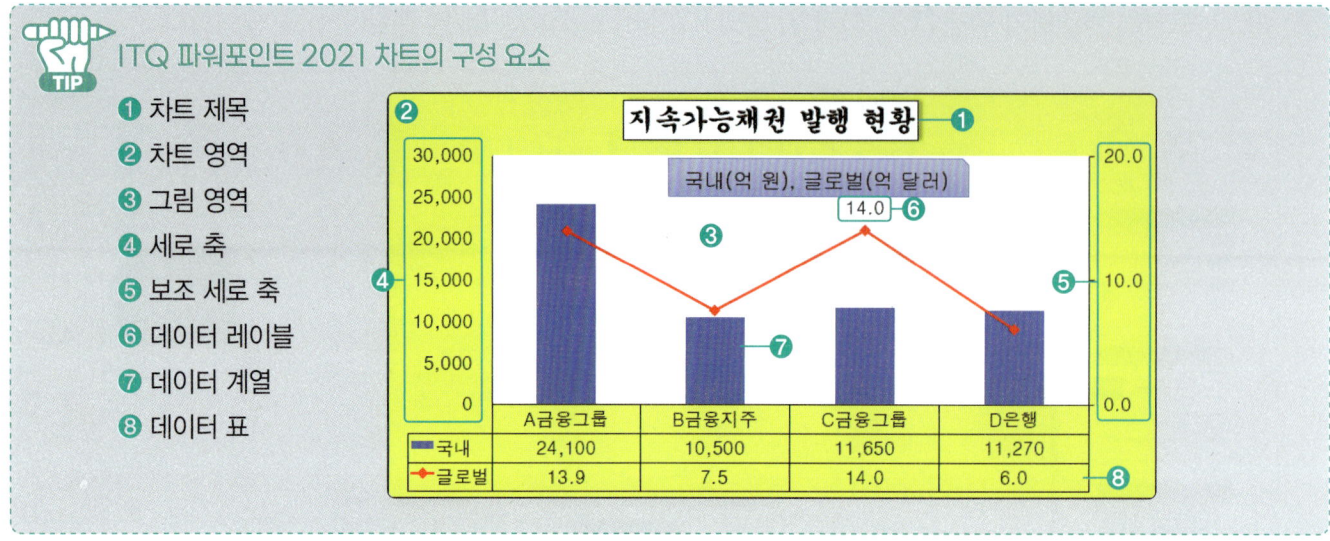

ITQ 파워포인트 2021 차트의 구성 요소
1. 차트 제목
2. 차트 영역
3. 그림 영역
4. 세로 축
5. 보조 세로 축
6. 데이터 레이블
7. 데이터 계열
8. 데이터 표

⑪ [셀 서식] 대화상자가 나오면 [표시 형식] 탭에서 [범주]–'**숫자**'를 선택한 후 소수 자릿수(1)을 지정합니다. 이어서, 〈확인〉 단추를 클릭합니다.

※ 차트 축의 최소값이 '–'일 경우 ⇨ [범주]–'회계'를 클릭한 후 '소수 자릿수(1), 기호(없음)'를 선택합니다.

⑫ 변경된 보조 축의 값을 확인한 후 엑셀 데이터 입력 창의 닫기(☒)를 클릭합니다.

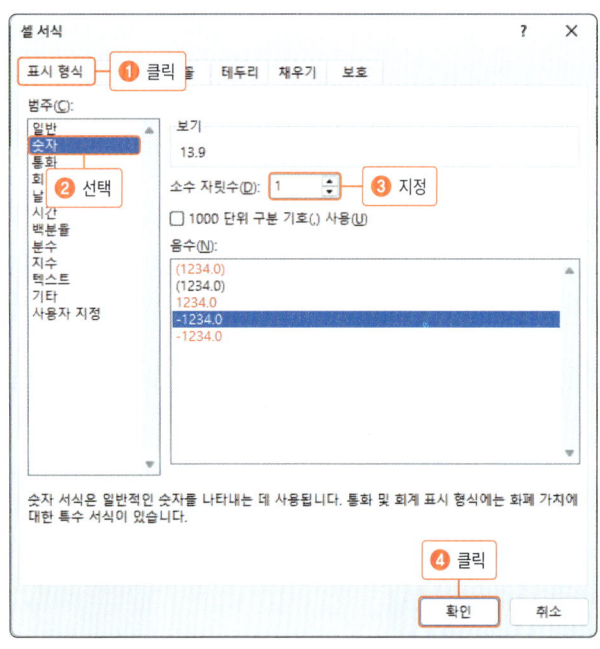
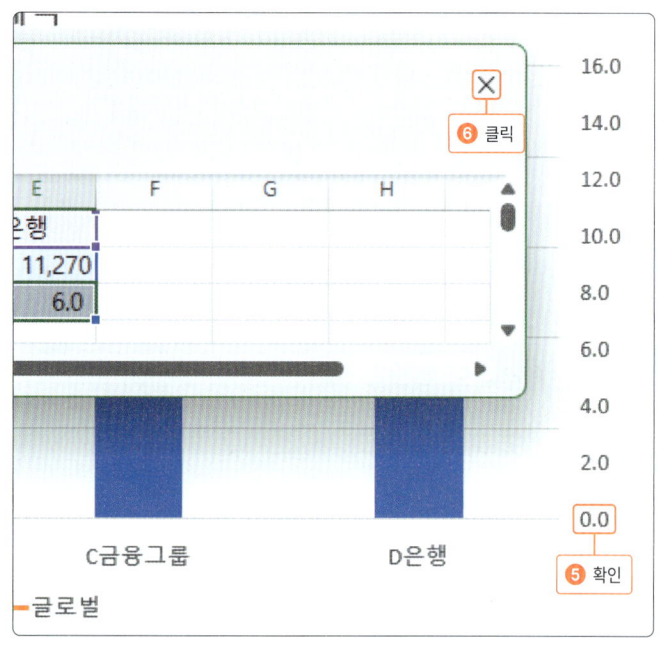

엑셀 데이터 입력 창에서 표시 형식 지정하기
1. 차트의 《출력형태》를 참고하여 축의 최소값이 '0'이면 숫자 서식, '–'이면 회계 서식이 적용된 것입니다.
2. 만약 소수점 자릿수를 지정하는 문제가 출제되면 데이터를 입력한 후 [셀 서식] 대화상자에서 범주를 숫자 또는 회계 등으로 지정하여 소수 자릿수를 적용할 수 있습니다.

Skill 02 차트 레이아웃 설정 및 기본 서식 변경

■ 차트 레이아웃 변경하기

① 차트가 선택된 상태에서 [차트 디자인] 탭의 [차트 레이아웃] 그룹에서 [빠른 레이아웃()]-'**레이아웃 5**( )'를 선택합니다.

※ 《출력형태》와 가장 비슷한 '레이아웃 5'를 선택하여 작업하면 편리합니다.

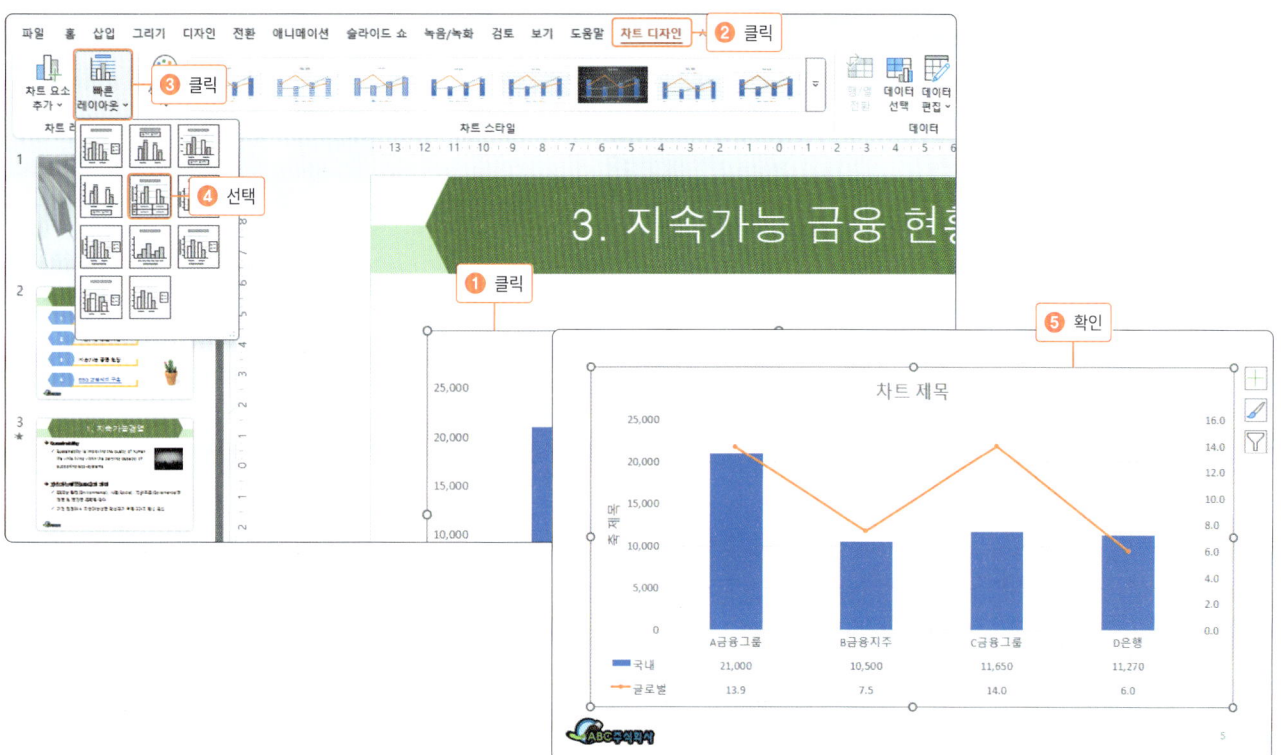

TIP 세부조건에 '데이터 테이블 표시' 지시사항은 없으나 《출력형태》에는 데이터 테이블이 출제되기 때문에 전체 구성이 가장 비슷한 '레이아웃 5'를 선택하여 작업하는 것이 좋습니다.

② 레이아웃이 변경되면 차트 왼쪽의 '**축 제목**'을 클릭한 후 Delete 키를 눌러 삭제합니다.

※ 반드시 《출력형태》를 참고하여 작업합니다.

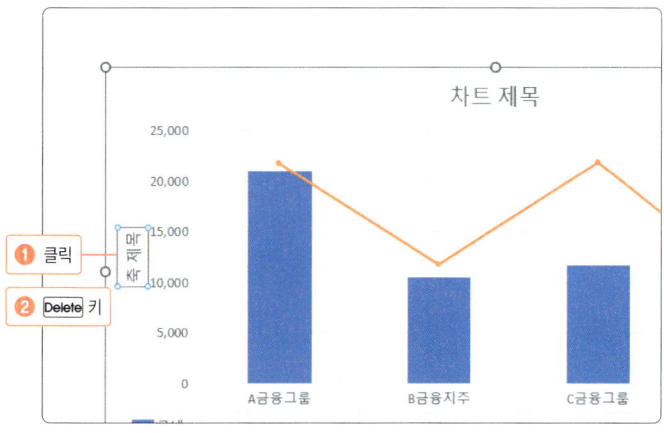 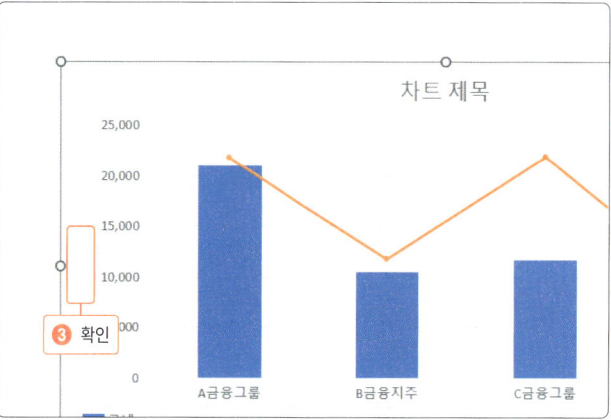

■ 차트 전체 글꼴 변경 및 외곽선 지정하기

③ 차트의 테두리를 클릭한 후 [홈] 탭의 [글꼴] 그룹에서 '**글꼴(돋움), 글꼴 크기(16pt)**'를 지정합니다.
   ※ 차트의 전체 글꼴을 미리 한 번에 변경한 후 제목 글꼴은 나중에 변경합니다.

④ 글꼴 서식이 변경되면 [서식] 탭의 [도형 스타일] 그룹에서 [도형 윤곽선]-'**검정, 텍스트 1**'을 선택합니다.

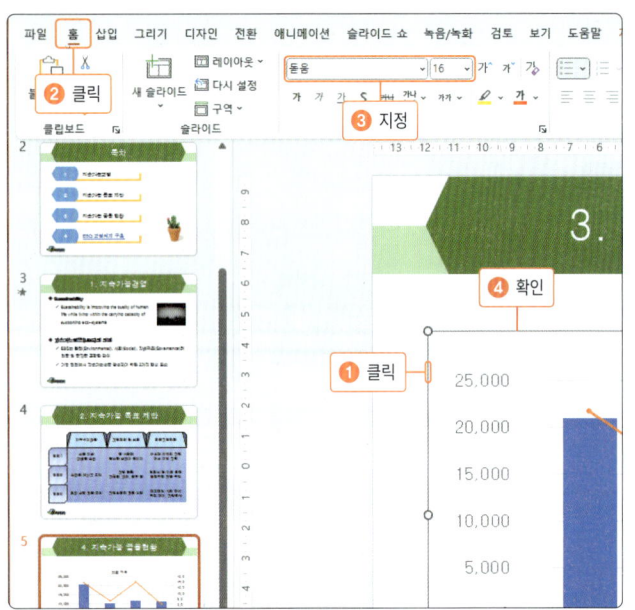
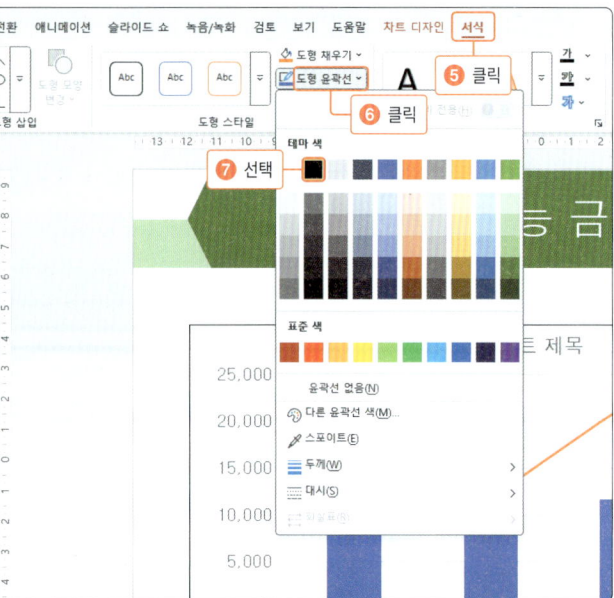

차트 세부 조건 작성하기

■ 차트 제목 작성하기

차트 제목 : 궁서, 24pt, 굵게, 채우기(흰색), 테두리, 그림자(오프셋 오른쪽)

① '차트 제목'을 클릭한 후 [홈] 탭의 [글꼴] 그룹에서 '**글꼴(궁서), 글꼴 크기(24pt), 굵게(가)**'를 지정합니다.
   ※ ITQ 파워포인트에서는 문제지 조건에 따라 차트 제목에 굵게(가)를 지정해야 합니다.

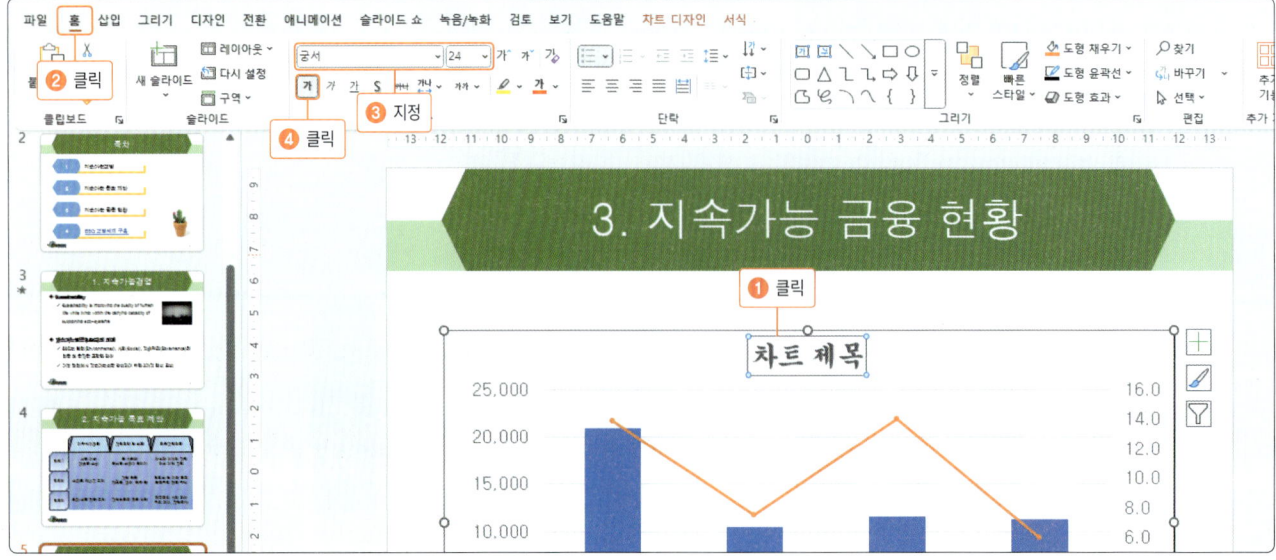

❷ [서식] 탭의 [도형 스타일] 그룹에서 [도형 채우기]-'**흰색, 배경 1**'을 선택합니다. 이어서, [도형 윤곽선]-'**검정, 텍스트 1**'을 선택합니다.

※ 실제 문제지의 세부 조건에는 '테두리'만 표시되기 때문에 임의의 색인 검정색을 선택합니다.

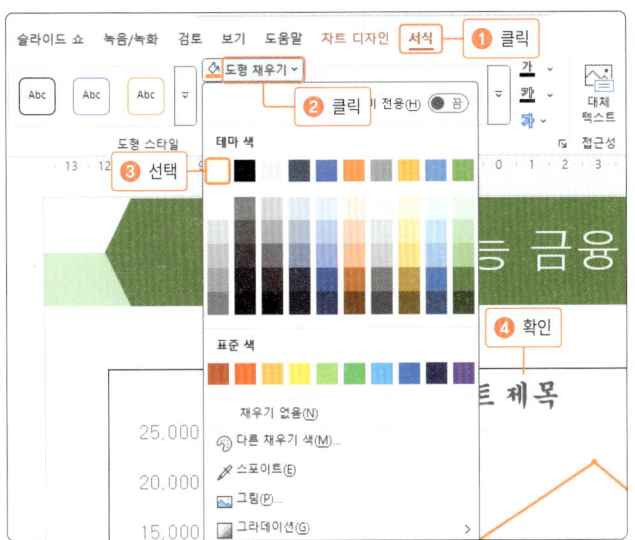
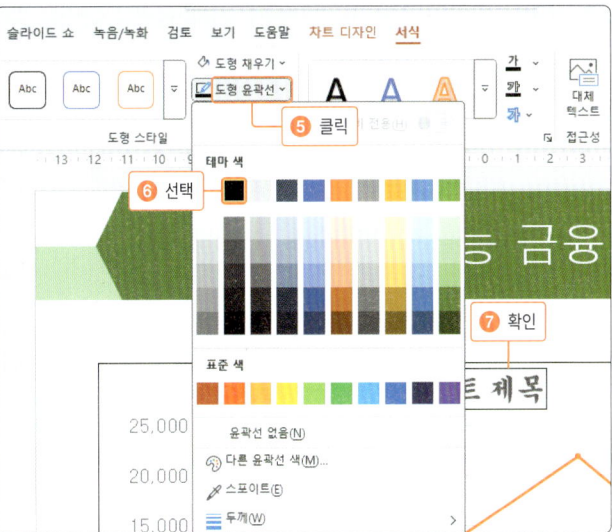

❸ [서식] 탭의 [도형 스타일] 그룹에서 [도형 효과]-[그림자]-[바깥쪽]-'**오프셋: 오른쪽**'을 선택합니다.

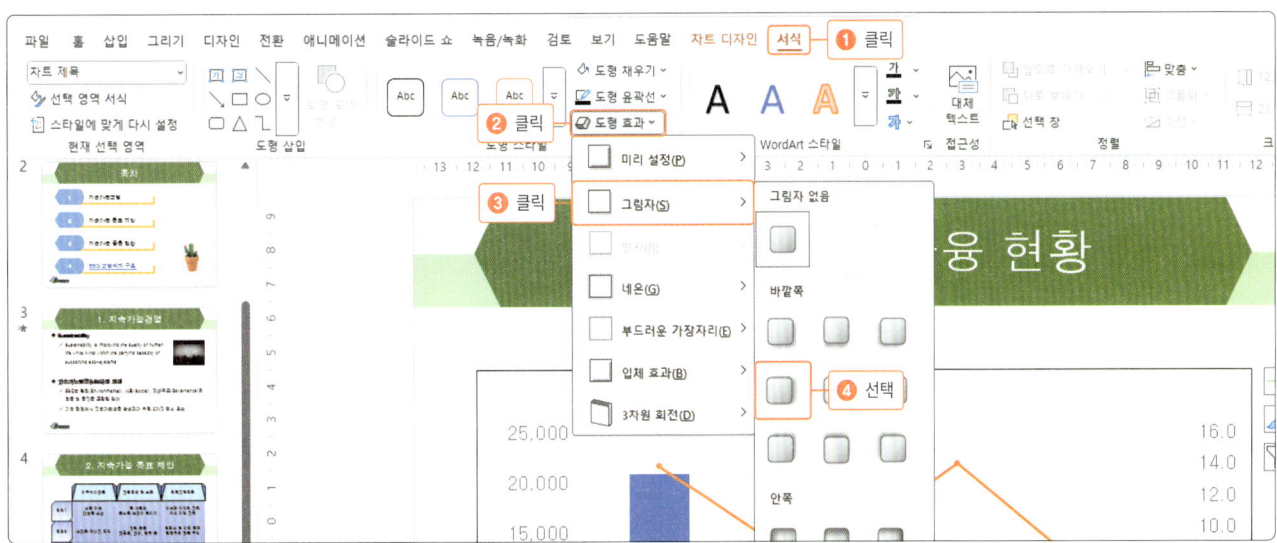

❹ '차트 제목' 텍스트 상자 위에서 마우스 포인터가 Ⅰ 모양으로 변경되면 내용을 드래그하여 블록으로 지정합니다. 이어서, '**지속가능채권 발행 현황**'을 입력한 후 Esc 키를 두 번 눌러 모든 선택을 해제 합니다.

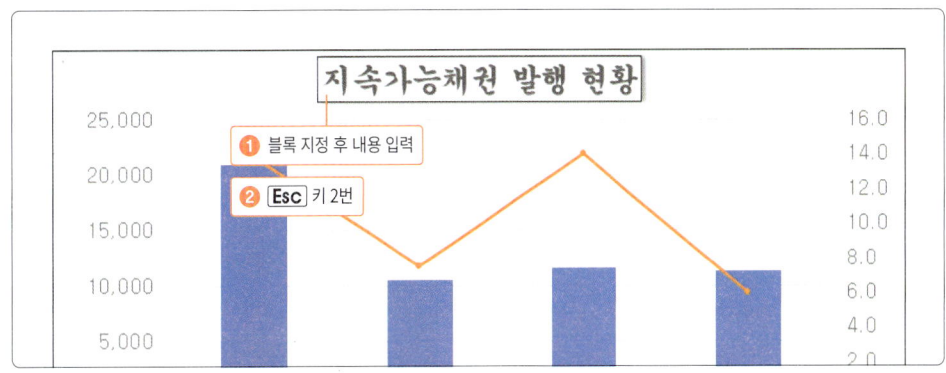

■ 차트 영역 및 그림 영역 색상 채우기

차트 영역 : 채우기(노랑) / 그림 영역 : 채우기(흰색)

❺ 차트 영역에 색상을 채우기 위해 차트의 테두리를 클릭한 후 [서식] 탭의 [도형 스타일] 그룹에서 [도형 채우기]-'**노랑**'을 선택합니다.

※ 만약 작업 후 제목 텍스트 상자(지속가능채권 발행 현황)가 '노랑'으로 채워졌을 때는 다시 '차트 제목(지속가능채권 발행 현황)'을 선택한 후 [도형 채우기]-'**흰색, 배경 1**'을 클릭합니다.

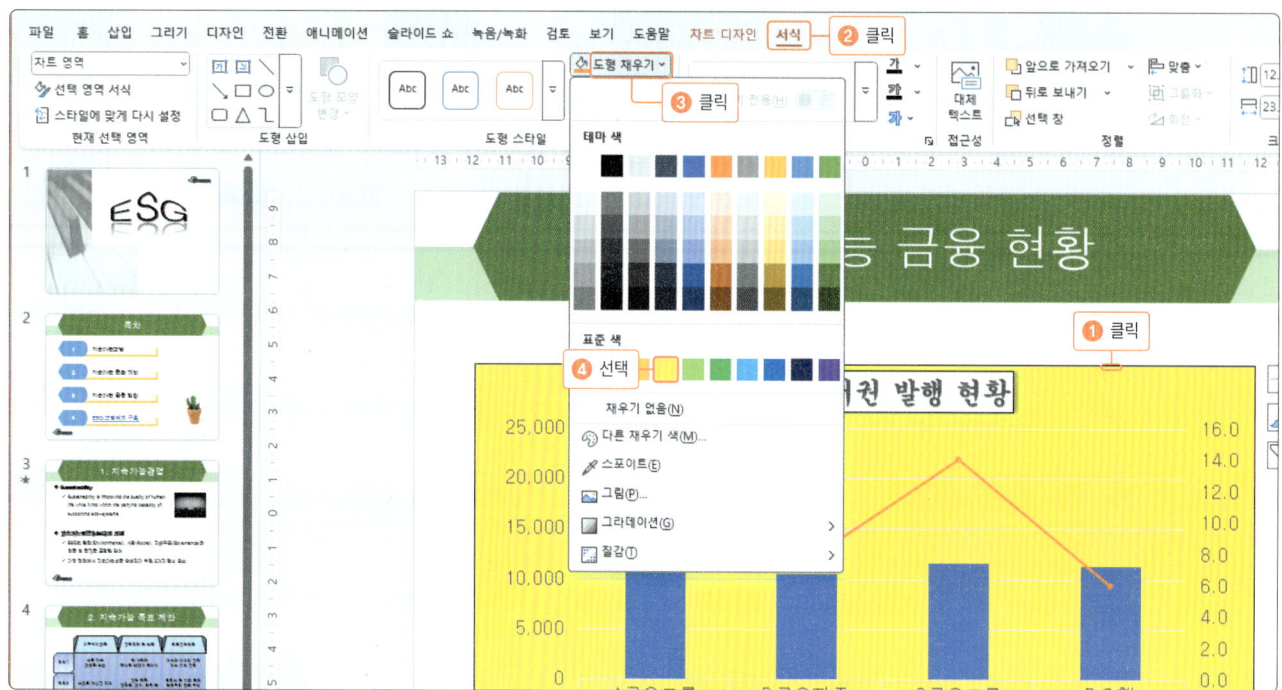

❻ 그림 영역에 색상을 채우기 위해 그림 영역을 클릭한 후 [도형 채우기]-'**흰색, 배경 1**'을 선택합니다.

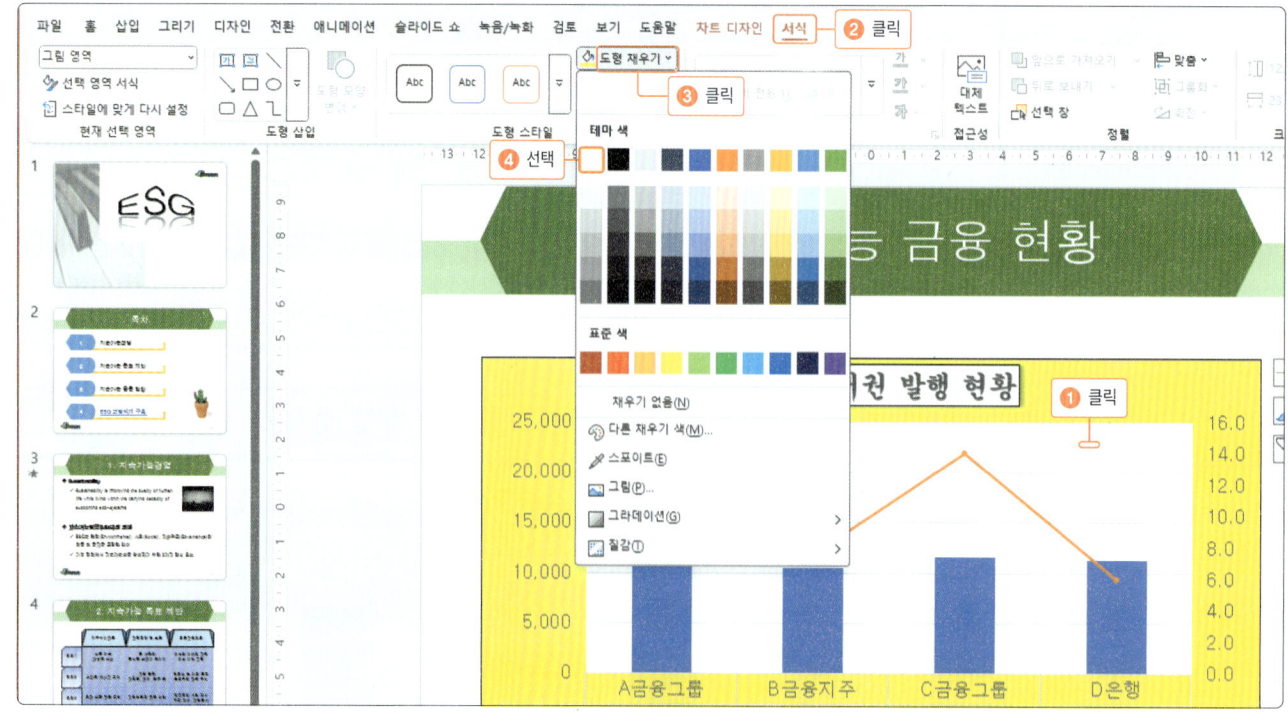

■ 값 표시하기

값 표시 : C금융그룹의 글로벌 계열만

❼ 글로벌 계열을 클릭한 후 'C금융그룹' 요소만 선택합니다.

❽ [차트 디자인] 탭의 [차트 레이아웃] 그룹에서 차트 요소 추가(📊)를 클릭한 후 [데이터 레이블]-'**위쪽**'을 선택합니다.

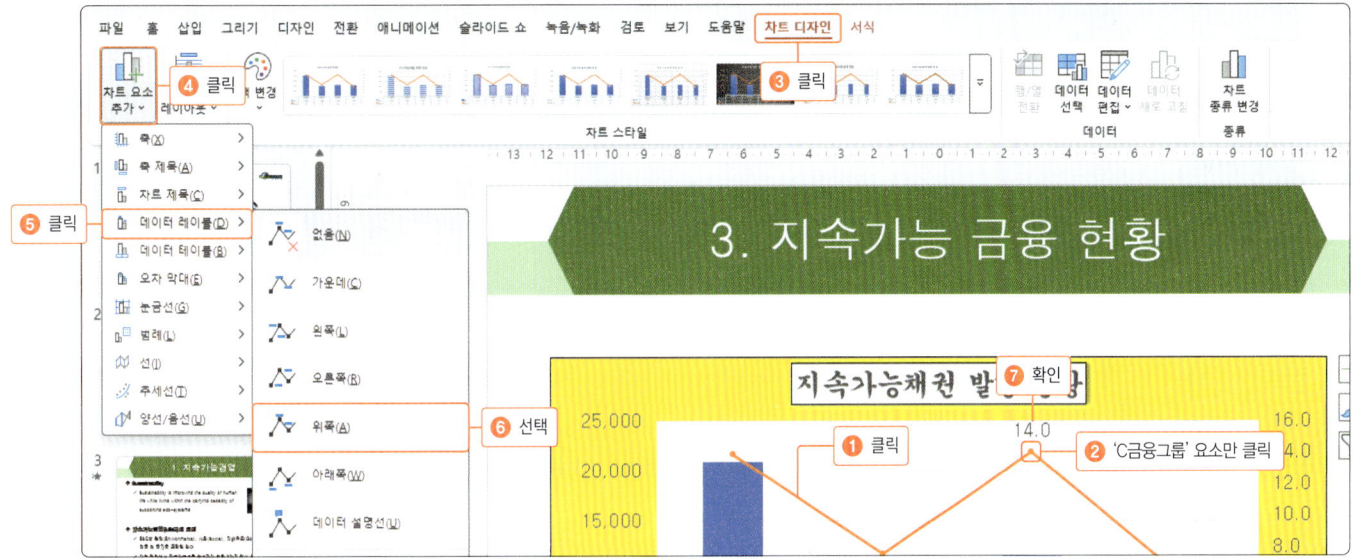

💡 TIP 데이터 레이블

❶ 시험 유형에 따라 차트에 데이터 레이블 값이 표시되는 위치(가운데, 위쪽, 아래쪽 등)가 다양하게 출제되기 때문에 《출력형태》를 참고하여 작업합니다.

❷ 데이터 레이블이 특정 요소가 아닌 전체(예 : 글로벌) 계열에 값을 표시하는 문제도 출제되고 있습니다. 이 경우에는 해당 계열을 한 번만 클릭한 후 계열 표식이 전체로 선택되었을 때 데이터 레이블을 추가합니다.

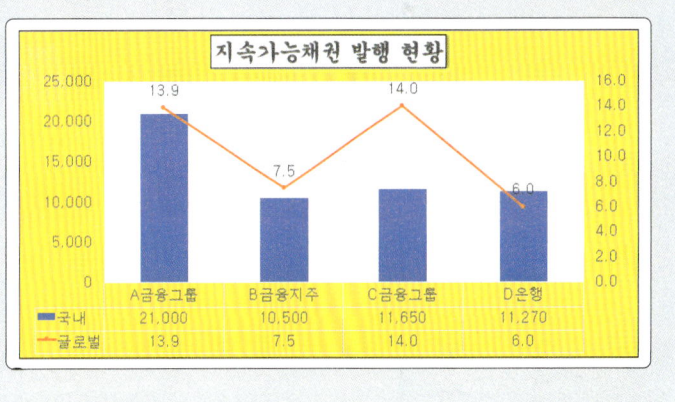

❾ 데이터 계열 표식 옵션을 《출력형태》와 동일하게 만들기 위해 **글로벌** 계열을 클릭한 후 [마우스 오른쪽 단추]를 눌러 바로가기 메뉴가 나오면 [데이터 계열 서식]을 클릭합니다.

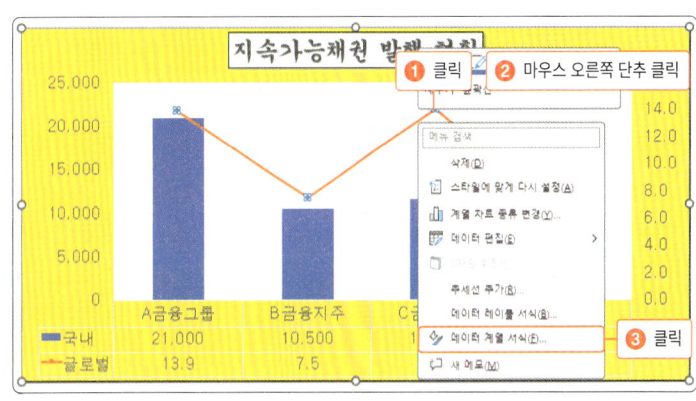

⑩ 오른쪽 작업 창이 활성화되면 채우기 및 선(🎨)을 클릭한 후 [표식]–[표식 옵션]–'**기본 제공**', '**형식(◆)**', **크기(10)**'를 지정한 다음 작업 창을 종료(✕)합니다.

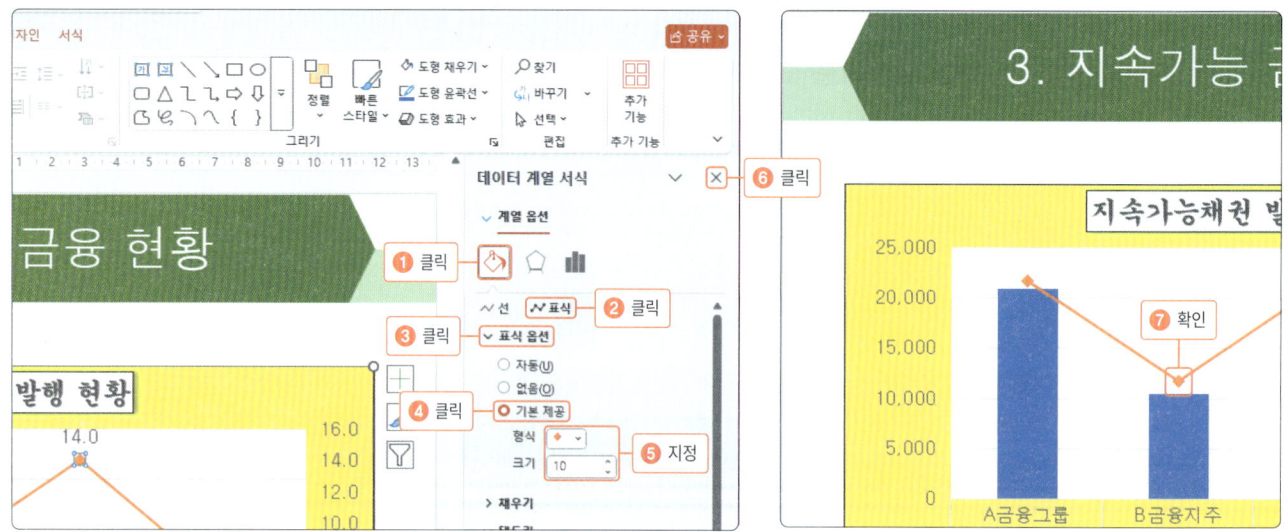

Skill 04 기타 차트 편집

■ 차트 눈금선 지우기

기타 차트 편집 작업은 문제지의 조건을 모두 충족한 후 《출력형태》와 동일하게 맞추기 위한 세부 작업

① 차트가 선택된 상태에서 [차트 디자인] 탭의 [차트 레이아웃] 그룹에서 차트 요소 추가(📊)를 클릭한 후 [눈금선]–'기본 주 가로(▦)'의 선택을 해제합니다.

※ 차트를 작성하면 눈금선은 '기본 주 가로(▦)'가 기본값으로 설정되어 있으며 《출력형태》와 동일하게 작업하기 위해서는 반드시 선택을 해제합니다.

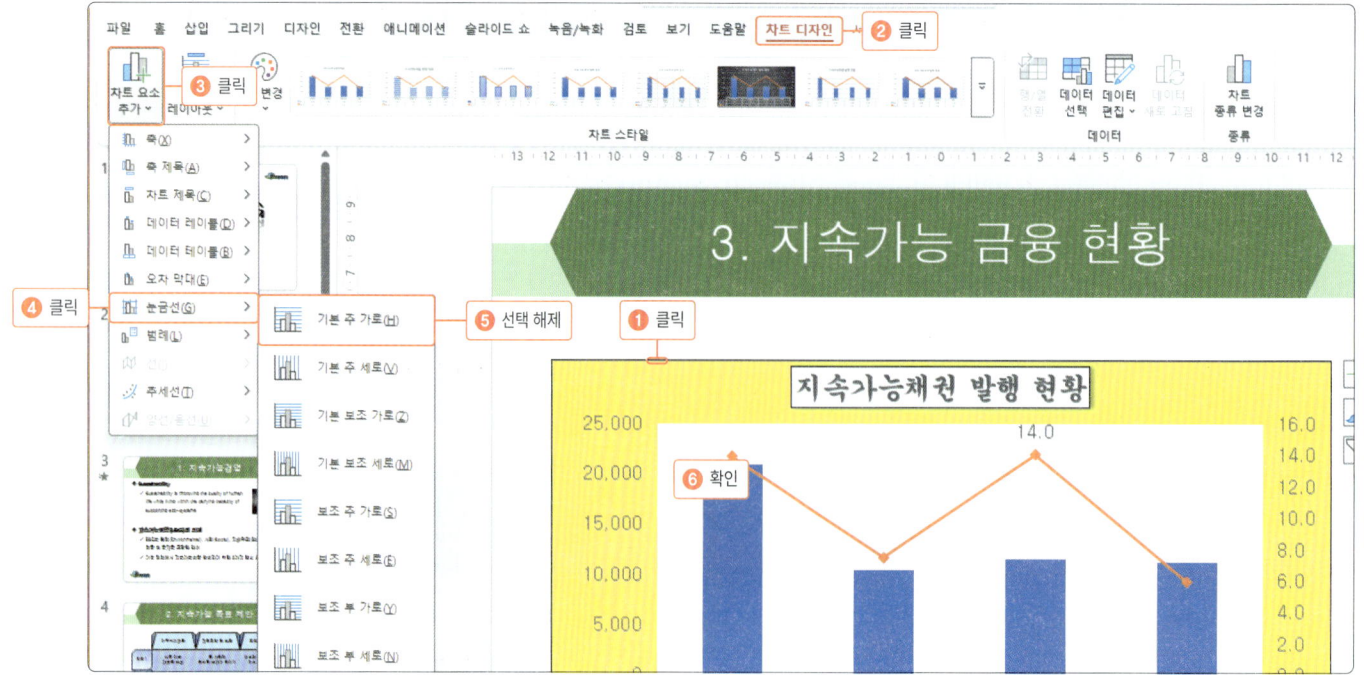

■ 세로 (값) 축 지정하기

❷ 세로 (값) 축 임의의 숫자 위에서 [마우스 오른쪽 단추]-[축 서식]을 클릭합니다.

❸ 오른쪽 작업 창이 활성화되면 채우기 및 선(🖌)을 클릭한 후 [선]-'**실선**', [색]-'**검정, 텍스트 1**'을 선택합니다.

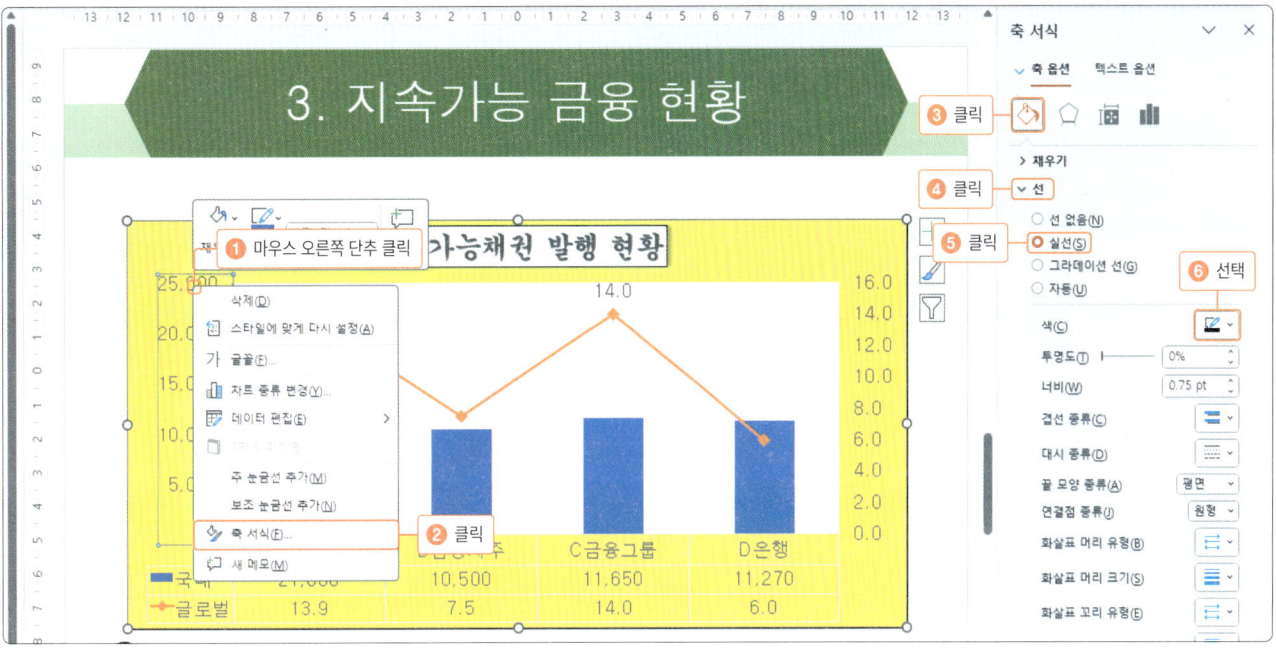

■ 보조 세로 (값) 축 지정하기

❹ 보조 세로 (값) 축을 선택한 후 오른쪽 작업 창에서 [채우기 및 선(🖌)]을 클릭한 다음 [선]-'**실선**', [색]-'**검정, 텍스트 1**'을 선택합니다. 이어서 [축 옵션(📊)]을 클릭한 후 [축 옵션]-[단위]-'**기본(10)**'을 입력한 다음 [눈금]을 클릭하고 [주 눈금]-'**바깥쪽**'을 선택한 후 작업 창을 종료(✕)합니다.

※ 주 눈금 '바깥쪽'이 한 번에 지정되지 않을 경우에는 다른 항목(예 : 안쪽)을 한 번 선택한 후 '바깥쪽'을 다시 클릭합니다.

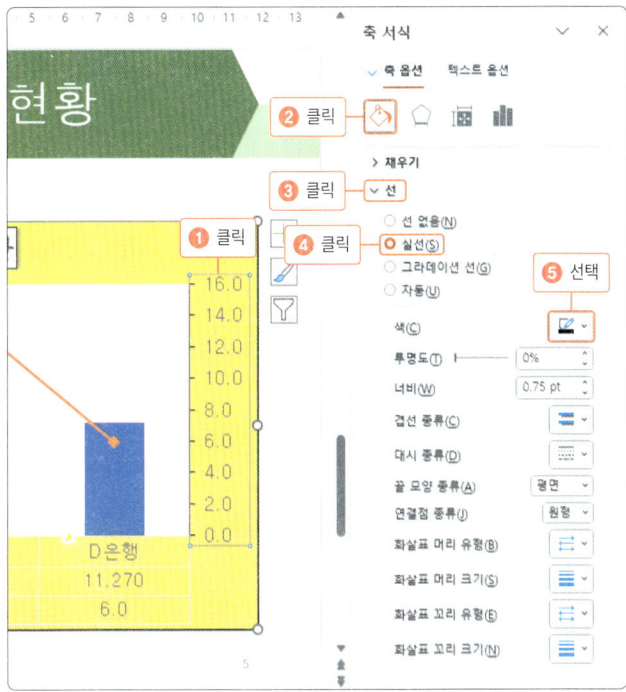 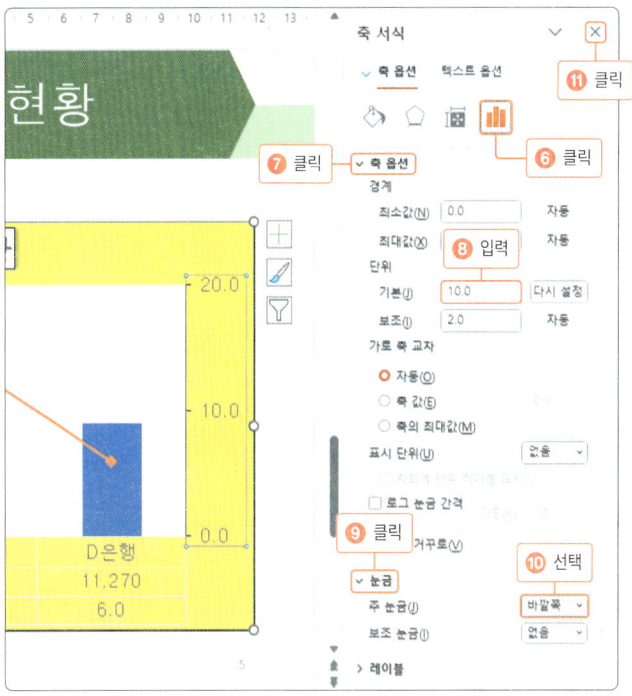

Skill 05 도형 삽입하기

① 도형 삽입
 - 스타일 : 미세 효과 – 파랑, 강조 1
 - 글꼴 : 굴림, 18pt

❶ 차트 테두리를 클릭한 후 《출력형태》를 참고하여 차트 위치를 변경합니다.

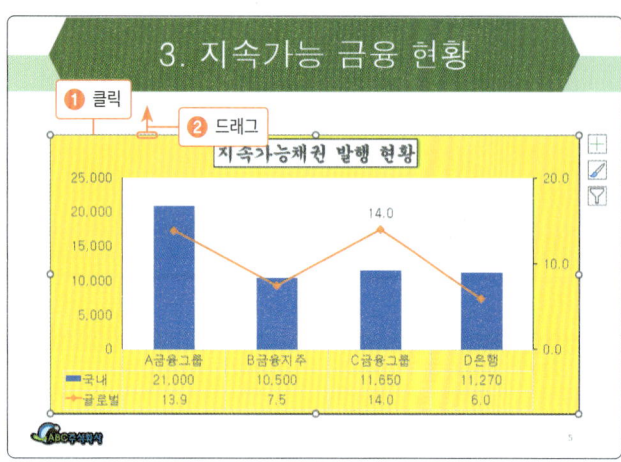
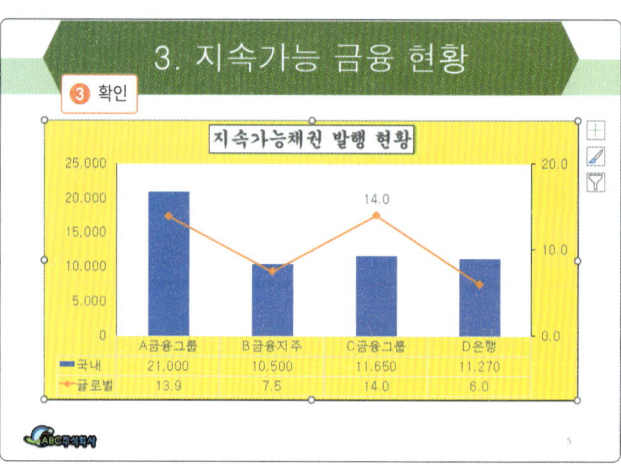

❷ [삽입] 탭의 [일러스트레이션] 그룹에서 [도형]-[사각형]-'**사각형: 잘린 한쪽 모서리**( )'를 선택합니다.
 ※ 차트를 선택한 후 도형을 삽입하면 글자 크기가 11pt이며, 정렬이 지정되어 있지 않습니다.

❸ 마우스 포인터가 + 모양으로 변경되면 드래그하여 도형을 삽입합니다. 이어서, 조절점( )을 드래그하여 《출력형태》와 같이 크기를 조절한 후 위치를 변경합니다.

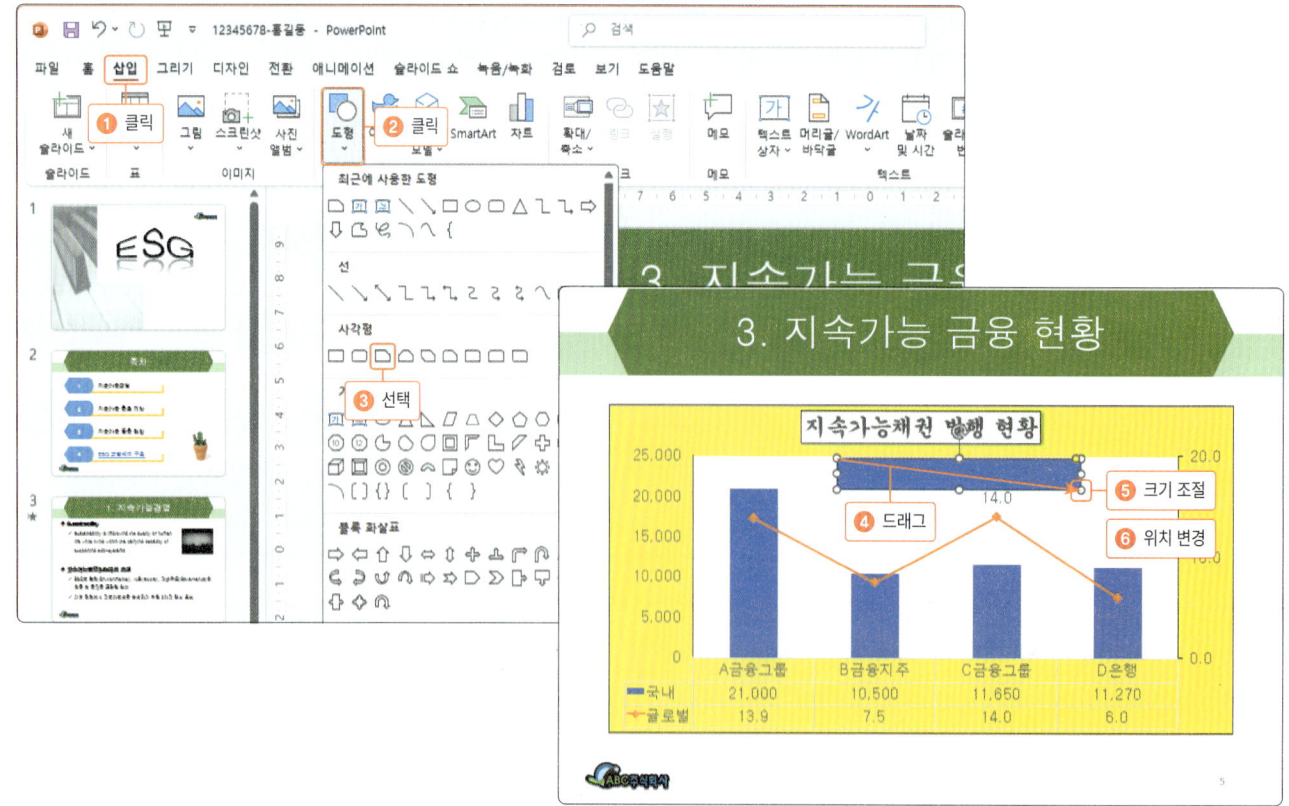

❹ [도형 서식] 탭의 [도형 스타일] 그룹에서 자세히 (▽) 단추를 클릭한 후 '**미세효과 – 파랑, 강조 1**'을 선택합니다.

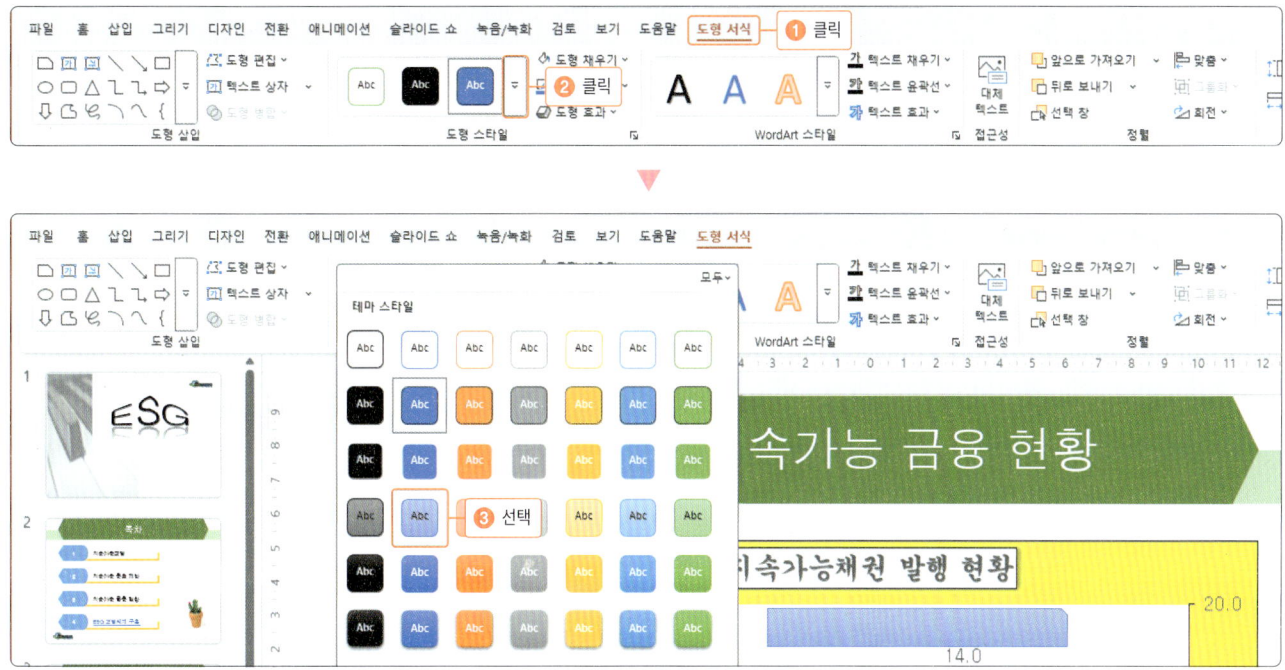

❺ '국내(억 원), 글로벌(억 달러)'을 입력한 후 Esc 키를 누른 다음 [홈] 탭의 [글꼴] 그룹에서 '**글꼴(굴림), 글꼴 크기(18pt)**'를 지정합니다.

  ※ 만약, 도형 스타일(예 : 미세 효과 – 파랑, 강조 1)을 변경한 후 《출력형태》의 글꼴 색(검정 또는 흰색)과 일치하지 않을 경우 《출력형태》에 맞추어 글꼴 색을 변경합니다.

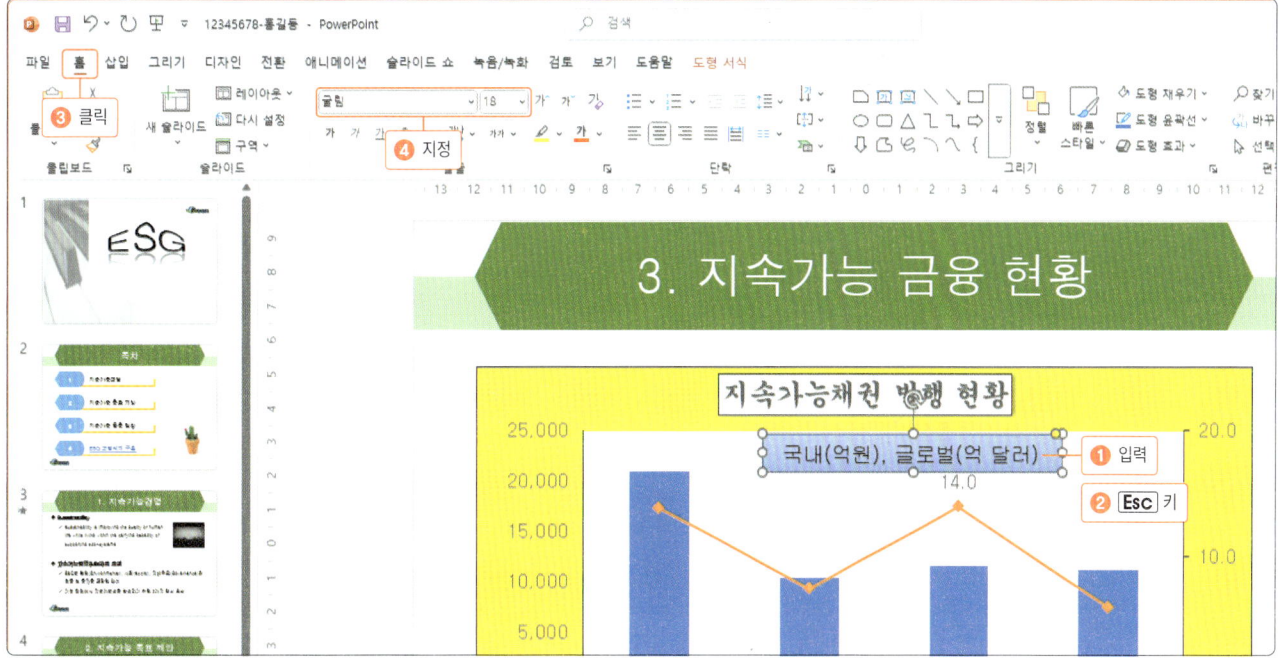

❻ [파일]-[저장](Ctrl+S) 또는 [빠른 실행 도구 모음]에서 '**저장(🖫)**'을 클릭합니다.

  ※ 실제 시험을 볼 때 작업 도중에 수시로(10분에 한 번 정도) 저장을 하는 것이 좋습니다.

차트 편집시 참고할 사항

• 소스 파일 : 차트_문제.pptx   • 정답 파일 : 차트_정답.pptx

※ 소스 파일을 불러와 삽입되어 있는 차트를 조건에 맞게 편집해 봅니다.

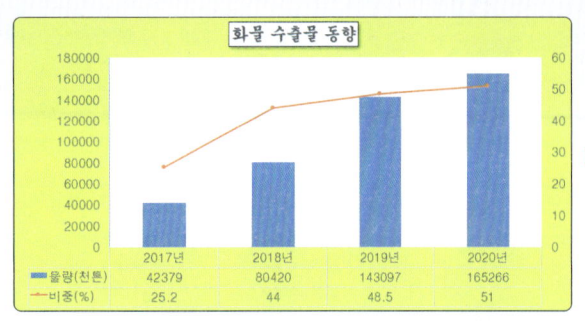 ▶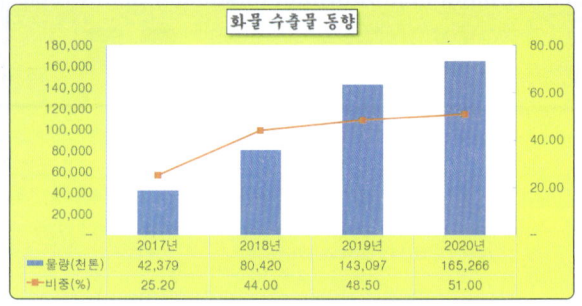

[조건 1] 기본축 데이터 '물량(천톤)' 부분에 '천 단위 구분 기호'를 표시(예 : 42379→ 42,379)

❶ [슬라이드 1]에 삽입된 차트를 클릭 → [차트 디자인] 탭의 [데이터] 그룹에서 [데이터 편집(📊)] 클릭

❷ 엑셀 데이터 입력 창이 열리면 '물량(천톤)' 부분의 데이터([B2:E2])를 드래그하여 블록으로 지정 → 블록으로 지정된 셀 위에서 [마우스 오른쪽 단추] 클릭 → [셀 서식] → [셀 서식] 대화상자에서 [표시 형식]–[회계] 클릭 → 기호를 '없음'으로 지정 → 〈확인〉 → 엑셀 데이터 입력 창 닫기(☒)

※ 표시 형식을 '회계'로 선택하는 이유는 축의 최소값을 숫자가 아닌 '-'로 표시하기 위함입니다.

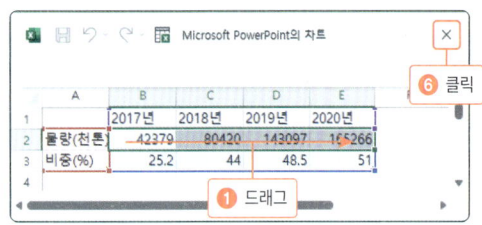  

[조건 2] 보조 축 데이터 '비중(%)' 부분에 '소수점'을 표시(예 : 25.2 → 25.20)

❶ [슬라이드 1]에 삽입된 차트를 클릭 → [차트 디자인] 탭의 [데이터] 그룹에서 [데이터 편집(📊)] 클릭

❷ 엑셀 데이터 입력 창이 열리면 '비중(%)' 부분의 데이터([B3:E3])를 드래그하여 블록으로 지정 → 블록으로 지정된 셀 위에서 [마우스 오른쪽 단추] 클릭 → [셀 서식] → [셀 서식] 대화상자에서 [표시 형식]–[회계] 클릭 → 소수 자릿수(2) 지정 → 기호를 '없음'으로 지정 → 〈확인〉→ 엑셀 데이터 입력 창 닫기(☒)

※ 표시 형식을 '회계'로 선택하는 이유는 축의 최소값을 숫자(0)가 아닌 '-'로 표시하기 위함입니다.

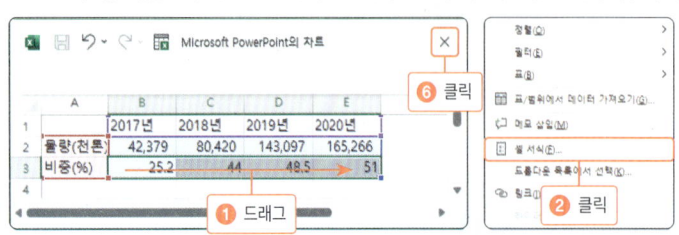 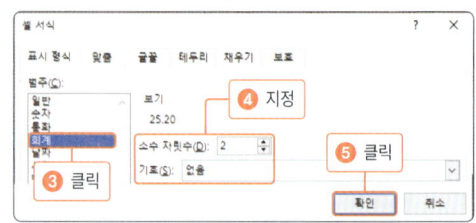

[조건 3] 보조 축 데이터 '비중(%)'의 '축 단위를 변경한 후 눈금선을 지정'

❶ 보조 축 임의의 숫자(60.00) 위에서 [마우스 오른쪽 단추] 클릭 → [축 서식] → 축 옵션에서 '경계-최대값 (80)', '단위-기본(20)' 값을 입력
❷ [눈금]을 클릭 → 주 눈금을 '안쪽'으로 지정 → 작업 창을 종료(☒)

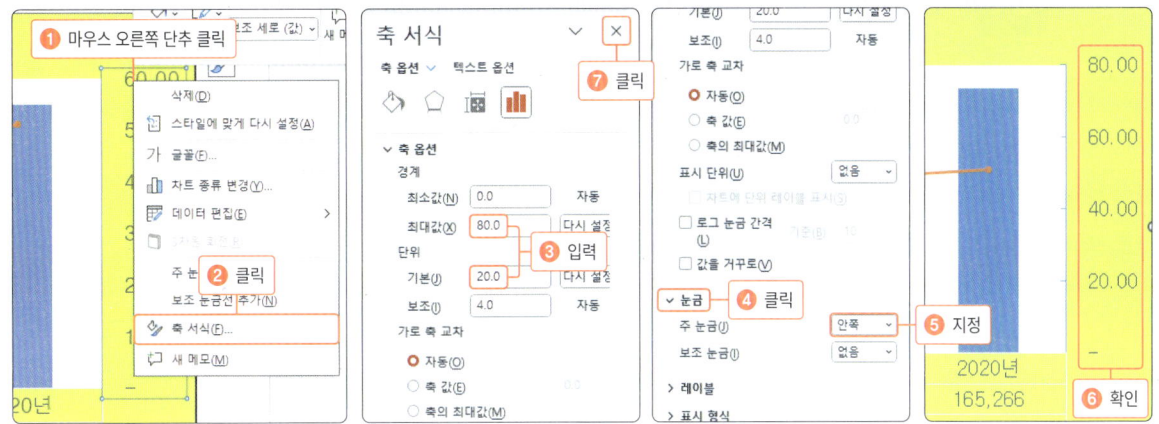

[조건 4] 꺾은선형 계열의 '표식 모양'을 변경

❶ 꺾은선형 계열의 표식 위에서 [마우스 오른쪽 단추] 클릭 → [데이터 계열 서식] → 채우기 및 선(🎨) 클릭 → 표식 클릭 → 표식 옵션 → 기본 제공 선택 → 형식(■) 및 크기(7)를 변경 → 작업 창을 종료(☒)

> **참고해주세요!**
> ❶ 축 주변의 선(데이터 테이블, 축 서식의 눈금선 등)은 작업 환경에 따라 파랑, 회색, 검정 등으로 나타납니다. 색상은 채점 대상이 아니며 선의 유무로만 채점하기 때문에 《출력형태》를 참고하여 선을 지정하도록 합니다. 단, 임의대로 흰색 선을 지정했을 경우에는 감점 대상이니 유의하시기 바랍니다.
> ❷ 표식이 있는 꺾은선형의 표식의 모양은 세부 조건에 없더라도 반드시 《출력형태》와 동일하게 맞춰야 합니다. 표식의 모양은 여러 가지 형태로 출제될 가능성이 있으니 참고하시기 바랍니다.

출제유형 완전정복

[슬라이드 5] 《차트 슬라이드》

완전정복- 01 문제지의 지시사항 및 세부조건을 참고하여 《출력형태》에 알맞게 작업하시오.

- 소스 : 정복06_문제01.pptx
- 정답 : 정복06_정답01.pptx

작성 시간 / 권장 시간
분 / 10분

(1) 차트 작성 기능을 이용하여 슬라이드를 작성한다.
(2) 차트 : 종류(묶은 세로 막대형), 글꼴(돋움, 16pt), 외곽선

《출력형태》

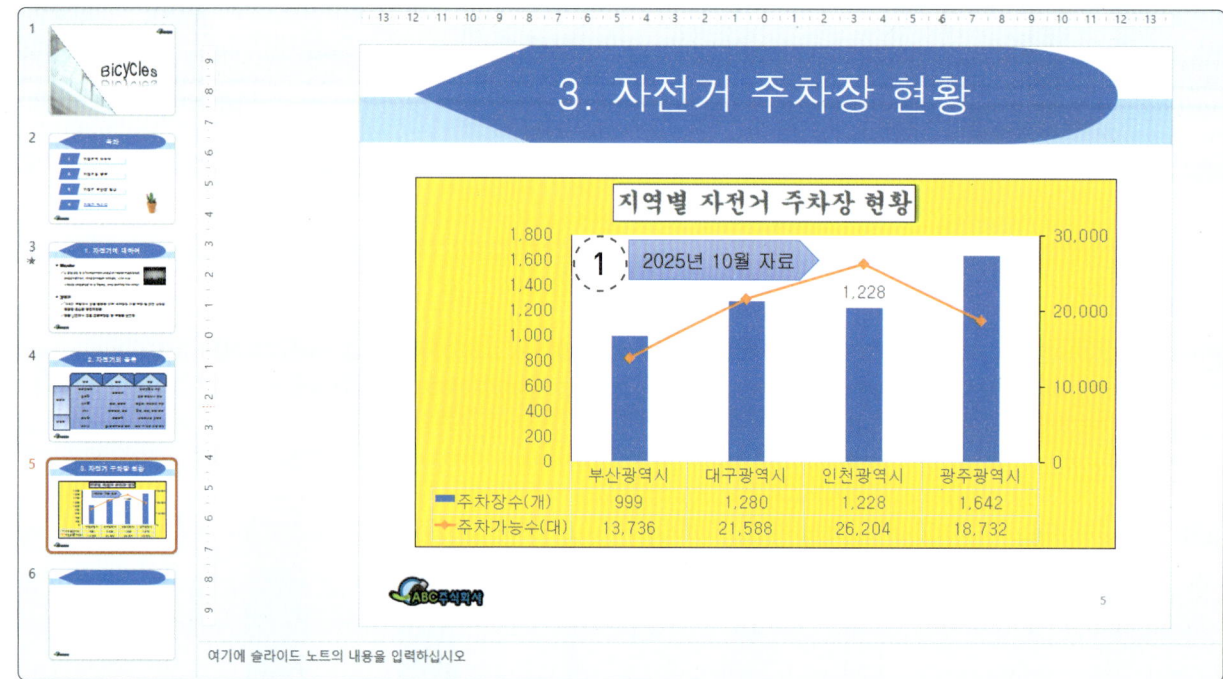

◆ 세부 조건

※ 차트설명

- 차트제목 : 궁서, 24pt, 굵게, 채우기(흰색), 테두리, 그림자(오프셋 오른쪽)
- 차트영역 : 채우기(노랑) / 그림영역 : 채우기(흰색)
- 데이터 서식 : 주차가능수(대) 계열을 표식(◆)이 있는 꺾은선형으로 변경 후 보조축으로 지정
- 값 표시 : 인천광역시의 주차장수(개) 계열만

① 도형 삽입
 - 스타일 : 미세 효과 - 파랑, 강조 1
 - 글꼴 : 굴림, 18pt

완전정복-02

문제지의 지시사항 및 세부조건을 참고하여 《출력형태》에 알맞게 작업하시오.

- 소스 : 정복06_문제02.pptx
- 정답 : 정복06_정답02.pptx

작성 시간 / 권장 시간
분 / 10분

(1) 차트 작성 기능을 이용하여 슬라이드를 작성한다.
(2) 차트 : 종류(묶은 세로 막대형), 글꼴(돋움, 16pt), 외곽선

세부조건

※ **차트설명**
- 차트제목 : 궁서, 24pt, 굵게, 채우기(흰색), 테두리, 그림자(오프셋 오른쪽)
- 차트영역 : 채우기(노랑) 그림영역 : 채우기(흰색)
- 데이터 서식 : 부스수 계열을 표식(◆)이 있는 꺾은선형으로 변경 후 보조축으로 지정
- 값 표시 : 메인무대의 단체수 계열만
- ① **도형 삽입**
  - 스타일 : 미세 효과 – 파랑, 강조 1
  - 글꼴 : 굴림, 18pt

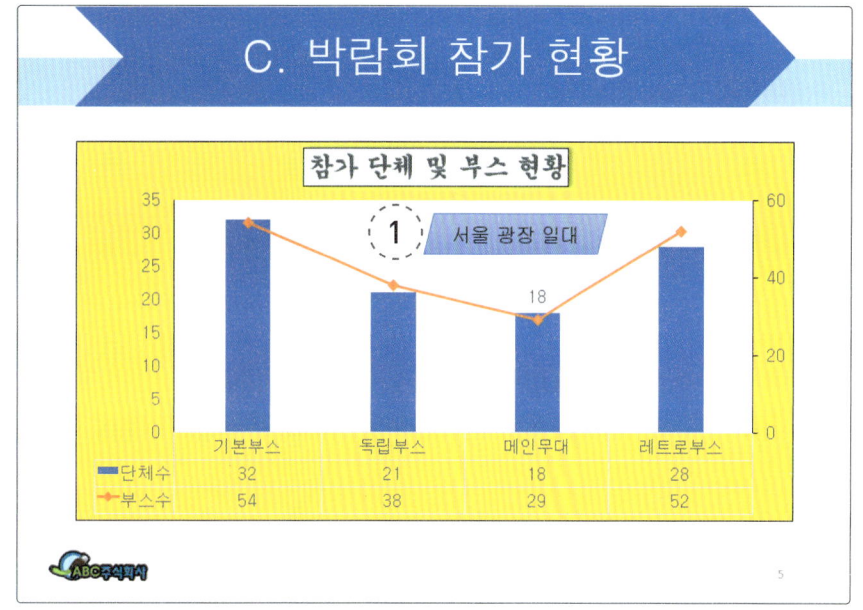

완전정복-03

문제지의 지시사항 및 세부조건을 참고하여 《출력형태》에 알맞게 작업하시오.

- 소스 : 정복06_문제03.pptx
- 정답 : 정복06_정답03.pptx

작성 시간 / 권장 시간
분 / 10분

(1) 차트 작성 기능을 이용하여 슬라이드를 작성한다.
(2) 차트 : 종류(묶은 세로 막대형), 글꼴(궁서, 16pt), 외곽선

세부조건

※ **차트설명**
- 차트제목 : 궁서, 24pt, 굵게, 채우기(흰색), 테두리, 그림자(오프셋 오른쪽)
- 차트영역 : 채우기(노랑) 그림영역 : 채우기(흰색)
- 데이터 서식 : 2020년 계열을 표식(◆)이 있는 꺾은선형으로 변경 후 보조축으로 지정
- 값 표시 : 스웨덴의 2010년 계열만
- ① **도형 삽입**
  - 스타일 : 미세 효과 – 파랑, 강조 1
  - 글꼴 : 굴림, 18pt

완전정복-04

문제지의 지시사항 및 세부조건을 참고하여 《출력형태》에 알맞게 작업하시오.

· 소스 : 정복06_문제04.pptx   · 정답 : 정복06_정답04.pptx

작성 시간 / 권장 시간
분 / 10분

(1) 차트 작성 기능을 이용하여 슬라이드를 작성한다.
(2) 차트 : 종류(묶은 세로 막대형), 글꼴(궁서, 16pt), 외곽선

세부조건

※ **차트설명**
- 차트제목 : 궁서, 24pt, 굵게, 채우기(흰색), 테두리, 그림자(오프셋 오른쪽)
- 차트영역 : 채우기(노랑) 그림영역 : 채우기(흰색)
- 데이터 서식 : 65세 이상 취업자 계열을 표식(◆)이 있는 꺾은선형으로 변경 후 보조축으로 지정
- 값 표시 : 2025년의 65세 이상 취업자 계열만
① **도형 삽입**
  - 스타일 : 미세 효과 – 파랑, 강조 1
  - 글꼴 : 굴림, 18pt

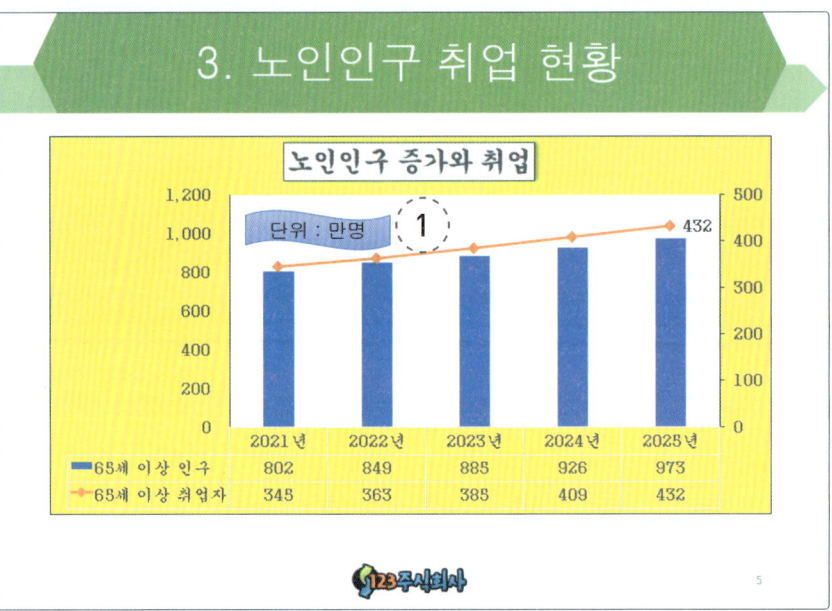

완전정복-05

문제지의 지시사항 및 세부조건을 참고하여 《출력형태》에 알맞게 작업하시오.

· 소스 : 정복06_문제05.pptx   · 정답 : 정복06_정답05.pptx

작성 시간 / 권장 시간
분 / 10분

(1) 차트 작성 기능을 이용하여 슬라이드를 작성한다.
(2) 차트 : 종류(묶은 세로 막대형), 글꼴(궁서, 16pt), 외곽선

세부조건

※ **차트설명**
- 차트제목 : 궁서, 24pt, 굵게, 채우기(흰색), 테두리, 그림자(오프셋 오른쪽)
- 차트영역 : 채우기(노랑) 그림영역 : 채우기(흰색)
- 데이터 서식 : 바이오 계열을 표식(◆)이 있는 꺾은선형으로 변경 후 보조축으로 지정
- 값 표시 : 2024년의 바이오 계열만
① **도형 삽입**
  - 스타일 : 미세 효과 – 파랑, 강조 1
  - 글꼴 : 굴림, 18pt

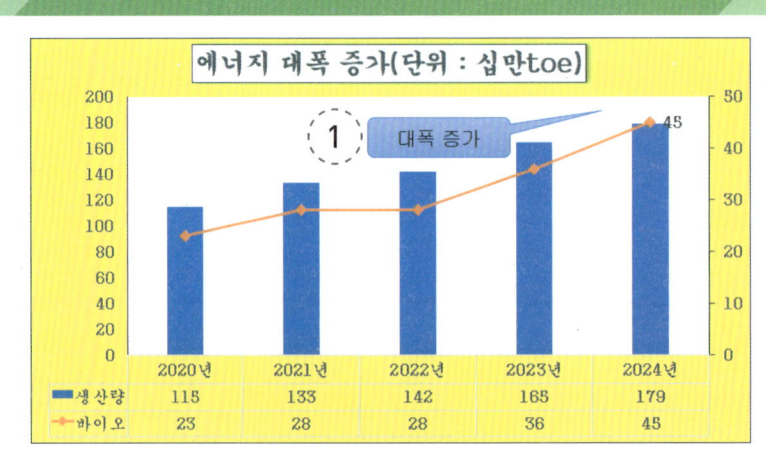

완전정복-06

문제지의 지시사항 및 세부조건을 참고하여 《출력형태》에 알맞게 작업하시오.

· 소스 : 정복06_문제06.pptx   · 정답 : 정복06_정답06.pptx

작성 시간 / 권장 시간
분 / 10분

(1) 차트 작성 기능을 이용하여 슬라이드를 작성한다.
(2) 차트 : 종류(묶은 세로 막대형), 글꼴(굴림, 16pt), 외곽선

세부조건

※ **차트설명**
- 차트제목 : 궁서, 24pt, 굵게, 채우기(흰색), 테두리, 그림자(오프셋 아래쪽)
- 차트영역 : 채우기(노랑) 그림영역 : 채우기(흰색)
- 데이터 서식 : 비율 계열을 표식 (◆)이 있는 꺾은선형으로 변경 후 보조축으로 지정
- 값 표시 : 모국인 모임의 비율 계열만
- ① 도형 삽입
  - 스타일 : 미세 효과 – 파랑, 강조 1
  - 글꼴 : 돋움, 18pt

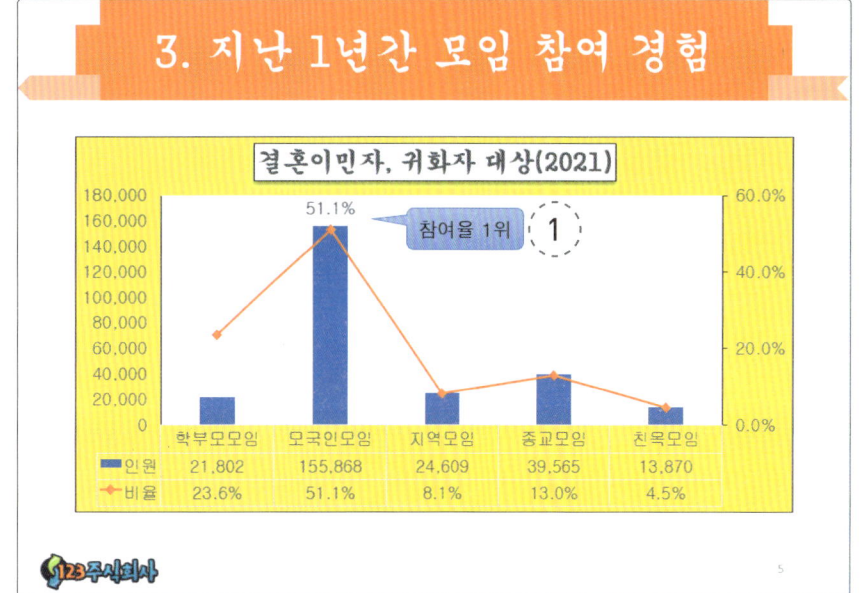

완전정복-07

문제지의 지시사항 및 세부조건을 참고하여 《출력형태》에 알맞게 작업하시오.

· 소스 : 정복06_문제07.pptx   · 정답 : 정복06_정답07.pptx

작성 시간 / 권장 시간
분 / 10분

(1) 차트 작성 기능을 이용하여 슬라이드를 작성한다.
(2) 차트 : 종류(묶은 세로 막대형), 글꼴(굴림, 16pt), 외곽선

세부조건

※ **차트설명**
- 차트제목 : 궁서, 24pt, 굵게, 채우기(흰색), 테두리, 그림자(오프셋 아래쪽)
- 차트영역 : 채우기(노랑) 그림영역 : 채우기(흰색)
- 데이터 서식 : 누출 계열을 표식 (◆)이 있는 꺾은선형으로 변경 후 보조축으로 지정
- 값 표시 : 2023년의 폭발 계열만
- ① 도형 삽입
  - 스타일 : 미세 효과 – 파랑, 강조 1
  - 글꼴 : 돋움, 18pt

PART 02 출제유형 완전정복

출제유형 07 [슬라이드 6] 《도형 슬라이드》

- ☑ 다양한 도형 작성하기
- ☑ 그룹 지정하기
- ☑ 스마트아트 작성하기
- ☑ 애니메이션 설정하기

 미리보기 · 소스 : 유형07_문제.pptx · 정답 : 유형07_정답.pptx

[슬라이드 6] 《도형 슬라이드》 (100점)

(1) 슬라이드와 같이 도형 및 스마트아트를 배치한다(글꼴 : 굴림, 18pt).

(2) 애니메이션 순서 : ① ⇒ ②

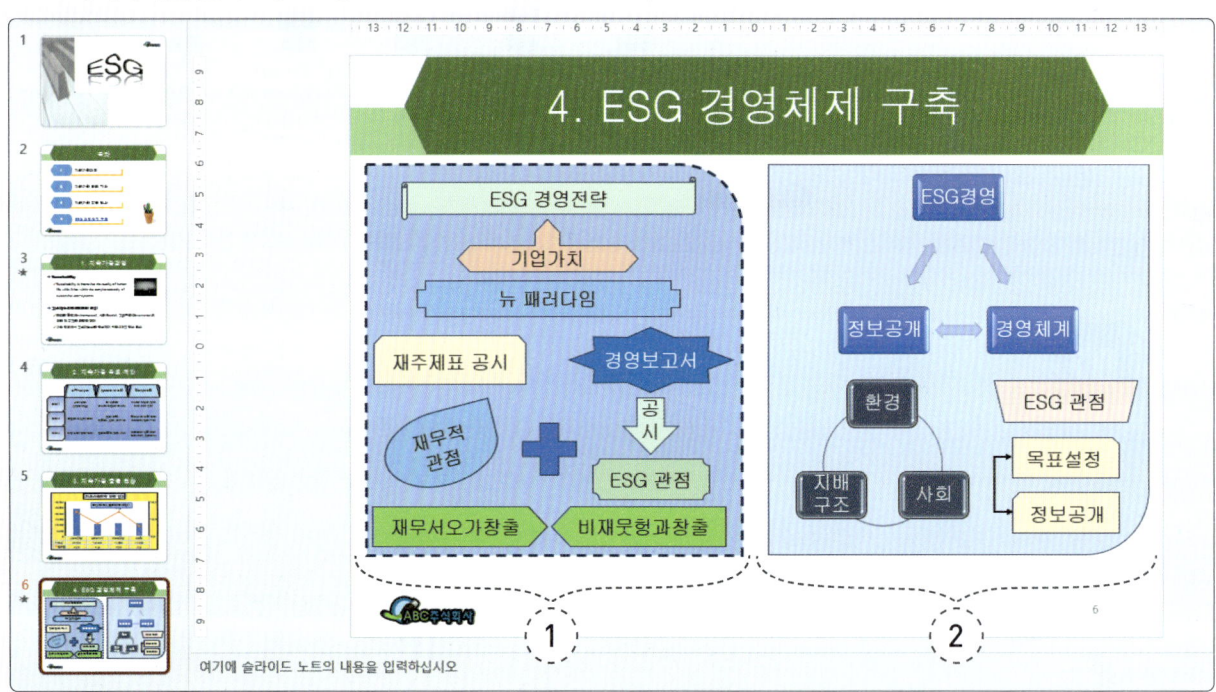

세부 조건

① 도형 편집

- 그룹화 후 애니메이션 효과 : 회전

② 도형 및 스마트아트 편집

- 스마트아트 디자인 : 3차원 경사, 3차원 만화
- 그룹화 후 애니메이션 효과 : 닦아내기(위에서)

Information Technology Qualification

난이도	권장 시간 / 시험 시간
★★☆☆☆	20분 / 60분

시험 분석

➜ **출제 경향 : 출제 문제를 분석**

- ☑ 최근 시험에서는 조절점이나 회전 등을 이용한 변형 도형이 출제되고 있기 때문에 도형의 모양을 잘 알고 있어야 하며, 회전된 도형에 텍스트를 입력할 때는 텍스트 상자를 이용합니다. 또한 ITQ 파워포인트의 모든 개체(도형, 스마트아트, 텍스트 상자 등)는 《출력형태》를 참고하여 글꼴 색상을 지정해야 합니다.
- ☑ SmartArt(스마트아트)는 다양한 모양이 출제되며, 스마트아트를 작성하는 방법이 조금씩 다르기 때문에 많은 연습이 필요합니다.
- ☑ 애니메이션 효과는 '날아오기, 닦아내기, 블라인드, 시계 방향 회전, 바운드' 등이 자주 출제되며, [효과 옵션]을 이용하여 애니메이션의 방향 등을 변경하는 문제도 출제되고 있습니다

➜ **주의 사항 : 실수가 많은 내용**

- ☑ [슬라이드 6]에서 처음 도형을 삽입하여 도형의 윤곽선 및 글꼴을 변경한 후 [기본 도형으로 설정]을 지정합니다. (단, 굵은 테두리 또는 대시의 모양이 지정된 도형 제외)
- ☑ 슬라이드 편집 창에 있는 [SmartArt 그래픽 삽입( )]을 통해 스마트아트를 작성하면 도형과 스마트아트를 그룹으로 묶을 수 없기 때문에 [삽입] 탭–[일러스트레이션] 그룹에서 [SmartArt( )]를 클릭하여 작성합니다.

Skill 01 왼쪽 배경 도형 작성하기

① 유형07_문제.pptx 파일을 불러와 **[슬라이드 6]**을 클릭한 후 작업합니다.

※ 파일 불러오기 : [파일]–[열기]–[찾아보기]를 클릭한 후 [열기] 대화상자에서 파일을 선택합니다.

② 슬라이드 상단의 '제목을 추가하려면 클릭하십시오.'를 클릭한 후 '**4. ESG 경영체제 구축**'을 입력합니다. 이어서, '텍스트를 입력하십시오' 텍스트 상자의 테두리를 클릭한 후 Delete 키를 눌러 삭제합니다.

※ 로마 숫자를 입력할 경우에는 한글 자음 'ㅈ'를 입력한 후 [한자] 키를 눌러 로마 숫자(Ⅰ, Ⅱ, Ⅲ, Ⅳ)를 선택하여 사용합니다.

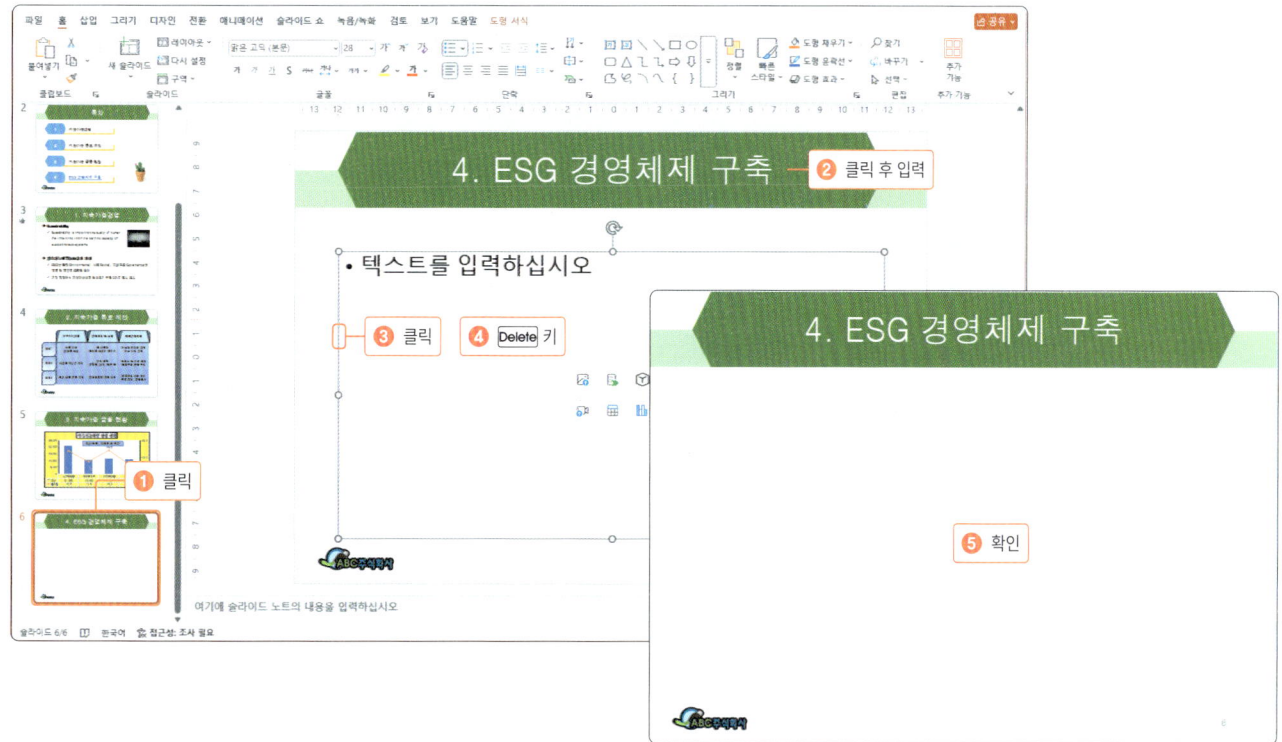

❸ [삽입] 탭의 [일러스트레이션] 그룹에서 [도형(⬚)]-[사각형]-'**사각형: 둥근 한쪽 모서리(⬚)**'를 선택합니다.

❹ 마우스 포인터가 ＋ 모양으로 변경되면 드래그하여 도형을 삽입합니다. 이어서, 조절점(○)을 드래그하여 《출력형태》와 같이 크기를 조절한 후 위치를 변경합니다.

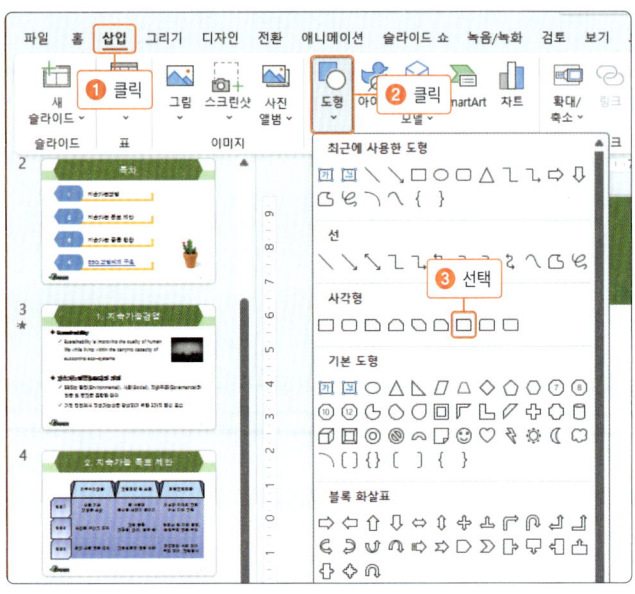 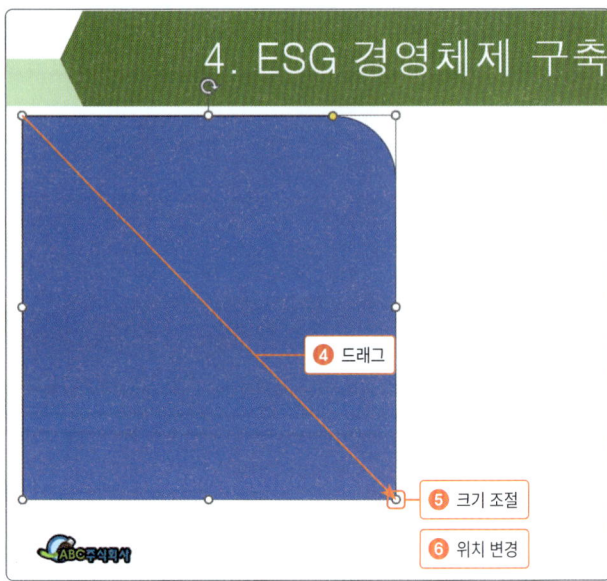

> **[슬라이드 6] 도형 작성 요령**
>
> [슬라이드 6]에서는 배경 도형을 먼저 작성하는 것이 편리합니다. 배경 도형은 《출력형태》를 참고하여 슬라이드의 절반 정도로 크기 및 위치를 조절합니다.

❺ [도형 서식] 탭의 [도형 스타일] 그룹에서 [도형 채우기]-'**파랑, 강조 1, 60% 더 밝게**'를 선택합니다. 이어서, [도형 윤곽선]-'**검정, 텍스트 1**'을 선택합니다.

※ 도형의 색상은 문제지 조건에 없기 때문에 임의의 색으로 선택할 수 있습니다.

❻ 선의 두께와 모양을 변경하기 위해 [도형 윤곽선]-[두께]-'2¼pt'를 선택합니다. 이어서, [도형 윤곽선]-[대시]-'**파선**'을 선택합니다.

※ 도형 윤곽선의 두께는 문제지 조건에 없기 때문에 《출력형태》를 참고하여 임의의 두께(얇은 선 : '1pt', 두꺼운 선 : '2¼pt')로 지정합니다.

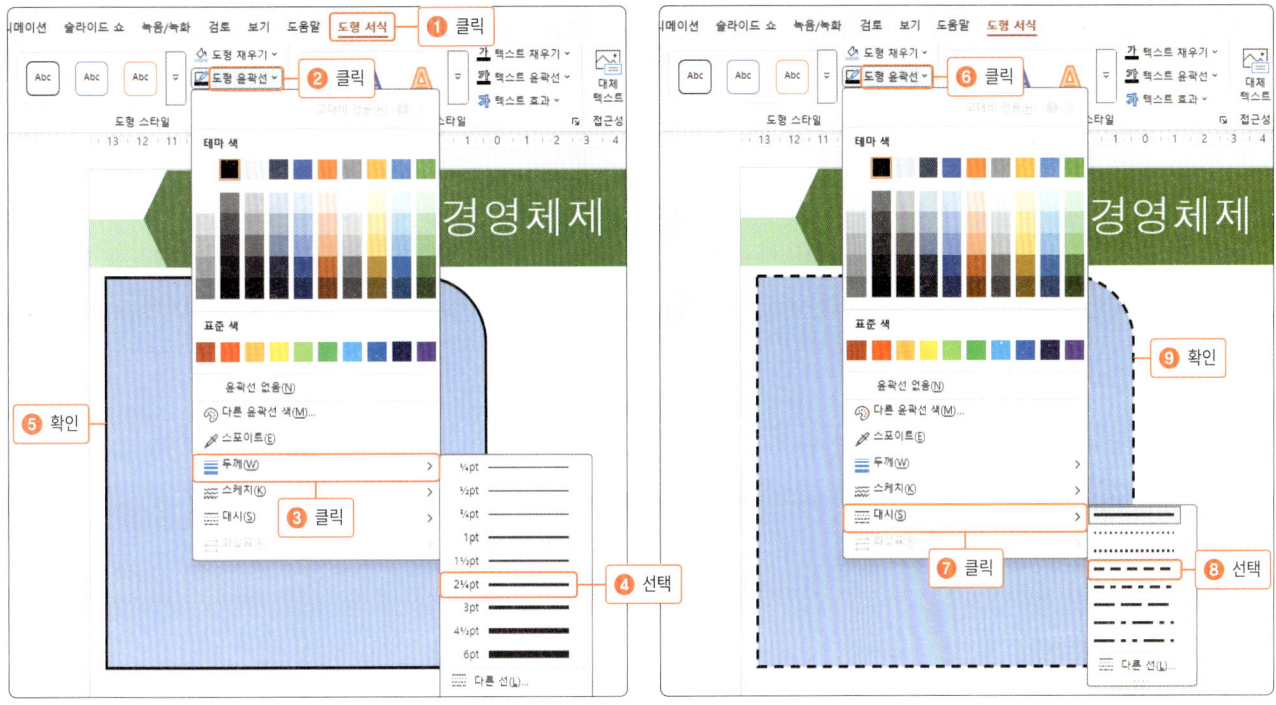

Skill 02 왼쪽 제목 도형 작성하기

글꼴 : 굴림, 18pt

❶ [삽입] 탭의 [일러스트레이션] 그룹에서 [도형()]-[별 및 현수막]-'**두루마리 모양: 가로로 말림()**'을 선택하여 도형을 삽입합니다.

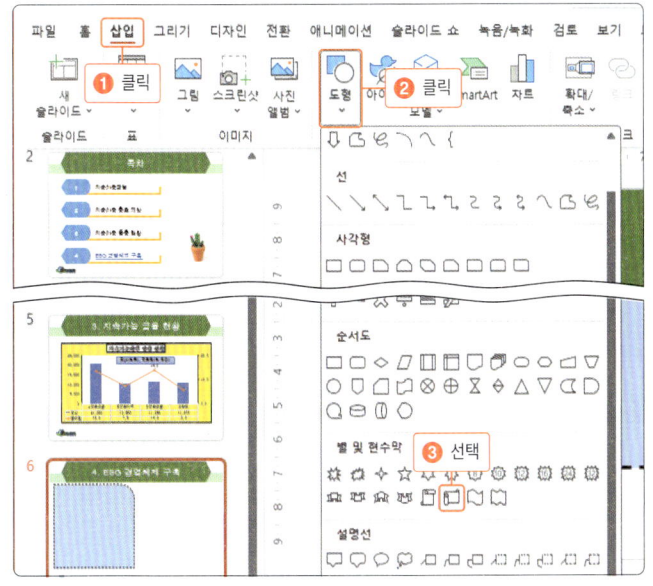
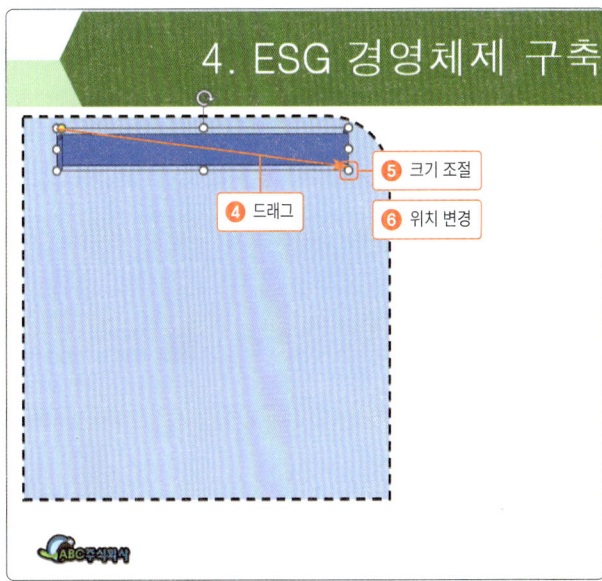

❷ [도형 서식] 탭의 [도형 스타일] 그룹에서 [도형 윤곽선]-'**검정, 텍스트 1**'을 선택합니다.

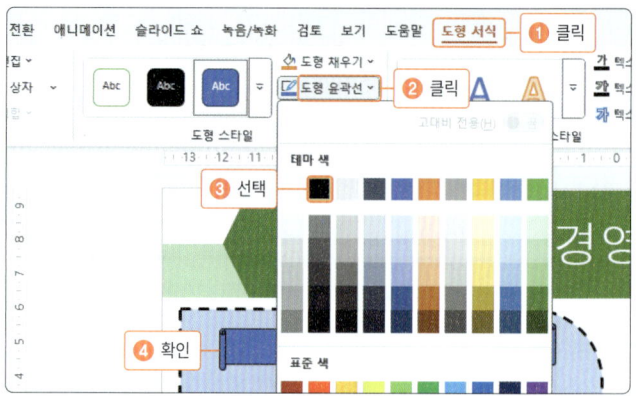

❸ 도형이 선택된 상태에서 [홈] 탭의 [글꼴] 그룹에서 '**글꼴(굴림), 글꼴 크기(18pt), 글꼴 색(검정, 텍스트 1)**'을 지정합니다. 이어서, 도형 위에서 [마우스 오른쪽 단추]를 눌러 바로가기 메뉴가 나오면 '**기본 도형으로 설정**'을 클릭합니다.

 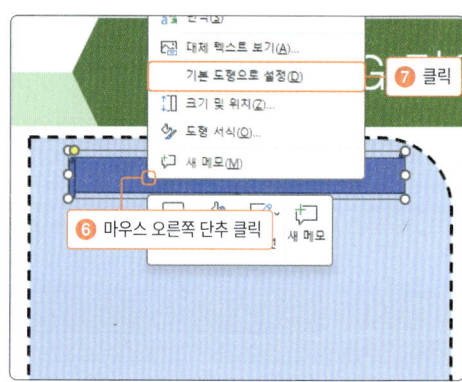

> **TIP 기본 도형으로 설정**
> ❶ [기본 도형으로 설정]은 새로 삽입하려는 도형들의 서식을 한 번에 지정할 수 있는 편리한 기능으로 다양한 도형에 동일한 글꼴 서식을 요구하는 [슬라이드 6] 작업 시 도형 작성 시간을 단축할 수 있습니다.
> ❷ 도형 윤곽선과 글꼴 서식을 조건에 맞게 변경한 후 [기본 도형으로 설정]을 지정합니다. 단, 텍스트 상자에는 기본 도형 서식이 적용되지 않으니 유의하시기 바랍니다.

❹ [도형 서식] 탭의 [도형 스타일] 그룹에서 [도형 채우기]-'**녹색, 강조 6, 80% 더 밝게**'을 선택합니다. 이어서, '**ESG 경영전략**'을 입력합니다.

※ 텍스트가 두 줄로 나오는 경우에는 도형의 너비를 넓힌 후 작업합니다.
※ 도형에 텍스트를 입력한 후 [홈] 탭의 [글꼴] 그룹에서 기본 도형으로 설정했던 글꼴 서식(굴림, 18pt, 검정)이 적용되었는지 확인할 수 있습니다.

 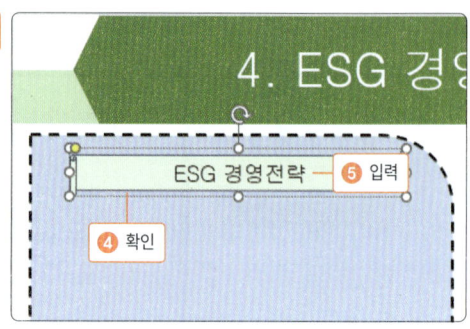

왼쪽 하단 도형 작성하기

■ 도형 삽입 및 조절점을 이용한 도형 모양 변형

글꼴 : 굴림, 18pt

① [삽입] 탭의 [일러스트레이션] 그룹에서 [도형( )]-[블록 화살표]-'화살표: 왼쪽/오른쪽/위쪽( )'을 선택합니다.

② 마우스 포인터가 + 모양으로 변경되면 드래그하여 도형을 삽입합니다. 이어서, 조절점( )을 드래그하여 《출력형태》와 같이 크기를 조절한 후 위치를 변경합니다.

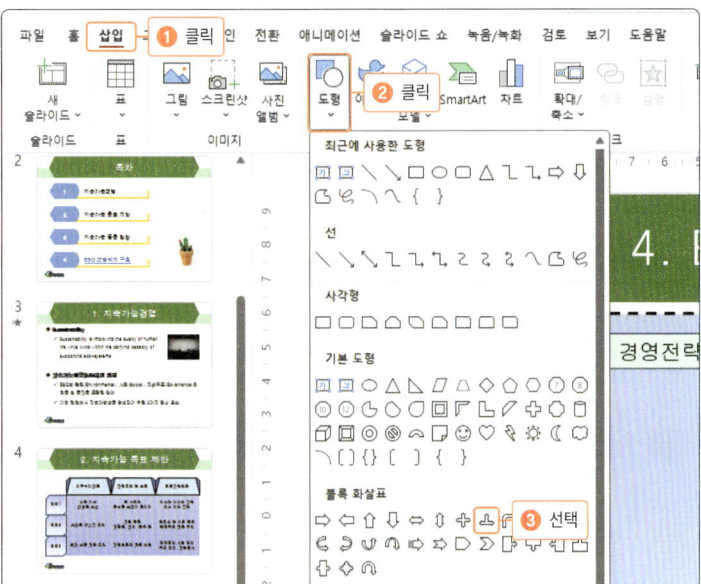 

③ 도형 **안쪽의 노란색 조절점**( )을 왼쪽으로 드래그한 후 **위쪽 노란색 조절점**( )을 오른쪽으로 드래그하여 그림과 같이 모양을 변경시킵니다.

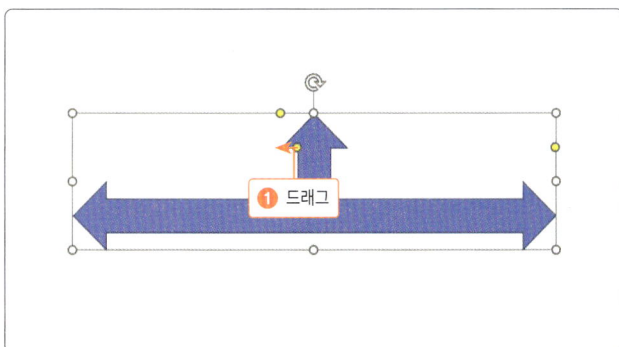 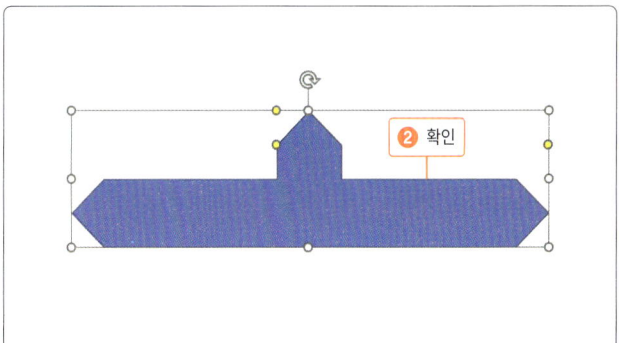

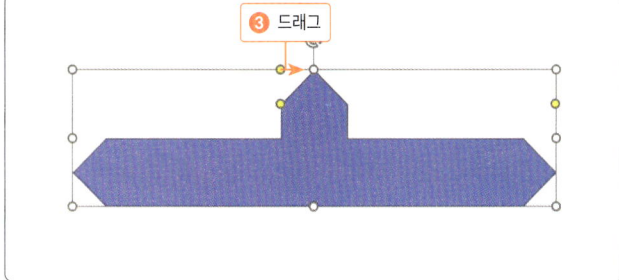 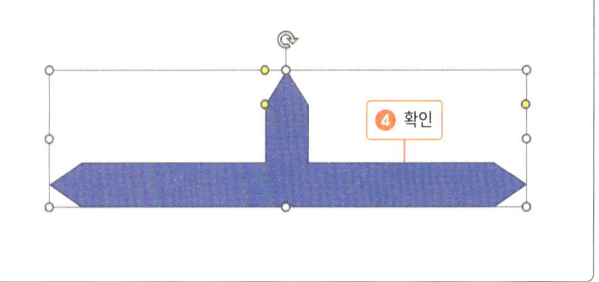

❹ 이어서, 《출력형태》와 같이 도형의 크기 및 위치를 조절한 후 텍스트를 입력한 다음 도형을 임의의 색상으로 변경합니다.

❺ [삽입] 탭의 [일러스트레이션] 그룹에서 [도형]-[기본 도형]-'**십자형**'을 클릭합니다.

❻ 마우스 포인터가 + 모양으로 변경되면 드래그하여 도형을 삽입합니다. 이어서, 조절점(○)을 드래그하여 《출력형태》와 같이 크기를 조절한 후 위치를 변경합니다.

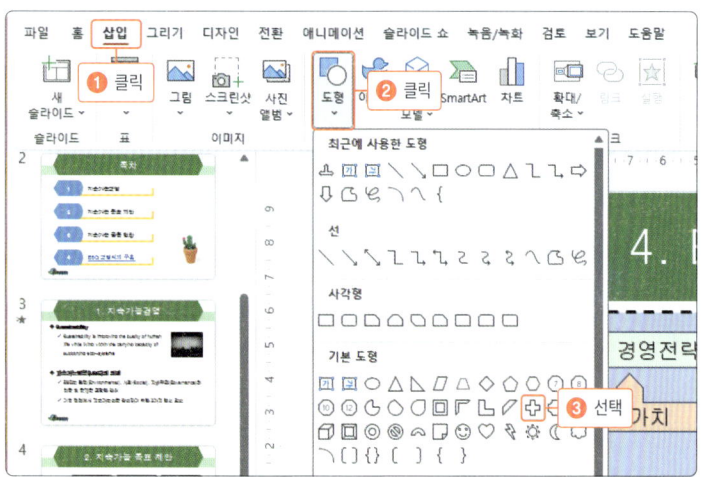 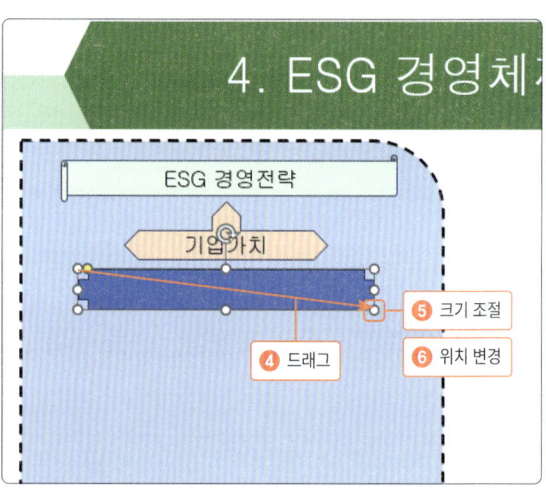

❼ 이어서, 《출력형태》와 같이 임의의 색상으로 변경한 후 '**뉴 패러다임**'을 입력합니다.

■ 왼쪽 나머지 도형 삽입하기

❽ 《출력형태》를 참고하여 나머지 도형을 삽입한 후 임의의 색상으로 변경합니다. 이어서, 텍스트를 입력합니다.
※ 도형을 삽입할 때 Shift 키를 누른 채 드래그하면 비율이 일정한 도형을 그릴 수 있습니다.

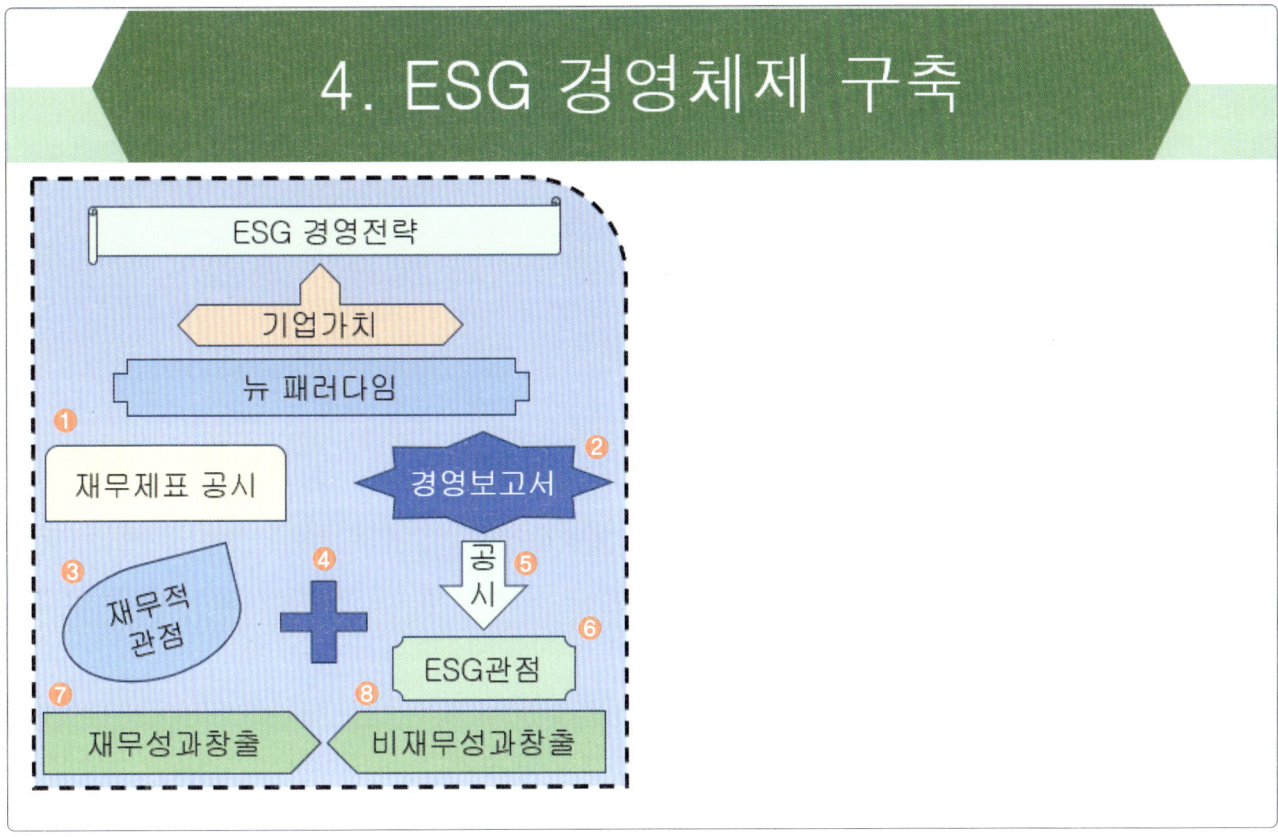

① [사각형]–'사각형: 잘린 위쪽 모서리(⬒)' → 크기 및 위치 조절 → [도형 서식]–[도형 채우기]에서 임의의 색 지정 → '재무제표 공시' 입력

② [별 및 현수막]–'별: 꼭짓점 8개(✦)' → 크기 및 위치 조절 → '경영보고서' 입력

③ [기본 도형]–'눈물 방울(◌)' → 크기 및 위치 조절 → 회전점(↻)을 왼쪽으로 드래그 → [도형 서식]–[도형 채우기]에서 임의의 색 지정 → '재무적 관점' 입력

④ [기본 도형]–'십자형(✚)' → 노란색 조절점(●)을 오른쪽으로 드래그 → 크기 및 위치 조절

⑤ [블록 화살표]–'화살표: 아래쪽(⬇)' → 크기 및 위치 조절 → [도형 서식]–[도형 채우기]에서 임의의 색 지정 → '공시' 입력

⑥ [기본 도형]–'배지(◎)' → 크기 및 위치 조절 → [도형 서식]–[도형 채우기]에서 임의의 색 지정 → 'ESG 관점' 입력

⑦ [블록 화살표]–'화살표: 오각형(⬠)' → 크기 및 위치 조절 → [도형 서식]–[도형 채우기]에서 임의의 색 지정 → '재무성과창출' 입력

⑧ [블록 화살표]–'화살표: 오각형(⬠)' → [도형 서식]–[정렬]–[회전]–[좌우 대칭(◭)] → 크기 및 위치 조절 → [도형 서식]–[도형 채우기]에서 임의의 색 지정 → '비재무성과창출' 입력

■ 오른쪽 도형 작성하기

❾ 《출력형태》를 참고하여 나머지 도형을 삽입한 후 임의의 색상으로 변경합니다. 이어서, 텍스트를 입력합니다.

- 도형 삽입 : [삽입]-[일러스트레이션]-[도형]
- 회전 : [도형 서식]-[정렬]-[회전]
- 채우기 : [도형 서식]-[도형 스타일]-[도형 채우기]
- 글꼴 변경 : [홈]-[글꼴]

※ 도형을 삽입할 때 Shift 키를 누른 채 드래그하면 비율이 일정한 도형을 그릴 수 있습니다.

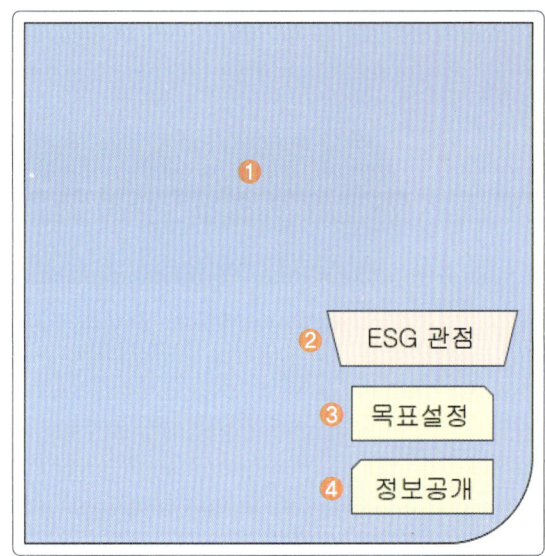

❶ [사각형]-'사각형: 둥근 한쪽 모서리(□)' → 크기 및 위치 조절 → [도형 서식]-[도형 채우기]에서 임의의 색 지정 → [도형 서식]-[정렬]-[회전]-[상하 대칭(◁)]

❷ [기본 도형]-'사다리꼴(△)' → 크기 및 위치 조절 → [도형 서식]-[도형 채우기]에서 임의의 색 지정 → [정렬]-[회전]-[상하 대칭(◁)] → [삽입]-[텍스트]-'가로 텍스트 상자 그리기(가)' → 'ESG 관점' 입력 → 글꼴(굴림, 18pt)

❸ [사각형]-'사각형: 잘린 한쪽 모서리(□)' → 크기 및 위치 조절 → [도형 서식]-[도형 채우기]에서 임의의 색 지정 → '목표설정' 입력

❹ [사각형]-'사각형: 잘린 한쪽 모서리(□)' → 크기 및 위치 조절 → [도형 서식]-[도형 채우기]에서 임의의 색 지정 → [도형 서식]-[정렬]-[회전]-[좌우 대칭(▲)]→ '정보공개' 입력

■ 연결선 작성하기

❿ [삽입] 탭의 [일러스트레이션] 그룹에서 [도형(○)]-선-'**연결선: 꺾인 양쪽 화살표(⌐)**'를 선택합니다.

⓫ 마우스 포인터가 ＋ 모양으로 변경되면 '**목표설정**' 도형 왼쪽 연결선의 시작 점을 클릭합니다. 이어서, 끝 점을 그림과 같이 드래그하여 '**정보공개**' 도형에 연결합니다.

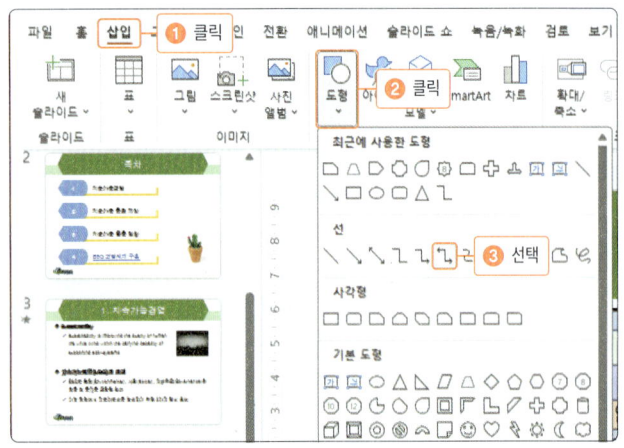

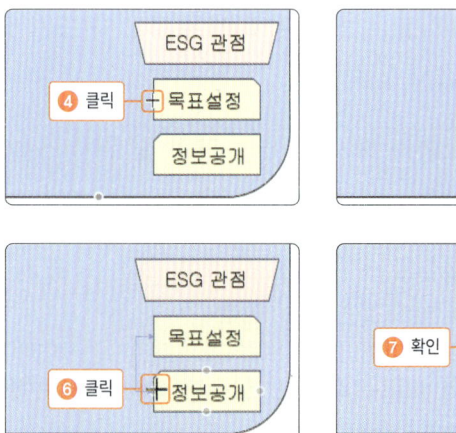

⑫ 도형 윤곽선의 서식을 변경하기 위해 [도형 서식] 탭의 [도형 스타일] 그룹에서 [도형 윤곽선]–'**검정, 텍스트 1**'을 선택합니다. 이어서, [도형 윤곽선]–[두께]–'**1½pt**'를 선택합니다.

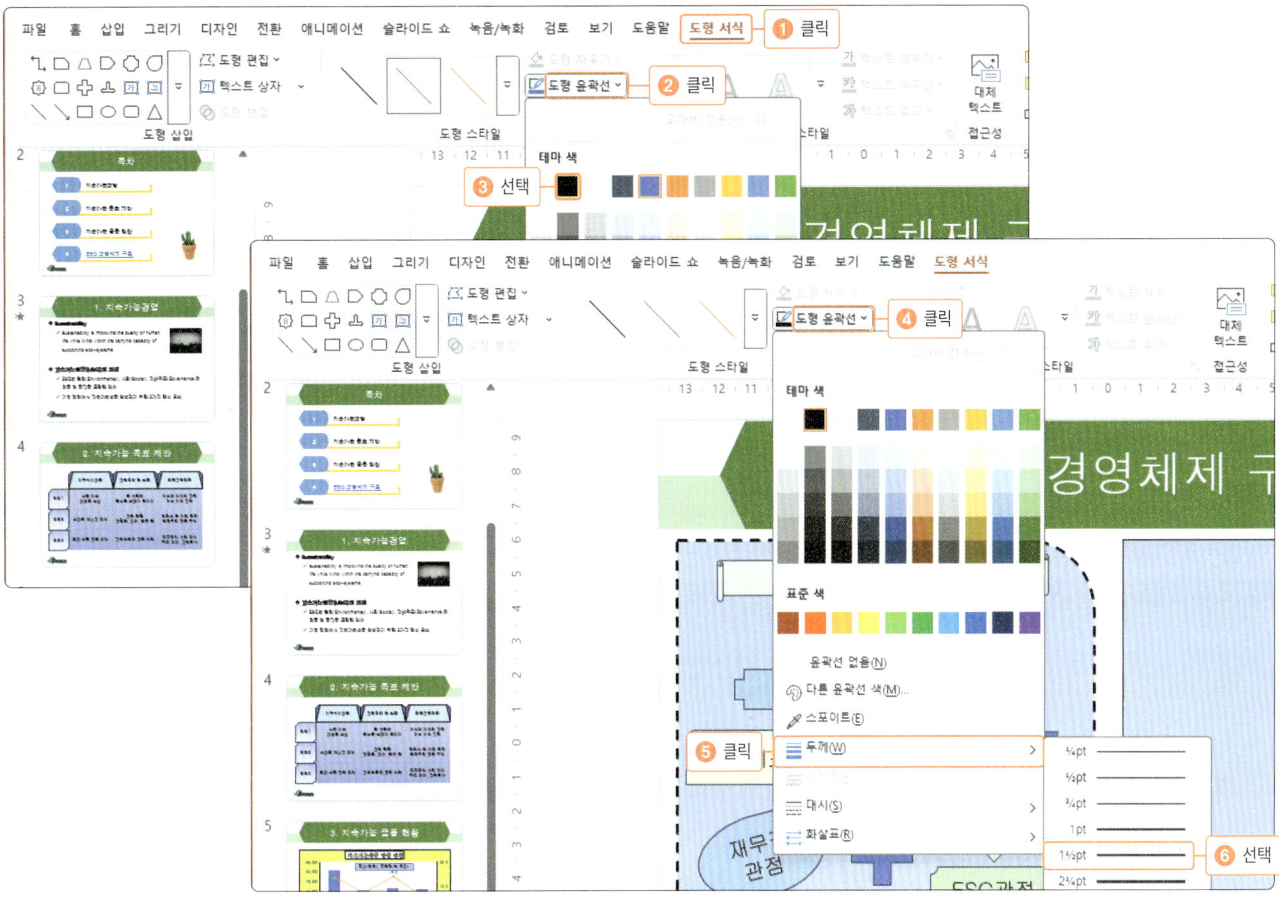

⑬ 도형 윤곽선의 색상과 두께가 변경되면 화살표 모양을 변경하기 위해 [도형 윤곽선]–[화살표( )]–'**화살표 스타일 11( )**'을 선택합니다.

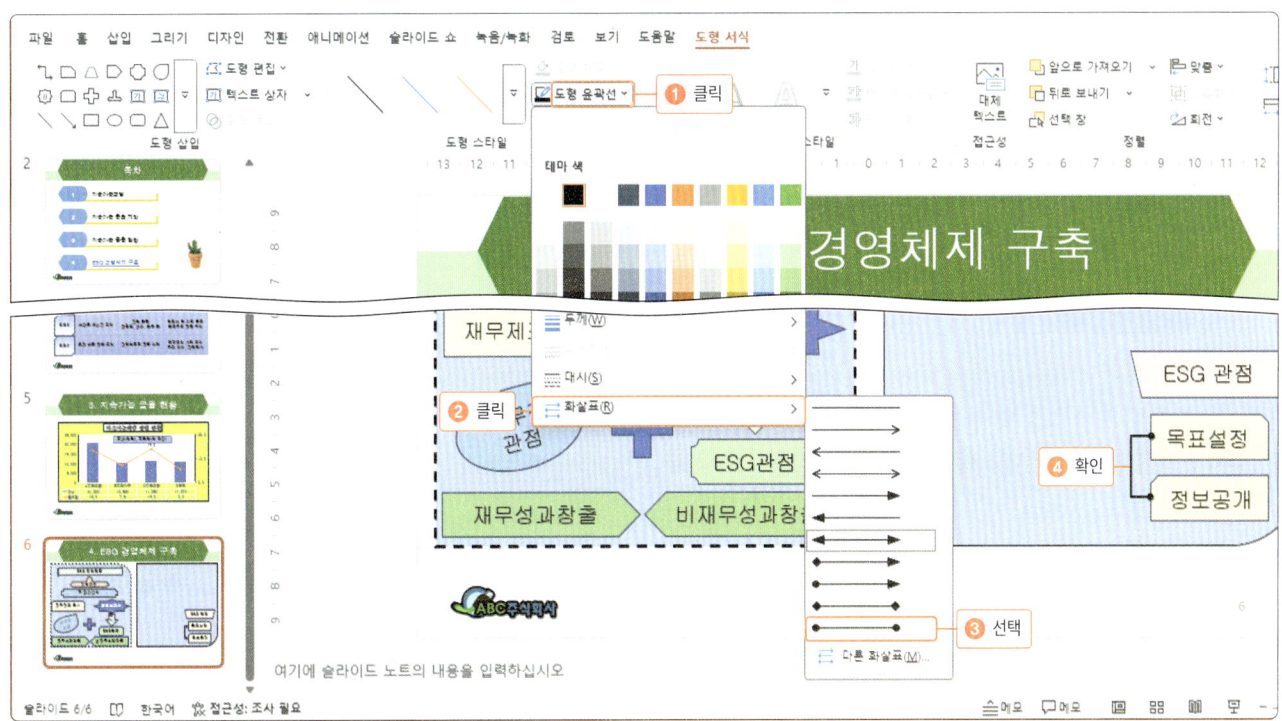

Skill 04 스마트아트 작성하기 - 1

스마트아트 디자인 : 3차원 경사, 3차원 만화
글꼴 : 굴림, 18pt

❶ [삽입] 탭의 [일러스트레이션] 그룹에서 'SmartArt(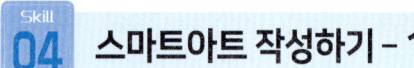)'를 클릭합니다.

❷ [SmartArt 그래픽 선택] 대화상자가 나오면 [주기형]-'**다방향 주기형**'을 선택한 후 〈확인〉 단추를 클릭합니다.

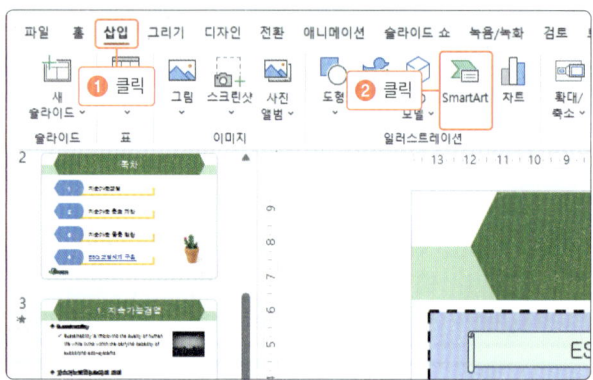

❸ 《출력형태》를 참고하여 스마트아트 도형 안쪽에 내용을 입력합니다.

❹ 이어서, 스마트아트의 테두리를 클릭한 후 [홈] 탭의 [글꼴] 그룹에서 '**글꼴(굴림), 글꼴 크기(18pt)**'를 지정합니다.

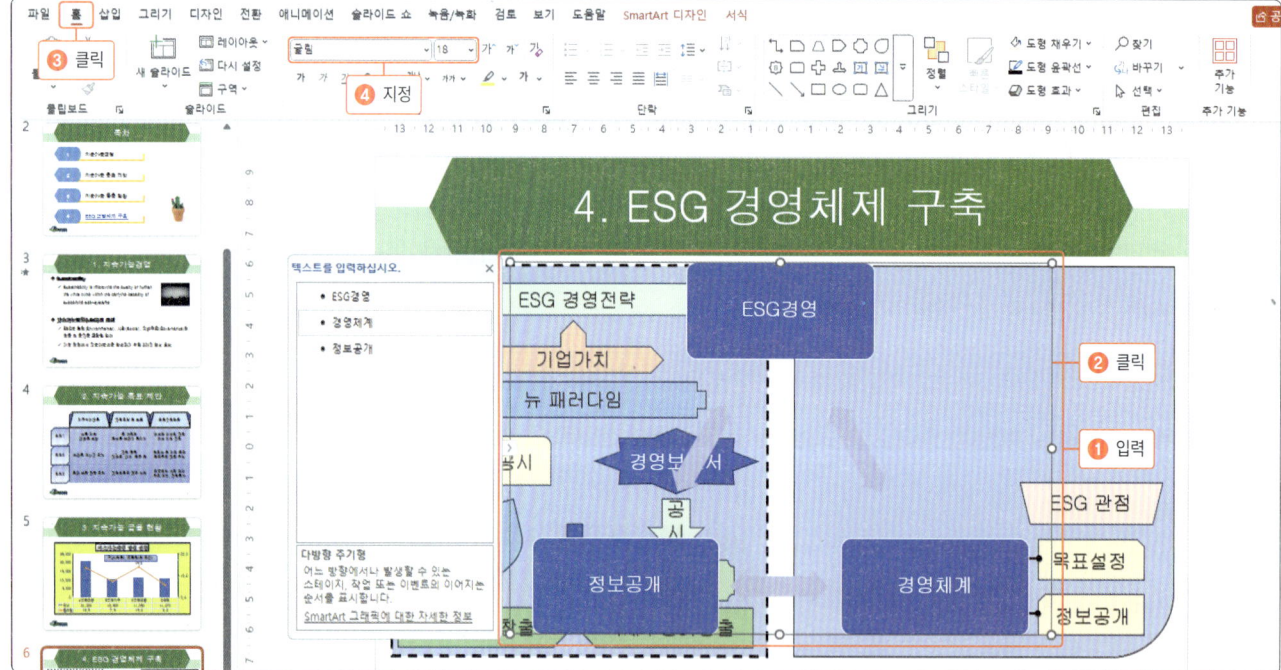

❺ [SmartArt 디자인] 탭의 [SmartArt 스타일] 그룹에서 자세히(▽) 단추를 클릭한 후 [3차원]-'**경사**'를 선택합니다.

※ 《출력형태》를 참고하여 스마트아트의 색 변경이 필요 없는 경우에는 스타일만 지정합니다.

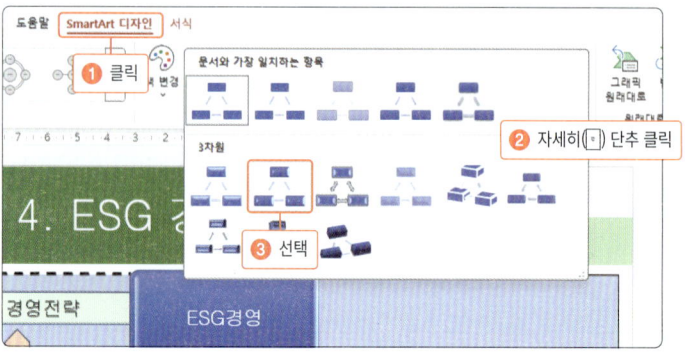

❻ 이어서, 스마트아트의 스타일이 변경되면 스마트아트의 대각선 조절점(◌)을 드래그하여 《출력형태》와 같이 크기를 조절한 후 위치를 변경합니다.

※ 스마트아트의 테두리는 슬라이드 밖에 위치해도 감점되지 않습니다.

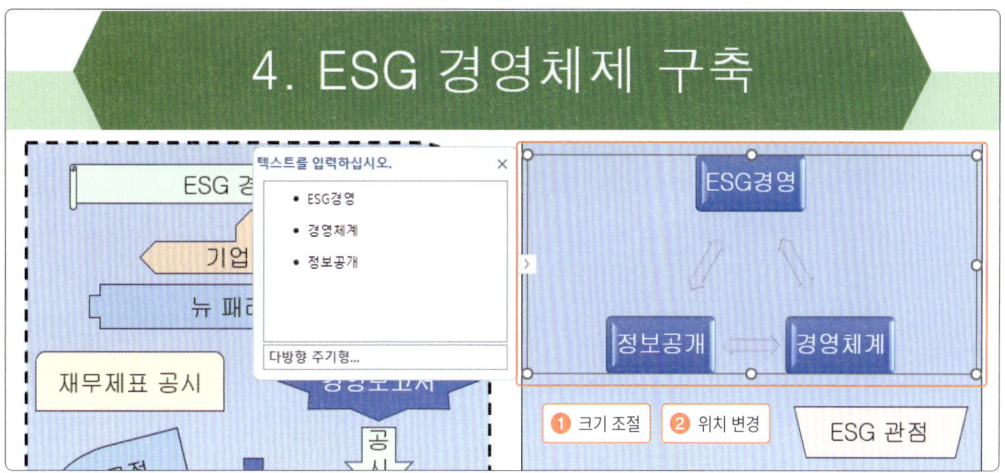

스마트아트 TIP

❶ [슬라이드 6]에서는 스마트아트를 두 개 작성하는 문제가 출제되며, 반드시 스마트아트 기능으로만 작성해야 합니다.
❷ 스마트아트는 입체 효과 등이 적용되어 있는지 확인하여 도형과 구분할 수 있습니다.
❸ 스마트아트의 글꼴은 따로 지정해야 하며, 《출력형태》를 참고하여 글꼴 색을 선택합니다.(흰색 또는 검정)
❹ 《출력형태》를 참고하여 스마트아트의 색상을 임의로 지정하고, 문제지의 세부 조건에 따라 스마트아트 디자인을 변경해야 합니다.
❺ 최근 다양한 모양의 스마트아트가 출제되고 있기 때문에 많은 연습이 필요한 부분입니다.

Skill 05 스마트아트 작성하기-2

스마트아트 디자인 : 3차원 경사, 3차원 만화   글꼴 : 굴림, 18pt

❶ [삽입] 탭의 [일러스트레이션] 그룹에서 'SmartArt()'를 클릭합니다.

❷ [SmartArt 그래픽 선택] 대화상자가 나오면 [주기형]–'**무지향 주기형**'을 선택한 후 〈확인〉 단추를 클릭합니다.

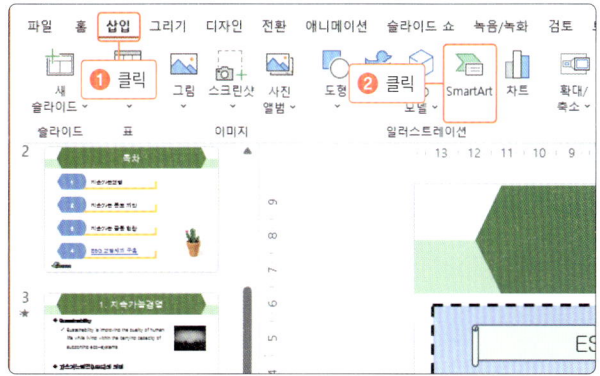
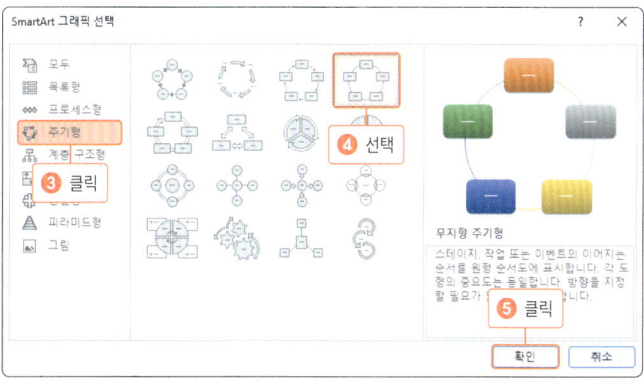

❸ 삽입된 스마트아트의 도형 5개 중 2개를 클릭한 후 Delete 키를 눌러 삭제합니다.

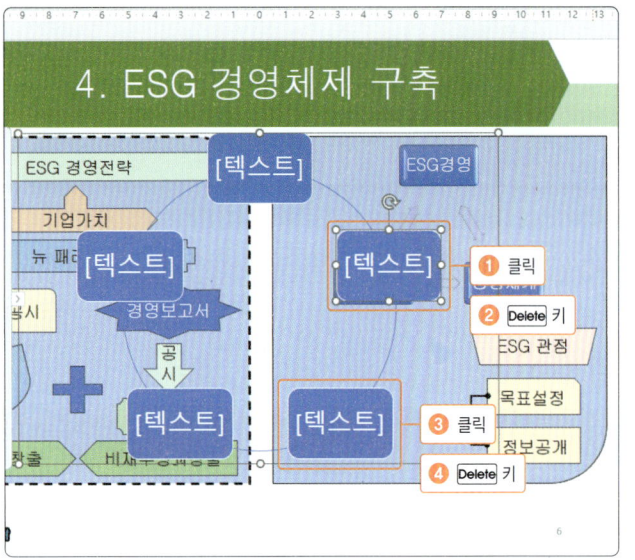
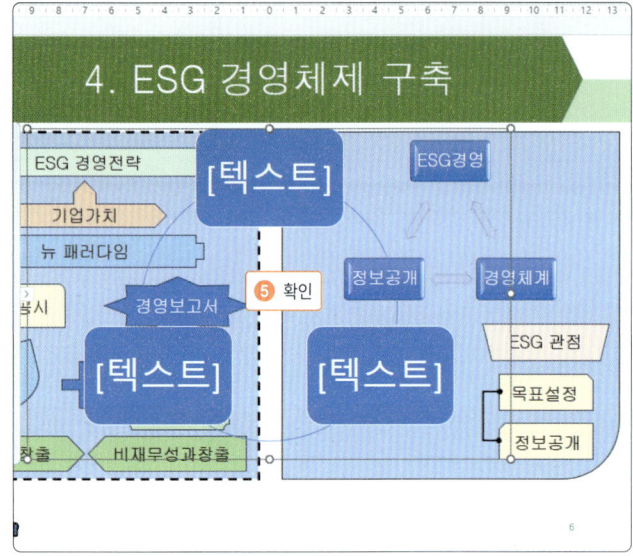

❹ 《출력형태》를 참고하여 스마트아트 도형 안쪽에 내용을 입력합니다.

❺ 이어서, 스마트아트의 테두리를 클릭한 후 [홈] 탭의 [글꼴] 그룹에서 '**글꼴(굴림), 글꼴 크기(18pt)**'를 지정합니다.

❻ [SmartArt 디자인] 탭의 [SmartArt 스타일] 그룹에서 [색 변경(🎨)]-[기본 테마 색]-'**어두운 색 2 채우기**'를 선택합니다. 이어서, [SmartArt 스타일] 그룹에서 자세히(▼) 단추를 클릭한 후 [3차원]-'**만화**'를 선택합니다.

※ 스마트아트의 색 변경은 임의의 색으로 지정합니다.
※ 스마트아트의 스타일과 색상을 변경한 후 《출력형태》를 참고하여 스마트아트의 글꼴 색상을 지정합니다.

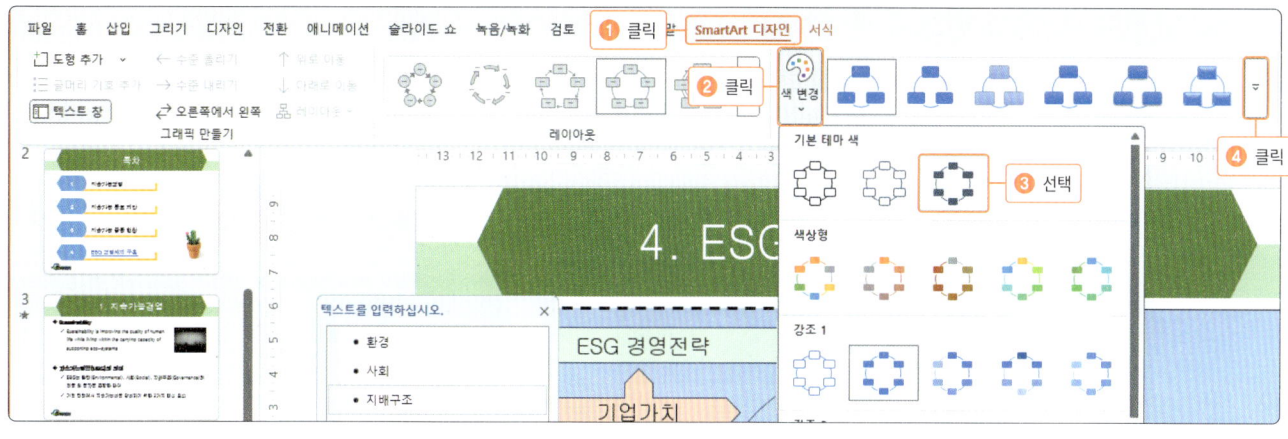

❼ 이어서, 스마트아트의 색상과 스타일이 변경되면 스마트아트의 대각선 조절점(○)을 드래그하여 《출력형태》와 같이 크기를 조절한 후 위치를 변경합니다.

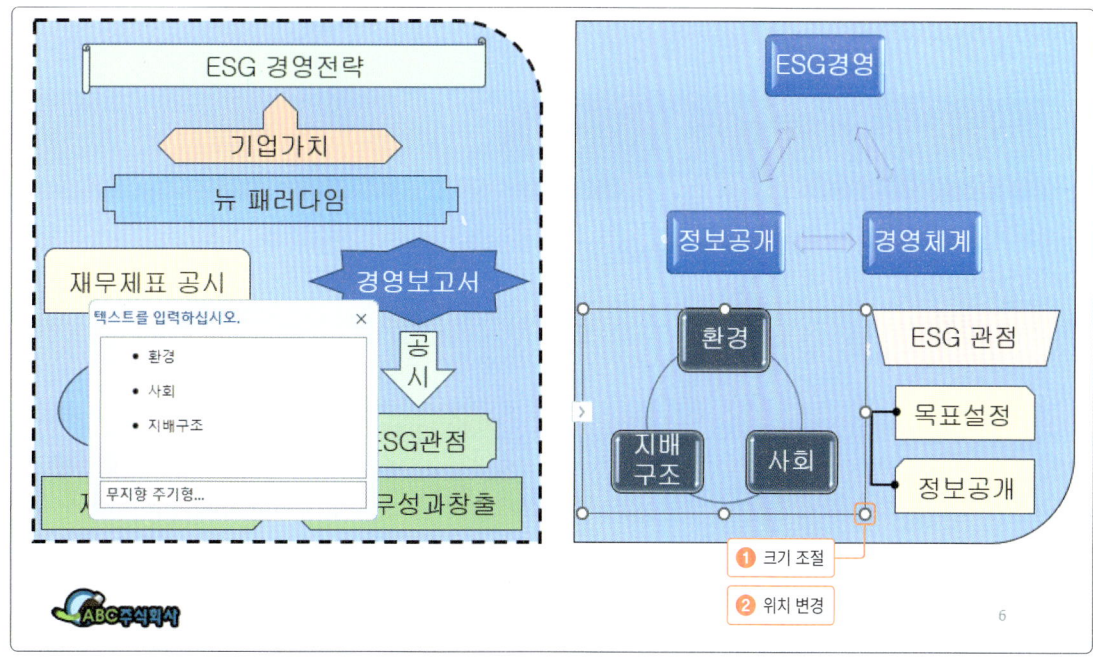

그룹화한 후 애니메이션 지정하기

■ 도형 삽입 및 조절점을 이용한 도형 모양 변형

① 그룹화 후 애니메이션 효과 : 회전   ② 그룹화 후 애니메이션 효과 : 닦아내기(위에서)

❶ 그림과 같이 드래그하여 왼쪽 개체들을 모두 선택한 후 도형 위에서 [마우스 오른쪽 단추]를 눌러 바로가기 메뉴가 나오면 [그룹화]–'**그룹**'을 클릭합니다.

 ※ 스마트아트의 테두리가 슬라이드 바깥쪽에 위치하여 선택하기 힘들 때는 Shift 키를 누른 채 스마트아트를 클릭하여 추가적으로 선택합니다. (선택이 어려운 도형도 똑같은 방법으로 선택이 가능합니다.)

 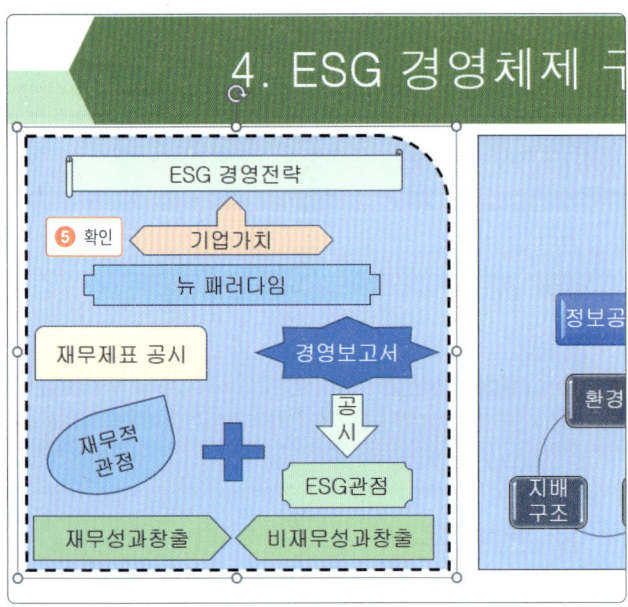

❷ 그림과 같이 드래그하여 오른쪽 개체들을 모두 선택한 후 도형 위에서 [마우스 오른쪽 단추]를 눌러 바로가기 메뉴가 나오면 [그룹화]–'**그룹**'을 클릭합니다.

 ※ 오른쪽 도형들을 선택할 때는 오른쪽 하단의 '페이지 번호 텍스트 상자(6)'가 선택되지 않도록 주의합니다.

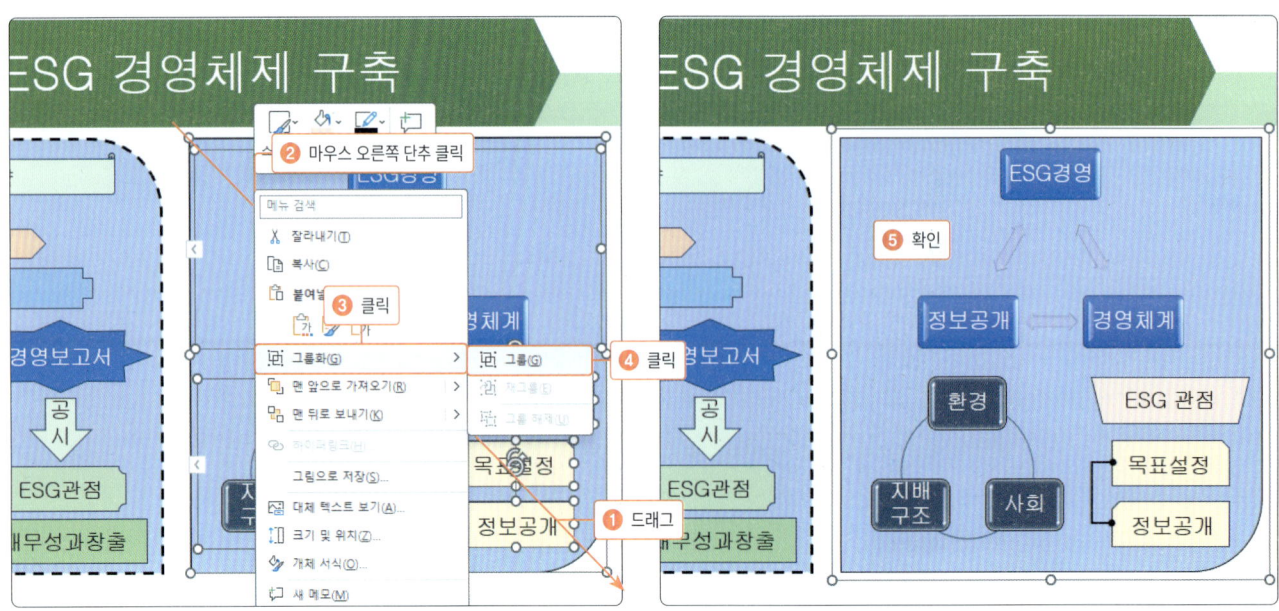

❸ 그룹화된 왼쪽 도형을 클릭합니다. [애니메이션] 탭의 [애니메이션] 그룹에서 자세히(▽) 단추를 클릭한 후 [나타내기]–'회전'을 선택합니다.

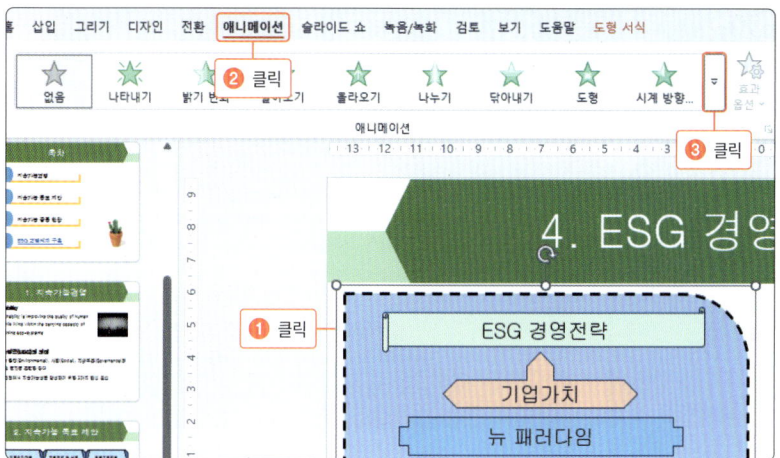
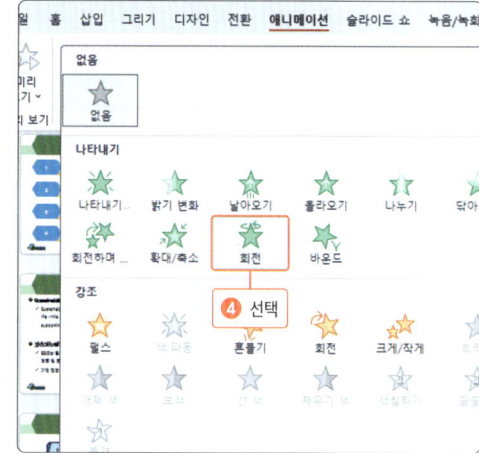

❹ 그룹화된 오른쪽 도형을 클릭합니다. [애니메이션] 탭의 [애니메이션] 그룹에서 자세히(▽) 단추를 클릭한 후 [나타내기]–'닦아내기'를 선택합니다. 이어서, [효과 옵션]–'위에서(↓)'를 선택합니다.

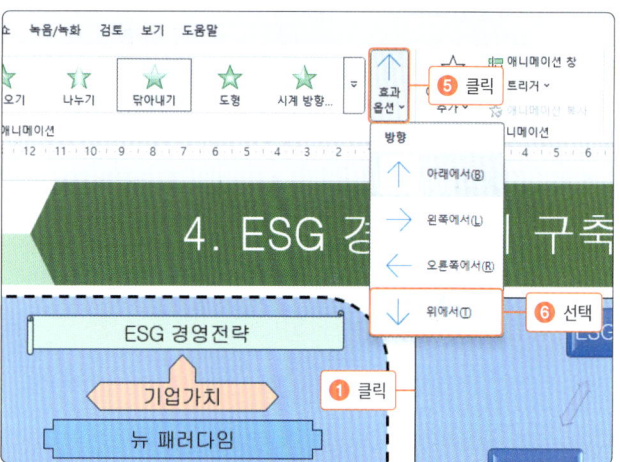

애니메이션 지정하기

[애니메이션] 탭의 [애니메이션] 그룹에서 자세히(▽) 단추를 클릭한 후 **[추가 나타내기 효과]**를 클릭하면 더 많은 애니메이션을 찾을 수 있습니다.

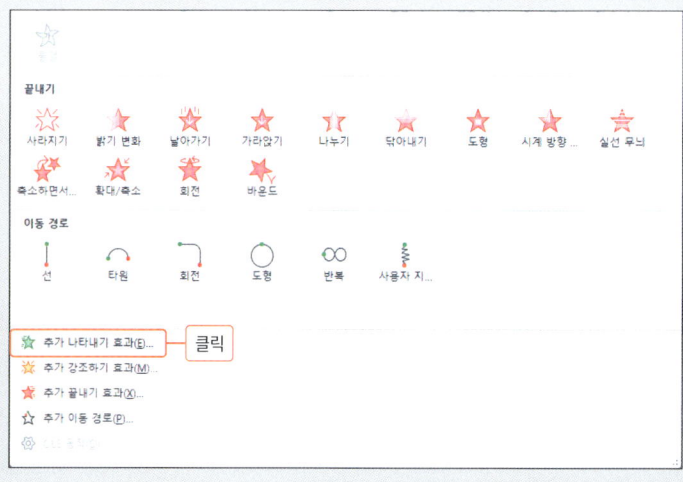
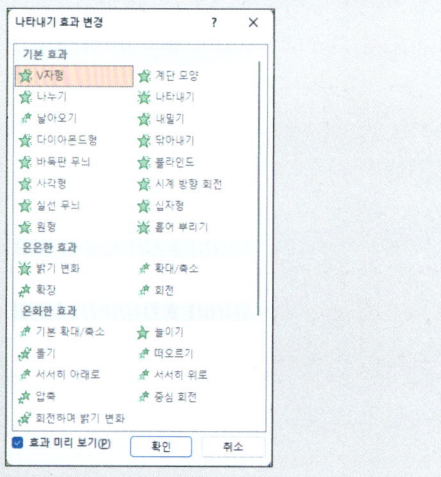

❺ 그룹으로 지정된 도형의 위치를 《출력형태》와 비슷하게 변경합니다.

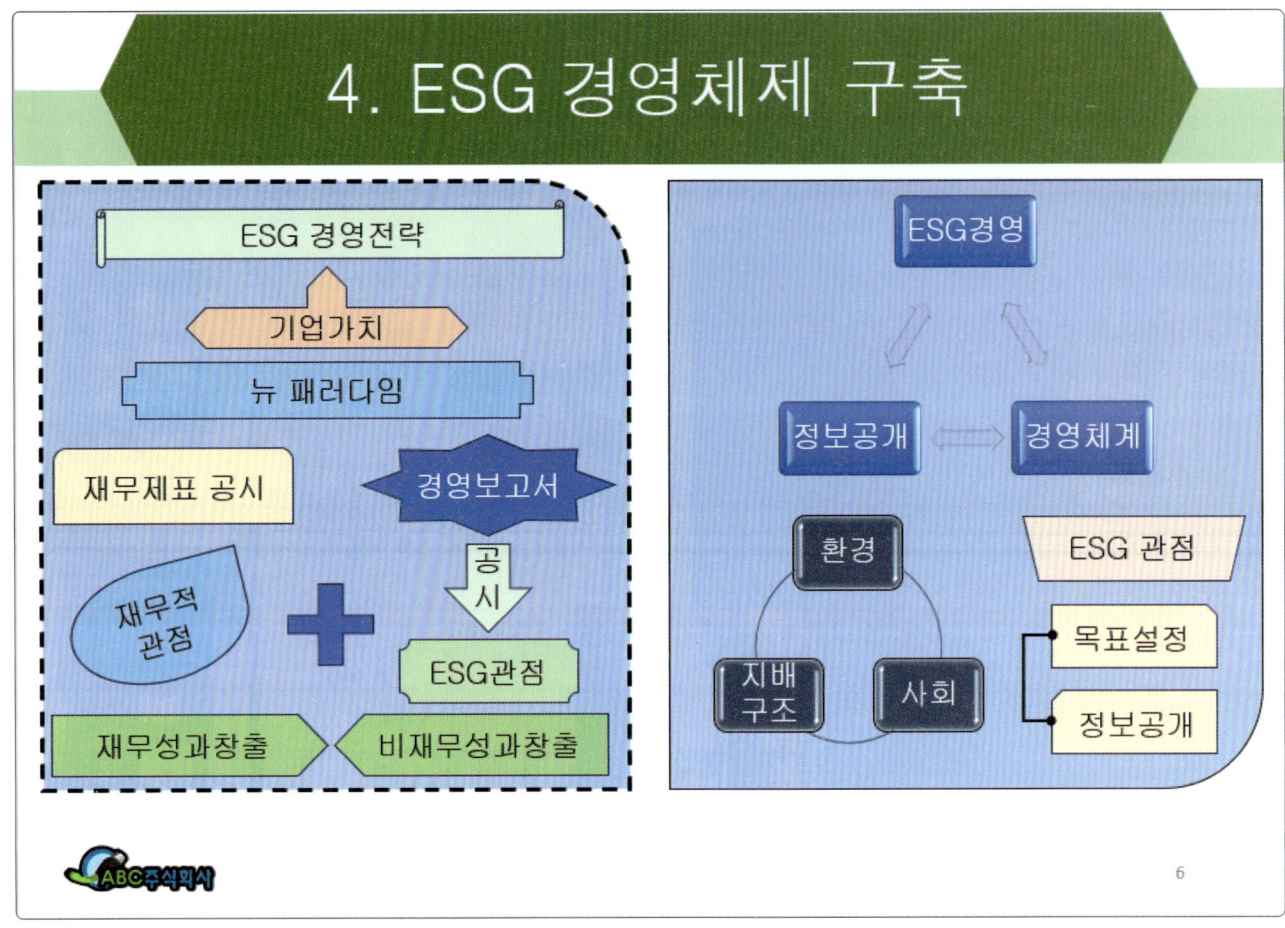

❻ [파일]-[저장](Ctrl+S) 또는 [빠른 실행 도구 모음]에서 '저장(💾)'을 클릭합니다.
　※ 실제 시험을 볼 때 작업 도중에 수시로(10분에 한 번 정도) 저장을 하는 것이 좋습니다.

[슬라이드 6] 《도형 슬라이드》

완전정복-01

문제지의 지시사항 및 세부조건을 참고하여 《출력형태》에 알맞게 작업하시오.

- 소스 : 정복07_문제01.pptx
- 정답 : 정복07_정답01.pptx

작성 시간 / 권장 시간
분 / 20분

(1) 슬라이드와 같이 도형 및 스마트아트를 배치한다(글꼴 : 돋움, 18pt).
(2) 애니메이션 순서 : ① ⇒ ②

《출력형태》

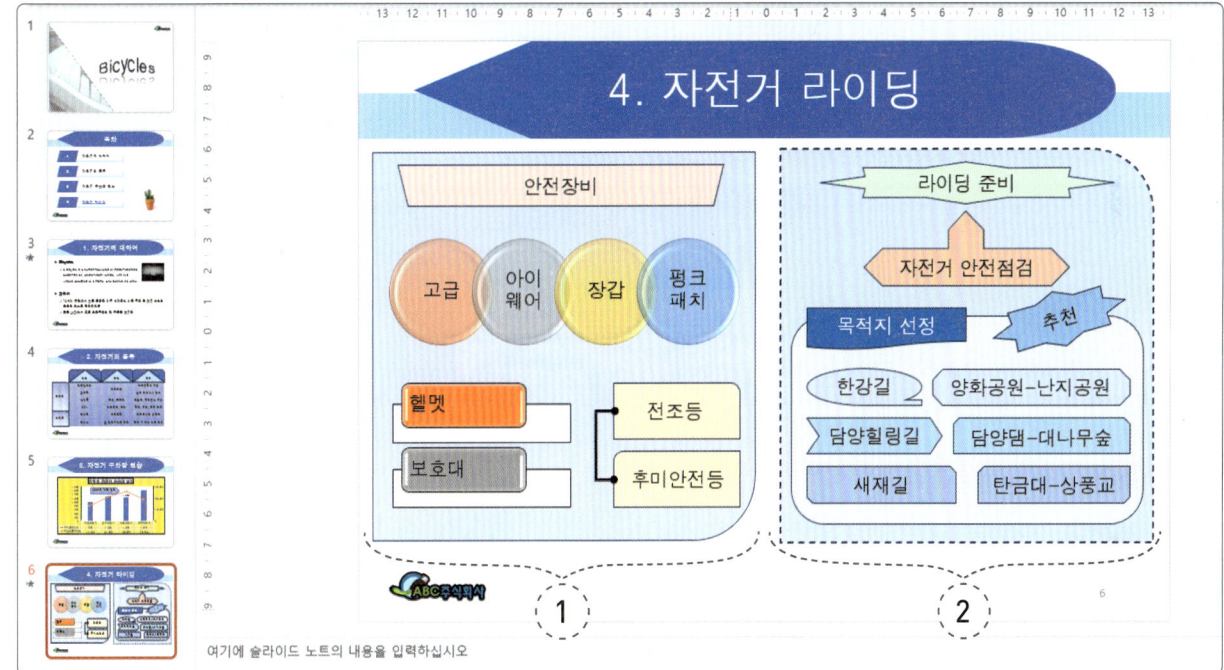

◆ 세부 조건

① 도형 및 스마트아트 편집
- 스마트아트 디자인 : 3차원 경사, 3차원 만화
- 그룹화 후 애니메이션 효과 : 닦아내기(위에서)

② 도형 편집
- 그룹화 후 애니메이션 효과 : 회전

완전정복-02

문제지의 지시사항 및 세부조건을 참고하여 《출력형태》에 알맞게 작업하시오.

- 소스 : 정복07_문제02.pptx
- 정답 : 정복07_정답02.pptx

작성 시간 / 권장 시간
분 / 20분

(1) 슬라이드와 같이 도형 및 스마트아트를 배치한다(글꼴 : 돋움, 18pt).

(2) 애니메이션 순서 : ① ⇒ ②

세부조건

① **도형 및 스마트아트 편집**
- 스마트아트 디자인 : 3차원 경사, 3차원 만화
- 그룹화 후 애니메이션 효과 : 닦아내기(위에서)

② **도형 편집**
- 그룹화 후 애니메이션 효과 : 회전

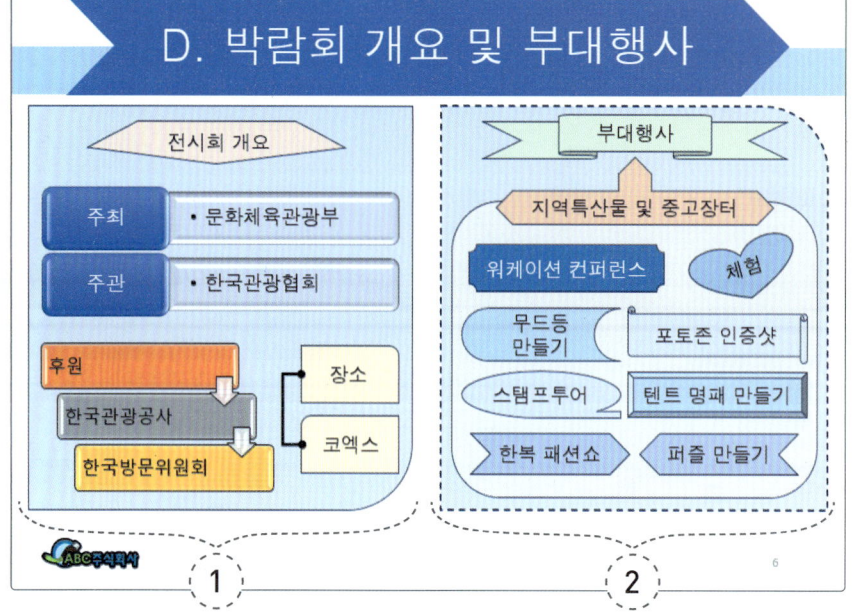

완전정복-03

문제지의 지시사항 및 세부조건을 참고하여 《출력형태》에 알맞게 작업하시오.

- 소스 : 정복07_문제03.pptx
- 정답 : 정복07_정답03.pptx

작성 시간 / 권장 시간
분 / 20분

(1) 슬라이드와 같이 도형 및 스마트아트를 배치한다(글꼴 : 돋움, 18pt).

(2) 애니메이션 순서 : ① ⇒ ②

세부조건

① **도형 및 스마트아트 편집**
- 스마트아트 디자인 : 미세 효과, 강한 효과
- 그룹화 후 애니메이션 효과 : 닦아내기(위에서)

② **도형 편집**
- 그룹화 후 애니메이션 효과 : 회전

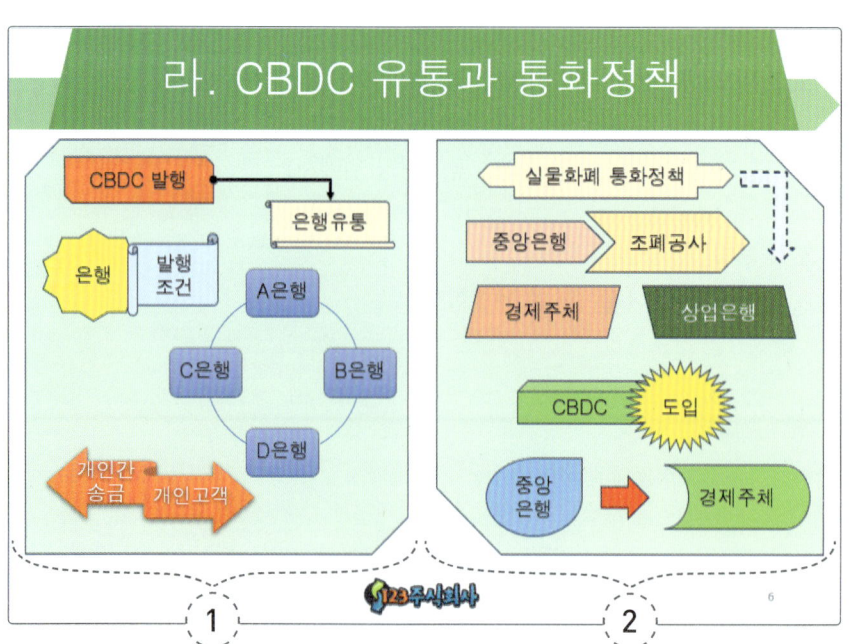

완전정복 - 04

문제지의 지시사항 및 세부조건을 참고하여 《출력형태》에 알맞게 작업하시오.

• 소스 : 정복07_문제04.pptx   • 정답 : 정복07_정답04.pptx

작성 시간 / 권장 시간 : 분 / 20분

(1) 슬라이드와 같이 도형 및 스마트아트를 배치한다(글꼴 : 돋움, 18pt).

(2) 애니메이션 순서 : ① ⇒ ②

세부조건

① **도형 및 스마트아트 편집**
- 스마트아트 디자인 :
  3차원 경사, 3차원 만화
- 그룹화 후 애니메이션 효과 :
  닦아내기(위에서)

② **도형 편집**
- 그룹화 후 애니메이션 효과 :
  회전

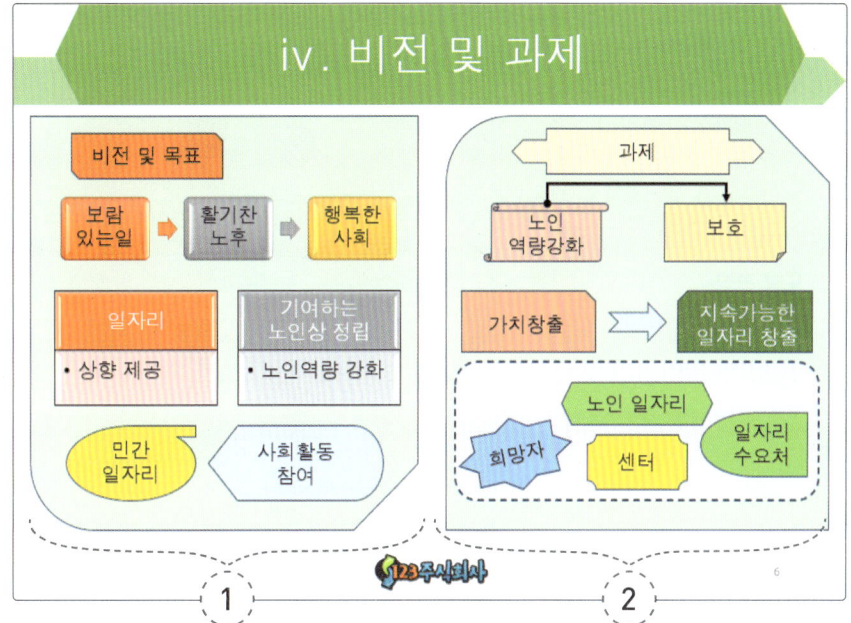

완전정복 - 05

문제지의 지시사항 및 세부조건을 참고하여 《출력형태》에 알맞게 작업하시오.

• 소스 : 정복07_문제05.pptx   • 정답 : 정복07_정답05.pptx

작성 시간 / 권장 시간 : 분 / 20분

(1) 슬라이드와 같이 도형 및 스마트아트를 배치한다(글꼴 : 돋움, 18pt).

(2) 애니메이션 순서 : ① ⇒ ②

세부조건

① **도형 및 스마트아트 편집**
- 스마트아트 디자인 :
  3차원 경사, 3차원 만화
- 그룹화 후 애니메이션 효과 :
  닦아내기(위에서)

② **도형 편집**
- 그룹화 후 애니메이션 효과 :
  회전

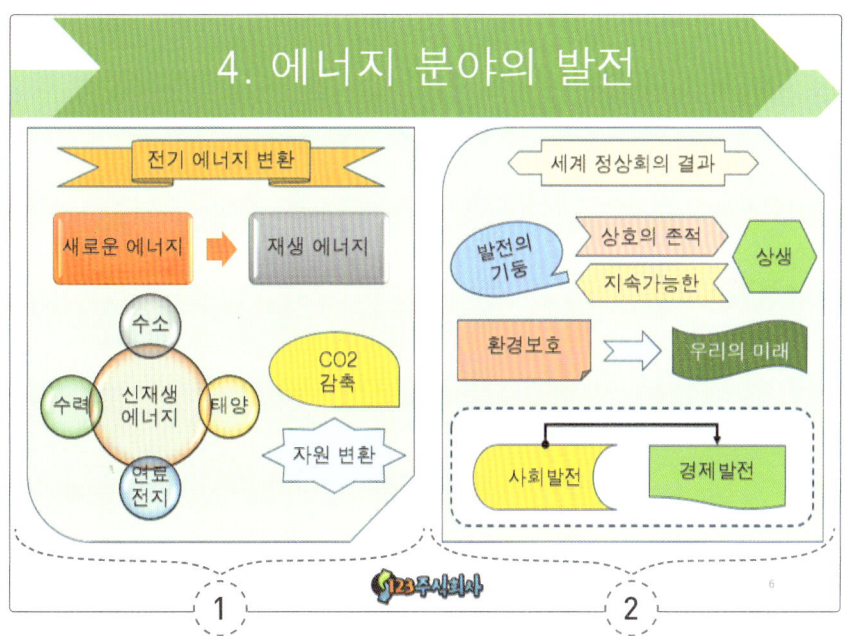

완전정복 - 06

문제지의 지시사항 및 세부조건을 참고하여 《출력형태》에 알맞게 작업하시오.

· 소스 : 정복07_문제06.pptx   · 정답 : 정복07_정답06.pptx

작성 시간 / 권장 시간

분 / 20분

(1) 슬라이드와 같이 도형 및 스마트아트를 배치한다(글꼴 : 돋움, 18pt).

(2) 애니메이션 순서 : ① ⇒ ②

세부조건

① **도형 및 스마트아트 편집**
 - 스마트아트 디자인 :
   3차원 만화, 강한 효과
 - 그룹화 후 애니메이션 효과 :
   실선 무늬(세로)

② **도형 편집**
 - 그룹화 후 애니메이션 효과 :
   회전

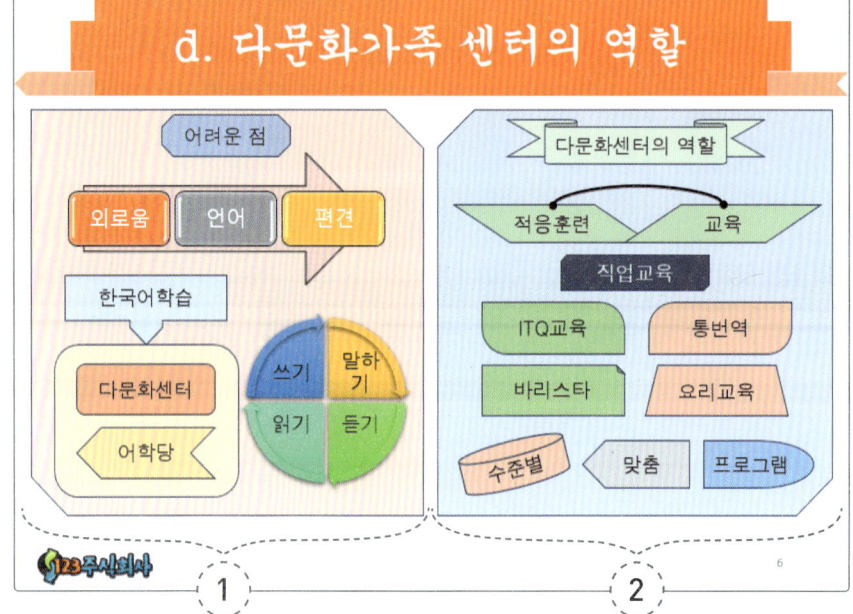

완전정복 - 07

문제지의 지시사항 및 세부조건을 참고하여 《출력형태》에 알맞게 작업하시오.

· 소스 : 정복07_문제07.pptx   · 정답 : 정복07_정답07.pptx

작성 시간 / 권장 시간

분 / 10분

(1) 슬라이드와 같이 도형 및 스마트아트를 배치한다(글꼴 : 돋움, 18pt).

(2) 애니메이션 순서 : ① ⇒ ②

세부조건

① **도형 및 스마트아트 편집**
 - 스마트아트 디자인 :
   3차원 만화, 3차원 벽돌
 - 그룹화 후 애니메이션 효과 :
   실선 무늬(세로)

② **도형 편집**
 - 그룹화 후 애니메이션 효과 :
   회전

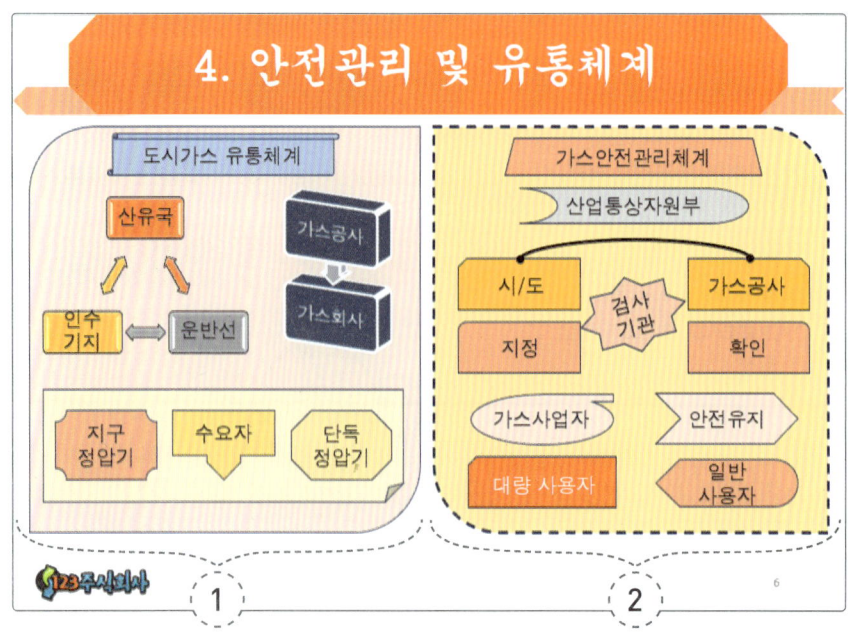

PART 03
출제예상 모의고사

- ☑ 제 01 회　출제예상 모의고사
- ☑ 제 02 회　출제예상 모의고사
- ☑ 제 03 회　출제예상 모의고사
- ☑ 제 04 회　출제예상 모의고사
- ☑ 제 05 회　출제예상 모의고사
- ☑ 제 06 회　출제예상 모의고사
- ☑ 제 07 회　출제예상 모의고사
- ☑ 제 08 회　출제예상 모의고사
- ☑ 제 09 회　출제예상 모의고사
- ☑ 제 10 회　출제예상 모의고사
- ☑ 제 11 회　출제예상 모의고사
- ☑ 제 12 회　출제예상 모의고사
- ☑ 제 13 회　출제예상 모의고사
- ☑ 제 14 회　출제예상 모의고사
- ☑ 제 15 회　출제예상 모의고사

제 01 회 정보기술자격(ITQ) 출제예상 모의고사

작성 시간 / 시험 시간	채점 결과
분 / 60분	점 / 500점

과목	코드	문제유형	시험시간	수험번호	성명
한글파워포인트	1142	A	60분		

MS오피스

· 수험자 유의사항 ·

- 수험자는 문제지를 받는 즉시 문제지와 **수험표상의 시험과목(프로그램)이 동일한지 반드시 확인**하여야 합니다.
- 파일명은 본인의 "수험번호-성명"으로 입력하여 답안 폴더(내 PC\문서\ITQ)에 하나의 파일로 저장해야 하며, 답안 파일을 전송하지 않아 미제출로 처리될 경우 실격 처리합니다(예 : 12345678-홍길동.pptx).
- 답안 작성을 마치면 파일을 저장하고, '답안 전송' 버튼을 선택하여 감독위원 PC로 답안을 전송하십시오. 수험생 정보와 저장한 파일명이 다를 경우 전송되지 않으므로 주의하시기 바랍니다.
- 답안 작성 중에도 **주기적으로 저장하고, '답안 전송'**하여야 문제 발생을 줄일 수 있습니다. 작업한 내용을 저장하지 않고 전송할 경우 이전에 저장된 내용이 전송되오니 이점 유의하시기 바랍니다.
- 답안 문서는 지정된 경로 외의 다른 보조기억장치에 저장하는 경우, 지정된 시험 시간 외에 작성된 파일을 활용할 경우, 기타 통신 수단(이메일, 메신저, 네트워크 등)을 이용하여 타인에게 전달 또는 외부 반출하는 경우는 부정 처리합니다.
- 시험 중 부주의 또는 고의로 시스템을 파손한 경우는 수험자가 변상해야 하며, 〈수험자 유의사항〉에 기재된 방법대로 이행하지 않아 생기는 불이익은 수험생 당사자의 책임임을 알려 드립니다.
- 문제의 조건은 MS오피스 2021 버전으로 설정되어 있습니다.
  이와 관련하여 작성한 답안의 출력형태가 문제지와 다를 수 있습니다.
- 시험을 완료한 수험자는 답안파일이 전송되었는지 확인한 후 감독위원의 지시에 따라 문제지를 제출하고 퇴실합니다.

· 답안 작성요령 ·

- 온라인 답안 작성 절차
  수험자 등록 ⇒ 시험 시작 ⇒ 답안파일 저장 ⇒ 답안 전송 ⇒ 시험 종료
- 슬라이드의 크기는 A4 Paper로 설정하여 작성합니다.
- 슬라이드의 총 개수는 6개로 구성되어 있으며 슬라이드 1부터 순서대로 작업하고 반드시 문제와 세부조건대로 합니다.
- 별도의 지시사항이 없는 경우 출력형태를 참조하여 글꼴색은 검정 또는 흰색으로 작성하고, 기타사항은 전체적인 균형을 고려하여 작성합니다.
- 슬라이드 도형 및 개체에 출력형태와 다른 스타일(그림자, 외곽선 등)을 적용했을 경우 감점처리 됩니다.
- 슬라이드 번호를 작성합니다(슬라이드 1에는 생략).
- 2~6번 슬라이드 제목 도형과 하단 로고는 슬라이드 마스터를 이용하여 출력형태와 동일하게 작성합니다(슬라이드 1에는 생략).
- 문제와 세부조건, 세부조건 번호 ۞(점선원)는 입력하지 않습니다.
- 각 개체의 위치는 오른쪽의 슬라이드와 동일하게 구성합니다.
- 그림 삽입 문제의 경우 반드시 「내 PC\문서\ITQ\Picture」 폴더에서 정확한 파일을 선택하여 삽입하십시오.
- 각 슬라이드를 각각의 파일로 작업해서 저장할 경우 실격 처리됩니다.

[전체구성] 60점

(1) 슬라이드 크기 및 순서 : 크기를 A4 용지로 설정하고 슬라이드 순서에 맞게 작성한다.
(2) 슬라이드 마스터 : 2~6슬라이드의 제목, 하단 로고, 슬라이드 번호는 슬라이드 마스터를 이용하여 작성한다.
  - 제목 글꼴(돋움, 40pt, 흰색), 가운데 맞춤, 도형(선 없음)
  - 하단 로고(「내 PC₩문서₩ITQ₩Picture₩로고2.jpg」, 배경(회색) 투명색으로 설정)

[슬라이드 1] 《표지 디자인》 40점

(1) 표지 디자인 : 도형, 워드아트 및 그림을 이용하여 작성한다.

세부조건

① 도형 편집
  - 도형에 그림 채우기 :
    「내 PC₩문서₩ITQ₩Picture₩
    그림1.jpg」, 투명도 50%
  - 도형 효과 :
    부드러운 가장자리 5포인트

② 워드아트 삽입
  - 변환 : 삼각형, 아래로
  - 글꼴 : 굴림, 굵게
  - 텍스트 반사 : 전체 반사, 8pt 오프셋

③ 그림 삽입
  - 「내 PC₩문서₩ITQ₩Picture₩
    로고2.jpg」
  - 배경(회색) 투명색으로 설정

[슬라이드 2] 《목차 슬라이드》 60점

(1) 출력형태와 같이 도형을 이용하여 목차를 작성한다(글꼴 : 굴림, 24pt).
(2) 도형 : 선 없음

세부조건

① 텍스트에 링크 적용
  → '슬라이드 5'

② 그림 삽입
  - 「내 PC₩문서₩ITQ₩Picture₩
    그림4.jpg」
  - 자르기 기능 이용

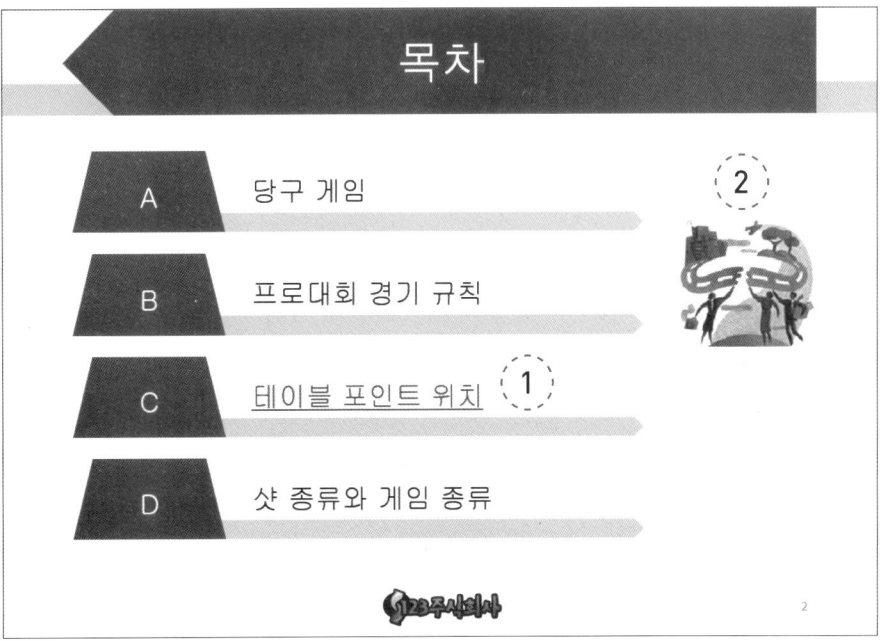

[슬라이드 3] ≪텍스트/동영상 슬라이드≫ 60점

(1) 텍스트 작성 : 글머리 기호 사용(◆, ✓)
◆문단(돋움, 24pt, 굵게, 줄간격 : 1.5줄), ✓문단(돋움, 20pt, 줄간격 : 1.5줄)

세부조건
① 동영상 삽입 :
 - 「내 PC₩문서₩ITQ₩Picture₩동영상.wmv」
 - 자동실행, 반복재생 설정

A. 당구 게임

◆ **Billiard game**
 ✓ It is a sport in which several balls are placed on a standardized table and hit with a long stick to determine the game according to the rules

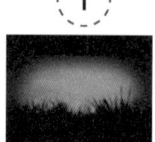

◆ **당구 게임**
 ✓ 규격화된 테이블 위에 여러 개의 공을 놓고 긴 막대기로 쳐서 룰에 따라 승부를 가리는 스포츠
 ✓ 당구공 재질은 나무, 점토, 상아를 거쳐 현재 플라스틱으로 제작

[슬라이드 4] ≪표 슬라이드≫ 80점

(1) 도형과 표 작성 기능을 이용하여 슬라이드를 작성한다(글꼴 : 굴림, 18pt).

세부조건
① 상단 도형 :
 2개 도형의 조합으로 작성
② 좌측 도형 :
 그라데이션 효과(선형 아래쪽)
③ 표 스타일 :
 테마 스타일 1 - 강조 5

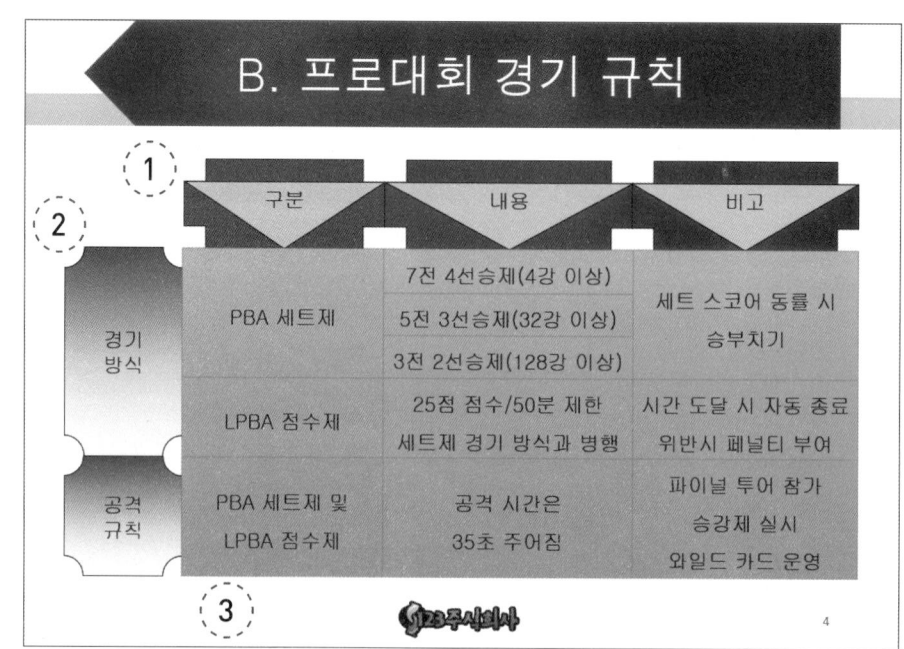

B. 프로대회 경기 규칙

구분	내용	비고
경기 방식	PBA 세트제	7전 4선승제(4강 이상) 5전 3선승제(32강 이상) 3전 2선승제(128강 이상)	세트 스코어 동률 시 승부치기
	LPBA 점수제	25점 점수/50분 제한 세트제 경기 방식과 병행	시간 도달 시 자동 종료 위반시 페널티 부여
공격 규칙	PBA 세트제 및 LPBA 점수제	공격 시간은 35초 주어짐	파이널 투어 참가 승강제 실시 와일드 카드 운영

[슬라이드 5] ≪차트 슬라이드≫ 100점

(1) 차트 작성 기능을 이용하여 슬라이드를 작성한다.
(2) 차트 : 종류(묶은 세로 막대형), 글꼴(돋움, 16pt), 외곽선

세부조건

※ 차트설명
- 차트 제목 : 궁서, 24pt, 굵게, 채우기(흰색), 테두리, 그림자(오프셋 아래쪽)
- 차트 영역 : 채우기(노랑)
  그림 영역 : 채우기(흰색)
- 데이터 서식 : 근사각 계열을 표식(◆)이 있는 꺾은선형으로 변경 후 보조축으로 지정
- 값 표시 : 장2의 계산각 계열만

① 도형 삽입
  - 스타일 : 미세 효과 – 파랑, 강조 1
  - 글꼴 : 굴림, 18pt

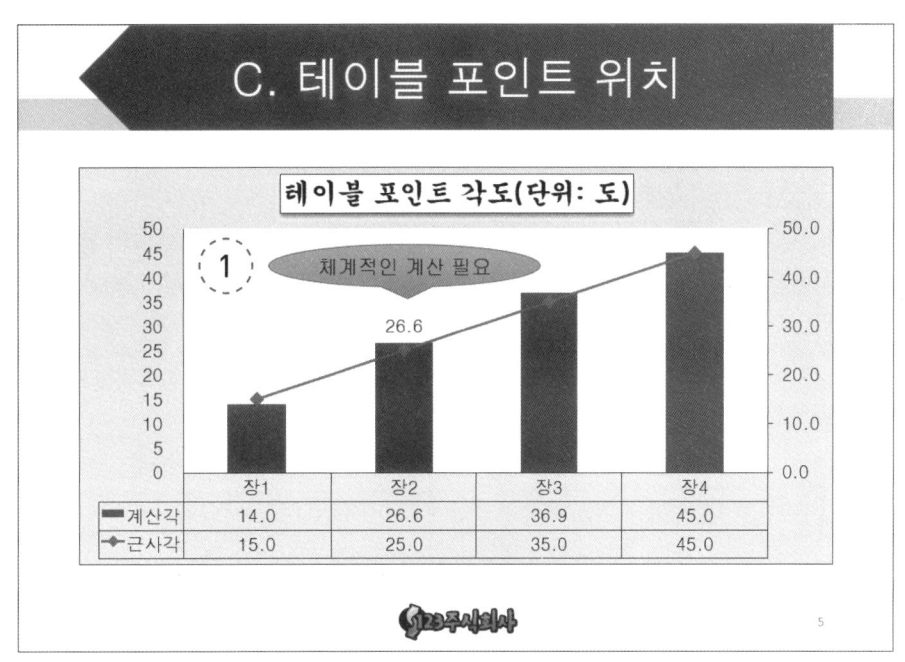

[슬라이드 6] ≪도형 슬라이드≫ 100점

(1) 슬라이드와 같이 도형 및 스마트아트를 배치한다(글꼴 : 굴림, 18pt).
(2) 애니메이션 순서 : ① ⇒ ②

세부조건

① 도형 및 스마트아트 편집
  - 스마트아트 디자인
    : 3차원 벽돌,
    3차원 경사
  - 그룹화 후 애니메이션 효과
    : 올라오기(서서히 아래로)

② 도형 편집
  - 그룹화 후 애니메이션 효과
    : 밝기 변화

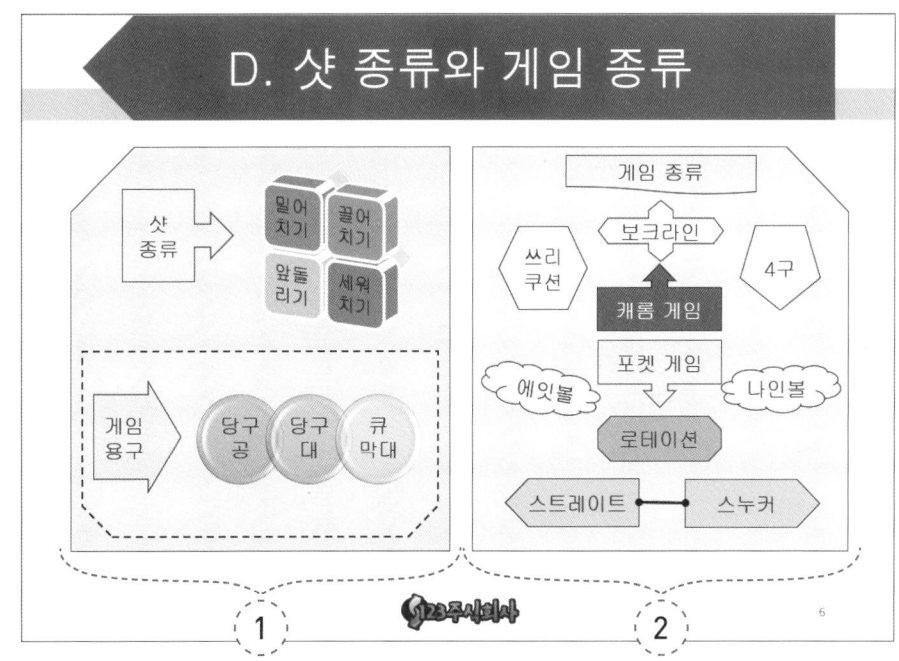

제 02 회 정보기술자격(ITQ) 출제예상 모의고사

작성 시간 / 시험 시간	채점 결과
분 / 60분	점 / 500점

과목	코드	문제유형	시험시간	수험번호	성명
한글파워포인트	1142	B	60분		

MS오피스

• 수험자 유의사항 •

- 수험자는 문제지를 받는 즉시 문제지와 **수험표상의 시험과목(프로그램)이 동일한지 반드시 확인**하여야 합니다.
- 파일명은 본인의 "수험번호-성명"으로 입력하여 답안 폴더(내 PC₩문서₩ITQ)에 하나의 파일로 저장해야 하며, 답안 파일을 전송하지 않아 미제출로 처리될 경우 실격 처리합니다(예 : 12345678-홍길동.pptx).
- 답안 작성을 마치면 파일을 저장하고, '답안 전송' 버튼을 선택하여 감독위원 PC로 답안을 전송하십시오. 수험생 정보와 저장한 파일명이 다를 경우 전송되지 않으므로 주의하시기 바랍니다.
- 답안 작성 중에도 **주기적으로 저장하고, '답안 전송'**하여야 문제 발생을 줄일 수 있습니다. 작업한 내용을 저장하지 않고 전송할 경우 이전에 저장된 내용이 전송되오니 이점 유의하시기 바랍니다.
- 답안 문서는 지정된 경로 외의 다른 보조기억장치에 저장하는 경우, 지정된 시험 시간 외에 작성된 파일을 활용할 경우, 기타 통신 수단(이메일, 메신저, 네트워크 등)을 이용하여 타인에게 전달 또는 외부 반출하는 경우는 부정 처리합니다.
- 시험 중 부주의 또는 고의로 시스템을 파손한 경우는 수험자가 변상해야 하며, 〈수험자 유의사항〉에 기재된 방법대로 이행하지 않아 생기는 불이익은 수험생 당사자의 책임임을 알려 드립니다.
- 문제의 조건은 MS오피스 2021 버전으로 설정되어 있습니다.
  이와 관련하여 작성한 답안의 출력형태가 문제지와 다를 수 있습니다.
- 시험을 완료한 수험자는 답안파일이 전송되었는지 확인한 후 감독위원의 지시에 따라 문제지를 제출하고 퇴실합니다.

• 답안 작성요령 •

- 온라인 답안 작성 절차
  수험자 등록 ⇒ 시험 시작 ⇒ 답안파일 저장 ⇒ 답안 전송 ⇒ 시험 종료
- 슬라이드의 크기는 A4 Paper로 설정하여 작성합니다.
- 슬라이드의 총 개수는 6개로 구성되어 있으며 슬라이드 1부터 순서대로 작업하고 반드시 문제와 세부조건대로 합니다.
- 별도의 지시사항이 없는 경우 출력형태를 참조하여 글꼴색은 검정 또는 흰색으로 작성하고, 기타사항은 전체적인 균형을 고려하여 작성합니다.
- 슬라이드 도형 및 개체에 출력형태와 다른 스타일(그림자, 외곽선 등)을 적용했을 경우 감점처리 됩니다.
- 슬라이드 번호를 작성합니다(슬라이드 1에는 생략).
- 2~6번 슬라이드 제목 도형과 하단 로고는 슬라이드 마스터를 이용하여 출력형태와 동일하게 작성합니다(슬라이드 1에는 생략).
- 문제와 세부조건, 세부조건 번호 ○(점선원)는 입력하지 않습니다.
- 각 개체의 위치는 오른쪽의 슬라이드와 동일하게 구성합니다.
- 그림 삽입 문제의 경우 반드시 「내 PC₩문서₩ITQ₩Picture」 폴더에서 정확한 파일을 선택하여 삽입하십시오.
- 각 슬라이드를 각각의 파일로 작업해서 저장할 경우 실격 처리됩니다.

kpc 한국생산성본부

[전체구성] 60점

(1) 슬라이드 크기 및 순서 : 크기를 A4 용지로 설정하고 슬라이드 순서에 맞게 작성한다.
(2) 슬라이드 마스터 : 2~6슬라이드의 제목, 하단 로고, 슬라이드 번호는 슬라이드 마스터를 이용하여 작성한다.
　　- 제목 글꼴(돋움, 40pt, 흰색), 가운데 맞춤, 도형(선 없음)
　　- 하단 로고(「내 PC₩문서₩ITQ₩Picture₩로고1.jpg」, 배경(회색) 투명색으로 설정)

[슬라이드 1]　≪표지 디자인≫ 40점

(1) 표지 디자인 : 도형, 워드아트 및 그림을 이용하여 작성한다.

세부조건

① 도형 편집
　- 도형에 그림 채우기 :
　　「내 PC₩문서₩ITQ₩Picture₩
　　그림2.jpg」, 투명도 50%
　- 도형 효과 :
　　부드러운 가장자리 5포인트
② 워드아트 삽입
　- 변환 : 갈매기형 수장, 위로
　- 글꼴 : 돋움, 굵게
　- 텍스트 반사 : 근접 반사, 4pt 오프셋
③ 그림 삽입
　- 「내 PC₩문서₩ITQ₩Picture₩
　　로고1.jpg」
　- 배경(회색) 투명색으로 설정

[슬라이드 2]　≪목차 슬라이드≫ 60점

(1) 출력형태와 같이 도형을 이용하여 목차를 작성한다(글꼴 : 굴림, 24pt).
(2) 도형 : 선 없음

세부조건

① 텍스트에 링크 적용
　→ '슬라이드 6'
② 그림 삽입
　-「내 PC₩문서₩ITQ₩Picture₩
　　그림4.jpg」
　- 자르기 기능 이용

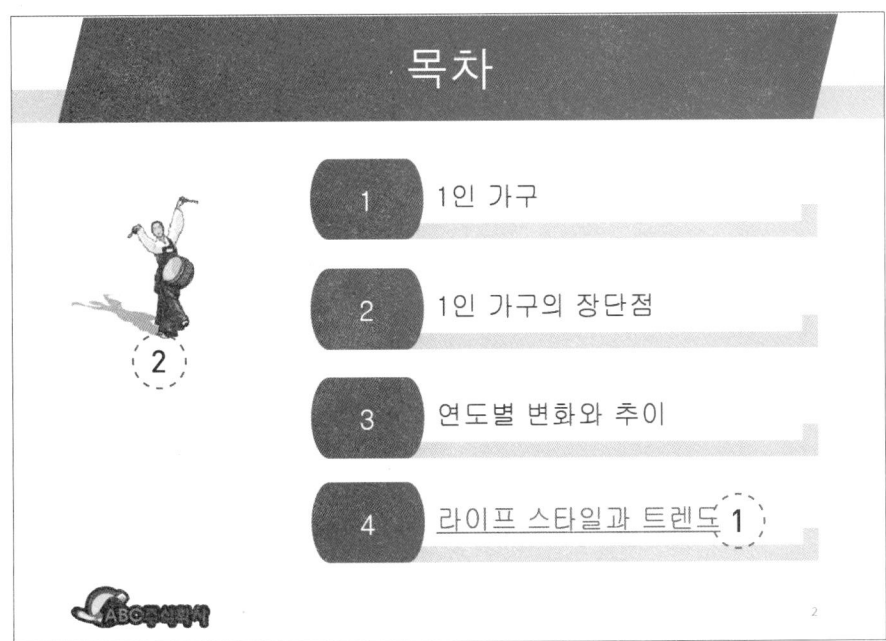

[슬라이드 3] ≪텍스트/동영상 슬라이드≫ 60점

(1) 텍스트 작성 : 글머리 기호 사용(❖, ➤)
  ❖문단(굴림, 24pt, 굵게, 줄간격 : 1.5줄), ➤문단(굴림, 20pt, 줄간격 : 1.5줄)

세부조건
① 동영상 삽입 :
  - 「내 PC₩문서₩ITQ₩Picture₩동영상.wmv」
  - 자동실행, 반복재생 설정

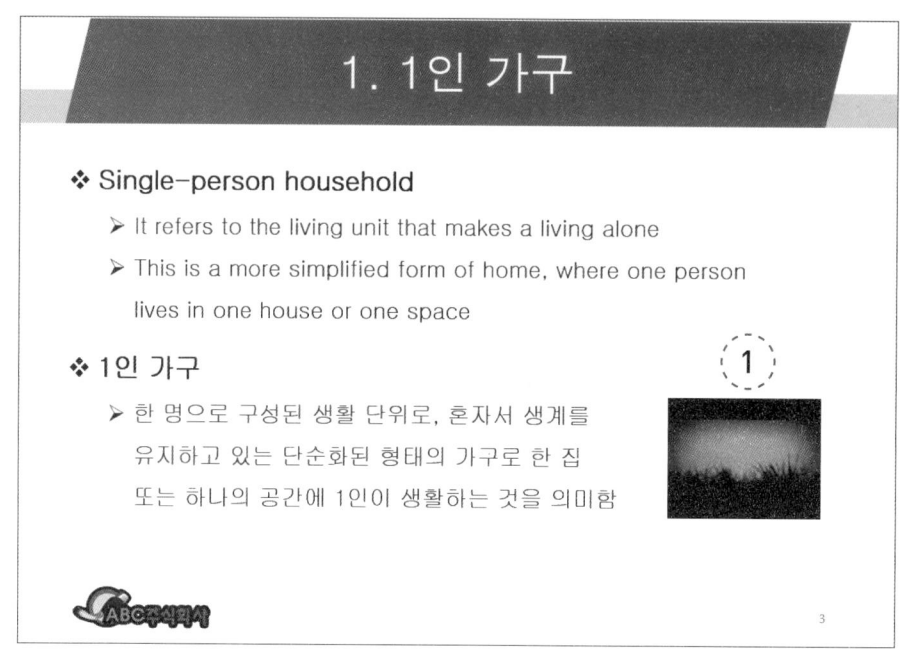

[슬라이드 4] ≪표 슬라이드≫ 80점

(1) 도형과 표 작성 기능을 이용하여 슬라이드를 작성한다(글꼴 : 돋움, 18pt).

세부조건
① 상단 도형 :
  2개 도형의 조합으로 작성
② 좌측 도형 :
  그라데이션 효과(선형 아래쪽)
③ 표 스타일 :
  테마 스타일 1 - 강조 5

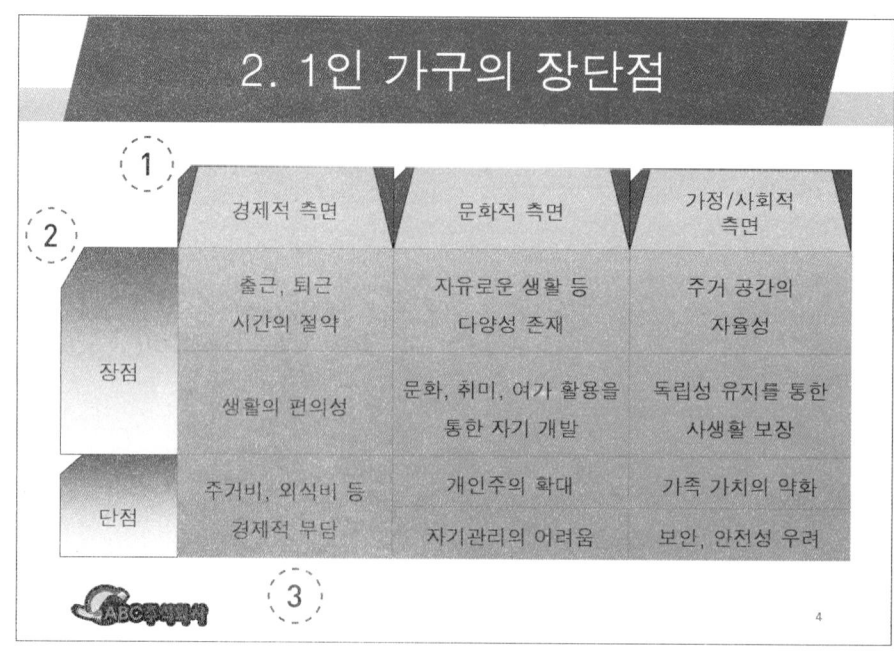

제 02 회   142   출제예상 모의고사

[슬라이드 5] ≪차트 슬라이드≫ 100점

(1) 차트 작성 기능을 이용하여 슬라이드를 작성한다.
(2) 차트 : 종류(묶은 세로 막대형), 글꼴(돋움, 16pt), 외곽선

세부조건

※ 차트설명
- 차트 제목 : 궁서, 24pt, 굵게, 채우기(흰색), 테두리, 그림자(오프셋 아래쪽)
- 차트 영역 : 채우기(노랑)
  그림 영역 : 채우기(흰색)
- 데이터 서식 : 1인 가구비율 계열을 표식(◆)이 있는 꺾은선형으로 변경 후 보조축으로 지정
- 값 표시 : 2021년의 1인 가구수 계열만

① 도형 삽입
 - 스타일 : 미세 효과 – 파랑, 강조 1
 - 글꼴 : 굴림, 18pt

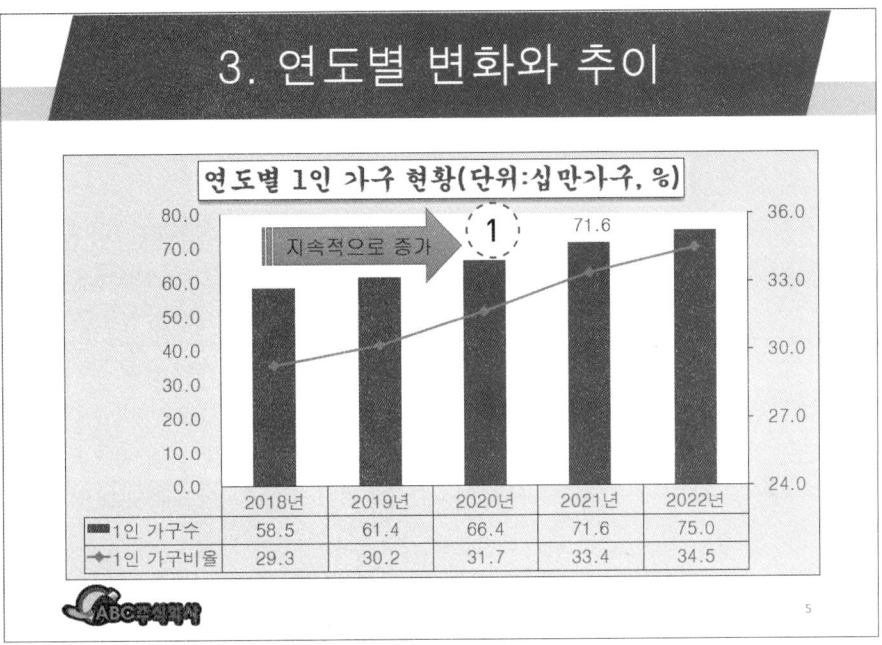

[슬라이드 6] ≪도형 슬라이드≫ 100점

(1) 슬라이드와 같이 도형 및 스마트아트를 배치한다(글꼴 : 굴림, 18pt).
(2) 애니메이션 순서 : ① ⇒ ②

세부조건

① 도형 편집
 - 그룹화 후 애니메이션 효과
  : 나누기(가로 바깥쪽으로)

② 도형 및 스마트아트 편집
 - 스마트아트 디자인
  : 3차원 만화,
   3차원 벽돌
 - 그룹화 후 애니메이션 효과
  : 바운드

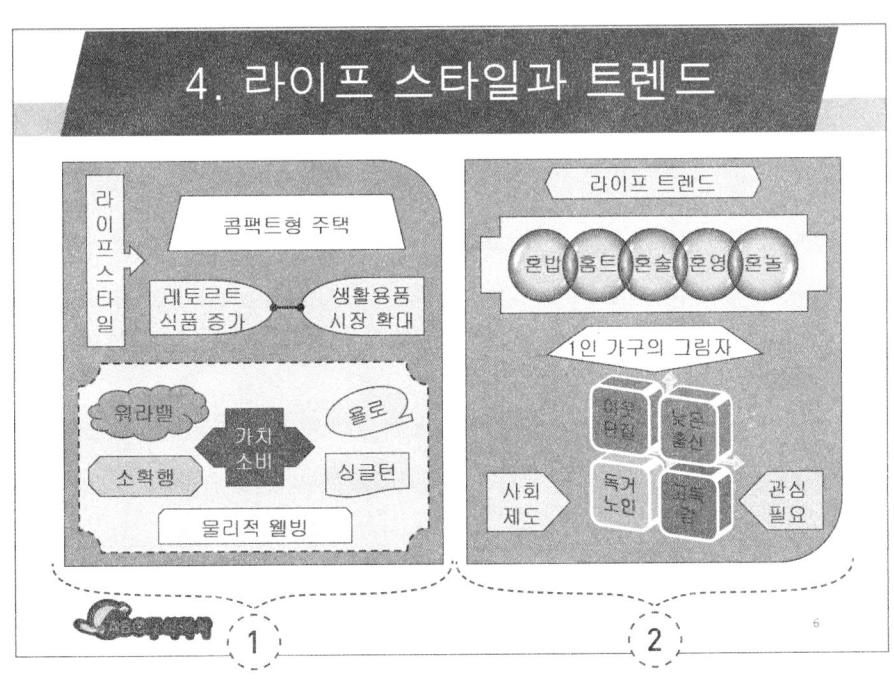

제 03 회 정보기술자격(ITQ) 출제예상 모의고사

작성 시간 / 시험 시간	채점 결과
분 / 60분	점 / 500점

과목	코드	문제유형	시험시간	수험번호	성명
한글파워포인트	1142	C	60분		

MS오피스

• 수험자 유의사항 •

- 수험자는 문제지를 받는 즉시 문제지와 **수험표상의 시험과목(프로그램)이 동일한지 반드시 확인**하여야 합니다.
- 파일명은 본인의 "수험번호-성명"으로 입력하여 답안 폴더(내 PC₩문서₩ITQ)에 하나의 파일로 저장해야 하며, 답안 파일을 전송하지 않아 미제출로 처리될 경우 실격 처리합니다(예 : 12345678-홍길동.pptx).
- 답안 작성을 마치면 파일을 저장하고, '답안 전송' 버튼을 선택하여 감독위원 PC로 답안을 전송하십시오. 수험생 정보와 저장한 파일명이 다를 경우 전송되지 않으므로 주의하시기 바랍니다.
- 답안 작성 중에도 **주기적으로 저장하고, '답안 전송'**하여야 문제 발생을 줄일 수 있습니다. 작업한 내용을 저장하지 않고 전송할 경우 이전에 저장된 내용이 전송되오니 이점 유의하시기 바랍니다.
- 답안 문서는 지정된 경로 외의 다른 보조기억장치에 저장하는 경우, 지정된 시험 시간 외에 작성된 파일을 활용할 경우, 기타 통신 수단(이메일, 메신저, 네트워크 등)을 이용하여 타인에게 전달 또는 외부 반출하는 경우는 부정 처리합니다.
- 시험 중 부주의 또는 고의로 시스템을 파손한 경우는 수험자가 변상해야 하며, 〈수험자 유의사항〉에 기재된 방법대로 이행하지 않아 생기는 불이익은 수험생 당사자의 책임임을 알려 드립니다.
- 문제의 조건은 MS오피스 2021 버전으로 설정되어 있습니다.
  이와 관련하여 작성한 답안의 출력형태가 문제지와 다를 수 있습니다.
- 시험을 완료한 수험자는 답안파일이 전송되었는지 확인한 후 감독위원의 지시에 따라 문제지를 제출하고 퇴실합니다.

• 답안 작성요령 •

- 온라인 답안 작성 절차
  수험자 등록 ⇒ 시험 시작 ⇒ 답안파일 저장 ⇒ 답안 전송 ⇒ 시험 종료
- 슬라이드의 크기는 A4 Paper로 설정하여 작성합니다.
- 슬라이드의 총 개수는 6개로 구성되어 있으며 슬라이드 1부터 순서대로 작업하고 반드시 문제와 세부조건대로 합니다.
- 별도의 지시사항이 없는 경우 출력형태를 참조하여 글꼴색은 검정 또는 흰색으로 작성하고, 기타사항은 전체적인 균형을 고려하여 작성합니다.
- 슬라이드 도형 및 개체에 출력형태와 다른 스타일(그림자, 외곽선 등)을 적용했을 경우 감점처리 됩니다.
- 슬라이드 번호를 작성합니다(슬라이드 1에는 생략).
- 2~6번 슬라이드 제목 도형과 하단 로고는 슬라이드 마스터를 이용하여 출력형태와 동일하게 작성합니다(슬라이드 1에는 생략).
- 문제와 세부조건, 세부조건 번호 ○(점선원)는 입력하지 않습니다.
- 각 개체의 위치는 오른쪽의 슬라이드와 동일하게 구성합니다.
- 그림 삽입 문제의 경우 반드시 「내 PC₩문서₩ITQ₩Picture」 폴더에서 정확한 파일을 선택하여 삽입하십시오.
- 각 슬라이드를 각각의 파일로 작업해서 저장할 경우 실격 처리됩니다.

kpc 한국생산성본부

[전체구성] — 60점

(1) 슬라이드 크기 및 순서 : 크기를 A4 용지로 설정하고 슬라이드 순서에 맞게 작성한다.
(2) 슬라이드 마스터 : 2~6슬라이드의 제목, 하단 로고, 슬라이드 번호는 슬라이드 마스터를 이용하여 작성한다.
 - 제목 글꼴(돋움, 40pt, 흰색), 가운데 맞춤, 도형(선 없음)
 - 하단 로고(「내 PC₩문서₩ITQ₩Picture₩로고2.jpg」, 배경(회색) 투명색으로 설정)

[슬라이드 1] ≪표지 디자인≫ — 40점

(1) 표지 디자인 : 도형, 워드아트 및 그림을 이용하여 작성한다.

세부조건

① 도형 편집
 - 도형에 그림 채우기 :
  「내 PC₩문서₩ITQ₩Picture₩그림1.jpg」, 투명도 50%
 - 도형 효과 :
  부드러운 가장자리 5포인트

② 워드아트 삽입
 - 변환 : 삼각형, 아래로
 - 글꼴 : 굴림, 굵게
 - 텍스트 반사 : 전체 반사, 8pt 오프셋

③ 그림 삽입
 - 「내 PC₩문서₩ITQ₩Picture₩로고2.jpg」
 - 배경(회색) 투명색으로 설정

[슬라이드 2] ≪목차 슬라이드≫ — 60점

(1) 출력형태와 같이 도형을 이용하여 목차를 작성한다(글꼴 : 굴림, 24pt).
(2) 도형 : 선 없음

세부조건

① 텍스트에 링크 적용
 → '슬라이드 5'

② 그림 삽입
 - 「내 PC₩문서₩ITQ₩Picture₩그림4.jpg」
 - 자르기 기능 이용

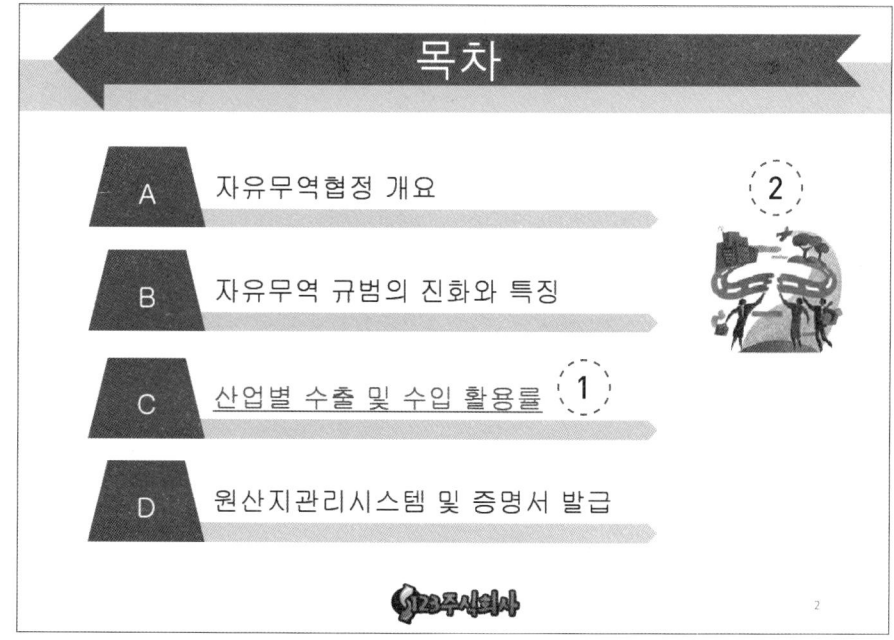

[슬라이드 3] ≪텍스트/동영상 슬라이드≫   60점

(1) 텍스트 작성 : 글머리 기호 사용(◆, ✓)
　　◆문단(돋움, 24pt, 굵게, 줄간격 : 1.5줄), ✓문단(돋움, 20pt, 줄간격 : 1.5줄)

세부조건
① 동영상 삽입 :
　- 「내 PC₩문서₩ITQ₩Picture₩동영상.wmv」
　- 자동실행, 반복재생 설정

A. 자유무역협정 개요

◆ **Effect and necessity**
　✓ Because foreign good quality goods can be bought cheaply and tariff is low, imported goods are cheap, so foreign goods can be purchased easily

◆ **자유무역협정**
　✓ 특정 국가 간의 상호 무역 증진을 위해 물자나 서비스 이동을 자유화 시키는 협정
　✓ 국가 간의 제반 무역장벽을 완화하거나 철폐하여 무역자유화를 실현하기 위해 체결하는 특혜무역협정

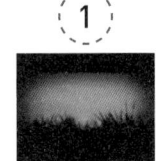

[슬라이드 4] ≪표 슬라이드≫   80점

(1) 도형과 표 작성 기능을 이용하여 슬라이드를 작성한다(글꼴 : 굴림, 18pt).

세부조건
① 상단 도형 :
　2개 도형의 조합으로 작성
② 좌측 도형 :
　그라데이션 효과(선형 아래쪽)
③ 표 스타일 :
　테마 스타일 1 - 강조 5

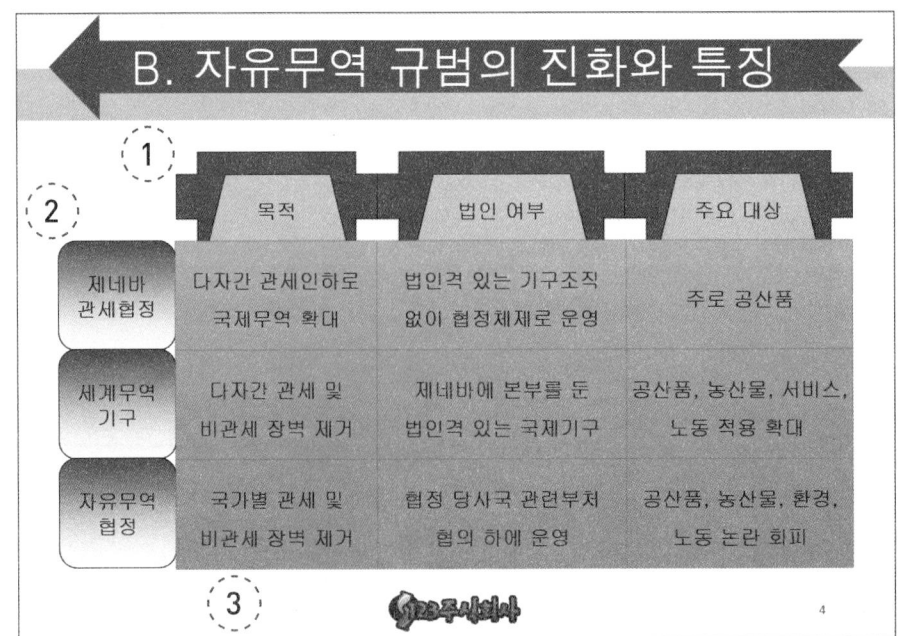

[슬라이드 5] ≪차트 슬라이드≫ 100점

(1) 차트 작성 기능을 이용하여 슬라이드를 작성한다.
(2) 차트 : 종류(묶은 세로 막대형), 글꼴(돋움, 16pt), 외곽선

세부조건

※ 차트설명
- 차트 제목 : 궁서, 24pt, 굵게, 채우기(흰색), 테두리, 그림자(오프셋 아래쪽)
- 차트 영역 : 채우기(노랑) 그림 영역 : 채우기(흰색)
- 데이터 서식 : 수입 계열을 표식(◆)이 있는 꺾은선형으로 변경 후 보조축으로 지정
- 값 표시 : 기계류의 수출 계열만

① 도형 삽입
  - 스타일 : 미세 효과 - 파랑, 강조 1
  - 글꼴 : 굴림, 18pt

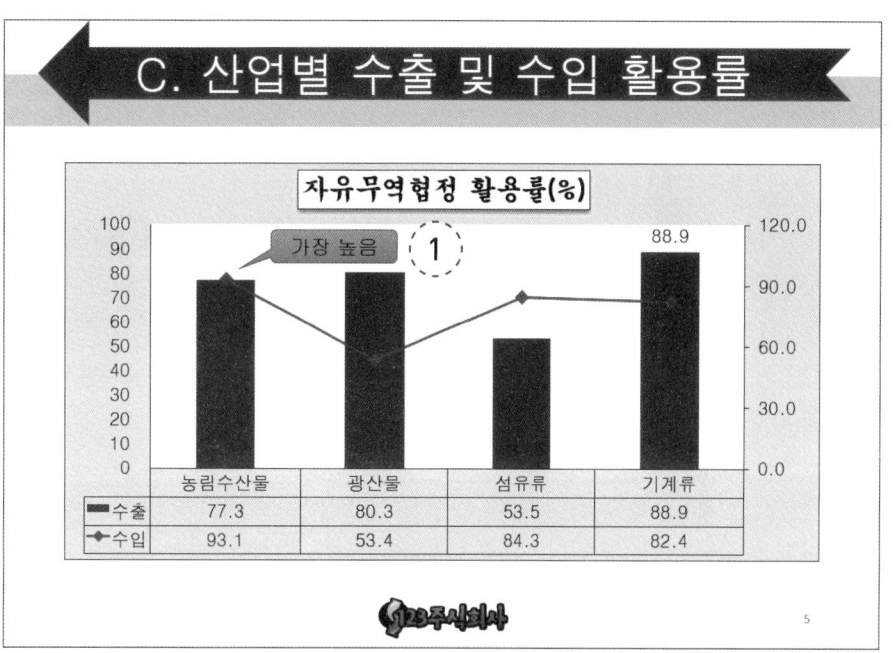

[슬라이드 6] ≪도형 슬라이드≫ 100점

(1) 슬라이드와 같이 도형 및 스마트아트를 배치한다(글꼴 : 굴림, 18pt).
(2) 애니메이션 순서 : ① ⇒ ②

세부조건

① 도형 및 스마트아트 편집
  - 스마트아트 디자인
    : 3차원 벽돌, 3차원 경사
  - 그룹화 후 애니메이션 효과
    : 올라오기(서서히 아래로)

② 도형 편집
  - 그룹화 후 애니메이션 효과
    : 밝기 변화

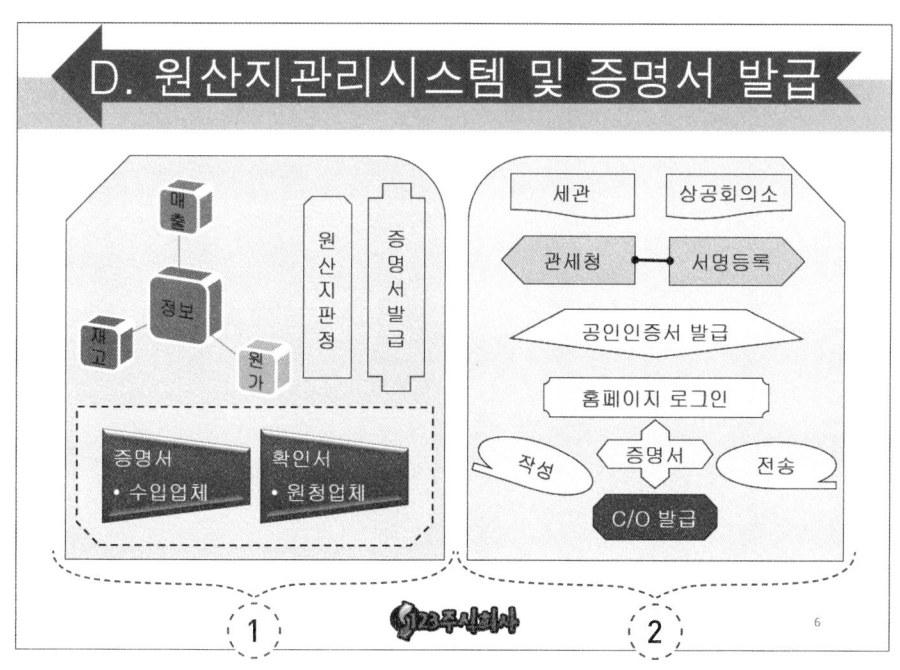

제 04 회 정보기술자격(ITQ) 출제예상 모의고사

작성 시간 / 시험 시간	채점 결과
분 / 60분	점 / 500점

과목	코드	문제유형	시험시간	수험번호	성명
한글파워포인트	1142	D	60분		

MS오피스

· 수험자 유의사항 ·

- 수험자는 문제지를 받는 즉시 문제지와 **수험표상의 시험과목(프로그램)이 동일한지 반드시 확인**하여야 합니다.
- 파일명은 본인의 "수험번호-성명"으로 입력하여 답안 폴더(내 PC₩문서₩ITQ)에 하나의 파일로 저장해야 하며, 답안 파일을 전송하지 않아 미제출로 처리될 경우 실격 처리합니다(예 : 12345678-홍길동.pptx).
- 답안 작성을 마치면 파일을 저장하고, '답안 전송' 버튼을 선택하여 감독위원 PC로 답안을 전송하십시오. 수험생 정보와 저장한 파일명이 다를 경우 전송되지 않으므로 주의하시기 바랍니다.
- 답안 작성 중에도 **주기적으로 저장하고, '답안 전송'**하여야 문제 발생을 줄일 수 있습니다. 작업한 내용을 저장하지 않고 전송할 경우 이전에 저장된 내용이 전송되오니 이점 유의하시기 바랍니다.
- 답안 문서는 지정된 경로 외의 다른 보조기억장치에 저장하는 경우, 지정된 시험 시간 외에 작성된 파일을 활용할 경우, 기타 통신 수단(이메일, 메신저, 네트워크 등)을 이용하여 타인에게 전달 또는 외부 반출하는 경우는 부정 처리합니다.
- 시험 중 부주의 또는 고의로 시스템을 파손한 경우는 수험자가 변상해야 하며, 〈수험자 유의사항〉에 기재된 방법대로 이행하지 않아 생기는 불이익은 수험생 당사자의 책임임을 알려 드립니다.
- 문제의 조건은 MS오피스 2021 버전으로 설정되어 있습니다.
  이와 관련하여 작성한 답안의 출력형태가 문제지와 다를 수 있습니다.
- 시험을 완료한 수험자는 답안파일이 전송되었는지 확인한 후 감독위원의 지시에 따라 문제지를 제출하고 퇴실합니다.

· 답안 작성요령 ·

- 온라인 답안 작성 절차
  수험자 등록 ⇒ 시험 시작 ⇒ 답안파일 저장 ⇒ 답안 전송 ⇒ 시험 종료
- 슬라이드의 크기는 A4 Paper로 설정하여 작성합니다.
- 슬라이드의 총 개수는 6개로 구성되어 있으며 슬라이드 1부터 순서대로 작업하고 반드시 문제와 세부조건대로 합니다.
- 별도의 지시사항이 없는 경우 출력형태를 참조하여 글꼴색은 검정 또는 흰색으로 작성하고, 기타사항은 전체적인 균형을 고려하여 작성합니다.
- 슬라이드 도형 및 개체에 출력형태와 다른 스타일(그림자, 외곽선 등)을 적용했을 경우 감점처리 됩니다.
- 슬라이드 번호를 작성합니다(슬라이드 1에는 생략).
- 2~6번 슬라이드 제목 도형과 하단 로고는 슬라이드 마스터를 이용하여 출력형태와 동일하게 작성합니다(슬라이드 1에는 생략).
- 문제와 세부조건, 세부조건 번호 ◌(점선원)는 입력하지 않습니다.
- 각 개체의 위치는 오른쪽의 슬라이드와 동일하게 구성합니다.
- 그림 삽입 문제의 경우 반드시 「내 PC₩문서₩ITQ₩Picture」 폴더에서 정확한 파일을 선택하여 삽입하십시오.
- 각 슬라이드를 각각의 파일로 작업해서 저장할 경우 실격 처리됩니다.

[전체구성] 60점

(1) 슬라이드 크기 및 순서 : 크기를 A4 용지로 설정하고 슬라이드 순서에 맞게 작성한다.
(2) 슬라이드 마스터 : 2~6슬라이드의 제목, 하단 로고, 슬라이드 번호는 슬라이드 마스터를 이용하여 작성한다.
 - 제목 글꼴(돋움, 40pt, 흰색), 가운데 맞춤, 도형(선 없음)
 - 하단 로고(「내 PC₩문서₩ITQ₩Picture₩로고1.jpg」, 배경(회색) 투명색으로 설정)

[슬라이드 1] ≪표지 디자인≫ 40점

(1) 표지 디자인 : 도형, 워드아트 및 그림을 이용하여 작성한다.

세부조건
① 도형 편집
 - 도형에 그림 채우기 :
  「내 PC₩문서₩ITQ₩Picture₩그림2.jpg」, 투명도 50%
 - 도형 효과 :
  부드러운 가장자리 5포인트
② 워드아트 삽입
 - 변환 : 갈매기형 수장, 위로
 - 글꼴 : 돋움, 굵게
 - 텍스트 반사 : 근접 반사, 4pt 오프셋
③ 그림 삽입
 - 「내 PC₩문서₩ITQ₩Picture₩로고1.jpg」
 - 배경(회색) 투명색으로 설정

[슬라이드 2] ≪목차 슬라이드≫ 60점

(1) 출력형태와 같이 도형을 이용하여 목차를 작성한다(글꼴 : 굴림, 24pt).
(2) 도형 : 선 없음

세부조건
① 텍스트에 링크 적용
 → '슬라이드 6'
② 그림 삽입
 - 「내 PC₩문서₩ITQ₩Picture₩그림4.jpg」
 - 자르기 기능 이용

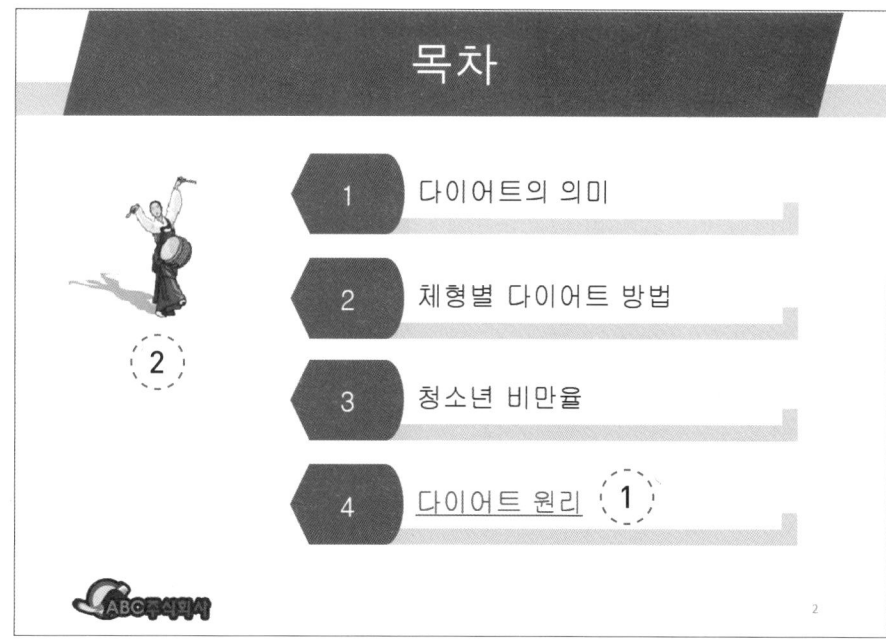

[슬라이드 3] ≪텍스트/동영상 슬라이드≫ 60점

(1) 텍스트 작성 : 글머리 기호 사용(❖, ➤)
   ❖문단(굴림, 24pt, 굵게, 줄간격 : 1.5줄), ➤문단(굴림, 20pt, 줄간격 : 1.5줄)

세부조건
① 동영상 삽입 :
   - 「내 PC₩문서₩ITQ₩Picture₩동영상.wmv」
   - 자동실행, 반복재생 설정

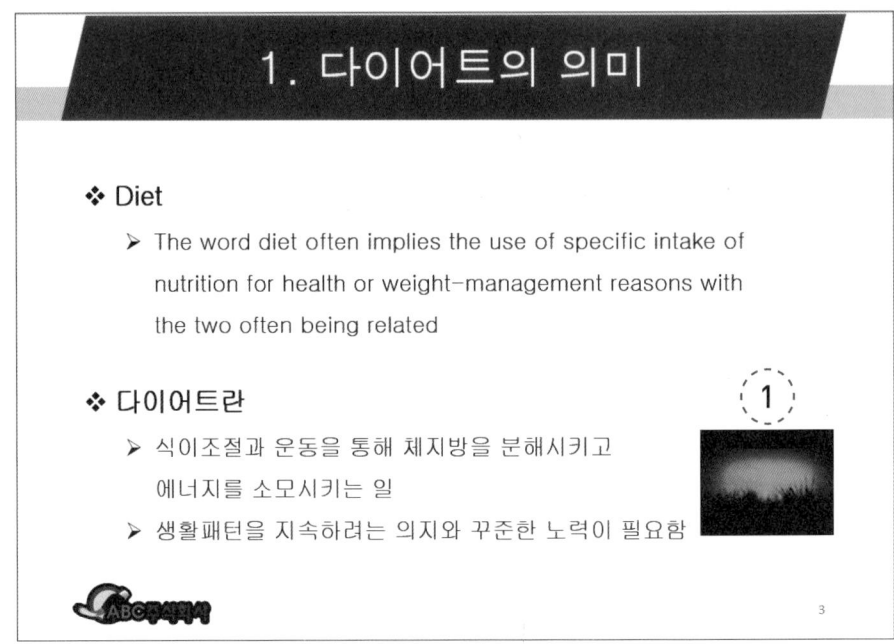

[슬라이드 4] ≪표 슬라이드≫ 80점

(1) 도형과 표 작성 기능을 이용하여 슬라이드를 작성한다(글꼴 : 돋움, 18pt).

세부조건
① 상단 도형 :
   2개 도형의 조합으로 작성
② 좌측 도형 :
   그라데이션 효과(선형 아래쪽)
③ 표 스타일 :
   테마 스타일 1 - 강조 5

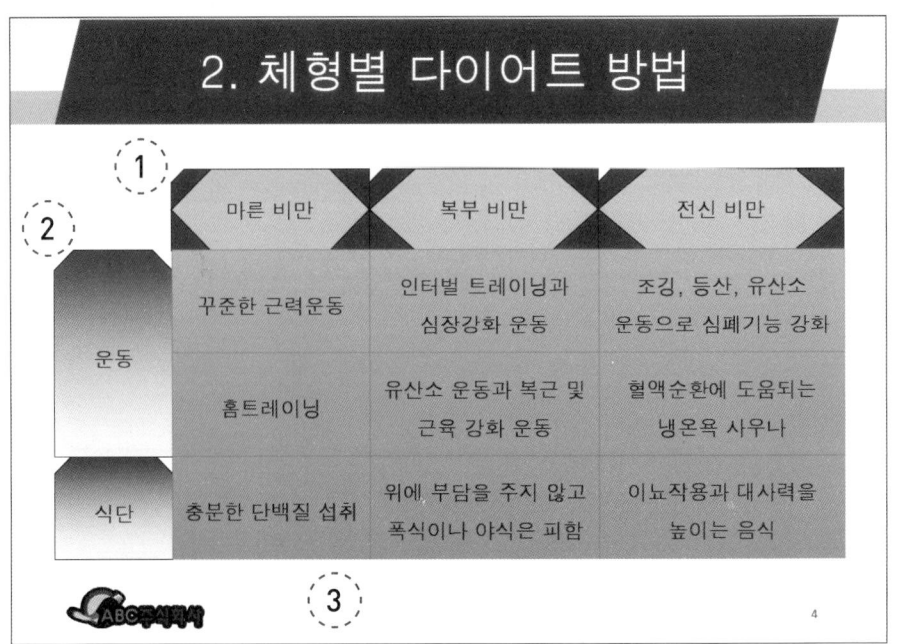

[슬라이드 5] ≪차트 슬라이드≫ 100점

(1) 차트 작성 기능을 이용하여 슬라이드를 작성한다.
(2) 차트 : 종류(묶은 세로 막대형), 글꼴(돋움, 16pt), 외곽선

세부조건

※ 차트설명
- 차트 제목 : 궁서, 24pt, 굵게,
  채우기(흰색), 테두리,
  그림자(오프셋 아래쪽)
- 차트 영역 : 채우기(노랑)
  그림 영역 : 채우기(흰색)
- 데이터 서식 : 여학생 계열을 표식
  (◆)이 있는 꺾은선형으로 변경 후
  보조축으로 지정
- 값 표시 : 인천의 남학생 계열만

① 도형 삽입
 - 스타일 : 미세 효과 - 파랑, 강조 1
 - 글꼴 : 굴림, 18pt

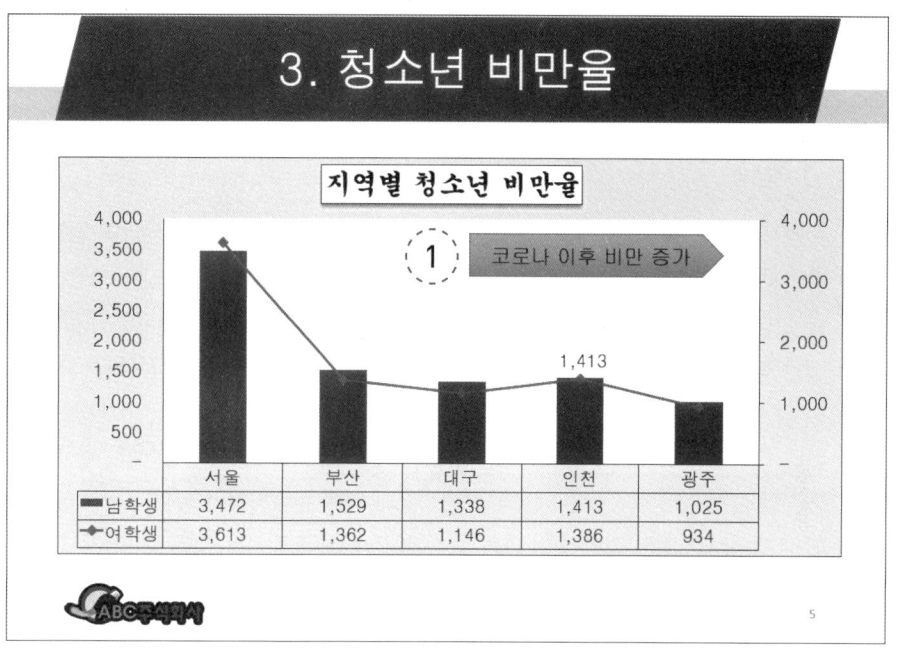

[슬라이드 6] ≪도형 슬라이드≫ 100점

(1) 슬라이드와 같이 도형 및 스마트아트를 배치한다(글꼴 : 굴림, 18pt).
(2) 애니메이션 순서 : ① ⇒ ②

세부조건

① 도형 편집
 - 그룹화 후 애니메이션 효과
   : 나누기(가로 바깥쪽으로)

② 도형 및 스마트아트 편집
 - 스마트아트 디자인
   : 3차원 만화,
   3차원 경사
 - 그룹화 후 애니메이션 효과
   : 바운드

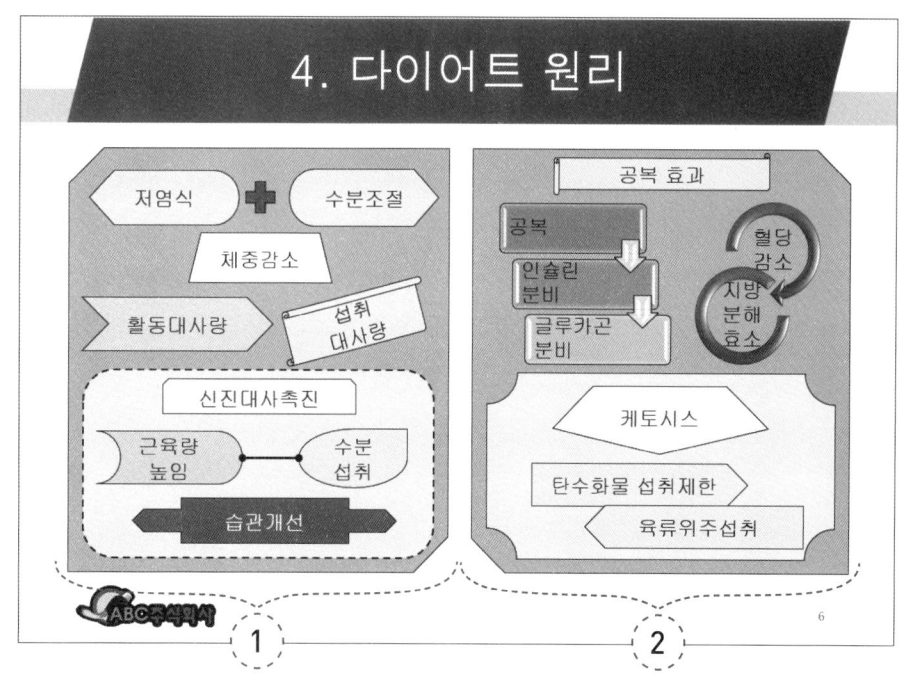

제 05 회 정보기술자격(ITQ) 출제예상 모의고사

작성 시간 / 시험 시간	채점 결과
분 / 60분	점 / 500점

과목	코드	문제유형	시험시간	수험번호	성명
한글파워포인트	1142	A	60분		

MS오피스

• 수험자 유의사항 •

- 수험자는 문제지를 받는 즉시 문제지와 **수험표상의 시험과목(프로그램)이 동일한지 반드시 확인**하여야 합니다.
- 파일명은 본인의 "수험번호-성명"으로 입력하여 답안 폴더(내 PC\문서\ITQ)에 하나의 파일로 저장해야 하며, 답안 파일을 전송하지 않아 미제출로 처리될 경우 실격 처리합니다(예 : 12345678-홍길동.pptx).
- 답안 작성을 마치면 파일을 저장하고, '답안 전송' 버튼을 선택하여 감독위원 PC로 답안을 전송하십시오. 수험생 정보와 저장한 파일명이 다를 경우 전송되지 않으므로 주의하시기 바랍니다.
- 답안 작성 중에도 **주기적으로 저장하고, '답안 전송'**하여야 문제 발생을 줄일 수 있습니다. 작업한 내용을 저장하지 않고 전송할 경우 이전에 저장된 내용이 전송되오니 이점 유의하시기 바랍니다.
- 답안 문서는 지정된 경로 외의 다른 보조기억장치에 저장하는 경우, 지정된 시험 시간 외에 작성된 파일을 활용할 경우, 기타 통신 수단(이메일, 메신저, 네트워크 등)을 이용하여 타인에게 전달 또는 외부 반출하는 경우는 부정 처리합니다.
- 시험 중 부주의 또는 고의로 시스템을 파손한 경우는 수험자가 변상해야 하며, 〈수험자 유의사항〉에 기재된 방법대로 이행하지 않아 생기는 불이익은 수험생 당사자의 책임임을 알려 드립니다.
- 문제의 조건은 MS오피스 2021 버전으로 설정되어 있습니다.
  이와 관련하여 작성한 답안의 출력형태가 문제지와 다를 수 있습니다.
- 시험을 완료한 수험자는 답안파일이 전송되었는지 확인한 후 감독위원의 지시에 따라 문제지를 제출하고 퇴실합니다.

• 답안 작성요령 •

- 온라인 답안 작성 절차
  수험자 등록 ⇒ 시험 시작 ⇒ 답안파일 저장 ⇒ 답안 전송 ⇒ 시험 종료
- 슬라이드의 크기는 A4 Paper로 설정하여 작성합니다.
- 슬라이드의 총 개수는 6개로 구성되어 있으며 슬라이드 1부터 순서대로 작업하고 반드시 문제와 세부조건대로 합니다.
- 별도의 지시사항이 없는 경우 출력형태를 참조하여 글꼴색은 검정 또는 흰색으로 작성하고, 기타사항은 전체적인 균형을 고려하여 작성합니다.
- 슬라이드 도형 및 개체에 출력형태와 다른 스타일(그림자, 외곽선 등)을 적용했을 경우 감점처리 됩니다.
- 슬라이드 번호를 작성합니다(슬라이드 1에는 생략).
- 2~6번 슬라이드 제목 도형과 하단 로고는 슬라이드 마스터를 이용하여 출력형태와 동일하게 작성합니다(슬라이드 1에는 생략).
- 문제와 세부조건, 세부조건 번호 ◌(점선원)는 입력하지 않습니다.
- 각 개체의 위치는 오른쪽의 슬라이드와 동일하게 구성합니다.
- 그림 삽입 문제의 경우 반드시 「내 PC\문서\ITQ\Picture」 폴더에서 정확한 파일을 선택하여 삽입하십시오.
- 각 슬라이드를 각각의 파일로 작업해서 저장할 경우 실격 처리됩니다.

[전체구성]   60점

(1) 슬라이드 크기 및 순서 : 크기를 A4 용지로 설정하고 슬라이드 순서에 맞게 작성한다.
(2) 슬라이드 마스터 : 2~6슬라이드의 제목, 하단 로고, 슬라이드 번호는 슬라이드 마스터를 이용하여 작성한다.
 - 제목 글꼴(돋움, 40pt, 흰색), 가운데 맞춤, 도형(선 없음)
 - 하단 로고(「내 PC₩문서₩ITQ₩Picture₩로고2.jpg」, 배경(회색) 투명색으로 설정)

[슬라이드 1] ≪표지 디자인≫   40점

(1) 표지 디자인 : 도형, 워드아트 및 그림을 이용하여 작성한다.

세부조건

① 도형 편집
 - 도형에 그림 채우기 :
  「내 PC₩문서₩ITQ₩Picture₩그림1.jpg」, 투명도 50%
 - 도형 효과 :
  부드러운 가장자리 5포인트

② 워드아트 삽입
 - 변환 : 삼각형, 아래로
 - 글꼴 : 굴림, 굵게
 - 텍스트 반사 : 전체 반사, 8pt 오프셋

③ 그림 삽입
 -「내 PC₩문서₩ITQ₩Picture₩로고2.jpg」
 - 배경(회색) 투명색으로 설정

[슬라이드 2] ≪목차 슬라이드≫   60점

(1) 출력형태와 같이 도형을 이용하여 목차를 작성한다(글꼴 : 굴림, 24pt).
(2) 도형 : 선 없음

세부조건

① 텍스트에 링크 적용
 → '슬라이드 5'

② 그림 삽입
 -「내 PC₩문서₩ITQ₩Picture₩그림4.jpg」
 - 자르기 기능 이용

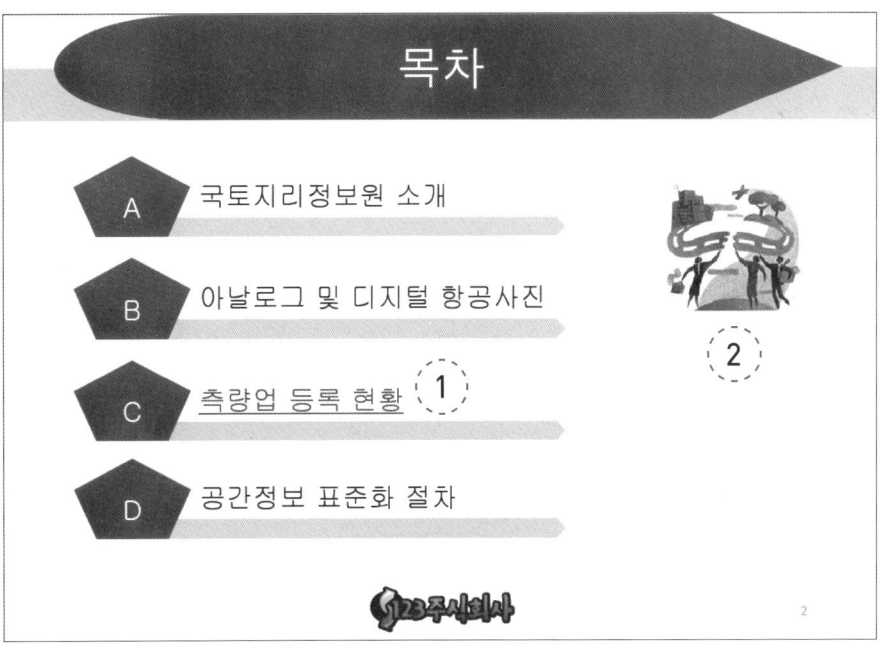

[슬라이드 3] ≪텍스트/동영상 슬라이드≫ 60점

(1) 텍스트 작성 : 글머리 기호 사용(◆, ✓)
  ◆문단(돋움, 24pt, 굵게, 줄간격 : 1.5줄), ✓문단(돋움, 20pt, 줄간격 : 1.5줄)

세부조건
① 동영상 삽입 :
  - 「내 PC₩문서₩ITQ₩Picture₩동영상.wmv」
  - 자동실행, 반복재생 설정

A. 국토지리정보원 소개

◆ **About NGII**
  ✓ Under our slogan, "Homeland love in our mind, geospatial information in daily life", we are devoting our sincere effort to make contribution to enhancing national prestige in the international society

◆ **국토지리정보원**
  ✓ 국가기본도를 지속적으로 혁신하고 신속하게 제공
  ✓ 자율주행차, 스마트시티 등 미래의 성장 동력에 필요한 차세대 공간정보를 구축하며 4차 산업혁명 주도

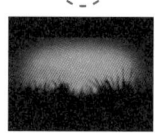

[슬라이드 4] ≪표 슬라이드≫ 80점

(1) 도형과 표 작성 기능을 이용하여 슬라이드를 작성한다(글꼴 : 굴림, 18pt).

세부조건
① 상단 도형 :
  2개 도형의 조합으로 작성
② 좌측 도형 :
  그라데이션 효과(선형 아래쪽)
③ 표 스타일 :
  테마 스타일 1 - 강조 5

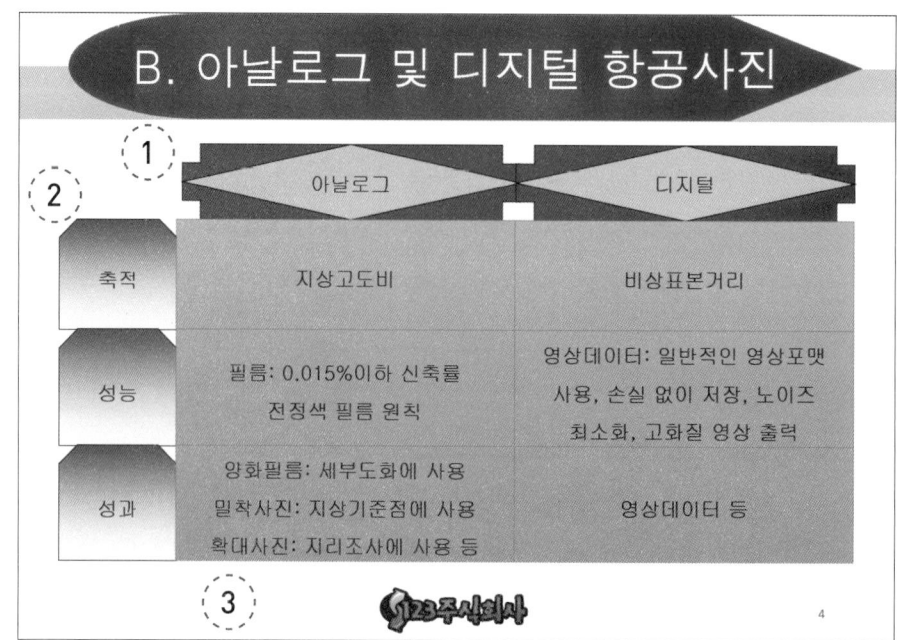

[슬라이드 5] ≪차트 슬라이드≫   100점

(1) 차트 작성 기능을 이용하여 슬라이드를 작성한다.
(2) 차트 : 종류(묶은 세로 막대형), 글꼴(돋움, 16pt), 외곽선

세부조건

※ 차트설명
- 차트 제목 : 궁서, 24pt, 굵게, 채우기(흰색), 테두리, 그림자(오프셋 아래쪽)
- 차트 영역 : 채우기(노랑) 그림 영역 : 채우기(흰색)
- 데이터 서식 : 업종수 계열을 표식(◆)이 있는 꺾은선형으로 변경 후 보조축으로 지정
- 값 표시 : 2023년 업체수 계열만

① 도형 삽입
- 스타일 : 미세 효과 – 파랑, 강조 1
- 글꼴 : 굴림, 18pt

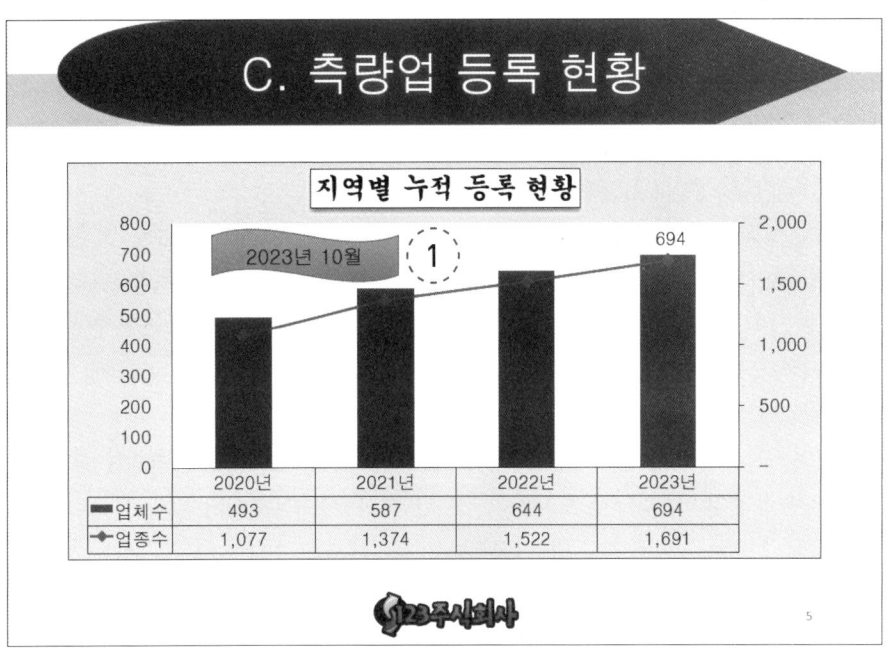

[슬라이드 6] ≪도형 슬라이드≫   100점

(1) 슬라이드와 같이 도형 및 스마트아트를 배치한다(글꼴 : 굴림, 18pt).
(2) 애니메이션 순서 : ① ⇒ ②

세부조건

① 도형 및 스마트아트 편집
- 스마트아트 디자인 : 3차원 만화, 3차원 경사
- 그룹화 후 애니메이션 효과 : 올라오기(서서히 아래로)

② 도형 편집
- 그룹화 후 애니메이션 효과 : 밝기 변화

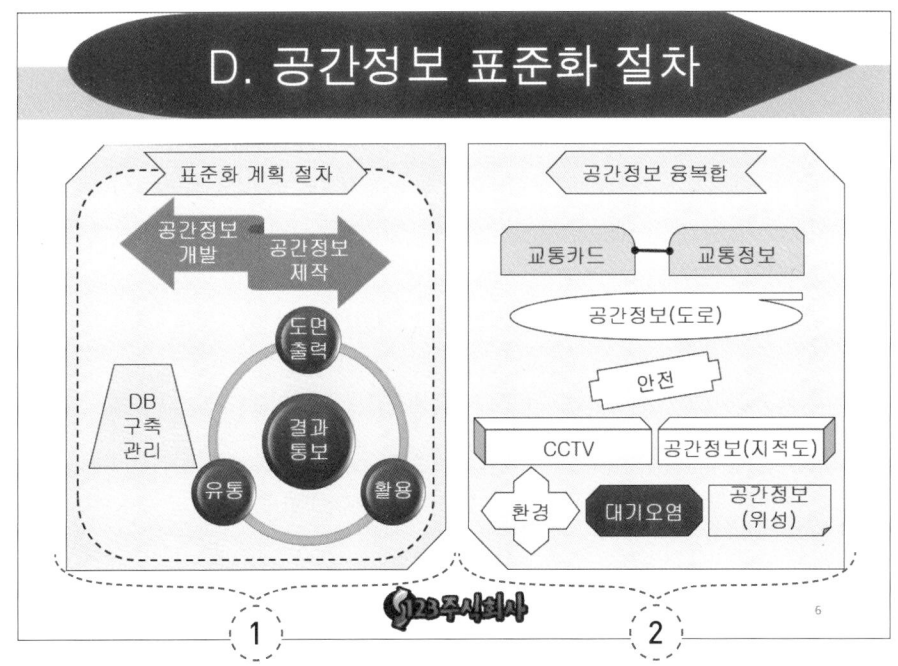

제 06 회 정보기술자격(ITQ) 출제예상 모의고사

작성 시간 / 시험 시간	채점 결과
분 / 60분	점 / 500점

과목	코드	문제유형	시험시간	수험번호	성명
한글파워포인트	1142	B	60분		

MS오피스

• 수험자 유의사항 •

- 수험자는 문제지를 받는 즉시 문제지와 **수험표상의 시험과목(프로그램)이 동일한지 반드시 확인**하여야 합니다.
- 파일명은 본인의 "수험번호-성명"으로 입력하여 답안 폴더(내 PC\문서\ITQ)에 하나의 파일로 저장해야 하며, 답안 파일을 전송하지 않아 미제출로 처리될 경우 실격 처리합니다(예 : 12345678-홍길동.pptx).
- 답안 작성을 마치면 파일을 저장하고, '답안 전송' 버튼을 선택하여 감독위원 PC로 답안을 전송하십시오. 수험생 정보와 저장한 파일명이 다를 경우 전송되지 않으므로 주의하시기 바랍니다.
- 답안 작성 중에도 **주기적으로 저장하고, '답안 전송'**하여야 문제 발생을 줄일 수 있습니다. 작업한 내용을 저장하지 않고 전송할 경우 이전에 저장된 내용이 전송되오니 이점 유의하시기 바랍니다.
- 답안 문서는 지정된 경로 외의 다른 보조기억장치에 저장하는 경우, 지정된 시험 시간 외에 작성된 파일을 활용할 경우, 기타 통신 수단(이메일, 메신저, 네트워크 등)을 이용하여 타인에게 전달 또는 외부 반출하는 경우는 부정 처리합니다.
- 시험 중 부주의 또는 고의로 시스템을 파손한 경우는 수험자가 변상해야 하며, 〈수험자 유의사항〉에 기재된 방법대로 이행하지 않아 생기는 불이익은 수험생 당사자의 책임임을 알려 드립니다.
- 문제의 조건은 MS오피스 2021 버전으로 설정되어 있습니다.
  이와 관련하여 작성한 답안의 출력형태가 문제지와 다를 수 있습니다.
- 시험을 완료한 수험자는 답안파일이 전송되었는지 확인한 후 감독위원의 지시에 따라 문제지를 제출하고 퇴실합니다.

• 답안 작성요령 •

- 온라인 답안 작성 절차
  수험자 등록 ⇒ 시험 시작 ⇒ 답안파일 저장 ⇒ 답안 전송 ⇒ 시험 종료
- 슬라이드의 크기는 A4 Paper로 설정하여 작성합니다.
- 슬라이드의 총 개수는 6개로 구성되어 있으며 슬라이드 1부터 순서대로 작업하고 반드시 문제와 세부조건대로 합니다.
- 별도의 지시사항이 없는 경우 출력형태를 참조하여 글꼴색은 검정 또는 흰색으로 작성하고, 기타사항은 전체적인 균형을 고려하여 작성합니다.
- 슬라이드 도형 및 개체에 출력형태와 다른 스타일(그림자, 외곽선 등)을 적용했을 경우 감점처리 됩니다.
- 슬라이드 번호를 작성합니다(슬라이드 1에는 생략).
- 2~6번 슬라이드 제목 도형과 하단 로고는 슬라이드 마스터를 이용하여 출력형태와 동일하게 작성합니다(슬라이드 1에는 생략).
- 문제와 세부조건, 세부조건 번호 ◌(점선원)는 입력하지 않습니다.
- 각 개체의 위치는 오른쪽의 슬라이드와 동일하게 구성합니다.
- 그림 삽입 문제의 경우 반드시 「내 PC\문서\ITQ\Picture」 폴더에서 정확한 파일을 선택하여 삽입하십시오.
- 각 슬라이드를 각각의 파일로 작업해서 저장할 경우 실격 처리됩니다.

[전체구성] 60점

(1) 슬라이드 크기 및 순서 : 크기를 A4 용지로 설정하고 슬라이드 순서에 맞게 작성한다.
(2) 슬라이드 마스터 : 2~6슬라이드의 제목, 하단 로고, 슬라이드 번호는 슬라이드 마스터를 이용하여 작성한다.
- 제목 글꼴(돋움, 40pt, 흰색), 가운데 맞춤, 도형(선 없음)
- 하단 로고(「내 PC\문서\ITQ\Picture\로고1.jpg」, 배경(회색) 투명색으로 설정)

[슬라이드 1] ≪표지 디자인≫ 40점

(1) 표지 디자인 : 도형, 워드아트 및 그림을 이용하여 작성한다.

세부조건
① 도형 편집
 - 도형에 그림 채우기 :
  「내 PC\문서\ITQ\Picture\
  그림2.jpg」, 투명도 50%
 - 도형 효과 :
  부드러운 가장자리 5포인트
② 워드아트 삽입
 - 변환 : 갈매기형 수장, 위로
 - 글꼴 : 돋움, 굵게
 - 텍스트 반사 : 근접 반사, 4pt 오프셋
③ 그림 삽입
 - 「내 PC\문서\ITQ\Picture\
  로고1.jpg」
 - 배경(회색) 투명색으로 설정

[슬라이드 2] ≪목차 슬라이드≫ 60점

(1) 출력형태와 같이 도형을 이용하여 목차를 작성한다(글꼴 : 굴림, 24pt).
(2) 도형 : 선 없음

세부조건
① 텍스트에 링크 적용
 → '슬라이드 6'
② 그림 삽입
 - 「내 PC\문서\ITQ\Picture\
  그림4.jpg」
 - 자르기 기능 이용

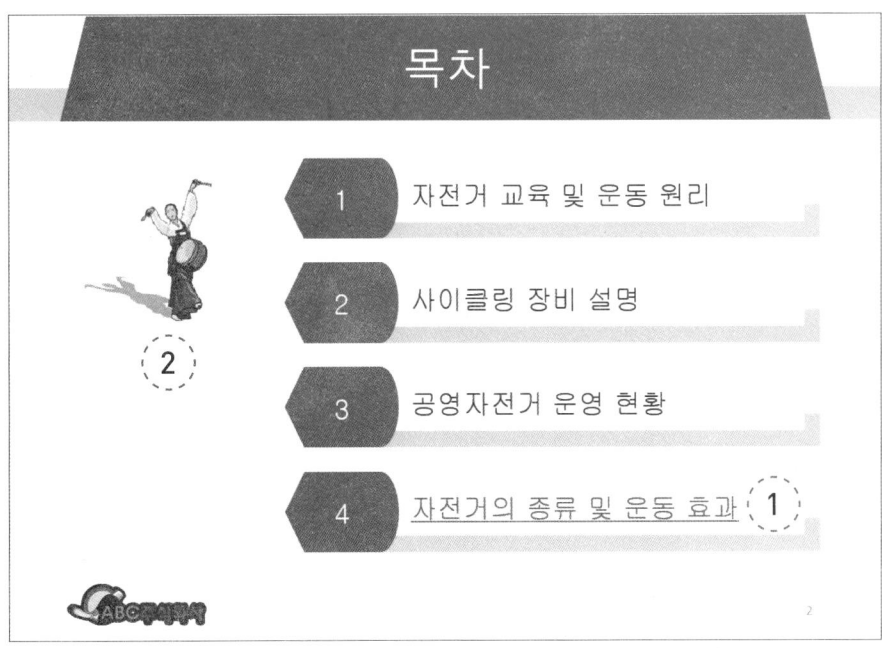

[슬라이드 3] ≪텍스트/동영상 슬라이드≫   60점

(1) 텍스트 작성 : 글머리 기호 사용(❖, ➢)
  ❖문단(굴림, 24pt, 굵게, 줄간격 : 1.5줄), ➢문단(굴림, 20pt, 줄간격 : 1.5줄)

세부조건

① 동영상 삽입 :
  - 「내 PC₩문서₩ITQ₩Picture₩동영상.wmv」
  - 자동실행, 반복재생 설정

1. 자전거 교육 및 운동 원리

❖ Bicycle training
  ➢ Bike skills will last a lifetime and save countless lives
  ➢ Adults fatalities account for an increasing percentage of all bike crashes

❖ 자전거 운동 원리
  ➢ 앞바퀴가 조향, 뒷바퀴가 구동식으로 페달을 돌리면 크랭크 회전력으로 큰 스프라켓에 물려 있는 체인으로 뒷바퀴의 작은 스프라켓과 연결되어 뒷바퀴를 구동

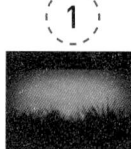

[슬라이드 4] ≪표 슬라이드≫   80점

(1) 도형과 표 작성 기능을 이용하여 슬라이드를 작성한다(글꼴 : 돋움, 18pt).

세부조건

① 상단 도형 :
  2개 도형의 조합으로 작성

② 좌측 도형 :
  그라데이션 효과(선형 아래쪽)

③ 표 스타일 :
  테마 스타일 1 - 강조 5

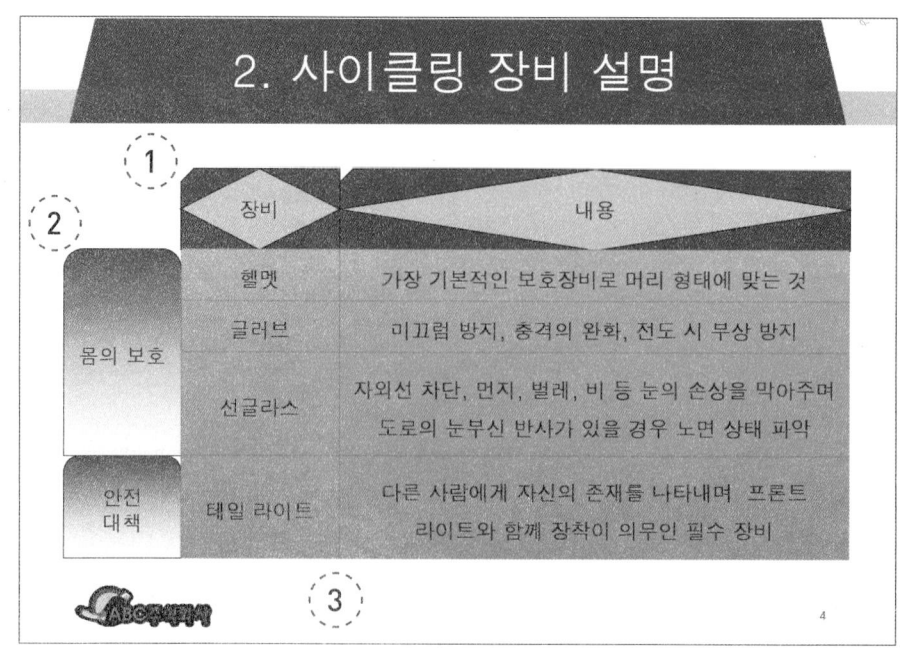

[슬라이드 5] ≪차트 슬라이드≫   100점

(1) 차트 작성 기능을 이용하여 슬라이드를 작성한다.
(2) 차트 : 종류(묶은 세로 막대형), 글꼴(돋움, 16pt), 외곽선

세부조건

※ 차트설명
- 차트 제목 : 궁서, 24pt, 굵게, 채우기(흰색), 테두리, 그림자(오프셋 아래쪽)
- 차트 영역 : 채우기(노랑)
  그림 영역 : 채우기(흰색)
- 데이터 서식 : 2022년 계열을 표식(◆)이 있는 꺾은선형으로 변경 후 보조축으로 지정
- 값 표시 : 부천시의 2021년 계열만

① 도형 삽입
  - 스타일 : 미세 효과 – 파랑, 강조 1
  - 글꼴 : 굴림, 18pt

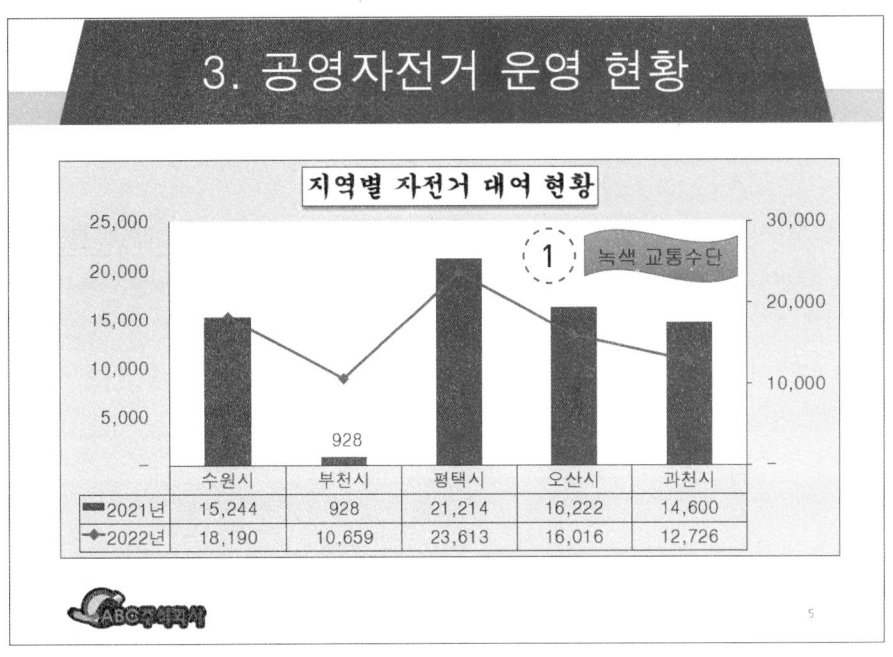

[슬라이드 6] ≪도형 슬라이드≫   100점

(1) 슬라이드와 같이 도형 및 스마트아트를 배치한다(글꼴 : 굴림, 18pt).
(2) 애니메이션 순서 : ① ⇒ ②

세부조건

① 도형 편집
  - 그룹화 후 애니메이션 효과
    : 나누기(가로 바깥쪽으로)

② 도형 및 스마트아트 편집
  - 스마트아트 디자인
    : 3차원 만화,
      3차원 광택 처리
  - 그룹화 후 애니메이션 효과
    : 바운드

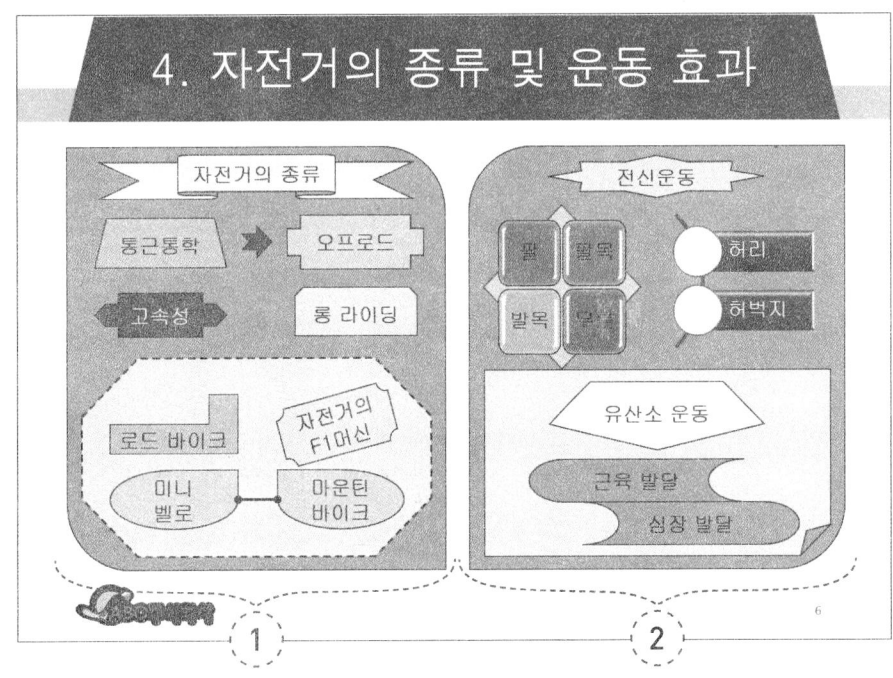

정보기술자격(ITQ) 출제예상 모의고사

작성 시간 / 시험 시간	채점 결과
분 / 60분	점 / 500점

과목	코드	문제유형	시험시간	수험번호	성명
한글파워포인트	1142	C	60분		

MS오피스

・수험자 유의사항・

- 수험자는 문제지를 받는 즉시 문제지와 **수험표상의 시험과목(프로그램)이 동일한지 반드시 확인**하여야 합니다.
- 파일명은 본인의 "수험번호-성명"으로 입력하여 답안 폴더(내 PC₩문서₩ITQ)에 하나의 파일로 저장해야 하며, 답안 파일을 전송하지 않아 미제출로 처리될 경우 실격 처리합니다(예 : 12345678-홍길동.pptx).
- 답안 작성을 마치면 파일을 저장하고, '답안 전송' 버튼을 선택하여 감독위원 PC로 답안을 전송하십시오. 수험생 정보와 저장한 파일명이 다를 경우 전송되지 않으므로 주의하시기 바랍니다.
- 답안 작성 중에도 **주기적으로 저장하고, '답안 전송'**하여야 문제 발생을 줄일 수 있습니다. 작업한 내용을 저장하지 않고 전송할 경우 이전에 저장된 내용이 전송되오니 이점 유의하시기 바랍니다.
- 답안 문서는 지정된 경로 외의 다른 보조기억장치에 저장하는 경우, 지정된 시험 시간 외에 작성된 파일을 활용할 경우, 기타 통신 수단(이메일, 메신저, 네트워크 등)을 이용하여 타인에게 전달 또는 외부 반출하는 경우는 부정 처리합니다.
- 시험 중 부주의 또는 고의로 시스템을 파손한 경우는 수험자가 변상해야 하며, 〈수험자 유의사항〉에 기재된 방법대로 이행하지 않아 생기는 불이익은 수험생 당사자의 책임임을 알려 드립니다.
- 문제의 조건은 MS오피스 2021 버전으로 설정되어 있습니다.
  이와 관련하여 작성한 답안의 출력형태가 문제지와 다를 수 있습니다.
- 시험을 완료한 수험자는 답안파일이 전송되었는지 확인한 후 감독위원의 지시에 따라 문제지를 제출하고 퇴실합니다.

・답안 작성요령・

- 온라인 답안 작성 절차
  수험자 등록 ⇒ 시험 시작 ⇒ 답안파일 저장 ⇒ 답안 전송 ⇒ 시험 종료
- 슬라이드의 크기는 A4 Paper로 설정하여 작성합니다.
- 슬라이드의 총 개수는 6개로 구성되어 있으며 슬라이드 1부터 순서대로 작업하고 반드시 문제와 세부조건대로 합니다.
- 별도의 지시사항이 없는 경우 출력형태를 참조하여 글꼴색은 검정 또는 흰색으로 작성하고, 기타사항은 전체적인 균형을 고려하여 작성합니다.
- 슬라이드 도형 및 개체에 출력형태와 다른 스타일(그림자, 외곽선 등)을 적용했을 경우 감점처리 됩니다.
- 슬라이드 번호를 작성합니다(슬라이드 1에는 생략).
- 2~6번 슬라이드 제목 도형과 하단 로고는 슬라이드 마스터를 이용하여 출력형태와 동일하게 작성합니다(슬라이드 1에는 생략).
- 문제와 세부조건, 세부조건 번호 ◯(점선원)는 입력하지 않습니다.
- 각 개체의 위치는 오른쪽의 슬라이드와 동일하게 구성합니다.
- 그림 삽입 문제의 경우 반드시 「내 PC₩문서₩ITQ₩Picture」 폴더에서 정확한 파일을 선택하여 삽입하십시오.
- 각 슬라이드를 각각의 파일로 작업해서 저장할 경우 실격 처리됩니다.

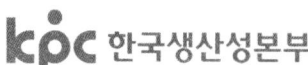

[전체구성] 60점

(1) 슬라이드 크기 및 순서 : 크기를 A4 용지로 설정하고 슬라이드 순서에 맞게 작성한다.
(2) 슬라이드 마스터 : 2~6슬라이드의 제목, 하단 로고, 슬라이드 번호는 슬라이드 마스터를 이용하여 작성한다.
- 제목 글꼴(돋움, 40pt, 흰색), 가운데 맞춤, 도형(선 없음)
- 하단 로고(「내 PC₩문서₩ITQ₩Picture₩로고2.jpg」, 배경(회색) 투명색으로 설정)

[슬라이드 1] ≪표지 디자인≫ 40점

(1) 표지 디자인 : 도형, 워드아트 및 그림을 이용하여 작성한다.

세부조건
① 도형 편집
 - 도형에 그림 채우기 :
  「내 PC₩문서₩ITQ₩Picture₩그림1.jpg」, 투명도 50%
 - 도형 효과 :
  부드러운 가장자리 5포인트
② 워드아트 삽입
 - 변환 : 물결, 아래로
 - 글꼴 : 돋움, 굵게
 - 텍스트 반사 : 근접 반사, 4pt 오프셋
③ 그림 삽입
 - 「내 PC₩문서₩ITQ₩Picture₩로고2.jpg」
 - 배경(회색) 투명색으로 설정

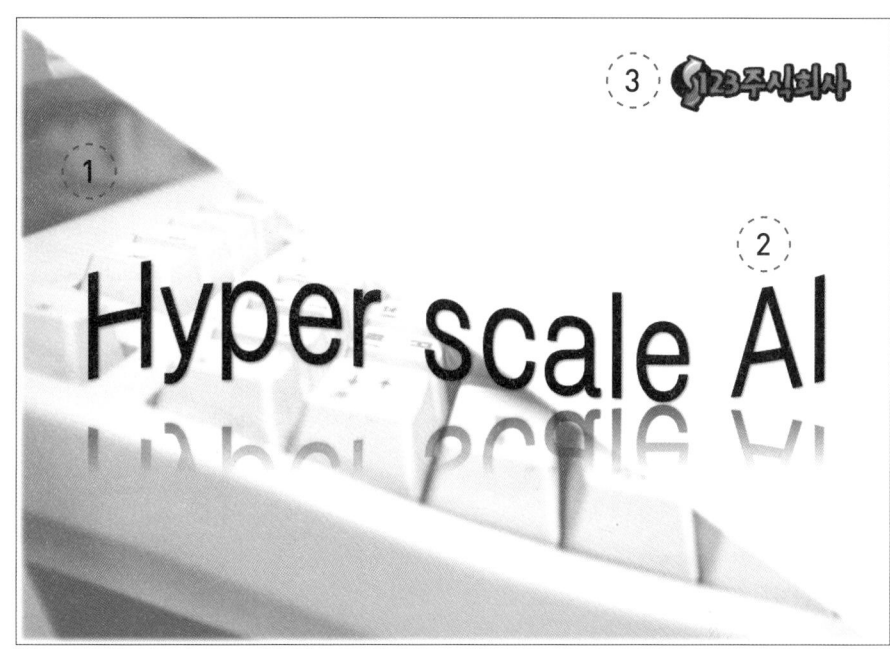

[슬라이드 2] ≪목차 슬라이드≫ 60점

(1) 출력형태와 같이 도형을 이용하여 목차를 작성한다(글꼴 : 굴림, 24pt).
(2) 도형 : 선 없음

세부조건
① 텍스트에 링크 적용
 → '슬라이드 6'
② 그림 삽입
 - 「내 PC₩문서₩ITQ₩Picture₩그림5.jpg」
 - 자르기 기능 이용

[슬라이드 3] ≪텍스트/동영상 슬라이드≫ 60점

(1) 텍스트 작성 : 글머리 기호 사용(❖, ■)
  ❖문단(굴림, 24pt, 굵게, 줄간격 : 1.5줄), ■문단(굴림, 20pt, 줄간격 : 1.5줄)

세부조건
① 동영상 삽입 :
  - 「내 PC₩문서₩ITQ₩Picture₩동영상.wmv」
  - 자동실행, 반복재생 설정

1. 초거대 인공지능

❖ Hyper scale AI
  ■ Artificial intelligence comparable to the human brain structure that thinks, learns, judges, and acts comprehensively and autonomously

❖ 초거대 인공지능
  ■ 초거대 인공지능은 데이터 분석과 학습을 넘어 인간의 뇌처럼 스스로 추론할 수 있음
  ■ 방대한 데이터와 파라미터(매개변수)를 활용하여 창작이 가능한 인공지능 모델을 의미

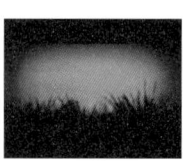

[슬라이드 4] ≪표 슬라이드≫ 80점

(1) 도형과 표 작성 기능을 이용하여 슬라이드를 작성한다(글꼴 : 궁서, 18pt).

세부조건
① 상단 도형 :
  2개 도형의 조합으로 작성
② 좌측 도형 :
  그라데이션 효과(선형 아래쪽)
③ 표 스타일 :
  테마 스타일 1 - 강조 5

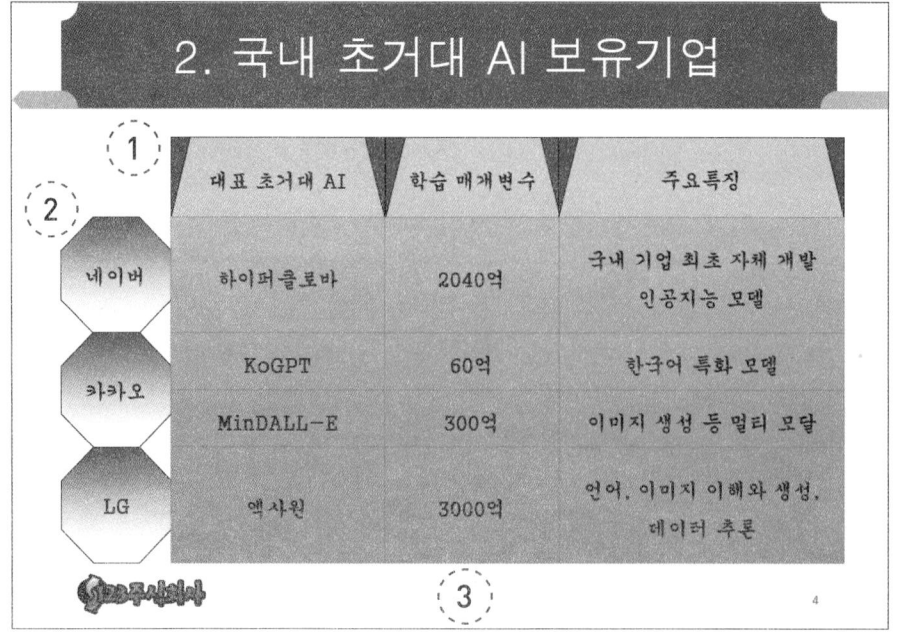

2. 국내 초거대 AI 보유기업

	대표 초거대 AI	학습 매개변수	주요특징
네이버	하이퍼클로바	2040억	국내 기업 최초 자체 개발 인공지능 모델
카카오	KoGPT	60억	한국어 특화 모델
	MinDALL-E	300억	이미지 생성 등 멀티 모달
LG	엑사원	3000억	언어, 이미지 이해와 생성, 데이터 추론

[슬라이드 5] ≪차트 슬라이드≫ 100점

(1) 차트 작성 기능을 이용하여 슬라이드를 작성한다.
(2) 차트 : 종류(묶은 세로 막대형), 글꼴(돋움, 16pt), 외곽선

세부조건

※ 차트설명
- 차트 제목 : 궁서, 24pt, 굵게, 채우기(흰색), 테두리, 그림자(오프셋 오른쪽)
- 차트 영역 : 채우기(노랑) 그림 영역 : 채우기(흰색)
- 데이터 서식 : 한국 계열을 표식(◆)이 있는 꺾은선형으로 변경 후 보조 축으로 지정
- 값 표시 : 2020년의 전체 계열만

① 도형 삽입
  - 스타일 : 미세 효과 – 파랑, 강조 1
  - 글꼴 : 굴림, 18pt

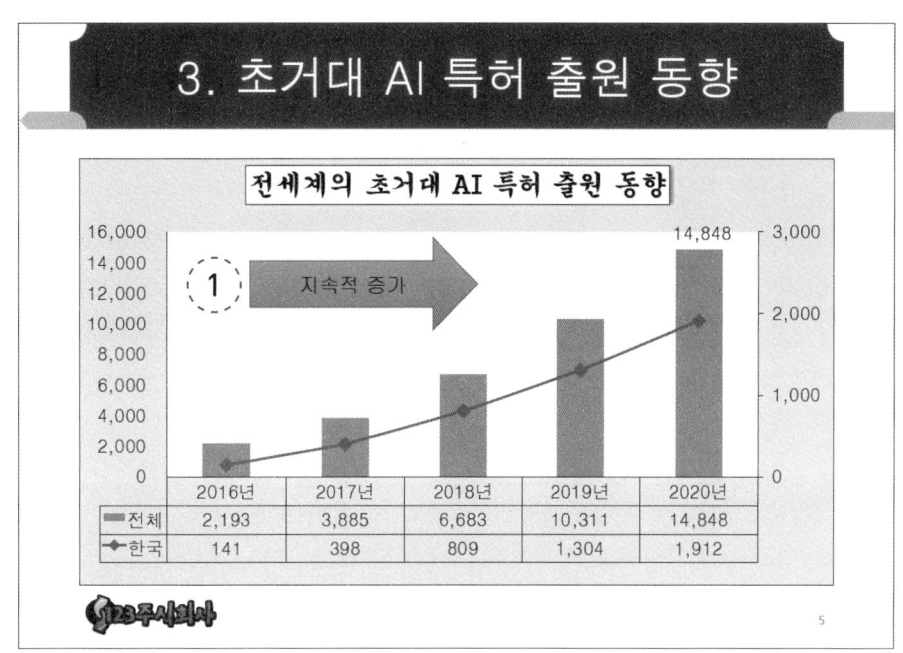

[슬라이드 6] ≪도형 슬라이드≫ 100점

(1) 슬라이드와 같이 도형 및 스마트아트를 배치한다(글꼴 : 굴림, 18pt).
(2) 애니메이션 순서 : ① ⇒ ②

세부조건

① 도형 및 스마트아트 편집
  - 스마트아트 디자인
    : 3차원 만화, 강한 효과
  - 그룹화 후 애니메이션 효과
    : 닦아내기(위에서)

② 도형 편집
  - 그룹화 후 애니메이션 효과
    : 바운드

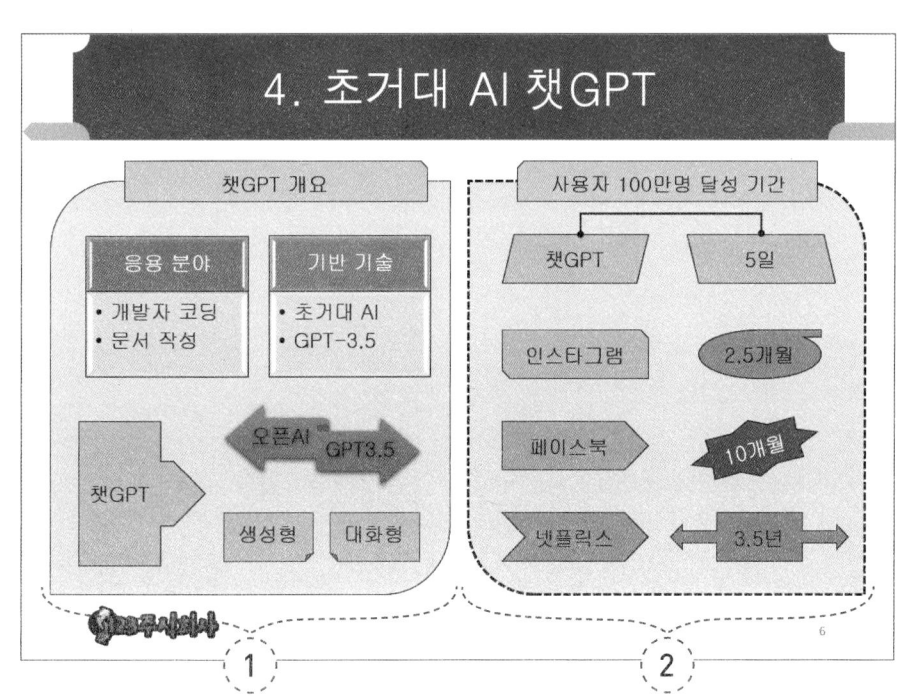

제 08 회 정보기술자격(ITQ) 출제예상 모의고사

작성 시간 / 시험 시간	채점 결과
분 / 60분	점 / 500점

과목	코드	문제유형	시험시간	수험번호	성명
한글파워포인트	1142	D	60분		

MS오피스

· 수험자 유의사항 ·

- 수험자는 문제지를 받는 즉시 문제지와 **수험표상의 시험과목(프로그램)이 동일한지 반드시 확인**하여야 합니다.
- 파일명은 본인의 "수험번호-성명"으로 입력하여 답안 폴더(내 PC\문서\ITQ)에 하나의 파일로 저장해야 하며, 답안 파일을 전송하지 않아 미제출로 처리될 경우 실격 처리합니다(예 : 12345678-홍길동.pptx).
- 답안 작성을 마치면 파일을 저장하고, '답안 전송' 버튼을 선택하여 감독위원 PC로 답안을 전송하십시오. 수험생 정보와 저장한 파일명이 다를 경우 전송되지 않으므로 주의하시기 바랍니다.
- 답안 작성 중에도 **주기적으로 저장하고, '답안 전송'**하여야 문제 발생을 줄일 수 있습니다. 작업한 내용을 저장하지 않고 전송할 경우 이전에 저장된 내용이 전송되오니 이점 유의하시기 바랍니다.
- 답안 문서는 지정된 경로 외의 다른 보조기억장치에 저장하는 경우, 지정된 시험 시간 외에 작성된 파일을 활용할 경우, 기타 통신 수단(이메일, 메신저, 네트워크 등)을 이용하여 타인에게 전달 또는 외부 반출하는 경우는 부정 처리합니다.
- 시험 중 부주의 또는 고의로 시스템을 파손한 경우는 수험자가 변상해야 하며, 〈수험자 유의사항〉에 기재된 방법대로 이행하지 않아 생기는 불이익은 수험생 당사자의 책임임을 알려 드립니다.
- 문제의 조건은 MS오피스 2021 버전으로 설정되어 있습니다.
  이와 관련하여 작성한 답안의 출력형태가 문제지와 다를 수 있습니다.
- 시험을 완료한 수험자는 답안파일이 전송되었는지 확인한 후 감독위원의 지시에 따라 문제지를 제출하고 퇴실합니다.

· 답안 작성요령 ·

- 온라인 답안 작성 절차
  수험자 등록 ⇒ 시험 시작 ⇒ 답안파일 저장 ⇒ 답안 전송 ⇒ 시험 종료
- 슬라이드의 크기는 A4 Paper로 설정하여 작성합니다.
- 슬라이드의 총 개수는 6개로 구성되어 있으며 슬라이드 1부터 순서대로 작업하고 반드시 문제와 세부조건대로 합니다.
- 별도의 지시사항이 없는 경우 출력형태를 참조하여 글꼴색은 검정 또는 흰색으로 작성하고, 기타사항은 전체적인 균형을 고려하여 작성합니다.
- 슬라이드 도형 및 개체에 출력형태와 다른 스타일(그림자, 외곽선 등)을 적용했을 경우 감점처리 됩니다.
- 슬라이드 번호를 작성합니다(슬라이드 1에는 생략).
- 2~6번 슬라이드 제목 도형과 하단 로고는 슬라이드 마스터를 이용하여 출력형태와 동일하게 작성합니다(슬라이드 1에는 생략).
- 문제와 세부조건, 세부조건 번호 ◌(점선원)는 입력하지 않습니다.
- 각 개체의 위치는 오른쪽의 슬라이드와 동일하게 구성합니다.
- 그림 삽입 문제의 경우 반드시 「내 PC\문서\ITQ\Picture」 폴더에서 정확한 파일을 선택하여 삽입하십시오.
- 각 슬라이드를 각각의 파일로 작업해서 저장할 경우 실격 처리됩니다.

kpc 한국생산성본부

[전체구성] 60점

(1) 슬라이드 크기 및 순서 : 크기를 A4 용지로 설정하고 슬라이드 순서에 맞게 작성한다.
(2) 슬라이드 마스터 : 2~6슬라이드의 제목, 하단 로고, 슬라이드 번호는 슬라이드 마스터를 이용하여 작성한다.
 - 제목 글꼴(돋움, 40pt, 흰색), 가운데 맞춤, 도형(선 없음)
 - 하단 로고(「내 PC\문서\ITQ\Picture\로고1.jpg」, 배경(회색) 투명색으로 설정)

[슬라이드 1] ≪표지 디자인≫ 40점

(1) 표지 디자인 : 도형, 워드아트 및 그림을 이용하여 작성한다.

세부조건

① 도형 편집
 - 도형에 그림 채우기 :
  「내 PC\문서\ITQ\Picture\
  그림1.jpg」, 투명도 50%
 - 도형 효과 :
  부드러운 가장자리 5포인트

② 워드아트 삽입
 - 변환 : 기울기, 위로
 - 글꼴 : 돋움, 굵게
 - 텍스트 반사 : 근접 반사, 4pt 오프셋

③ 그림 삽입
 - 「내 PC\문서\ITQ\Picture\
  로고1.jpg」
 - 배경(회색) 투명색으로 설정

[슬라이드 2] ≪목차 슬라이드≫ 60점

(1) 출력형태와 같이 도형을 이용하여 목차를 작성한다(글꼴 : 굴림, 24pt).
(2) 도형 : 선 없음

세부조건

① 텍스트에 링크 적용
 → '슬라이드 6'

② 그림 삽입
 - 「내 PC\문서\ITQ\Picture\
  그림4.jpg」
 - 자르기 기능 이용

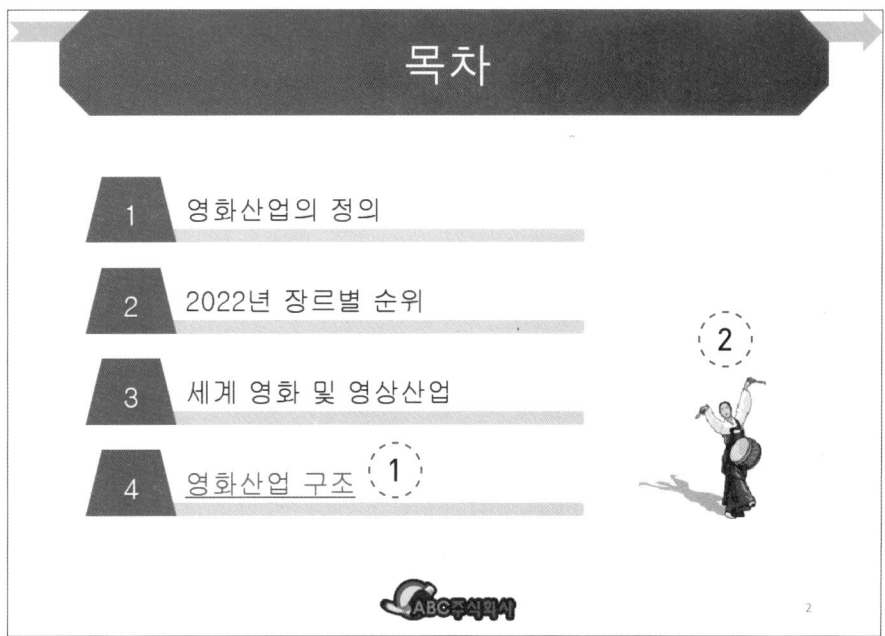

[슬라이드 3]   ≪텍스트/동영상 슬라이드≫   60점

(1) 텍스트 작성 : 글머리 기호 사용(◆, ✓)
　　◆문단(굴림, 24pt, 굵게, 줄간격 : 1.5줄), ✓문단(굴림, 20pt, 줄간격 : 1.5줄)

세부조건
① 동영상 삽입 :
　- 「내 PC₩문서₩ITQ₩Picture₩동영상.wmv」
　- 자동실행, 반복재생 설정

1. 영화산업의 정의

◆ Film industry
　✓ The film industry comprises the technological and commercial institutions of filmmaking, i.e., film production companies, film studios, cinematography, animation, film production, screenwriting, pre-production, post production, film festivals, distribution, and actors

◆ 영화시장
　✓ 1차 : 영화관 개봉으로 관객을 이용한 수익창출
　✓ 2차 : DVD, 블루레이 디스크(BD), VOD, 부가상품 등

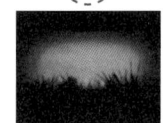

[슬라이드 4]   ≪표 슬라이드≫   80점

(1) 도형과 표 작성 기능을 이용하여 슬라이드를 작성한다(글꼴 : 돋움, 18pt).

세부조건
① 상단 도형 :
　2개 도형의 조합으로 작성
② 좌측 도형 :
　그라데이션 효과(선형 아래쪽)
③ 표 스타일 :
　테마 스타일 1 - 강조 6

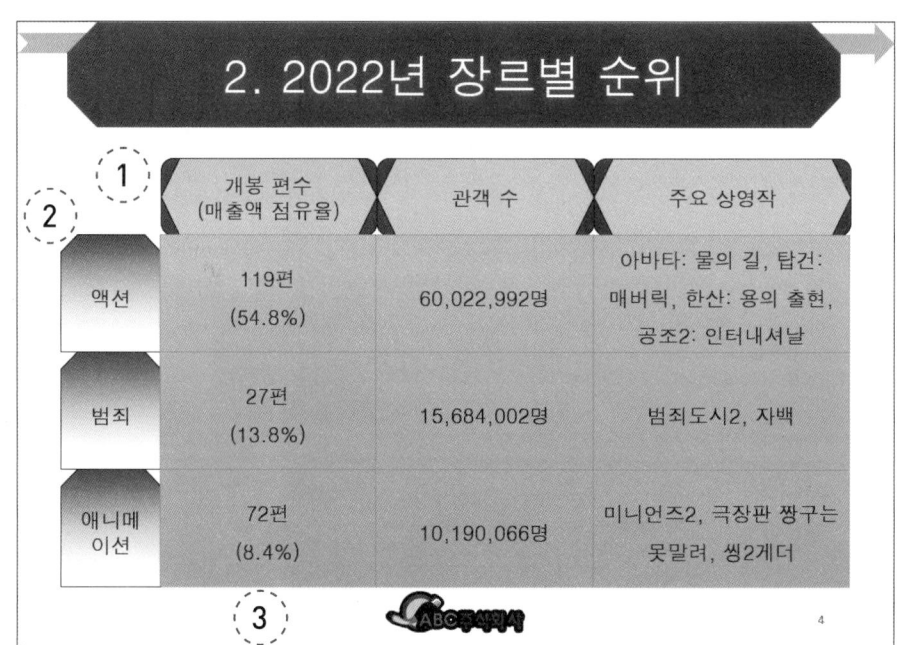

2. 2022년 장르별 순위

	개봉 편수 (매출액 점유율)	관객 수	주요 상영작
액션	119편 (54.8%)	60,022,992명	아바타: 물의 길, 탑건: 매버릭, 한산: 용의 출현, 공조2: 인터내셔날
범죄	27편 (13.8%)	15,684,002명	범죄도시2, 자백
애니메이션	72편 (8.4%)	10,190,066명	미니언즈2, 극장판 짱구는 못말려, 씽2게더

[슬라이드 5] ≪차트 슬라이드≫ 100점

(1) 차트 작성 기능을 이용하여 슬라이드를 작성한다.
(2) 차트 : 종류(묶은 세로 막대형), 글꼴(돋움, 16pt), 외곽선

세부조건

※ 차트설명
- 차트 제목 : 궁서, 24pt, 굵게,
  채우기(흰색), 테두리,
  그림자(오프셋 왼쪽)
- 차트 영역 : 채우기(노랑)
  그림 영역 : 채우기(흰색)
- 데이터 서식 : 극장 계열을 표식(◆)
  이 있는 꺾은선형으로 변경 후 보
  조축으로 지정
- 값 표시 : 2022년의 OTT 계열만

① 도형 삽입
 - 스타일 : 미세 효과 – 파랑, 강조 1
 - 글꼴 : 굴림, 18pt

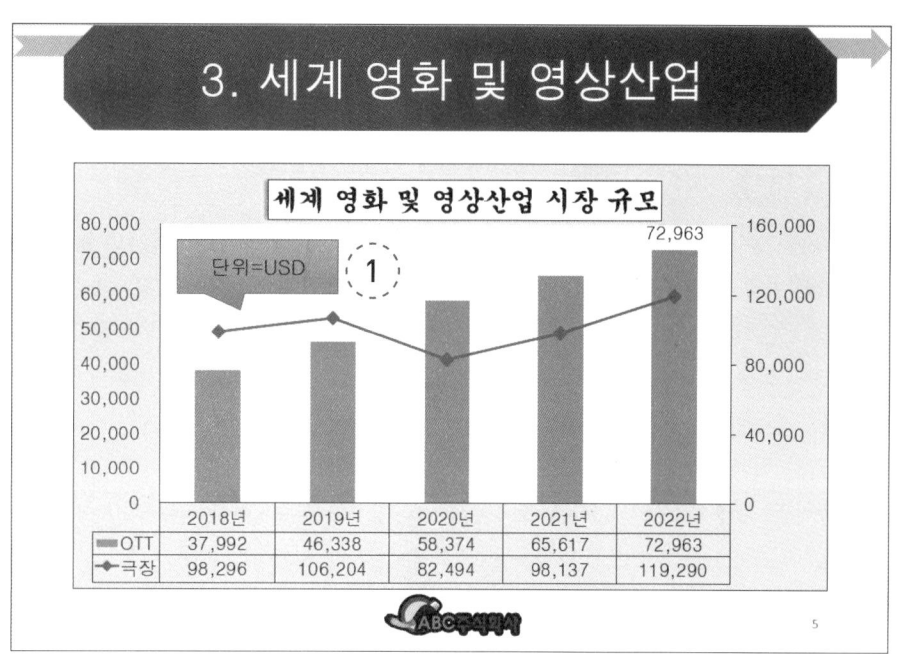

[슬라이드 6] ≪도형 슬라이드≫ 100점

(1) 슬라이드와 같이 도형 및 스마트아트를 배치한다(글꼴 : 굴림, 18pt).
(2) 애니메이션 순서 : ① ⇒ ②

세부조건

① 도형 및 스마트아트 편집
 - 스마트아트 디자인
   : 3차원 광택 처리,
   강한 효과
 - 그룹화 후 애니메이션 효과
   : 닦아내기(위에서)

② 도형 편집
 - 그룹화 후 애니메이션 효과
   : 바운드

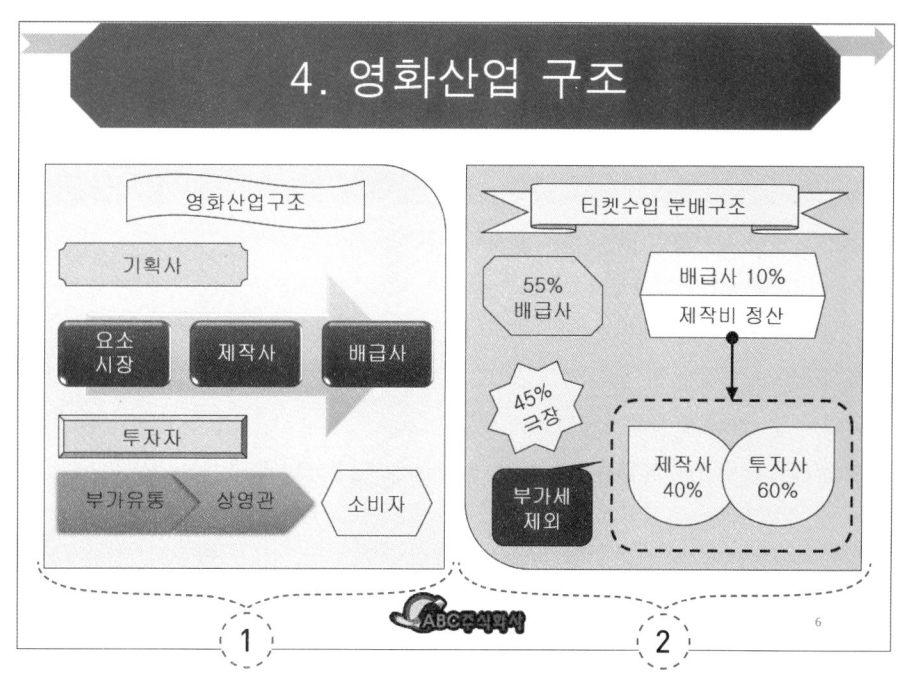

제 09 회 정보기술자격(ITQ) 출제예상 모의고사

작성 시간 / 시험 시간	채점 결과
분 / 60분	점 / 500점

과목	코드	문제유형	시험시간	수험번호	성명
한글파워포인트	1142	A	60분		

MS오피스

· 수험자 유의사항 ·

- 수험자는 문제지를 받는 즉시 문제지와 **수험표상의 시험과목(프로그램)이 동일한지 반드시 확인**하여야 합니다.
- 파일명은 본인의 "수험번호-성명"으로 입력하여 답안 폴더(내 PC\문서\ITQ)에 하나의 파일로 저장해야 하며, 답안 파일을 전송하지 않아 미제출로 처리될 경우 실격 처리합니다(예 : 12345678-홍길동.pptx).
- 답안 작성을 마치면 파일을 저장하고, '답안 전송' 버튼을 선택하여 감독위원 PC로 답안을 전송하십시오. 수험생 정보와 저장한 파일명이 다를 경우 전송되지 않으므로 주의하시기 바랍니다.
- 답안 작성 중에도 **주기적으로 저장하고, '답안 전송'**하여야 문제 발생을 줄일 수 있습니다. 작업한 내용을 저장하지 않고 전송할 경우 이전에 저장된 내용이 전송되오니 이점 유의하시기 바랍니다.
- 답안 문서는 지정된 경로 외의 다른 보조기억장치에 저장하는 경우, 지정된 시험 시간 외에 작성된 파일을 활용할 경우, 기타 통신 수단(이메일, 메신저, 네트워크 등)을 이용하여 타인에게 전달 또는 외부 반출하는 경우는 부정 처리합니다.
- 시험 중 부주의 또는 고의로 시스템을 파손한 경우는 수험자가 변상해야 하며, 〈수험자 유의사항〉에 기재된 방법대로 이행하지 않아 생기는 불이익은 수험생 당사자의 책임임을 알려 드립니다.
- 문제의 조건은 MS오피스 2021 버전으로 설정되어 있습니다.
  이와 관련하여 작성한 답안의 출력형태가 문제지와 다를 수 있습니다.
- 시험을 완료한 수험자는 답안파일이 전송되었는지 확인한 후 감독위원의 지시에 따라 문제지를 제출하고 퇴실합니다.

· 답안 작성요령 ·

- 온라인 답안 작성 절차
  수험자 등록 ⇒ 시험 시작 ⇒ 답안파일 저장 ⇒ 답안 전송 ⇒ 시험 종료
- 슬라이드의 크기는 A4 Paper로 설정하여 작성합니다.
- 슬라이드의 총 개수는 6개로 구성되어 있으며 슬라이드 1부터 순서대로 작업하고 반드시 문제와 세부조건대로 합니다.
- 별도의 지시사항이 없는 경우 출력형태를 참조하여 글꼴색은 검정 또는 흰색으로 작성하고, 기타사항은 전체적인 균형을 고려하여 작성합니다.
- 슬라이드 도형 및 개체에 출력형태와 다른 스타일(그림자, 외곽선 등)을 적용했을 경우 감점처리 됩니다.
- 슬라이드 번호를 작성합니다(슬라이드 1에는 생략).
- 2~6번 슬라이드 제목 도형과 하단 로고는 슬라이드 마스터를 이용하여 출력형태와 동일하게 작성합니다(슬라이드 1에는 생략).
- 문제와 세부조건, 세부조건 번호 ○(점선원)는 입력하지 않습니다.
- 각 개체의 위치는 오른쪽의 슬라이드와 동일하게 구성합니다.
- 그림 삽입 문제의 경우 반드시 「내 PC\문서\ITQ\Picture」 폴더에서 정확한 파일을 선택하여 삽입하십시오.
- 각 슬라이드를 각각의 파일로 작업해서 저장할 경우 실격 처리됩니다.

kpc 한국생산성본부

[전체구성] 60점

(1) 슬라이드 크기 및 순서 : 크기를 A4 용지로 설정하고 슬라이드 순서에 맞게 작성한다.
(2) 슬라이드 마스터 : 2~6슬라이드의 제목, 하단 로고, 슬라이드 번호는 슬라이드 마스터를 이용하여 작성한다.
 - 제목 글꼴(돋움, 40pt, 흰색), 가운데 맞춤, 도형(선 없음)
 - 하단 로고(「내 PC\문서\ITQ\Picture\로고2.jpg」, 배경(회색) 투명색으로 설정)

[슬라이드 1] ≪표지 디자인≫ 40점

(1) 표지 디자인 : 도형, 워드아트 및 그림을 이용하여 작성한다.

세부조건

① 도형 편집
 - 도형에 그림 채우기 :
  「내 PC\문서\ITQ\Picture\
  그림1.jpg」, 투명도 50%
 - 도형 효과 :
  부드러운 가장자리 5포인트

② 워드아트 삽입
 - 변환 : 물결, 아래로
 - 글꼴 : 돋움, 굵게
 - 텍스트 반사 : 근접 반사, 4pt 오프셋

③ 그림 삽입
 -「내 PC\문서\ITQ\Picture\
  로고2.jpg」
 - 배경(회색) 투명색으로 설정

[슬라이드 2] ≪목차 슬라이드≫ 60점

(1) 출력형태와 같이 도형을 이용하여 목차를 작성한다(글꼴 : 굴림, 24pt).
(2) 도형 : 선 없음

세부조건

① 텍스트에 링크 적용
  → '슬라이드 6'

② 그림 삽입
 -「내 PC\문서\ITQ\Picture\
  그림5.jpg」
 - 자르기 기능 이용

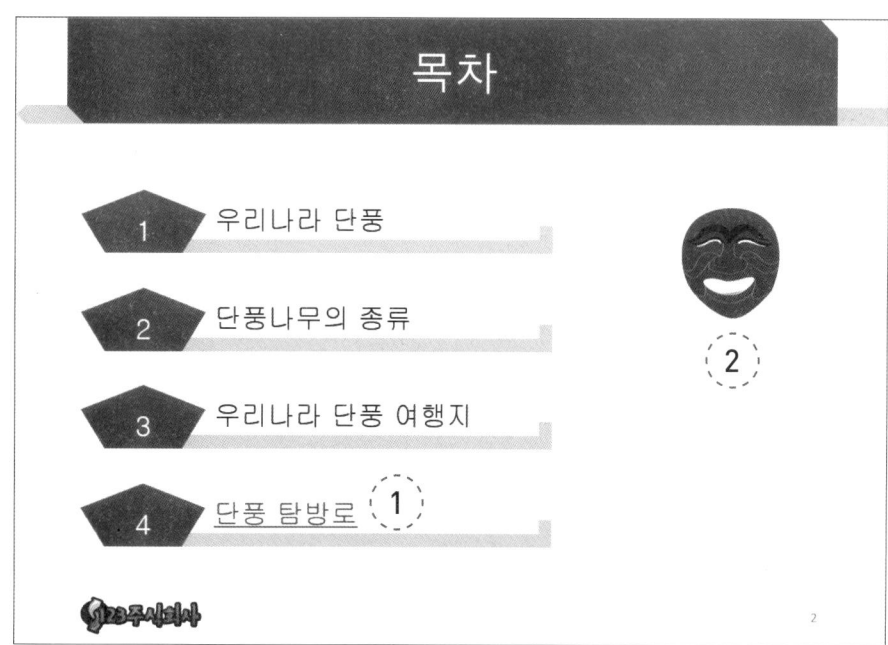

[슬라이드 3] ≪텍스트/동영상 슬라이드≫ 60점

(1) 텍스트 작성 : 글머리 기호 사용(❖, ■)
    ❖ 문단(굴림, 24pt, 굵게, 줄간격 : 1.5줄), ■ 문단(굴림, 20pt, 줄간격 : 1.5줄)

세부조건
① 동영상 삽입 :
  - 「내 PC₩문서₩ITQ₩Picture₩동영상.wmv」
  - 자동실행, 반복재생 설정

1. 우리나라 단풍

❖ **Autumnal Colors**
  ■ Autumnal colors turn shades of red, yellow, and orange in autumn, and residents enjoy taking trips to see the striking colors

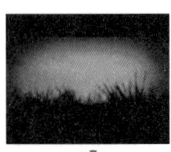

❖ **우리나라 단풍**
  ■ 우리나라는 아름다운 단풍이 들기 좋은 최적의 기후 조건을 갖고 있어 설악산, 지리산, 내장산 등의 단풍이 세계적으로 유명
  ■ 9월말 설악산, 금강산을 시작으로 중부지방, 지리산, 남부지방 순으로 단풍물이 들며 절정시기는 10월 말임

[슬라이드 4] ≪표 슬라이드≫ 80점

(1) 도형과 표 작성 기능을 이용하여 슬라이드를 작성한다(글꼴 : 돋움, 18pt).

세부조건
① 상단 도형 :
  2개 도형의 조합으로 작성
② 좌측 도형 :
  그라데이션 효과(선형 아래쪽)
③ 표 스타일 :
  테마 스타일 1 - 강조 5

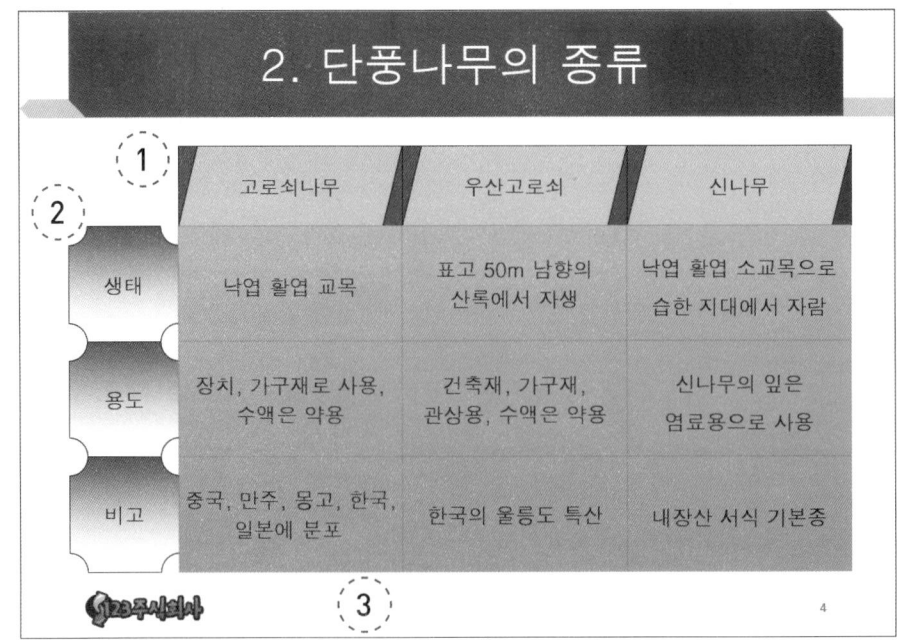

2. 단풍나무의 종류

	고로쇠나무	우산고로쇠	신나무
생태	낙엽 활엽 교목	표고 50m 남향의 산록에서 자생	낙엽 활엽 소교목으로 습한 지대에서 자람
용도	장치, 가구재로 사용, 수액은 약용	건축재, 가구재, 관상용, 수액은 약용	신나무의 잎은 염료용으로 사용
비고	중국, 만주, 몽고, 한국, 일본에 분포	한국의 울릉도 특산	내장산 서식 기본종

[슬라이드 5] ≪차트 슬라이드≫   100점

(1) 차트 작성 기능을 이용하여 슬라이드를 작성한다.
(2) 차트 : 종류(묶은 세로 막대형), 글꼴(돋움, 16pt), 외곽선

세부조건

※ 차트설명
- 차트 제목 : 궁서, 24pt, 굵게, 채우기(흰색), 테두리, 그림자(오프셋 오른쪽)
- 차트 영역 : 채우기(노랑)
  그림 영역 : 채우기(흰색)
- 데이터 서식 : 남자 계열을 표식(◆)이 있는 꺾은선형으로 변경 후 보조축으로 지정
- 값 표시 : 화담숲의 여자 계열만

① 도형 삽입
  - 스타일 : 미세 효과 - 파랑, 강조 1
  - 글꼴 : 굴림, 18pt

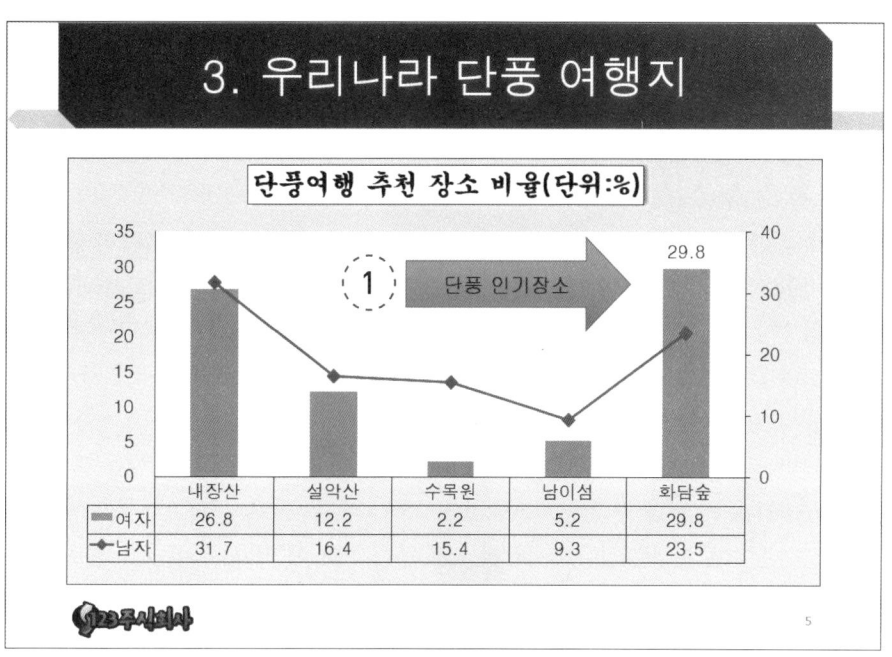

[슬라이드 6] ≪도형 슬라이드≫   100점

(1) 슬라이드와 같이 도형 및 스마트아트를 배치한다(글꼴 : 굴림, 18pt).
(2) 애니메이션 순서 : ① ⇒ ②

세부조건

① 도형 및 스마트아트 편집
  - 스마트아트 디자인
    : 3차원 만화, 강한 효과
  - 그룹화 후 애니메이션 효과
    : 닦아내기(위에서)

② 도형 편집
  - 그룹화 후 애니메이션 효과
    : 바운드

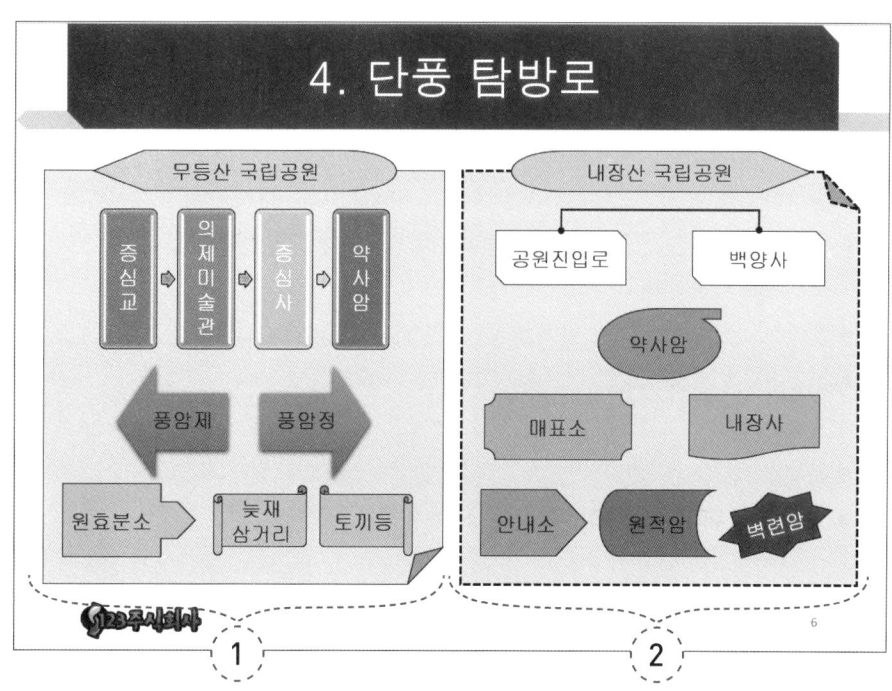

제 10 회 정보기술자격(ITQ) 출제예상 모의고사

작성 시간 / 시험 시간	채점 결과
분 / 60분	점 / 500점

과목	코드	문제유형	시험시간	수험번호	성명
한글파워포인트	1142	B	60분		

MS오피스

· 수험자 유의사항 ·

- 수험자는 문제지를 받는 즉시 문제지와 **수험표상의 시험과목(프로그램)이 동일한지 반드시 확인**하여야 합니다.
- 파일명은 본인의 "수험번호-성명"으로 입력하여 답안 폴더(내 PC\문서\ITQ)에 하나의 파일로 저장해야 하며, 답안 파일을 전송하지 않아 미제출로 처리될 경우 실격 처리합니다(예 : 12345678-홍길동.pptx).
- 답안 작성을 마치면 파일을 저장하고, '답안 전송' 버튼을 선택하여 감독위원 PC로 답안을 전송하십시오. 수험생 정보와 저장한 파일명이 다를 경우 전송되지 않으므로 주의하시기 바랍니다.
- 답안 작성 중에도 **주기적으로 저장하고, '답안 전송'**하여야 문제 발생을 줄일 수 있습니다. 작업한 내용을 저장하지 않고 전송할 경우 이전에 저장된 내용이 전송되오니 이점 유의하시기 바랍니다.
- 답안 문서는 지정된 경로 외의 다른 보조기억장치에 저장하는 경우, 지정된 시험 시간 외에 작성된 파일을 활용할 경우, 기타 통신 수단(이메일, 메신저, 네트워크 등)을 이용하여 타인에게 전달 또는 외부 반출하는 경우는 부정 처리합니다.
- 시험 중 부주의 또는 고의로 시스템을 파손한 경우는 수험자가 변상해야 하며, 〈수험자 유의사항〉에 기재된 방법대로 이행하지 않아 생기는 불이익은 수험생 당사자의 책임임을 알려 드립니다.
- 문제의 조건은 MS오피스 2021 버전으로 설정되어 있습니다.
  이와 관련하여 작성한 답안의 출력형태가 문제지와 다를 수 있습니다.
- 시험을 완료한 수험자는 답안파일이 전송되었는지 확인한 후 감독위원의 지시에 따라 문제지를 제출하고 퇴실합니다.

· 답안 작성요령 ·

- 온라인 답안 작성 절차
  수험자 등록 ⇒ 시험 시작 ⇒ 답안파일 저장 ⇒ 답안 전송 ⇒ 시험 종료
- 슬라이드의 크기는 A4 Paper로 설정하여 작성합니다.
- 슬라이드의 총 개수는 6개로 구성되어 있으며 슬라이드 1부터 순서대로 작업하고 반드시 문제와 세부조건대로 합니다.
- 별도의 지시사항이 없는 경우 출력형태를 참조하여 글꼴색은 검정 또는 흰색으로 작성하고, 기타사항은 전체적인 균형을 고려하여 작성합니다.
- 슬라이드 도형 및 개체에 출력형태와 다른 스타일(그림자, 외곽선 등)을 적용했을 경우 감점처리 됩니다.
- 슬라이드 번호를 작성합니다(슬라이드 1에는 생략).
- 2~6번 슬라이드 제목 도형과 하단 로고는 슬라이드 마스터를 이용하여 출력형태와 동일하게 작성합니다(슬라이드 1에는 생략).
- 문제와 세부조건, 세부조건 번호 ۞(점선원)는 입력하지 않습니다.
- 각 개체의 위치는 오른쪽의 슬라이드와 동일하게 구성합니다.
- 그림 삽입 문제의 경우 반드시 「내 PC\문서\ITQ\Picture」 폴더에서 정확한 파일을 선택하여 삽입하십시오.
- 각 슬라이드를 각각의 파일로 작업해서 저장할 경우 실격 처리됩니다.

kpc 한국생산성본부

[전체구성]   60점

(1) 슬라이드 크기 및 순서 : 크기를 A4 용지로 설정하고 슬라이드 순서에 맞게 작성한다.
(2) 슬라이드 마스터 : 2~6슬라이드의 제목, 하단 로고, 슬라이드 번호는 슬라이드 마스터를 이용하여 작성한다.
   - 제목 글꼴(돋움, 40pt, 흰색), 가운데 맞춤, 도형(선 없음)
   - 하단 로고(「내 PC\문서\ITQ\Picture\로고1.jpg」, 배경(회색) 투명색으로 설정)

[슬라이드 1] ≪표지 디자인≫   40점

(1) 표지 디자인 : 도형, 워드아트 및 그림을 이용하여 작성한다.

세부조건

① 도형 편집
   - 도형에 그림 채우기 :
     「내 PC\문서\ITQ\Picture\
     그림1.jpg」, 투명도 50%
   - 도형 효과 :
     부드러운 가장자리 5포인트
② 워드아트 삽입
   - 변환 : 기울기, 위로
   - 글꼴 : 돋움, 굵게
   - 텍스트 반사 : 근접 반사, 4pt 오프셋
③ 그림 삽입
   - 「내 PC\문서\ITQ\Picture\
     로고1.jpg」
   - 배경(회색) 투명색으로 설정

[슬라이드 2] ≪목차 슬라이드≫   60점

(1) 출력형태와 같이 도형을 이용하여 목차를 작성한다(글꼴 : 굴림, 24pt).
(2) 도형 : 선 없음

세부조건

① 텍스트에 링크 적용
   → '슬라이드 6'

② 그림 삽입
   - 「내 PC\문서\ITQ\Picture\
     그림4.jpg」
   - 자르기 기능 이용

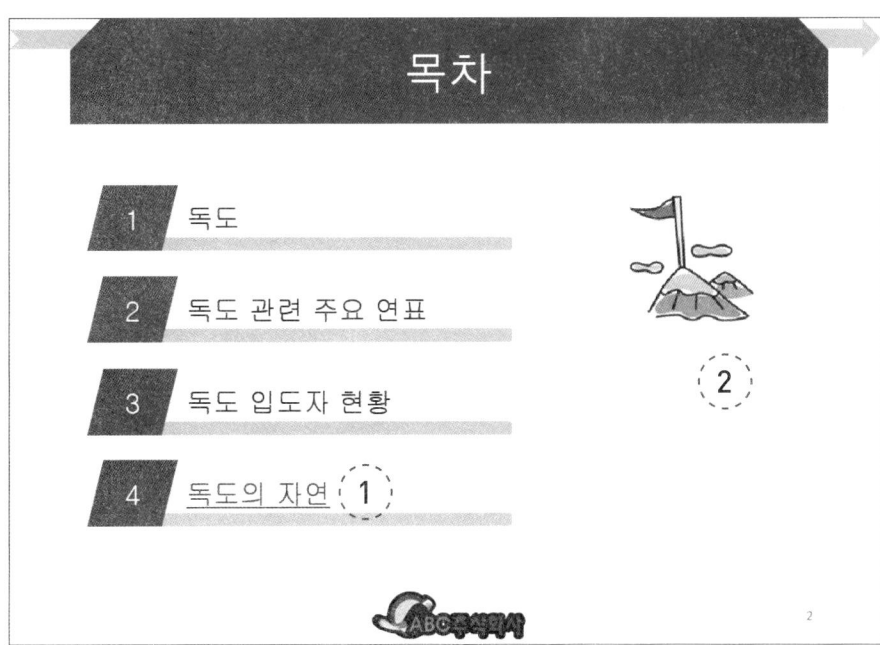

[슬라이드 3] ≪텍스트/동영상 슬라이드≫ 60점

(1) 텍스트 작성 : 글머리 기호 사용(◆, ✓)
    ◆문단(굴림, 24pt, 굵게, 줄간격 : 1.5줄), ✓문단(굴림, 20pt, 줄간격 : 1.5줄)

세부조건

① 동영상 삽입 :
  - 「내 PC₩문서₩ITQ₩Picture₩동영상.wmv」
  - 자동실행, 반복재생 설정

1. 독도

◆ Dokdo's resident
  ✓ Home to approximately 26 residents Since March 1965, when the late Choi Jongduck became the first ever civilian to reside on Dokdo, Dokdo continuously has been home to a number of Korean civilians

◆ 독도
  ✓ 우리나라 가장 동쪽 끝에 있는 섬으로 동경 131도52, 북위 37도14에 위치
  ✓ 동도와 서도 외에 89개의 부속도서로 구성

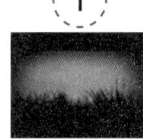

[슬라이드 4] ≪표 슬라이드≫ 80점

(1) 도형과 표 작성 기능을 이용하여 슬라이드를 작성한다(글꼴 : 돋움, 18pt).

세부조건

① 상단 도형 :
   2개 도형의 조합으로 작성

② 좌측 도형 :
   그라데이션 효과(선형 아래쪽)

③ 표 스타일 :
   테마 스타일 1 - 강조 6

2. 독도 관련 주요 연표

	연도	내용
20세기 이전	512년	우산국이 신라에 귀속
	1693년	세종실록 지리지에 울릉도, 독도 내용 수록
	1882년	개척령 반포와 함께 주민 이주 정책 실시
21세기	1982년	국가 지정 문화재 천연기념물 관리 지침 고시
	2005년 3월	독도 관리 기준안 및 독도 개방
	2005년 6월	정부 합동 독도 현황 고시

[슬라이드 5] ≪차트 슬라이드≫ 100점

(1) 차트 작성 기능을 이용하여 슬라이드를 작성한다.
(2) 차트 : 종류(묶은 세로 막대형), 글꼴(돋움, 16pt), 외곽선

세부조건

※ 차트설명
- 차트 제목 : 궁서, 24pt, 굵게,
  채우기(흰색), 테두리,
  그림자(오프셋 왼쪽)
- 차트 영역 : 채우기(노랑)
  그림 영역 : 채우기(흰색)
- 데이터 서식 : 인원(명) 계열을 표식
  (◆)이 있는 꺾은선형으로 변경 후
  보조축으로 지정
- 값 표시 : 2022년의 건수 계열만

① 도형 삽입
  - 스타일 : 미세 효과 - 파랑, 강조 1
  - 글꼴 : 굴림, 18pt

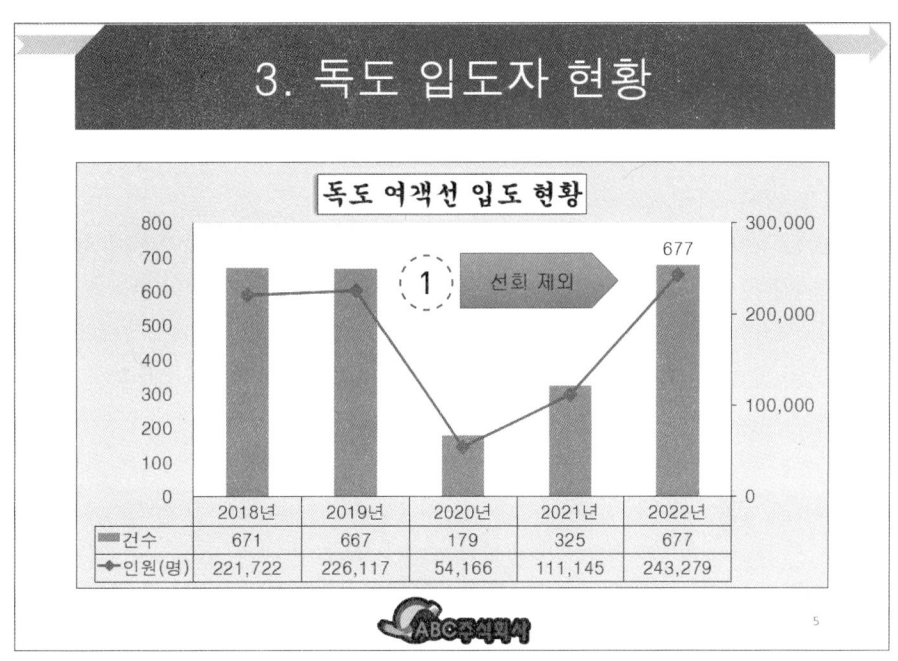

[슬라이드 6] ≪도형 슬라이드≫ 100점

(1) 슬라이드와 같이 도형 및 스마트아트를 배치한다(글꼴 : 굴림, 18pt).
(2) 애니메이션 순서 : ① ⇒ ②

세부조건

① 도형 및 스마트아트 편집
  - 스마트아트 디자인
    : 3차원 경사,
      3차원 만화
  - 그룹화 후 애니메이션 효과
    : 닦아내기(위에서)

② 도형 편집
  - 그룹화 후 애니메이션 효과
    : 바운드

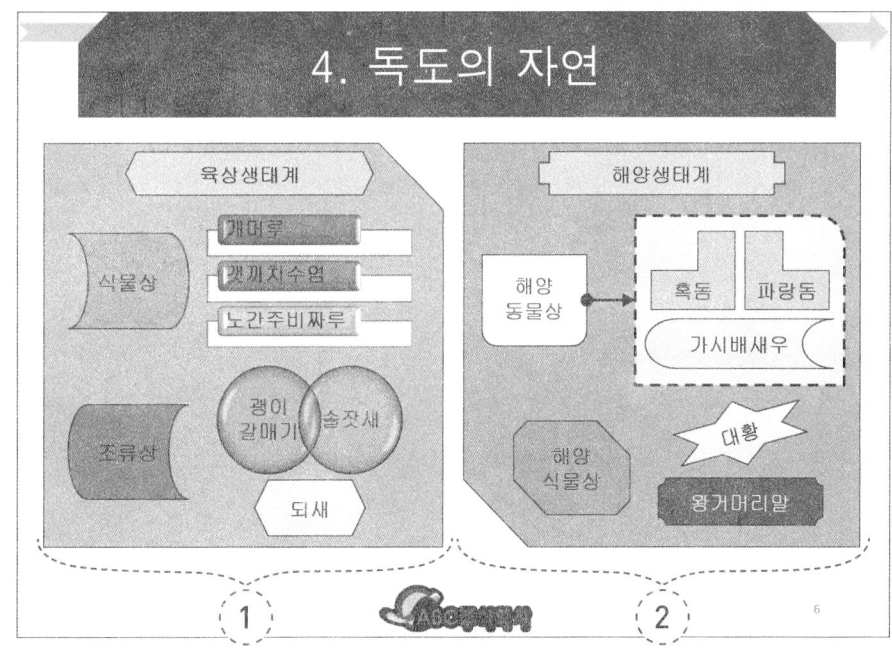

제11회 정보기술자격(ITQ) 출제예상 모의고사

작성 시간 / 시험 시간	채점 결과
분 / 60분	점 / 500점

과목	코드	문제유형	시험시간	수험번호	성명
한글파워포인트	1142	C	60분		

MS오피스

• 수험자 유의사항 •

- 수험자는 문제지를 받는 즉시 문제지와 **수험표상의 시험과목(프로그램)이 동일한지 반드시 확인**하여야 합니다.
- 파일명은 본인의 "수험번호-성명"으로 입력하여 답안 폴더(내 PC\문서\ITQ)에 하나의 파일로 저장해야 하며, 답안 파일을 전송하지 않아 미제출로 처리될 경우 실격 처리합니다(예 : 12345678-홍길동.pptx).
- 답안 작성을 마치면 파일을 저장하고, '답안 전송' 버튼을 선택하여 감독위원 PC로 답안을 전송하십시오. 수험생 정보와 저장한 파일명이 다를 경우 전송되지 않으므로 주의하시기 바랍니다.
- 답안 작성 중에도 **주기적으로 저장하고, '답안 전송'**하여야 문제 발생을 줄일 수 있습니다. 작업한 내용을 저장하지 않고 전송할 경우 이전에 저장된 내용이 전송되오니 이점 유의하시기 바랍니다.
- 답안 문서는 지정된 경로 외의 다른 보조기억장치에 저장하는 경우, 지정된 시험 시간 외에 작성된 파일을 활용할 경우, 기타 통신 수단(이메일, 메신저, 네트워크 등)을 이용하여 타인에게 전달 또는 외부 반출하는 경우는 부정 처리합니다.
- 시험 중 부주의 또는 고의로 시스템을 파손한 경우는 수험자가 변상해야 하며, 〈수험자 유의사항〉에 기재된 방법대로 이행하지 않아 생기는 불이익은 수험생 당사자의 책임임을 알려 드립니다.
- 문제의 조건은 MS오피스 2021 버전으로 설정되어 있습니다.
  이와 관련하여 작성한 답안의 출력형태가 문제지와 다를 수 있습니다.
- 시험을 완료한 수험자는 답안파일이 전송되었는지 확인한 후 감독위원의 지시에 따라 문제지를 제출하고 퇴실합니다.

• 답안 작성요령 •

- 온라인 답안 작성 절차
  수험자 등록 ⇒ 시험 시작 ⇒ 답안파일 저장 ⇒ 답안 전송 ⇒ 시험 종료
- 슬라이드의 크기는 A4 Paper로 설정하여 작성합니다.
- 슬라이드의 총 개수는 6개로 구성되어 있으며 슬라이드 1부터 순서대로 작업하고 반드시 문제와 세부조건대로 합니다.
- 별도의 지시사항이 없는 경우 출력형태를 참조하여 글꼴색은 검정 또는 흰색으로 작성하고, 기타사항은 전체적인 균형을 고려하여 작성합니다.
- 슬라이드 도형 및 개체에 출력형태와 다른 스타일(그림자, 외곽선 등)을 적용했을 경우 감점처리 됩니다.
- 슬라이드 번호를 작성합니다(슬라이드 1에는 생략).
- 2~6번 슬라이드 제목 도형과 하단 로고는 슬라이드 마스터를 이용하여 출력형태와 동일하게 작성합니다(슬라이드 1에는 생략).
- 문제와 세부조건, 세부조건 번호 ۞(점선원)는 입력하지 않습니다.
- 각 개체의 위치는 오른쪽의 슬라이드와 동일하게 구성합니다.
- 그림 삽입 문제의 경우 반드시 「내 PC\문서\ITQ\Picture」 폴더에서 정확한 파일을 선택하여 삽입하십시오.
- 각 슬라이드를 각각의 파일로 작업해서 저장할 경우 실격 처리됩니다.

[전체구성]   60점

(1) 슬라이드 크기 및 순서 : 크기를 A4 용지로 설정하고 슬라이드 순서에 맞게 작성한다.
(2) 슬라이드 마스터 : 2~6슬라이드의 제목, 하단 로고, 슬라이드 번호는 슬라이드 마스터를 이용하여 작성한다.
  - 제목 글꼴(돋움, 40pt, 흰색), 가운데 맞춤, 도형(선 없음)
  - 하단 로고(「내 PC₩문서₩ITQ₩Picture₩로고2.jpg」, 배경(회색) 투명색으로 설정)

[슬라이드 1] ≪표지 디자인≫   40점

(1) 표지 디자인 : 도형, 워드아트 및 그림을 이용하여 작성한다.

세부조건

① 도형 편집
  - 도형에 그림 채우기 :
    「내 PC₩문서₩ITQ₩Picture₩그림1.jpg」, 투명도 50%
  - 도형 효과 :
    부드러운 가장자리 5포인트

② 워드아트 삽입
  - 변환 : 물결, 아래로
  - 글꼴 : 돋움, 굵게
  - 텍스트 반사 : 근접 반사, 4pt 오프셋

③ 그림 삽입
  - 「내 PC₩문서₩ITQ₩Picture₩로고2.jpg」
  - 배경(회색) 투명색으로 설정

[슬라이드 2] ≪목차 슬라이드≫   60점

(1) 출력형태와 같이 도형을 이용하여 목차를 작성한다(글꼴 : 굴림, 24pt).
(2) 도형 : 선 없음

세부조건

① 텍스트에 링크 적용
  → '슬라이드 6'

② 그림 삽입
  - 「내 PC₩문서₩ITQ₩Picture₩그림5.jpg」
  - 자르기 기능 이용

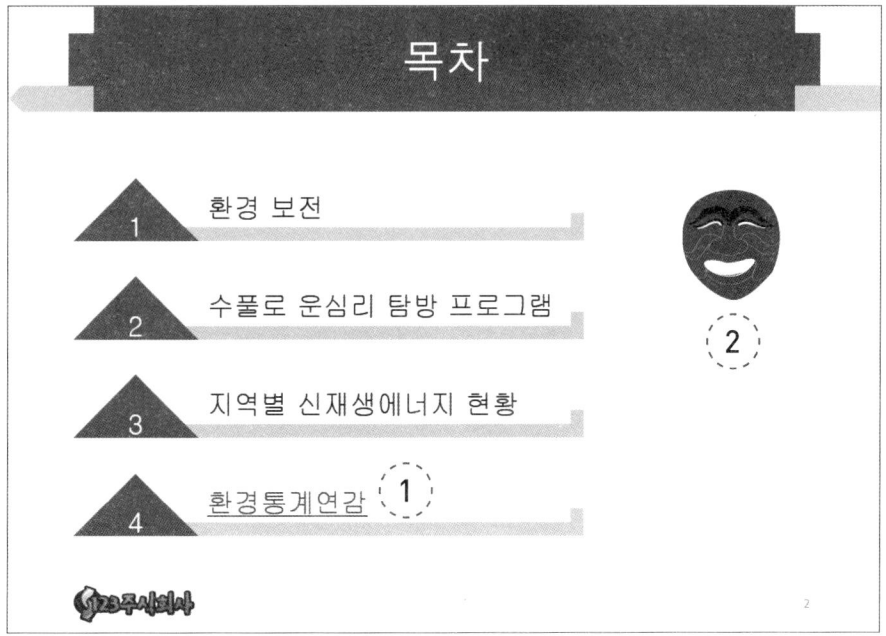

[슬라이드 3] ≪텍스트/동영상 슬라이드≫ 60점

(1) 텍스트 작성 : 글머리 기호 사용(❖, ■)
  ❖문단(굴림, 24pt, 굵게, 줄간격 : 1.5줄), ■문단(굴림, 20pt, 줄간격 : 1.5줄)

세부조건
① 동영상 삽입 :
  - 「내 PC₩문서₩ITQ₩Picture₩동영상.wmv」
  - 자동실행, 반복재생 설정

1. 환경 보전

❖ Global Efforts
  ■ UNEP 8th special session of the governing council in Korea/global ministerial meeting
  ■ Environmental cooperation in northeast Asia

❖ 환경 보전의 의미
  ■ 인간이 안전하고 건강하며 미적, 문화적으로 쾌적한 생활을 영위할 수 있도록 환경 조건을 좋은 상태로 지키고 유지하며 대기, 수질 등의 환경을 오염으로부터 보호하는 것

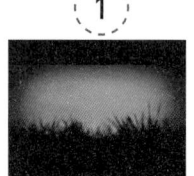

[슬라이드 4] ≪표 슬라이드≫ 80점

(1) 도형과 표 작성 기능을 이용하여 슬라이드를 작성한다(글꼴 : 돋움, 18pt).

세부조건
① 상단 도형 :
  2개 도형의 조합으로 작성
② 좌측 도형 :
  그라데이션 효과(선형 아래쪽)
③ 표 스타일 :
  테마 스타일 1 – 강조 5

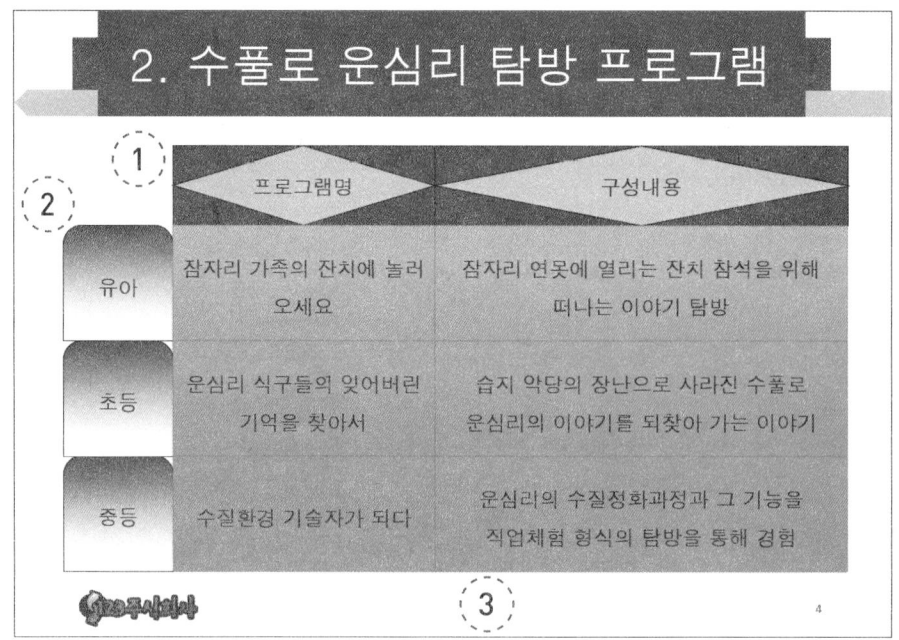

[슬라이드 5] ≪차트 슬라이드≫ 100점

(1) 차트 작성 기능을 이용하여 슬라이드를 작성한다.
(2) 차트 : 종류(묶은 세로 막대형), 글꼴(돋움, 16pt), 외곽선

세부조건

※ 차트설명
- 차트 제목 : 궁서, 24pt, 굵게, 채우기(흰색), 테두리, 그림자(오프셋 오른쪽)
- 차트 영역 : 채우기(노랑) 그림 영역 : 채우기(흰색)
- 데이터 서식 : 생산량 계열을 표식이 있는 꺾은선형으로 변경 후 보조축으로 지정
- 값 표시 : 인천의 발전량 계열만

① 도형 삽입
- 스타일 : 미세 효과 – 파랑, 강조 1
- 글꼴 : 굴림, 18pt

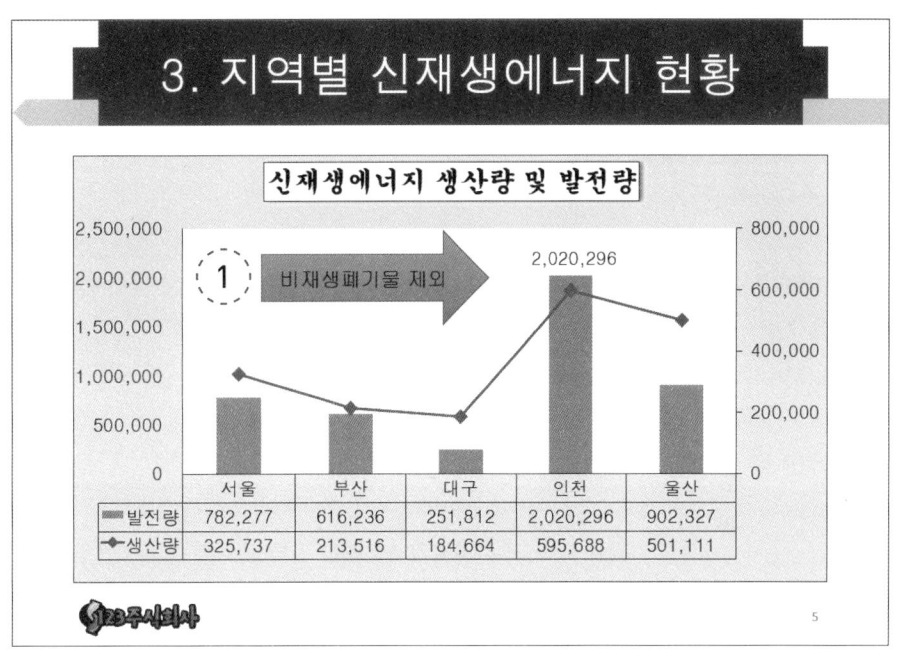

[슬라이드 6] ≪도형 슬라이드≫ 100점

(1) 슬라이드와 같이 도형 및 스마트아트를 배치한다(글꼴 : 굴림, 18pt).
(2) 애니메이션 순서 : ① ⇒ ②

세부조건

① 도형 및 스마트아트 편집
- 스마트아트 디자인
  : 3차원 경사,
   3차원 만화
- 그룹화 후 애니메이션 효과
  : 닦아내기(위에서)

② 도형 편집
- 그룹화 후 애니메이션 효과
  : 바운드

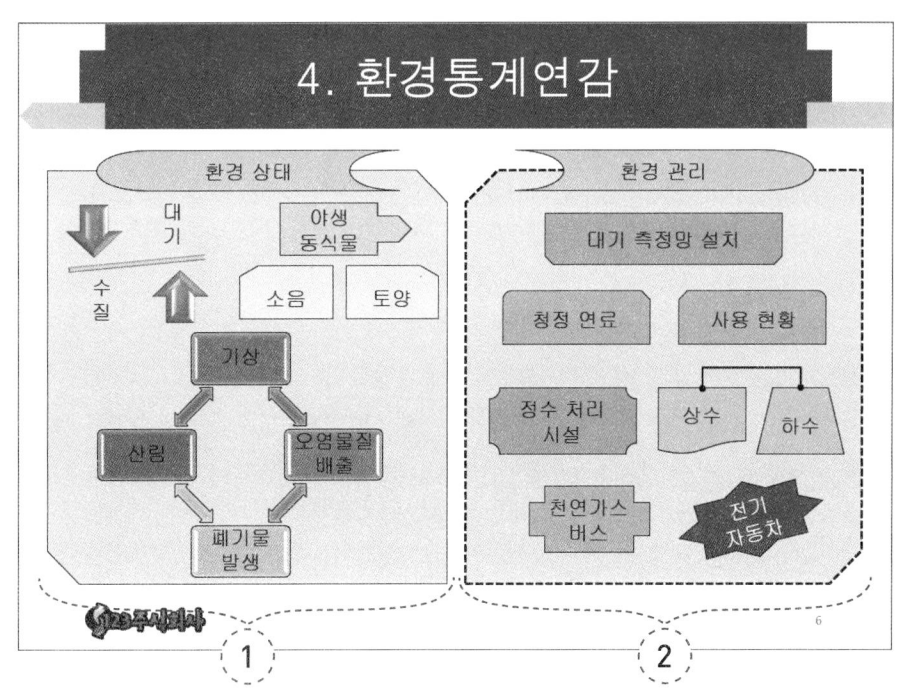

제12회 정보기술자격(ITQ) 출제예상 모의고사

작성 시간 / 시험 시간	채점 결과
분 / 60분	점 / 500점

과목	코드	문제유형	시험시간	수험번호	성명
한글파워포인트	1142	D	60분		

MS오피스

• 수험자 유의사항 •

- 수험자는 문제지를 받는 즉시 문제지와 **수험표상의 시험과목(프로그램)이 동일한지 반드시 확인**하여야 합니다.
- 파일명은 본인의 "수험번호-성명"으로 입력하여 답안 폴더(내 PC₩문서₩ITQ)에 하나의 파일로 저장해야 하며, 답안 파일을 전송하지 않아 미제출로 처리될 경우 실격 처리합니다(예 : 12345678-홍길동.pptx).
- 답안 작성을 마치면 파일을 저장하고, '답안 전송' 버튼을 선택하여 감독위원 PC로 답안을 전송하십시오. 수험생 정보와 저장한 파일명이 다를 경우 전송되지 않으므로 주의하시기 바랍니다.
- 답안 작성 중에도 **주기적으로 저장하고, '답안 전송'**하여야 문제 발생을 줄일 수 있습니다. 작업한 내용을 저장하지 않고 전송할 경우 이전에 저장된 내용이 전송되오니 이점 유의하시기 바랍니다.
- 답안 문서는 지정된 경로 외의 다른 보조기억장치에 저장하는 경우, 지정된 시험 시간 외에 작성된 파일을 활용할 경우, 기타 통신 수단(이메일, 메신저, 네트워크 등)을 이용하여 타인에게 전달 또는 외부 반출하는 경우는 부정 처리합니다.
- 시험 중 부주의 또는 고의로 시스템을 파손한 경우는 수험자가 변상해야 하며, 〈수험자 유의사항〉에 기재된 방법대로 이행하지 않아 생기는 불이익은 수험생 당사자의 책임임을 알려 드립니다.
- 문제의 조건은 MS오피스 2021 버전으로 설정되어 있습니다.
  이와 관련하여 작성한 답안의 출력형태가 문제지와 다를 수 있습니다.
- 시험을 완료한 수험자는 답안파일이 전송되었는지 확인한 후 감독위원의 지시에 따라 문제지를 제출하고 퇴실합니다.

• 답안 작성요령 •

- 온라인 답안 작성 절차
  수험자 등록 ⇒ 시험 시작 ⇒ 답안파일 저장 ⇒ 답안 전송 ⇒ 시험 종료
- 슬라이드의 크기는 A4 Paper로 설정하여 작성합니다.
- 슬라이드의 총 개수는 6개로 구성되어 있으며 슬라이드 1부터 순서대로 작업하고 반드시 문제와 세부조건대로 합니다.
- 별도의 지시사항이 없는 경우 출력형태를 참조하여 글꼴색은 검정 또는 흰색으로 작성하고, 기타사항은 전체적인 균형을 고려하여 작성합니다.
- 슬라이드 도형 및 개체에 출력형태와 다른 스타일(그림자, 외곽선 등)을 적용했을 경우 감점처리 됩니다.
- 슬라이드 번호를 작성합니다(슬라이드 1에는 생략).
- 2~6번 슬라이드 제목 도형과 하단 로고는 슬라이드 마스터를 이용하여 출력형태와 동일하게 작성합니다(슬라이드 1에는 생략).
- 문제와 세부조건, 세부조건 번호 ۞(점선원)는 입력하지 않습니다.
- 각 개체의 위치는 오른쪽의 슬라이드와 동일하게 구성합니다.
- 그림 삽입 문제의 경우 반드시 「내 PC₩문서₩ITQ₩Picture」 폴더에서 정확한 파일을 선택하여 삽입하십시오.
- 각 슬라이드를 각각의 파일로 작업해서 저장할 경우 실격 처리됩니다.

[전체구성] 60점

(1) 슬라이드 크기 및 순서 : 크기를 A4 용지로 설정하고 슬라이드 순서에 맞게 작성한다.
(2) 슬라이드 마스터 : 2~6슬라이드의 제목, 하단 로고, 슬라이드 번호는 슬라이드 마스터를 이용하여 작성한다.
- 제목 글꼴(돋움, 40pt, 흰색), 가운데 맞춤, 도형(선 없음)
- 하단 로고(「내 PC₩문서₩ITQ₩Picture₩로고1.jpg」, 배경(회색) 투명색으로 설정)

[슬라이드 1] ≪표지 디자인≫ 40점

(1) 표지 디자인 : 도형, 워드아트 및 그림을 이용하여 작성한다.

세부조건
① 도형 편집
 - 도형에 그림 채우기 :
  「내 PC₩문서₩ITQ₩Picture₩
  그림1.jpg」, 투명도 50%
 - 도형 효과 :
  부드러운 가장자리 5포인트
② 워드아트 삽입
 - 변환 : 기울기, 위로
 - 글꼴 : 돋움, 굵게
 - 텍스트 반사 : 근접 반사, 4pt 오프셋
③ 그림 삽입
 - 「내 PC₩문서₩ITQ₩Picture₩
  로고1.jpg」
 - 배경(회색) 투명색으로 설정

[슬라이드 2] ≪목차 슬라이드≫ 60점

(1) 출력형태와 같이 도형을 이용하여 목차를 작성한다(글꼴 : 굴림, 24pt).
(2) 도형 : 선 없음

세부조건
① 텍스트에 링크 적용
 → '슬라이드 6'
② 그림 삽입
 - 「내 PC₩문서₩ITQ₩Picture₩
  그림4.jpg」
 - 자르기 기능 이용

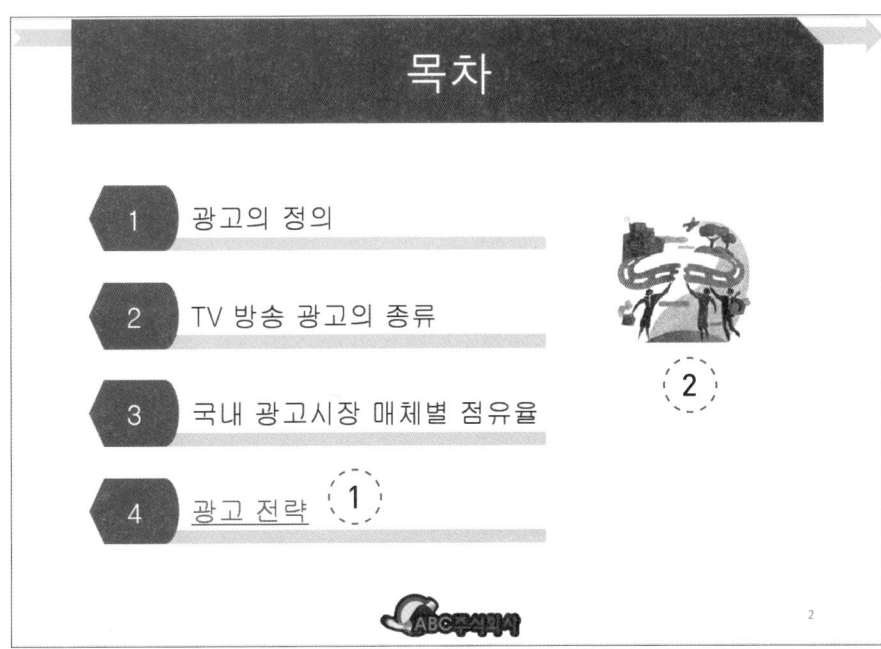

[슬라이드 3] ≪텍스트/동영상 슬라이드≫ 60점

(1) 텍스트 작성 : 글머리 기호 사용(◆, ✓)
◆문단(굴림, 24pt, 굵게, 줄간격 : 1.5줄), ✓문단(굴림, 20pt, 줄간격 : 1.5줄)

세부조건
① 동영상 삽입 :
 - 「내 PC₩문서₩ITQ₩Picture₩동영상.wmv」
 - 자동실행, 반복재생 설정

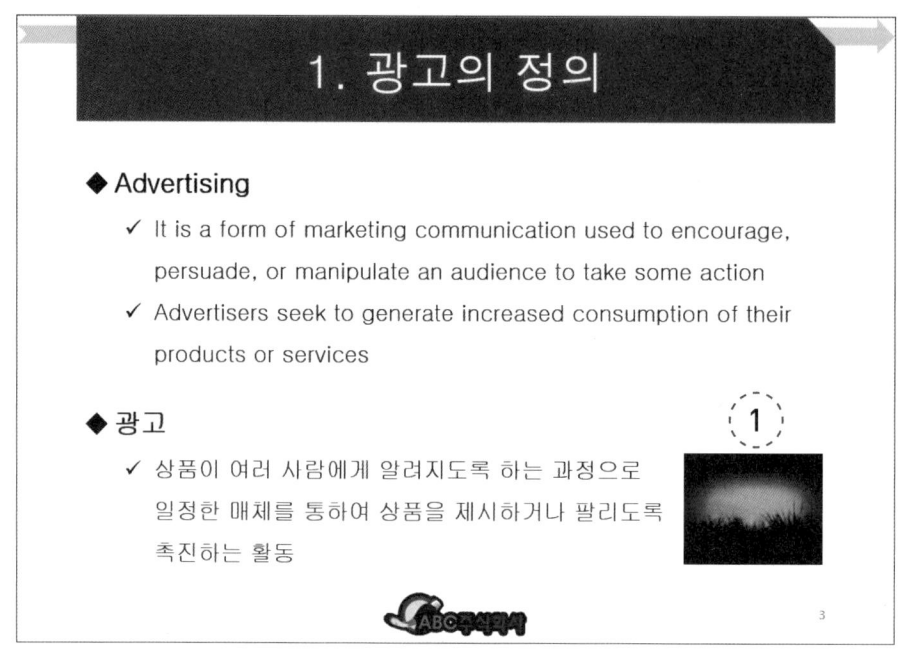

[슬라이드 4] ≪표 슬라이드≫ 80점

(1) 도형과 표 작성 기능을 이용하여 슬라이드를 작성한다(글꼴 : 돋움, 18pt).

세부조건
① 상단 도형 :
 2개 도형의 조합으로 작성
② 좌측 도형 :
 그라데이션 효과(선형 아래쪽)
③ 표 스타일 :
 테마 스타일 1 - 강조 6

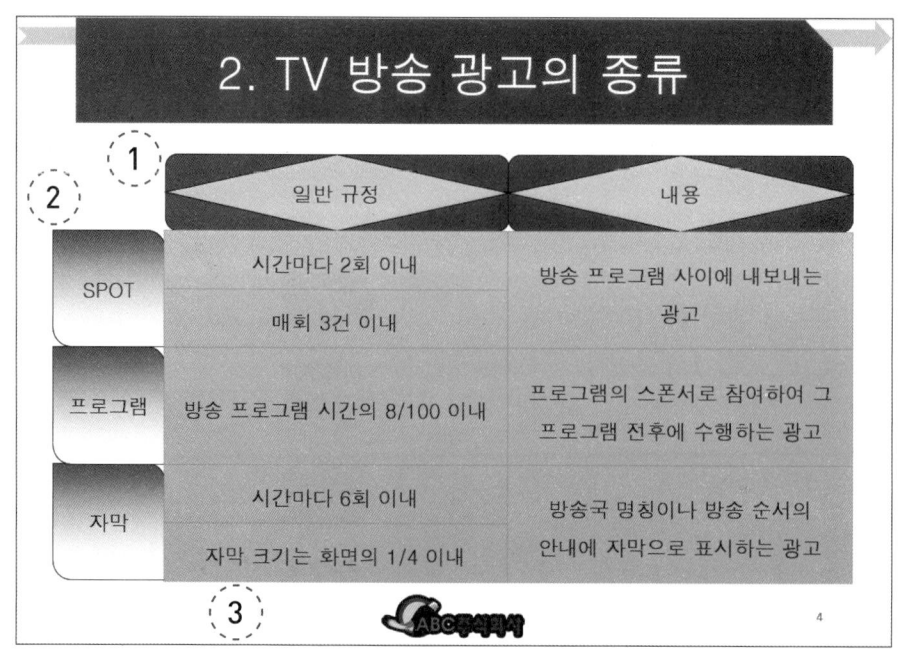

[슬라이드 5] ≪차트 슬라이드≫ 100점

(1) 차트 작성 기능을 이용하여 슬라이드를 작성한다.
(2) 차트 : 종류(묶은 세로 막대형), 글꼴(돋움, 16pt), 외곽선

세부조건

※ 차트설명
- 차트 제목 : 궁서, 24pt, 굵게, 채우기(흰색), 테두리, 그림자(오프셋 왼쪽)
- 차트 영역 : 채우기(노랑) 그림 영역 : 채우기(흰색)
- 데이터 서식 : 2022년 계열을 표식이 있는 꺾은선형으로 변경 후 보조축으로 지정
- 값 표시 : 기타의 2022년 계열만

① 도형 삽입
- 스타일 : 미세 효과 – 파랑, 강조 1
- 글꼴 : 굴림, 18pt

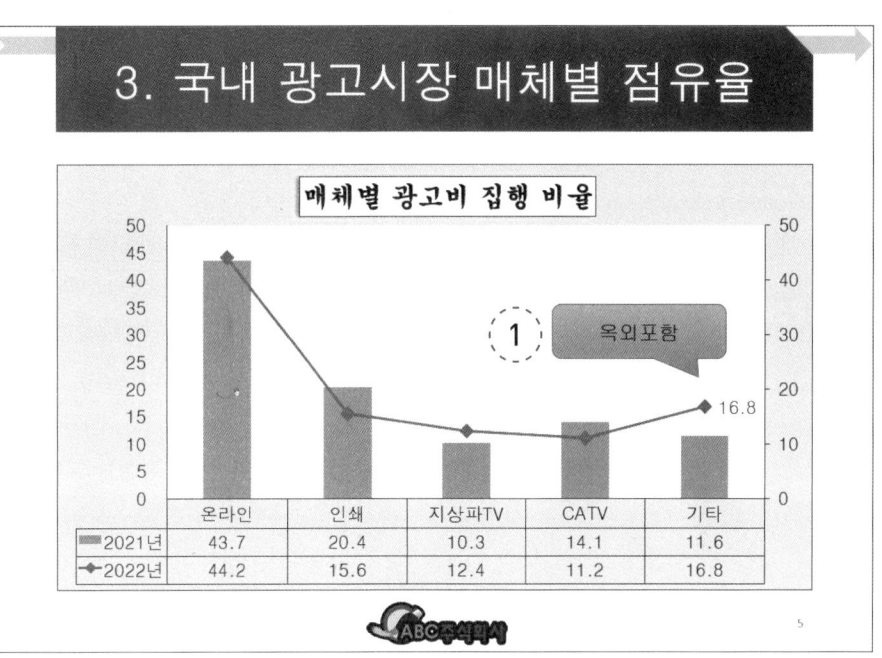

[슬라이드 6] ≪도형 슬라이드≫ 100점

(1) 슬라이드와 같이 도형 및 스마트아트를 배치한다(글꼴 : 굴림, 18pt).
(2) 애니메이션 순서 : ① ⇒ ②

세부조건

① 도형 및 스마트아트 편집
- 스마트아트 디자인
  : 3차원 경사, 3차원 만화
- 그룹화 후 애니메이션 효과
  : 닦아내기(위에서)

② 도형 편집
- 그룹화 후 애니메이션 효과
  : 바운드

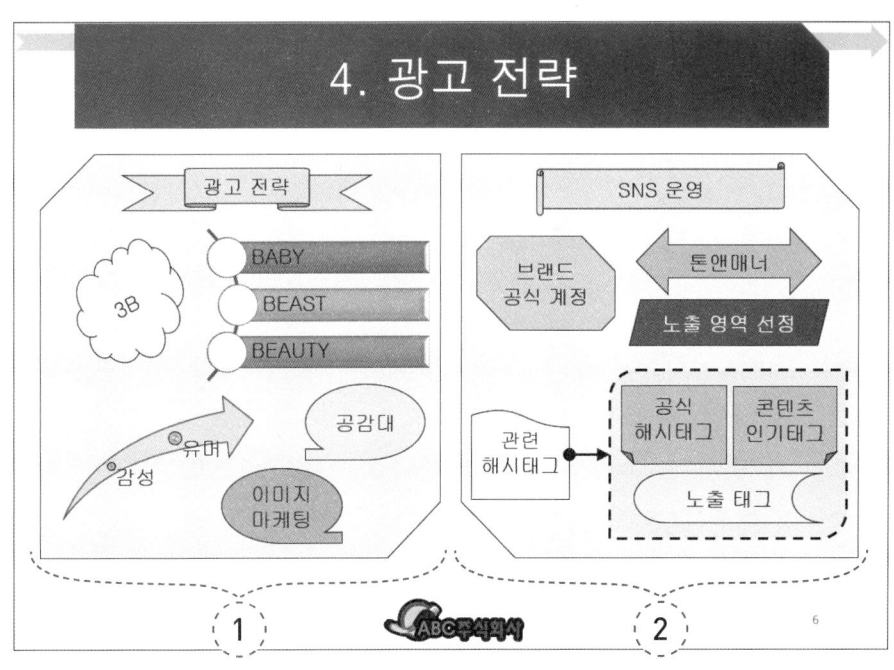

제13회 정보기술자격(ITQ) 출제예상 모의고사

작성 시간 / 시험 시간	채점 결과
분 / 60분	점 / 500점

과목	코드	문제유형	시험시간	수험번호	성명
한글파워포인트	1142	A	60분		

MS오피스

• 수험자 유의사항 •

- 수험자는 문제지를 받는 즉시 문제지와 **수험표상의 시험과목(프로그램)이 동일한지 반드시 확인**하여야 합니다.
- 파일명은 본인의 "수험번호-성명"으로 입력하여 답안 폴더(내 PC₩문서₩ITQ)에 하나의 파일로 저장해야 하며, 답안 파일을 전송하지 않아 미제출로 처리될 경우 실격 처리합니다(예 : 12345678-홍길동.pptx).
- 답안 작성을 마치면 파일을 저장하고, '답안 전송' 버튼을 선택하여 감독위원 PC로 답안을 전송하십시오. 수험생 정보와 저장한 파일명이 다를 경우 전송되지 않으므로 주의하시기 바랍니다.
- 답안 작성 중에도 **주기적으로 저장하고, '답안 전송'**하여야 문제 발생을 줄일 수 있습니다. 작업한 내용을 저장하지 않고 전송할 경우 이전에 저장된 내용이 전송되오니 이점 유의하시기 바랍니다.
- 답안 문서는 지정된 경로 외의 다른 보조기억장치에 저장하는 경우, 지정된 시험 시간 외에 작성된 파일을 활용할 경우, 기타 통신 수단(이메일, 메신저, 네트워크 등)을 이용하여 타인에게 전달 또는 외부 반출하는 경우는 부정 처리합니다.
- 시험 중 부주의 또는 고의로 시스템을 파손한 경우는 수험자가 변상해야 하며, 〈수험자 유의사항〉에 기재된 방법대로 이행하지 않아 생기는 불이익은 수험생 당사자의 책임임을 알려 드립니다.
- 문제의 조건은 MS오피스 2021 버전으로 설정되어 있습니다.
  이와 관련하여 작성한 답안의 출력형태가 문제지와 다를 수 있습니다.
- 시험을 완료한 수험자는 답안파일이 전송되었는지 확인한 후 감독위원의 지시에 따라 문제지를 제출하고 퇴실합니다.

• 답안 작성요령 •

- 온라인 답안 작성 절차
  수험자 등록 ⇒ 시험 시작 ⇒ 답안파일 저장 ⇒ 답안 전송 ⇒ 시험 종료
- 슬라이드의 크기는 A4 Paper로 설정하여 작성합니다.
- 슬라이드의 총 개수는 6개로 구성되어 있으며 슬라이드 1부터 순서대로 작업하고 반드시 문제와 세부조건대로 합니다.
- 별도의 지시사항이 없는 경우 출력형태를 참조하여 글꼴색은 검정 또는 흰색으로 작성하고, 기타사항은 전체적인 균형을 고려하여 작성합니다.
- 슬라이드 도형 및 개체에 출력형태와 다른 스타일(그림자, 외곽선 등)을 적용했을 경우 감점처리 됩니다.
- 슬라이드 번호를 작성합니다(슬라이드 1에는 생략).
- 2~6번 슬라이드 제목 도형과 하단 로고는 슬라이드 마스터를 이용하여 출력형태와 동일하게 작성합니다(슬라이드 1에는 생략).
- 문제와 세부조건, 세부조건 번호 ⓒ(점선원)는 입력하지 않습니다.
- 각 개체의 위치는 오른쪽의 슬라이드와 동일하게 구성합니다.
- 그림 삽입 문제의 경우 반드시 「내 PC₩문서₩ITQ₩Picture」 폴더에서 정확한 파일을 선택하여 삽입하십시오.
- 각 슬라이드를 각각의 파일로 작업해서 저장할 경우 실격 처리됩니다.

[전체구성] 60점

(1) 슬라이드 크기 및 순서 : 크기를 A4 용지로 설정하고 슬라이드 순서에 맞게 작성한다.
(2) 슬라이드 마스터 : 2~6슬라이드의 제목, 하단 로고, 슬라이드 번호는 슬라이드 마스터를 이용하여 작성한다.
 - 제목 글꼴(돋움, 40pt, 흰색), 가운데 맞춤, 도형(선 없음)
 - 하단 로고(「내 PC\문서\ITQ\Picture\로고2.jpg」, 배경(회색) 투명색으로 설정)

[슬라이드 1] ≪표지 디자인≫ 40점

(1) 표지 디자인 : 도형, 워드아트 및 그림을 이용하여 작성한다.

세부조건

① 도형 편집
 - 도형에 그림 채우기 :
   「내 PC\문서\ITQ\Picture\
   그림1.jpg」, 투명도 50%
 - 도형 효과 :
   부드러운 가장자리 5포인트

② 워드아트 삽입
 - 변환 : 페이드, 왼쪽
 - 글꼴 : 돋움, 굵게
 - 텍스트 반사 : 전체 반사, 터치

③ 그림 삽입
 - 「내 PC\문서\ITQ\Picture\
   로고2.jpg」
 - 배경(회색) 투명색으로 설정

[슬라이드 2] ≪목차 슬라이드≫ 60점

(1) 출력형태와 같이 도형을 이용하여 목차를 작성한다(글꼴 : 굴림, 24pt).
(2) 도형 : 선 없음

세부조건

① 텍스트에 링크 적용
 → '슬라이드 5'

② 그림 삽입
 - 「내 PC\문서\ITQ\Picture\
   그림4.jpg」
 - 자르기 기능 이용

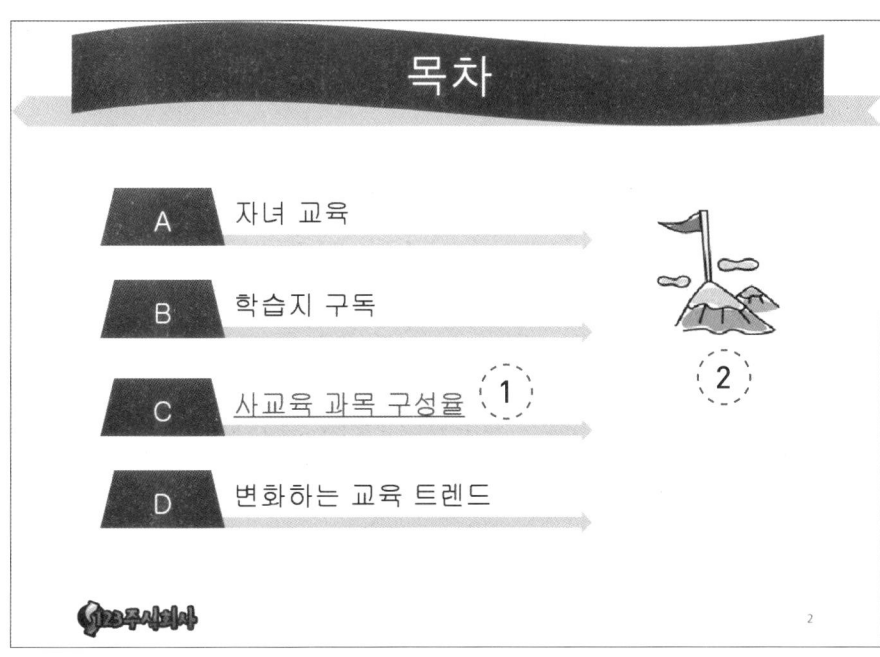

[슬라이드 3] ≪텍스트/동영상 슬라이드≫ 60점

(1) 텍스트 작성 : 글머리 기호 사용(➤, ✓)
　➤문단(돋움, 24pt, 굵게, 줄간격 : 1.5줄), ✓문단(돋움, 20pt, 줄간격 : 1.5줄)

세부조건
① 동영상 삽입 :
  - 「내 PC₩문서₩ITQ₩Picture₩동영상.wmv」
  - 자동실행, 반복재생 설정

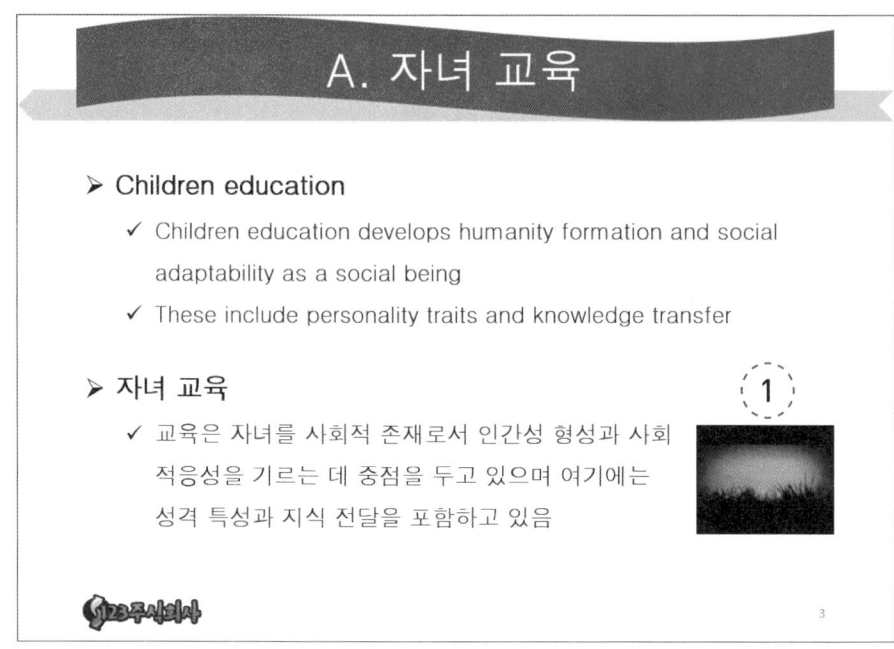

[슬라이드 4] ≪표 슬라이드≫ 80점

(1) 도형과 표 작성 기능을 이용하여 슬라이드를 작성한다(글꼴 : 돋움, 18pt).

세부조건
① 상단 도형 :
  2개 도형의 조합으로 작성
② 좌측 도형 :
  그라데이션 효과(선형 아래쪽)
③ 표 스타일 :
  테마 스타일 1 - 강조 6

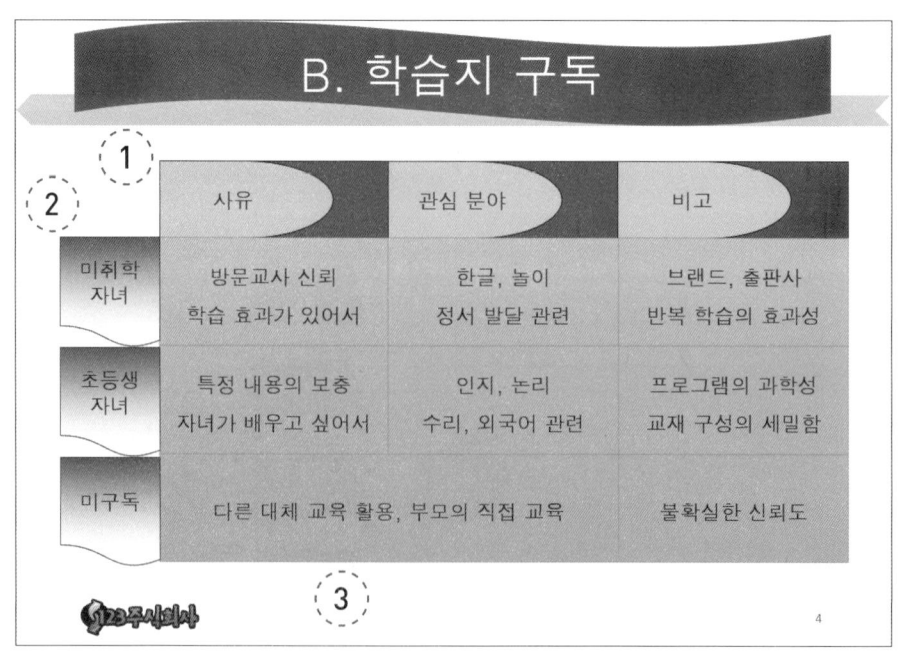

제 13 회　186　출제예상 모의고사

[슬라이드 5] ≪차트 슬라이드≫ 100점

(1) 차트 작성 기능을 이용하여 슬라이드를 작성한다.
(2) 차트 : 종류(묶은 세로 막대형), 글꼴(돋움, 16pt), 외곽선

세부조건

※ 차트설명
- 차트 제목 : 궁서, 24pt, 굵게, 채우기(흰색), 테두리, 그림자(오프셋 아래쪽)
- 차트 영역 : 채우기(노랑) 그림 영역 : 채우기(흰색)
- 데이터 서식 : 여자아동 계열을 표식이 있는 꺾은선형으로 변경 후 보조축으로 지정
- 값 표시 : 국어의 남자아동 계열만

① 도형 삽입
 - 스타일 : 미세 효과 – 파랑, 강조 1
 - 글꼴 : 굴림, 18pt

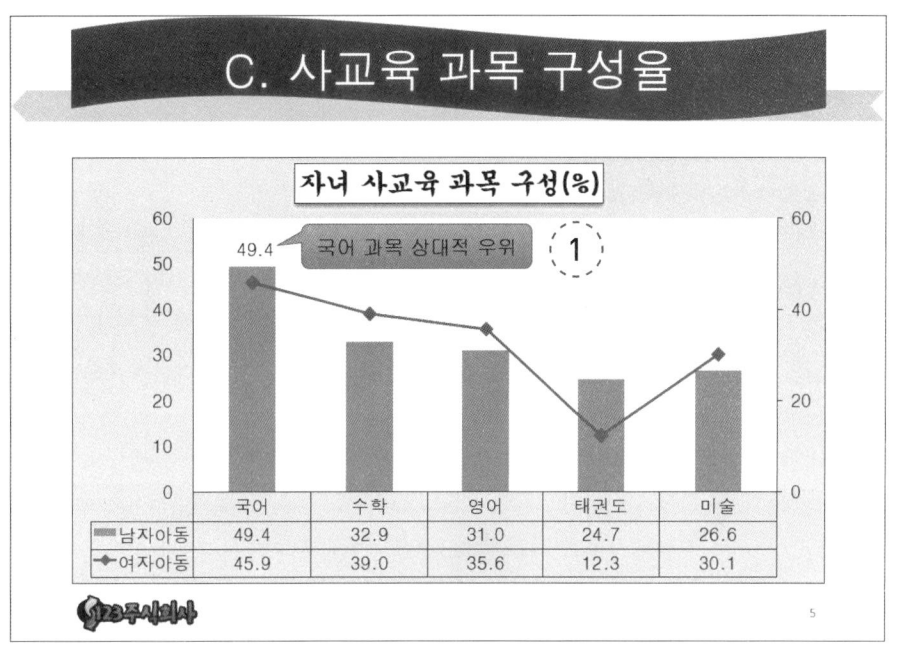

[슬라이드 6] ≪도형 슬라이드≫ 100점

(1) 슬라이드와 같이 도형 및 스마트아트를 배치한다(글꼴 : 굴림, 18pt).
(2) 애니메이션 순서 : ① ⇒ ②

세부조건

① 도형 및 스마트아트 편집
 - 스마트아트 디자인
   : 3차원 벽돌, 3차원 광택 처리
 - 그룹화 후 애니메이션 효과
   : 바운드

② 도형 편집
 - 그룹화 후 애니메이션 효과
   : 나누기(세로 바깥쪽으로)

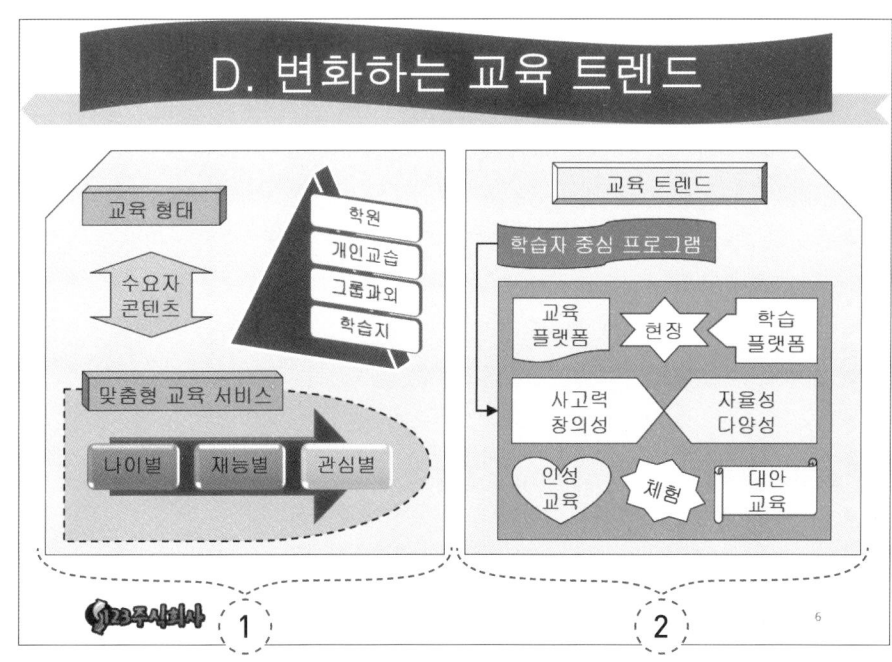

제 13 회 출제예상 모의고사

제 14 회 정보기술자격(ITQ) 출제예상 모의고사

작성 시간 / 시험 시간	채점 결과
분 / 60분	점 / 500점

과목	코드	문제유형	시험시간	수험번호	성명
한글파워포인트	1142	B	60분		

MS오피스

· 수험자 유의사항 ·

● 수험자는 문제지를 받는 즉시 문제지와 **수험표상의 시험과목(프로그램)이 동일한지 반드시 확인**하여야 합니다.
● 파일명은 본인의 "수험번호-성명"으로 입력하여 답안 폴더(내 PC\문서\ITQ)에 하나의 파일로 저장해야 하며, 답안 파일을 전송하지 않아 미제출로 처리될 경우 실격 처리합니다(예 : 12345678-홍길동.pptx).
● 답안 작성을 마치면 파일을 저장하고, '답안 전송' 버튼을 선택하여 감독위원 PC로 답안을 전송하십시오. 수험생 정보와 저장한 파일명이 다를 경우 전송되지 않으므로 주의하시기 바랍니다.
● 답안 작성 중에도 **주기적으로 저장하고, '답안 전송'**하여야 문제 발생을 줄일 수 있습니다. 작업한 내용을 저장하지 않고 전송할 경우 이전에 저장된 내용이 전송되오니 이점 유의하시기 바랍니다.
● 답안 문서는 지정된 경로 외의 다른 보조기억장치에 저장하는 경우, 지정된 시험 시간 외에 작성된 파일을 활용할 경우, 기타 통신 수단(이메일, 메신저, 네트워크 등)을 이용하여 타인에게 전달 또는 외부 반출하는 경우는 부정 처리합니다.
● 시험 중 부주의 또는 고의로 시스템을 파손한 경우는 수험자가 변상해야 하며, 〈수험자 유의사항〉에 기재된 방법대로 이행하지 않아 생기는 불이익은 수험생 당사자의 책임임을 알려 드립니다.
● 문제의 조건은 MS오피스 2021 버전으로 설정되어 있습니다.
  이와 관련하여 작성한 답안의 출력형태가 문제지와 다를 수 있습니다.
● 시험을 완료한 수험자는 답안파일이 전송되었는지 확인한 후 감독위원의 지시에 따라 문제지를 제출하고 퇴실합니다.

· 답안 작성요령 ·

● 온라인 답안 작성 절차
  수험자 등록 ⇒ 시험 시작 ⇒ 답안파일 저장 ⇒ 답안 전송 ⇒ 시험 종료
● 슬라이드의 크기는 A4 Paper로 설정하여 작성합니다.
● 슬라이드의 총 개수는 6개로 구성되어 있으며 슬라이드 1부터 순서대로 작업하고 반드시 문제와 세부조건대로 합니다.
● 별도의 지시사항이 없는 경우 출력형태를 참조하여 글꼴색은 검정 또는 흰색으로 작성하고, 기타사항은 전체적인 균형을 고려하여 작성합니다.
● 슬라이드 도형 및 개체에 출력형태와 다른 스타일(그림자, 외곽선 등)을 적용했을 경우 감점처리 됩니다.
● 슬라이드 번호를 작성합니다(슬라이드 1에는 생략).
● 2~6번 슬라이드 제목 도형과 하단 로고는 슬라이드 마스터를 이용하여 출력형태와 동일하게 작성합니다(슬라이드 1에는 생략).
● 문제와 세부조건, 세부조건 번호 ◌(점선원)는 입력하지 않습니다.
● 각 개체의 위치는 오른쪽의 슬라이드와 동일하게 구성합니다.
● 그림 삽입 문제의 경우 반드시 「내 PC\문서\ITQ\Picture」 폴더에서 정확한 파일을 선택하여 삽입하십시오.
● 각 슬라이드를 각각의 파일로 작업해서 저장할 경우 실격 처리됩니다.

kpc 한국생산성본부

[전체구성] 60점

(1) 슬라이드 크기 및 순서 : 크기를 A4 용지로 설정하고 슬라이드 순서에 맞게 작성한다.
(2) 슬라이드 마스터 : 2~6슬라이드의 제목, 하단 로고, 슬라이드 번호는 슬라이드 마스터를 이용하여 작성한다.
  - 제목 글꼴(돋움, 40pt, 흰색), 가운데 맞춤, 도형(선 없음)
  - 하단 로고(「내 PC\문서\ITQ\Picture\로고2.jpg」, 배경(회색) 투명색으로 설정)

[슬라이드 1] ≪표지 디자인≫ 40점

(1) 표지 디자인 : 도형, 워드아트 및 그림을 이용하여 작성한다.

세부조건

① 도형 편집
  - 도형에 그림 채우기 :
    「내 PC\문서\ITQ\Picture\그림1.jpg」, 투명도 50%
  - 도형 효과 :
    부드러운 가장자리 5포인트

② 워드아트 삽입
  - 변환 : 갈매기형 수장, 위로
  - 글꼴 : 돋움, 굵게
  - 텍스트 반사 : 근접 반사, 4pt 오프셋

③ 그림 삽입
  - 「내 PC\문서\ITQ\Picture\로고2.jpg」
  - 배경(회색) 투명색으로 설정

[슬라이드 2] ≪목차 슬라이드≫ 60점

(1) 출력형태와 같이 도형을 이용하여 목차를 작성한다(글꼴 : 굴림, 24pt).
(2) 도형 : 선 없음

세부조건

① 텍스트에 링크 적용
  → '슬라이드 4'

② 그림 삽입
  - 「내 PC\문서\ITQ\Picture\그림5.jpg」
  - 자르기 기능 이용

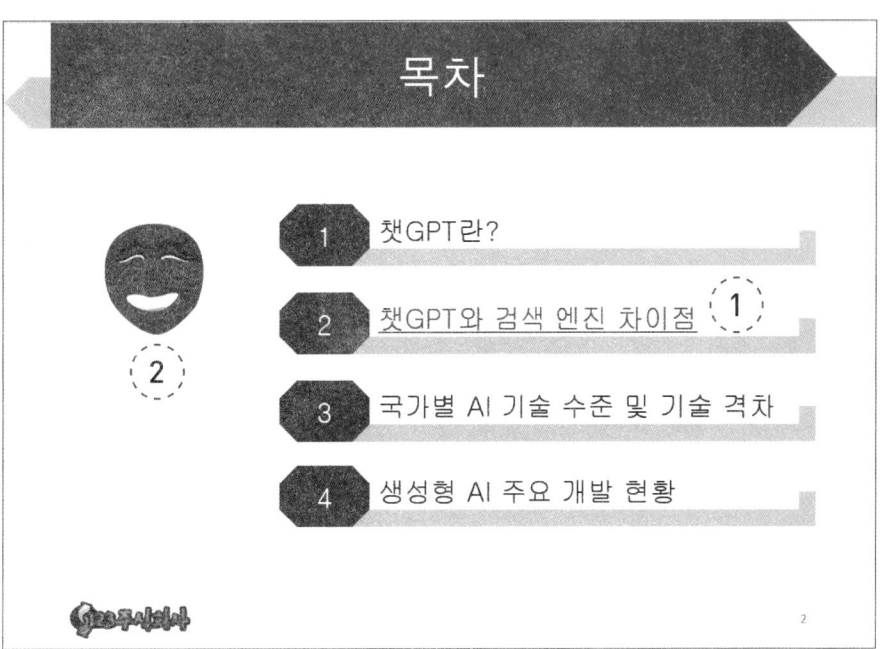

[슬라이드 3] ≪텍스트/동영상 슬라이드≫ 60점

(1) 텍스트 작성 : 글머리 기호 사용(❖, ■)
❖문단(굴림, 24pt, 굵게, 줄간격 : 1.5줄), ■문단(굴림, 20pt, 줄간격 : 1.5줄)

세부조건
① 동영상 삽입 :
- 「내 PC₩문서₩ITQ₩Picture₩동영상.wmv」
- 자동실행, 반복재생 설정

1. 챗 GPT란?

❖ ChatGPT
- ChatGPT is OpenAI's AI model, 'GPT-3.5' Chatbot made available in a way
- GPT stands for Generative Pretrained Transformer

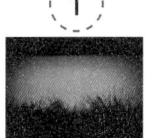

❖ 챗GPT
- 챗GPT는 초거대 인공지능 모델 GPT-3.5를 누구나 쉽게 사용할 수 있도록 만든 미국 오픈에이아이의 챗봇으로 질문을 하면 체계적 구성을 가진 문서로 만들어주는 생성형 AI 모델

[슬라이드 4] ≪표 슬라이드≫ 80점

(1) 도형과 표 작성 기능을 이용하여 슬라이드를 작성한다(글꼴 : 돋움, 18pt).

세부조건
① 상단 도형 :
2개 도형의 조합으로 작성
② 좌측 도형 :
그라데이션 효과(선형 아래쪽)
③ 표 스타일 :
테마 스타일 1 - 강조 5

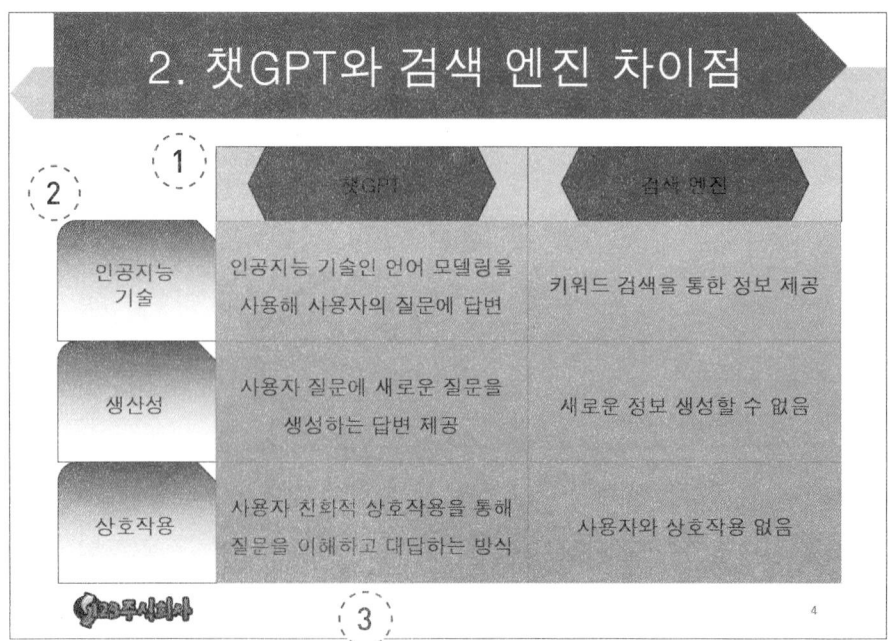

[슬라이드 5] ≪차트 슬라이드≫   100점

(1) 차트 작성 기능을 이용하여 슬라이드를 작성한다.
(2) 차트 : 종류(묶은 세로 막대형), 글꼴(돋움, 16pt), 외곽선

세부조건

※ 차트설명
- 차트 제목 : 굴림, 20pt, 굵게, 채우기(흰색), 테두리, 그림자(오프셋 오른쪽)
- 차트 영역 : 채우기(노랑) 그림 영역 : 채우기(흰색)
- 데이터 서식 : 기술 격차(년) 계열을 표식(◆)이 있는 꺾은선형으로 변경 후 보조축으로 지정
- 값 표시 : 기술 수준의 한국 계열만

① 도형 삽입
- 스타일 : 미세 효과 – 파랑, 강조 1
- 글꼴 : 굴림, 18pt

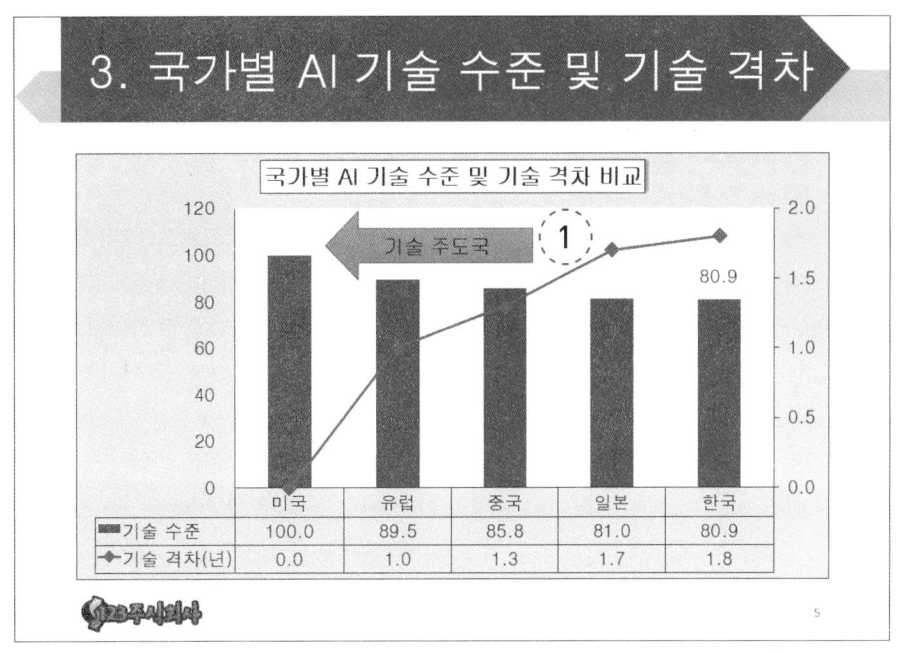

[슬라이드 6] ≪도형 슬라이드≫   100점

(1) 슬라이드와 같이 도형 및 스마트아트를 배치한다(글꼴 : 돋움, 18pt).
(2) 애니메이션 순서 : ① ⇒ ②

세부조건

① 도형 및 스마트아트 편집
- 스마트아트 디자인 : 3차원 경사, 3차원 광택 처리
- 그룹화 후 애니메이션 효과 : 닦아내기(위에서)

② 도형 편집
- 그룹화 후 애니메이션 효과 : 회전

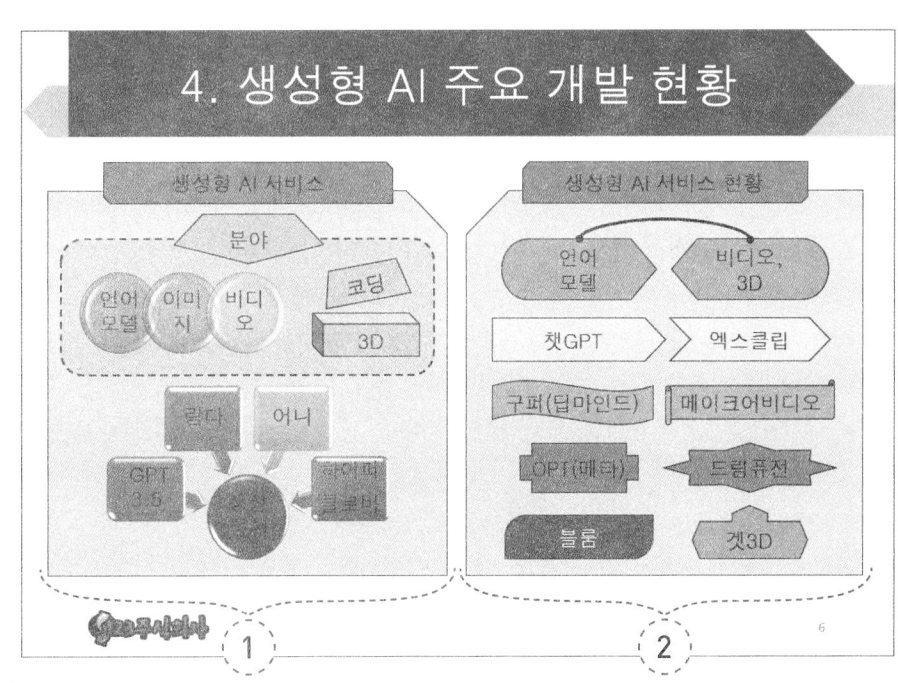

제 15 회 정보기술자격(ITQ) 출제예상 모의고사

작성 시간 / 시험 시간	채점 결과
분 / 60분	점 / 500점

과목	코드	문제유형	시험시간	수험번호	성명
한글파워포인트	1142	C	60분		

MS오피스

・수험자 유의사항・

- 수험자는 문제지를 받는 즉시 문제지와 **수험표상의 시험과목(프로그램)이 동일한지 반드시 확인**하여야 합니다.
- 파일명은 본인의 "수험번호-성명"으로 입력하여 답안 폴더(내 PC\문서\ITQ)에 하나의 파일로 저장해야 하며, 답안 파일을 전송하지 않아 미제출로 처리될 경우 실격 처리합니다(예 : 12345678-홍길동.pptx).
- 답안 작성을 마치면 파일을 저장하고, '답안 전송' 버튼을 선택하여 감독위원 PC로 답안을 전송하십시오. 수험생 정보와 저장한 파일명이 다를 경우 전송되지 않으므로 주의하시기 바랍니다.
- 답안 작성 중에도 **주기적으로 저장하고, '답안 전송'**하여야 문제 발생을 줄일 수 있습니다. 작업한 내용을 저장하지 않고 전송할 경우 이전에 저장된 내용이 전송되오니 이점 유의하시기 바랍니다.
- 답안 문서는 지정된 경로 외의 다른 보조기억장치에 저장하는 경우, 지정된 시험 시간 외에 작성된 파일을 활용할 경우, 기타 통신 수단(이메일, 메신저, 네트워크 등)을 이용하여 타인에게 전달 또는 외부 반출하는 경우는 부정 처리합니다.
- 시험 중 부주의 또는 고의로 시스템을 파손한 경우는 수험자가 변상해야 하며, 〈수험자 유의사항〉에 기재된 방법대로 이행하지 않아 생기는 불이익은 수험생 당사자의 책임임을 알려 드립니다.
- 문제의 조건은 MS오피스 2021 버전으로 설정되어 있습니다.
  이와 관련하여 작성한 답안의 출력형태가 문제지와 다를 수 있습니다.
- 시험을 완료한 수험자는 답안파일이 전송되었는지 확인한 후 감독위원의 지시에 따라 문제지를 제출하고 퇴실합니다.

・답안 작성요령・

- 온라인 답안 작성 절차
  수험자 등록 ⇒ 시험 시작 ⇒ 답안파일 저장 ⇒ 답안 전송 ⇒ 시험 종료
- 슬라이드의 크기는 A4 Paper로 설정하여 작성합니다.
- 슬라이드의 총 개수는 6개로 구성되어 있으며 슬라이드 1부터 순서대로 작업하고 반드시 문제와 세부조건대로 합니다.
- 별도의 지시사항이 없는 경우 출력형태를 참조하여 글꼴색은 검정 또는 흰색으로 작성하고, 기타사항은 전체적인 균형을 고려하여 작성합니다.
- 슬라이드 도형 및 개체에 출력형태와 다른 스타일(그림자, 외곽선 등)을 적용했을 경우 감점처리 됩니다.
- 슬라이드 번호를 작성합니다(슬라이드 1에는 생략).
- 2~6번 슬라이드 제목 도형과 하단 로고는 슬라이드 마스터를 이용하여 출력형태와 동일하게 작성합니다(슬라이드 1에는 생략).
- 문제와 세부조건, 세부조건 번호 ۞(점선원)는 입력하지 않습니다.
- 각 개체의 위치는 오른쪽의 슬라이드와 동일하게 구성합니다.
- 그림 삽입 문제의 경우 반드시 「내 PC\문서\ITQ\Picture」 폴더에서 정확한 파일을 선택하여 삽입하십시오.
- 각 슬라이드를 각각의 파일로 작업해서 저장할 경우 실격 처리됩니다.

[전체구성] 60점

(1) 슬라이드 크기 및 순서 : 크기를 A4 용지로 설정하고 슬라이드 순서에 맞게 작성한다.
(2) 슬라이드 마스터 : 2~6슬라이드의 제목, 하단 로고, 슬라이드 번호는 슬라이드 마스터를 이용하여 작성한다.
　　- 제목 글꼴(돋움, 40pt, 흰색), 가운데 맞춤, 도형(선 없음)
　　- 하단 로고(「내 PC₩문서₩ITQ₩Picture₩로고2.jpg」, 배경(회색) 투명색으로 설정)

[슬라이드 1] ≪표지 디자인≫ 40점

(1) 표지 디자인 : 도형, 워드아트 및 그림을 이용하여 작성한다.

세부조건
① 도형 편집
　- 도형에 그림 채우기 :
　　「내 PC₩문서₩ITQ₩Picture₩
　　그림1.jpg」, 투명도 50%
　- 도형 효과 :
　　부드러운 가장자리 5포인트
② 워드아트 삽입
　- 변환 : 페이드, 왼쪽
　- 글꼴 : 돋움, 굵게
　- 텍스트 반사 : 전체 반사, 터치
③ 그림 삽입
　- 「내 PC₩문서₩ITQ₩Picture₩
　　로고2.jpg」
　- 배경(회색) 투명색으로 설정

[슬라이드 2] ≪목차 슬라이드≫ 60점

(1) 출력형태와 같이 도형을 이용하여 목차를 작성한다(글꼴 : 굴림, 24pt).
(2) 도형 : 선 없음

세부조건
① 텍스트에 링크 적용
　→ '슬라이드 5'
② 그림 삽입
　- 「내 PC₩문서₩ITQ₩Picture₩
　　그림4.jpg」
　- 자르기 기능 이용

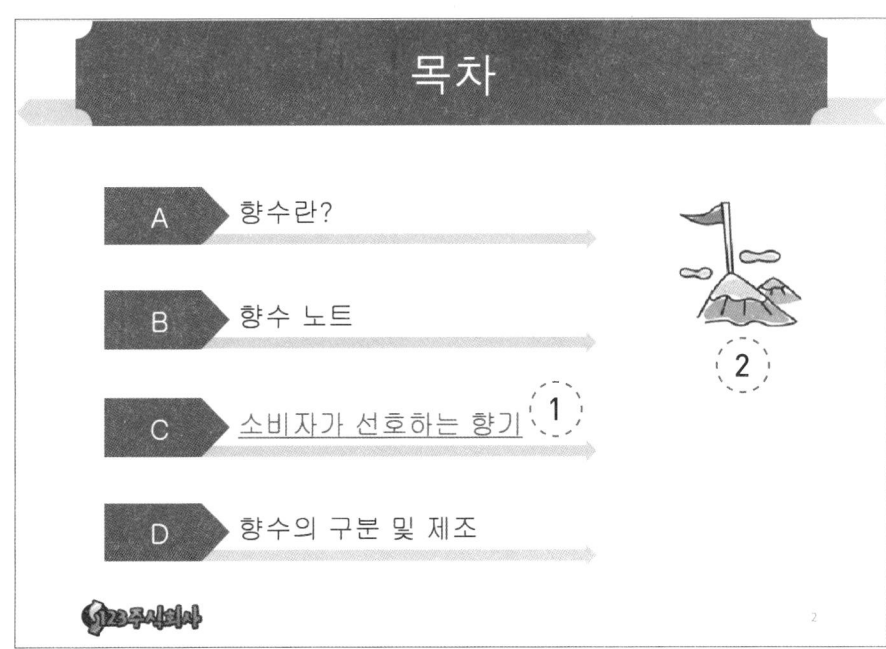

[슬라이드 3] ≪텍스트/동영상 슬라이드≫ 60점

(1) 텍스트 작성 : 글머리 기호 사용(➤, ✓)
   ➤ 문단(돋움, 24pt, 굵게, 줄간격 : 1.5줄), ✓ 문단(돋움, 20pt, 줄간격 : 1.5줄)

세부조건

① 동영상 삽입 :
   - 「내 PC\문서\ITQ\Picture\동영상.wmv」
   - 자동실행, 반복재생 설정

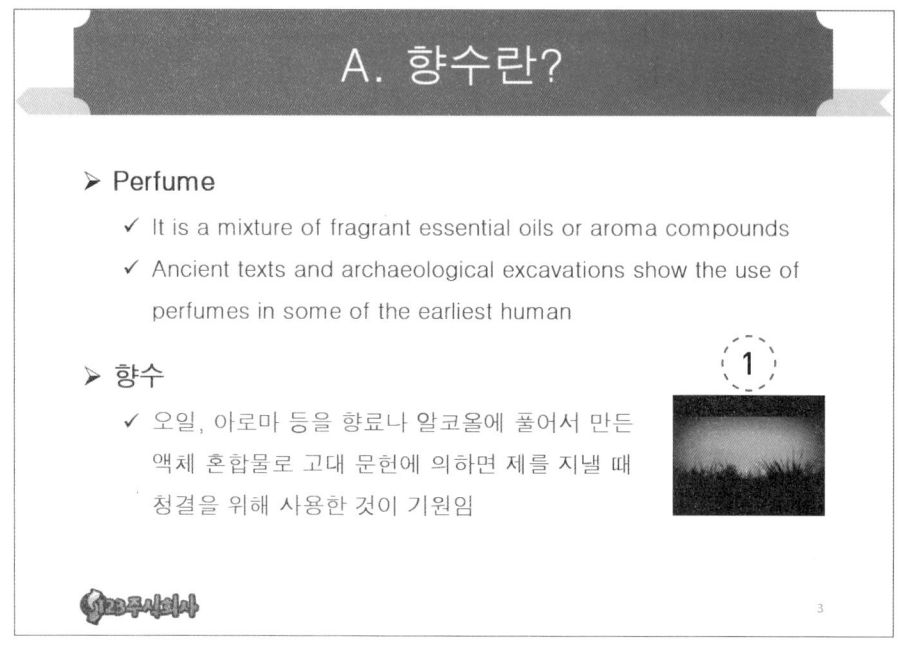

[슬라이드 4] ≪표 슬라이드≫ 80점

(1) 도형과 표 작성 기능을 이용하여 슬라이드를 작성한다(글꼴 : 돋움, 18pt).

세부조건

① 상단 도형 :
   2개 도형의 조합으로 작성

② 좌측 도형 :
   그라데이션 효과(선형 아래쪽)

③ 표 스타일 :
   테마 스타일 1 - 강조 6

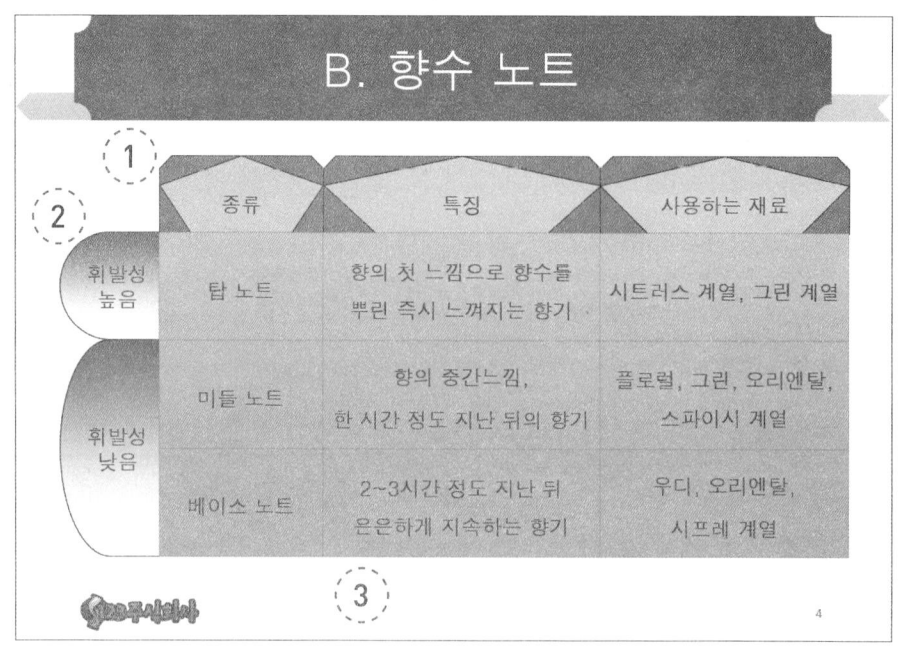

[슬라이드 5] ≪차트 슬라이드≫ 100점

(1) 차트 작성 기능을 이용하여 슬라이드를 작성한다.
(2) 차트 : 종류(묶은 세로 막대형), 글꼴(돋움, 16pt), 외곽선

세부조건

※ 차트설명
- 차트 제목 : 궁서, 24pt, 굵게,
  채우기(흰색), 테두리,
  그림자(오프셋 아래쪽)
- 차트 영역 : 채우기(노랑)
  그림 영역 : 채우기(흰색)
- 데이터 서식 : 2022년 계열을 표식이 있는 꺾은선형으로 변경 후 보조축으로 지정
- 값 표시 : 플로럴의 2022년 계열만

① 도형 삽입
  - 스타일 : 미세 효과 – 파랑, 강조 1
  - 글꼴 : 굴림, 18pt

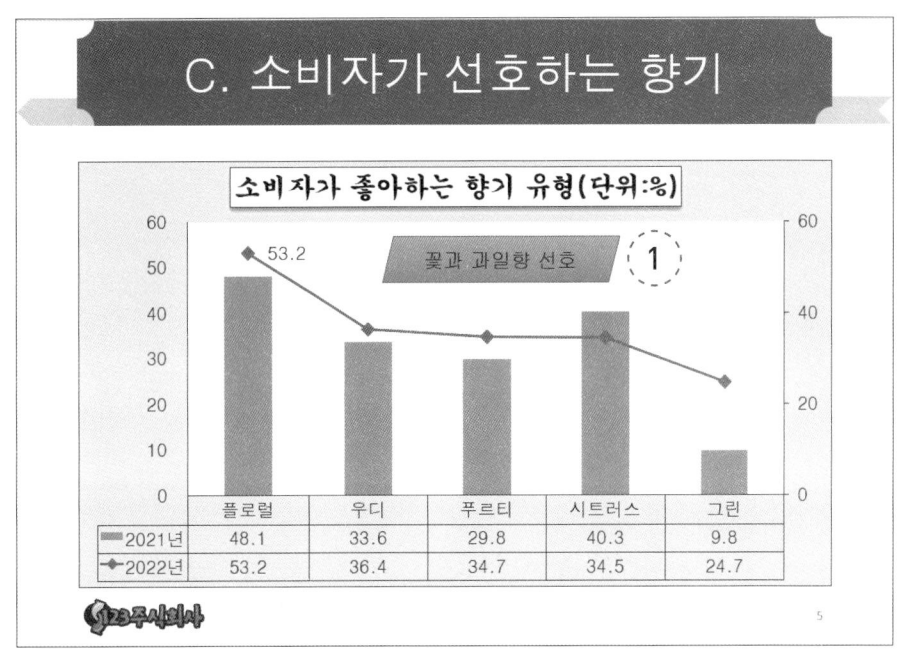

[슬라이드 6] ≪도형 슬라이드≫ 100점

(1) 슬라이드와 같이 도형 및 스마트아트를 배치한다(글꼴 : 굴림, 18pt).
(2) 애니메이션 순서 : ① ⇒ ②

세부조건

① 도형 및 스마트아트 편집
  - 스마트아트 디자인
    : 3차원 만화,
    3차원 광택 처리
  - 그룹화 후 애니메이션 효과
    : 바운드

② 도형 편집
  - 그룹화 후 애니메이션 효과
    : 나누기(세로 바깥쪽으로)

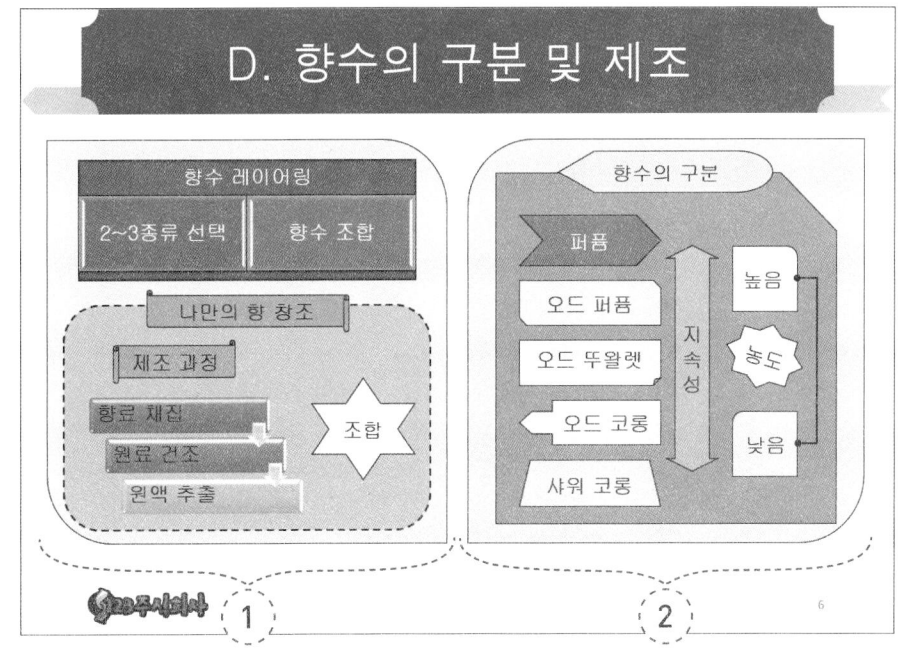

MEMO

PART 04
최신유형 기출문제

- ☑ 제 **01** 회 최신유형 기출문제
- ☑ 제 **02** 회 최신유형 기출문제
- ☑ 제 **03** 회 최신유형 기출문제
- ☑ 제 **04** 회 최신유형 기출문제
- ☑ 제 **05** 회 최신유형 기출문제

- ☑ 제 **06** 회 최신유형 기출문제
- ☑ 제 **07** 회 최신유형 기출문제
- ☑ 제 **08** 회 최신유형 기출문제
- ☑ 제 **09** 회 최신유형 기출문제
- ☑ 제 **10** 회 최신유형 기출문제

제 01 회 정보기술자격(ITQ) 최신유형 기출문제

작성 시간 / 시험 시간	채점 결과
분 / 60분	점 / 500점

과목	코드	문제유형	시험시간	수험번호	성명
한글파워포인트	1142	A	60분		

MS오피스

· 수험자 유의사항 ·

- 수험자는 문제지를 받는 즉시 문제지와 **수험표상의 시험과목(프로그램)이 동일한지 반드시 확인**하여야 합니다.
- 파일명은 본인의 "수험번호-성명"으로 입력하여 답안 폴더(내 PC₩문서₩ITQ)에 하나의 파일로 저장해야 하며, 답안 파일을 전송하지 않아 미제출로 처리될 경우 실격 처리합니다(예 : 12345678-홍길동.pptx).
- 답안 작성을 마치면 파일을 저장하고, '답안 전송' 버튼을 선택하여 감독위원 PC로 답안을 전송하십시오. 수험생 정보와 저장한 파일명이 다를 경우 전송되지 않으므로 주의하시기 바랍니다.
- 답안 작성 중에도 **주기적으로 저장하고, '답안 전송'**하여야 문제 발생을 줄일 수 있습니다. 작업한 내용을 저장하지 않고 전송할 경우 이전에 저장된 내용이 전송되오니 이점 유의하시기 바랍니다.
- 답안 문서는 지정된 경로 외의 다른 보조기억장치에 저장하는 경우, 지정된 시험 시간 외에 작성된 파일을 활용할 경우, 기타 통신 수단(이메일, 메신저, 네트워크 등)을 이용하여 타인에게 전달 또는 외부 반출하는 경우는 부정 처리합니다.
- 시험 중 부주의 또는 고의로 시스템을 파손한 경우는 수험자가 변상해야 하며, 〈수험자 유의사항〉에 기재된 방법대로 이행하지 않아 생기는 불이익은 수험생 당사자의 책임임을 알려 드립니다.
- 문제의 조건은 MS오피스 2021 버전으로 설정되어 있습니다.
  이와 관련하여 작성한 답안의 출력형태가 문제지와 다를 수 있습니다.
- 시험을 완료한 수험자는 답안파일이 전송되었는지 확인한 후 감독위원의 지시에 따라 문제지를 제출하고 퇴실합니다.

· 답안 작성요령 ·

- 온라인 답안 작성 절차
  수험자 등록 ⇒ 시험 시작 ⇒ 답안파일 저장 ⇒ 답안 전송 ⇒ 시험 종료
- 슬라이드의 크기는 A4 Paper로 설정하여 작성합니다.
- 슬라이드의 총 개수는 6개로 구성되어 있으며 슬라이드 1부터 순서대로 작업하고 반드시 문제와 세부조건대로 합니다.
- 별도의 지시사항이 없는 경우 출력형태를 참조하여 글꼴색은 검정 또는 흰색으로 작성하고, 기타사항은 전체적인 균형을 고려하여 작성합니다.
- 슬라이드 도형 및 개체에 출력형태와 다른 스타일(그림자, 외곽선 등)을 적용했을 경우 감점처리 됩니다.
- 슬라이드 번호를 작성합니다(슬라이드 1에는 생략).
- 2~6번 슬라이드 제목 도형과 하단 로고는 슬라이드 마스터를 이용하여 출력형태와 동일하게 작성합니다(슬라이드 1에는 생략).
- 문제와 세부조건, 세부조건 번호 ۞(점선원)는 입력하지 않습니다.
- 각 개체의 위치는 오른쪽의 슬라이드와 동일하게 구성합니다.
- 그림 삽입 문제의 경우 반드시 「내 PC₩문서₩ITQ₩Picture」 폴더에서 정확한 파일을 선택하여 삽입하십시오.
- 각 슬라이드를 각각의 파일로 작업해서 저장할 경우 실격 처리됩니다.

kpc 한국생산성본부

[전체구성] — 60점

(1) 슬라이드 크기 및 순서 : 크기를 A4 용지로 설정하고 슬라이드 순서에 맞게 작성한다.
(2) 슬라이드 마스터 : 2~6슬라이드의 제목, 하단 로고, 슬라이드 번호는 슬라이드 마스터를 이용하여 작성한다.
　– 제목 글꼴(굴림, 40pt, 흰색), 가운데 맞춤, 도형(선 없음)
　– 하단 로고(「내 PC₩문서₩ITQ₩Picture₩로고1.jpg」, 배경(회색) 투명색으로 설정)

[슬라이드 1] 《표지 디자인》 — 40점

(1) 표지 디자인 : 도형, 워드아트 및 그림을 이용하여 작성한다.

세부조건

① 도형 편집
　– 도형에 그림 채우기 :
　　「내 PC₩문서₩ITQ₩Picture₩그림1.jpg」, 투명도 50%
　– 도형 효과 :
　　부드러운 가장자리 5포인트

② 워드아트 삽입
　– 변환 : 삼각형, 위로
　– 글꼴 : 돋움, 굵게
　– 텍스트 반사 : 근접 반사, 터치

③ 그림 삽입
　–「내 PC₩문서₩ITQ₩Picture₩로고1.jpg」
　– 배경(회색) 투명색으로 설정

[슬라이드 2] 《목차 슬라이드》 — 60점

(1) 출력형태와 같이 도형을 이용하여 목차를 작성한다(글꼴 : 돋움, 24pt).
(2) 도형 : 선 없음

세부조건

① 텍스트에 링크 적용
　→ '슬라이드 6'

② 그림 삽입
　–「내 PC₩문서₩ITQ₩Picture₩그림4.jpg」
　– 자르기 기능 이용

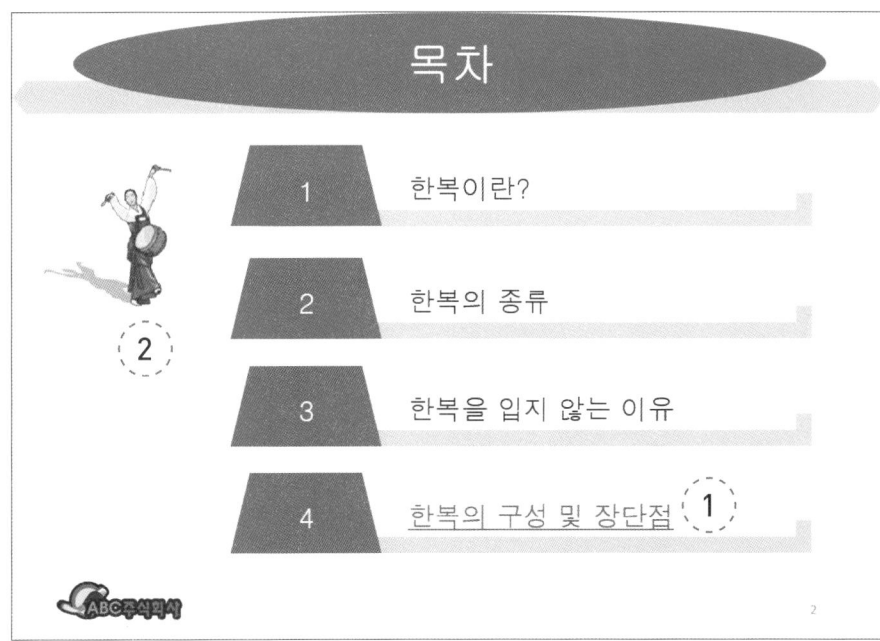

[슬라이드 3] ≪텍스트/동영상 슬라이드≫   60점

(1) 텍스트 작성 : 글머리 기호 사용(❖, ✓)
    ❖문단(굴림, 24pt, 굵게, 줄간격 : 1.5줄), ✓문단(굴림, 20pt, 줄간격 : 1.5줄)

세부조건

① 동영상 삽입 :
  - 「내 PC₩문서₩ITQ₩Picture₩동영상.wmv」
  - 자동실행, 반복재생 설정

[슬라이드 4] ≪표 슬라이드≫   80점

(1) 도형과 표 작성 기능을 이용하여 슬라이드를 작성한다(글꼴 : 돋움, 18pt).

세부조건

① 상단 도형 :
  2개 도형의 조합으로 작성
② 좌측 도형 :
  그라데이션 효과(선형 아래쪽)
③ 표 스타일 :
  테마 스타일 1 - 강조 5

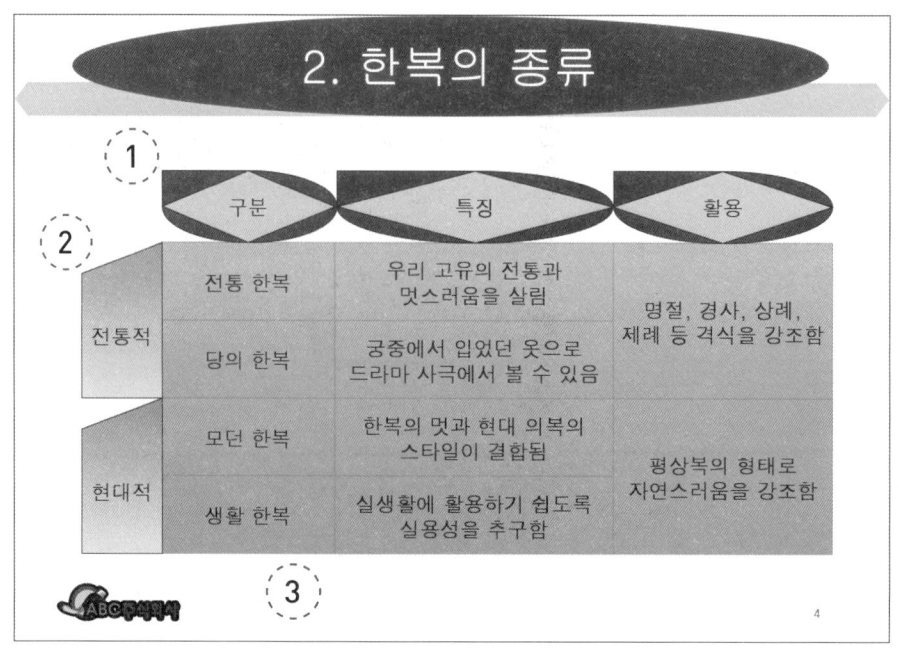

[슬라이드 5] ≪차트 슬라이드≫   100점

(1) 차트 작성 기능을 이용하여 슬라이드를 작성한다.
(2) 차트 : 종류(묶은 세로 막대형), 글꼴(굴림, 16pt), 외곽선

세부조건

※ 차트설명
- 차트 제목 : 궁서, 24pt, 굵게, 채우기(흰색), 테두리, 그림자(오프셋 오른쪽)
- 차트 영역 : 채우기(노랑)
  그림 영역 : 채우기(흰색)
- 데이터 서식 : 여성 계열을 표식(◆)이 있는 꺾은선형으로 변경 후 보조축으로 지정
- 값 표시 : 활동의 불편성의 여성 계열만

① 도형 삽입
 - 스타일 : 미세 효과 - 파랑, 강조 1
 - 글꼴 : 돋움, 18pt

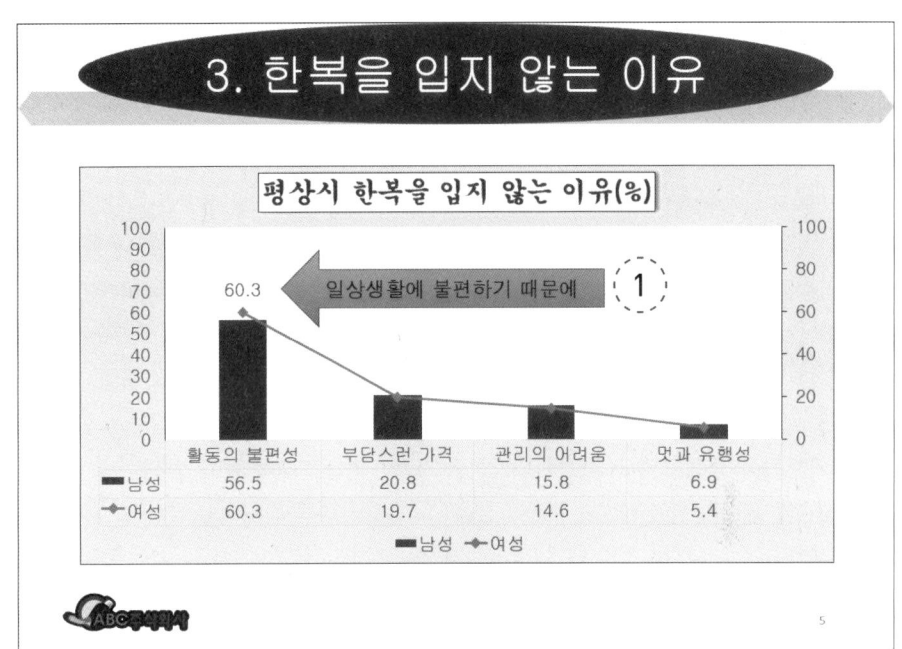

[슬라이드 6] ≪도형 슬라이드≫   100점

(1) 슬라이드와 같이 도형 및 스마트아트를 배치한다(글꼴 : 돋움, 18pt).
(2) 애니메이션 순서 : ① ⇒ ②

세부조건

① 도형 및 스마트아트 편집
 - 스마트아트 디자인
   : 3차원 벽돌, 3차원 만화
 - 그룹화 후 애니메이션 효과
   : 올라오기(서서히 아래로)

② 도형 편집
 - 그룹화 후 애니메이션 효과
   : 회전

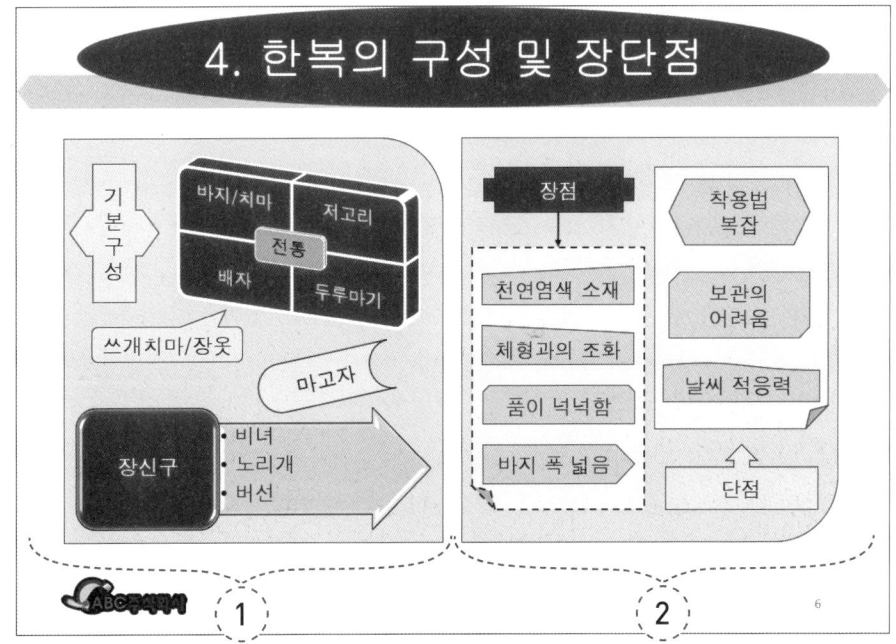

제 02 회 정보기술자격(ITQ) 최신유형 기출문제

과목	코드	문제유형	시험시간	수험번호	성명
한글파워포인트	1142	B	60분		

작성 시간 / 시험 시간: 분 / 60분
채점 결과: 점 / 500점

MS오피스

· 수험자 유의사항 ·

- 수험자는 문제지를 받는 즉시 문제지와 **수험표상의 시험과목(프로그램)이 동일한지 반드시 확인**하여야 합니다.
- 파일명은 본인의 "수험번호-성명"으로 입력하여 답안 폴더(내 PC\문서\ITQ)에 하나의 파일로 저장해야 하며, 답안 파일을 전송하지 않아 미제출로 처리될 경우 실격 처리합니다(예 : 12345678-홍길동.pptx).
- 답안 작성을 마치면 파일을 저장하고, '답안 전송' 버튼을 선택하여 감독위원 PC로 답안을 전송하십시오. 수험생 정보와 저장한 파일명이 다를 경우 전송되지 않으므로 주의하시기 바랍니다.
- 답안 작성 중에도 **주기적으로 저장하고, '답안 전송'**하여야 문제 발생을 줄일 수 있습니다. 작업한 내용을 저장하지 않고 전송할 경우 이전에 저장된 내용이 전송되오니 이점 유의하시기 바랍니다.
- 답안 문서는 지정된 경로 외의 다른 보조기억장치에 저장하는 경우, 지정된 시험 시간 외에 작성된 파일을 활용할 경우, 기타 통신 수단(이메일, 메신저, 네트워크 등)을 이용하여 타인에게 전달 또는 외부 반출하는 경우는 부정 처리합니다.
- 시험 중 부주의 또는 고의로 시스템을 파손한 경우는 수험자가 변상해야 하며, 〈수험자 유의사항〉에 기재된 방법대로 이행하지 않아 생기는 불이익은 수험생 당사자의 책임임을 알려 드립니다.
- 문제의 조건은 MS오피스 2021 버전으로 설정되어 있습니다.
  이와 관련하여 작성한 답안의 출력형태가 문제지와 다를 수 있습니다.
- 시험을 완료한 수험자는 답안파일이 전송되었는지 확인한 후 감독위원의 지시에 따라 문제지를 제출하고 퇴실합니다.

· 답안 작성요령 ·

- 온라인 답안 작성 절차
  수험자 등록 ⇒ 시험 시작 ⇒ 답안파일 저장 ⇒ 답안 전송 ⇒ 시험 종료
- 슬라이드의 크기는 A4 Paper로 설정하여 작성합니다.
- 슬라이드의 총 개수는 6개로 구성되어 있으며 슬라이드 1부터 순서대로 작업하고 반드시 문제와 세부조건대로 합니다.
- 별도의 지시사항이 없는 경우 출력형태를 참조하여 글꼴색은 검정 또는 흰색으로 작성하고, 기타사항은 전체적인 균형을 고려하여 작성합니다.
- 슬라이드 도형 및 개체에 출력형태와 다른 스타일(그림자, 외곽선 등)을 적용했을 경우 감점처리 됩니다.
- 슬라이드 번호를 작성합니다(슬라이드 1에는 생략).
- 2~6번 슬라이드 제목 도형과 하단 로고는 슬라이드 마스터를 이용하여 출력형태와 동일하게 작성합니다(슬라이드 1에는 생략).
- 문제와 세부조건, 세부조건 번호 ○(점선원)는 입력하지 않습니다.
- 각 개체의 위치는 오른쪽의 슬라이드와 동일하게 구성합니다.
- 그림 삽입 문제의 경우 반드시 「내 PC\문서\ITQ\Picture」 폴더에서 정확한 파일을 선택하여 삽입하십시오.
- 각 슬라이드를 각각의 파일로 작업해서 저장할 경우 실격 처리됩니다.

[전체구성] — 60점

(1) 슬라이드 크기 및 순서 : 크기를 A4 용지로 설정하고 슬라이드 순서에 맞게 작성한다.
(2) 슬라이드 마스터 : 2~6슬라이드의 제목, 하단 로고, 슬라이드 번호는 슬라이드 마스터를 이용하여 작성한다.
- 제목 글꼴(굴림, 40pt, 흰색), 가운데 맞춤, 도형(선 없음)
- 하단 로고(「내 PC₩문서₩ITQ₩Picture₩로고1.jpg」, 배경(회색) 투명색으로 설정)

[슬라이드 1] ≪표지 디자인≫ — 40점

(1) 표지 디자인 : 도형, 워드아트 및 그림을 이용하여 작성한다.

세부조건

① 도형 편집
- 도형에 그림 채우기 :
「내 PC₩문서₩ITQ₩Picture₩그림1.jpg」, 투명도 50%
- 도형 효과 :
부드러운 가장자리 5포인트

② 워드아트 삽입
- 변환 : 삼각형, 위로
- 글꼴 : 돋움, 굵게
- 텍스트 반사 : 근접 반사, 터치

③ 그림 삽입
-「내 PC₩문서₩ITQ₩Picture₩로고1.jpg」
- 배경(회색) 투명색으로 설정

[슬라이드 2] ≪목차 슬라이드≫ — 60점

(1) 출력형태와 같이 도형을 이용하여 목차를 작성한다(글꼴 : 돋움, 24pt).
(2) 도형 : 선 없음

세부조건

① 텍스트에 링크 적용
→ '슬라이드 6'

② 그림 삽입
-「내 PC₩문서₩ITQ₩Picture₩그림4.jpg」
- 자르기 기능 이용

[슬라이드 3] ≪텍스트/동영상 슬라이드≫ 60점

(1) 텍스트 작성 : 글머리 기호 사용(❖, ✓)
   ❖ 문단(굴림, 24pt, 굵게, 줄간격 : 1.5줄), ✓ 문단(굴림, 20pt, 줄간격 : 1.5줄)

세부조건
① 동영상 삽입 :
  - 「내 PC₩문서₩ITQ₩Picture₩동영상.wmv」
  - 자동실행, 반복재생 설정

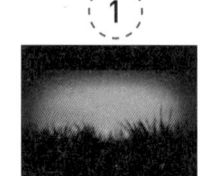

[슬라이드 4] ≪표 슬라이드≫ 80점

(1) 도형과 표 작성 기능을 이용하여 슬라이드를 작성한다(글꼴 : 돋움, 18pt).

세부조건
① 상단 도형 :
  2개 도형의 조합으로 작성
② 좌측 도형 :
  그라데이션 효과(선형 아래쪽)
③ 표 스타일 :
  테마 스타일 1 - 강조 5

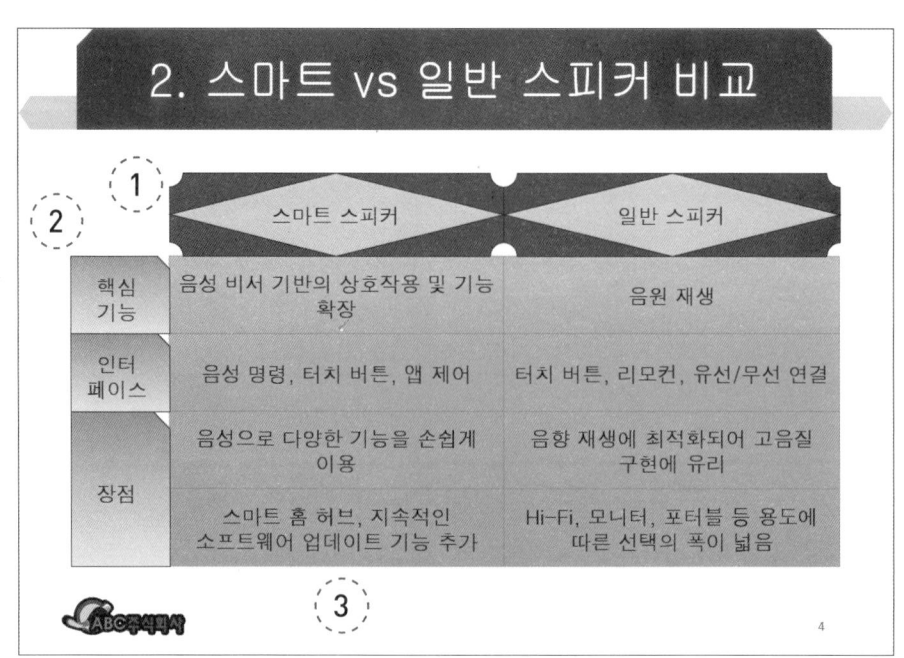

[슬라이드 5] ≪차트 슬라이드≫ 100점

(1) 차트 작성 기능을 이용하여 슬라이드를 작성한다.
(2) 차트 : 종류(묶은 세로 막대형), 글꼴(굴림, 16pt), 외곽선

세부조건

※ 차트설명
- 차트 제목 : 궁서, 24pt, 굵게, 채우기(흰색), 테두리, 그림자(오프셋 오른쪽)
- 차트 영역 : 채우기(노랑)
  그림 영역 : 채우기(흰색)
- 데이터 서식 : 유럽 계열을 표식(◆)이 있는 꺾은선형으로 변경 후 보조축으로 지정
- 값 표시 : 2025년의 북미 계열만

① 도형 삽입
  - 스타일 : 미세 효과 – 파랑, 강조 1
  - 글꼴 : 돋움, 18pt

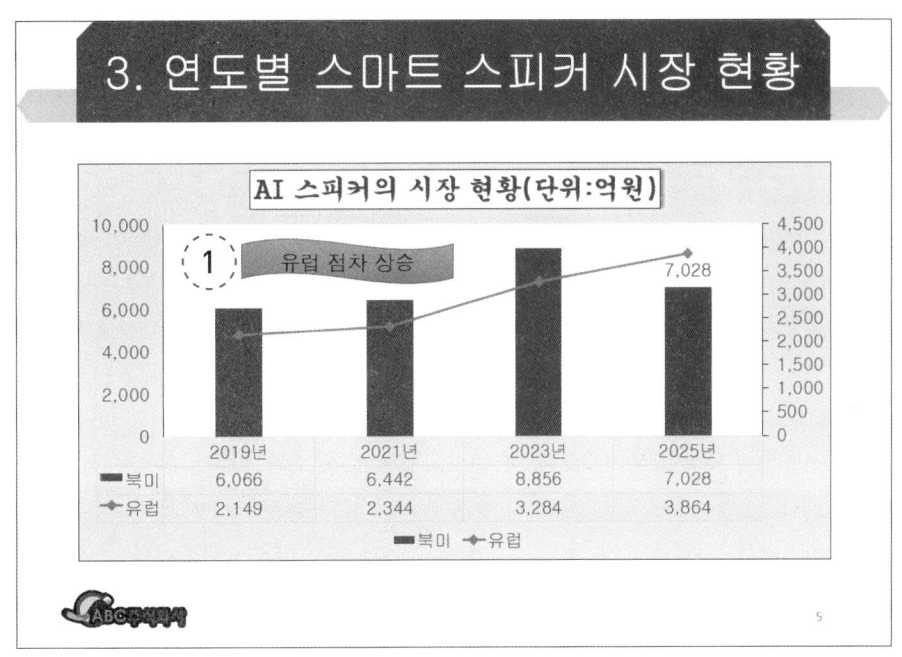

[슬라이드 6] ≪도형 슬라이드≫ 100점

(1) 슬라이드와 같이 도형 및 스마트아트를 배치한다(글꼴 : 돋움, 18pt).
(2) 애니메이션 순서 : ① ⇒ ②

세부조건

① 도형 및 스마트아트 편집
  - 스마트아트 디자인
    : 3차원 만화,
    3차원 벽돌
  - 그룹화 후 애니메이션 효과
    : 올라오기(서서히 아래로)

② 도형 편집
  - 그룹화 후 애니메이션 효과
    : 회전

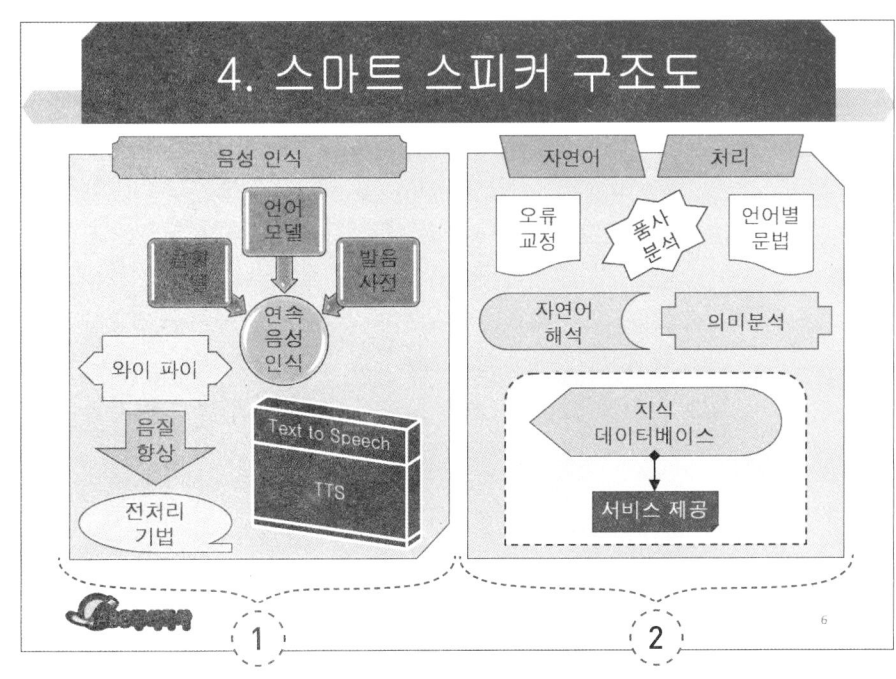

제 03 회 정보기술자격(ITQ) 최신유형 기출문제

작성 시간 / 시험 시간	채점 결과
분 / 60분	점 / 500점

과목	코드	문제유형	시험시간	수험번호	성명
한글파워포인트	1142	C	60분		

MS오피스

· 수험자 유의사항 ·

- 수험자는 문제지를 받는 즉시 문제지와 **수험표상의 시험과목(프로그램)이 동일한지 반드시 확인**하여야 합니다.
- 파일명은 본인의 "수험번호-성명"으로 입력하여 답안 폴더(내 PC\문서\ITQ)에 하나의 파일로 저장해야 하며, 답안 파일을 전송하지 않아 미제출로 처리될 경우 실격 처리합니다(예 : 12345678-홍길동.pptx).
- 답안 작성을 마치면 파일을 저장하고, '답안 전송' 버튼을 선택하여 감독위원 PC로 답안을 전송하십시오. 수험생 정보와 저장한 파일명이 다를 경우 전송되지 않으므로 주의하시기 바랍니다.
- 답안 작성 중에도 **주기적으로 저장하고, '답안 전송'**하여야 문제 발생을 줄일 수 있습니다. 작업한 내용을 저장하지 않고 전송할 경우 이전에 저장된 내용이 전송되오니 이점 유의하시기 바랍니다.
- 답안 문서는 지정된 경로 외의 다른 보조기억장치에 저장하는 경우, 지정된 시험 시간 외에 작성된 파일을 활용할 경우, 기타 통신 수단(이메일, 메신저, 네트워크 등)을 이용하여 타인에게 전달 또는 외부 반출하는 경우는 부정 처리합니다.
- 시험 중 부주의 또는 고의로 시스템을 파손한 경우는 수험자가 변상해야 하며, 〈수험자 유의사항〉에 기재된 방법대로 이행하지 않아 생기는 불이익은 수험생 당사자의 책임임을 알려 드립니다.
- 문제의 조건은 MS오피스 2021 버전으로 설정되어 있습니다.
  이와 관련하여 작성한 답안의 출력형태가 문제지와 다를 수 있습니다.
- 시험을 완료한 수험자는 답안파일이 전송되었는지 확인한 후 감독위원의 지시에 따라 문제지를 제출하고 퇴실합니다.

· 답안 작성요령 ·

- 온라인 답안 작성 절차
  수험자 등록 ⇒ 시험 시작 ⇒ 답안파일 저장 ⇒ 답안 전송 ⇒ 시험 종료
- 슬라이드의 크기는 A4 Paper로 설정하여 작성합니다.
- 슬라이드의 총 개수는 6개로 구성되어 있으며 슬라이드 1부터 순서대로 작업하고 반드시 문제와 세부조건대로 합니다.
- 별도의 지시사항이 없는 경우 출력형태를 참조하여 글꼴색은 검정 또는 흰색으로 작성하고, 기타사항은 전체적인 균형을 고려하여 작성합니다.
- 슬라이드 도형 및 개체에 출력형태와 다른 스타일(그림자, 외곽선 등)을 적용했을 경우 감점처리 됩니다.
- 슬라이드 번호를 작성합니다(슬라이드 1에는 생략).
- 2~6번 슬라이드 제목 도형과 하단 로고는 슬라이드 마스터를 이용하여 출력형태와 동일하게 작성합니다(슬라이드 1에는 생략).
- 문제와 세부조건, 세부조건 번호 ○(점선원)는 입력하지 않습니다.
- 각 개체의 위치는 오른쪽의 슬라이드와 동일하게 구성합니다.
- 그림 삽입 문제의 경우 반드시 「내 PC\문서\ITQ\Picture」 폴더에서 정확한 파일을 선택하여 삽입하십시오.
- 각 슬라이드를 각각의 파일로 작업해서 저장할 경우 실격 처리됩니다.

[전체구성] 60점

(1) 슬라이드 크기 및 순서 : 크기를 A4 용지로 설정하고 슬라이드 순서에 맞게 작성한다.
(2) 슬라이드 마스터 : 2~6슬라이드의 제목, 하단 로고, 슬라이드 번호는 슬라이드 마스터를 이용하여 작성한다.
- 제목 글꼴(굴림, 40pt, 흰색), 가운데 맞춤, 도형(선 없음)
- 하단 로고(「내 PC\문서\ITQ\Picture\로고1.jpg」, 배경(회색) 투명색으로 설정)

[슬라이드 1] 《표지 디자인》 40점

(1) 표지 디자인 : 도형, 워드아트 및 그림을 이용하여 작성한다.

세부조건
① 도형 편집
 - 도형에 그림 채우기 :
 「내 PC\문서\ITQ\Picture\
 그림1.jpg」, 투명도 50%
 - 도형 효과 :
 부드러운 가장자리 5포인트
② 워드아트 삽입
 - 변환 : 삼각형, 위로
 - 글꼴 : 돋움, 굵게
 - 텍스트 반사 : 근접 반사, 터치
③ 그림 삽입
 - 「내 PC\문서\ITQ\Picture\
 로고1.jpg」
 - 배경(회색) 투명색으로 설정

[슬라이드 2] 《목차 슬라이드》 60점

(1) 출력형태와 같이 도형을 이용하여 목차를 작성한다(글꼴 : 돋움, 24pt).
(2) 도형 : 선 없음

세부조건
① 텍스트에 링크 적용
 → '슬라이드 6'
② 그림 삽입
 - 「내 PC\문서\ITQ\Picture\
 그림4.jpg」
 - 자르기 기능 이용

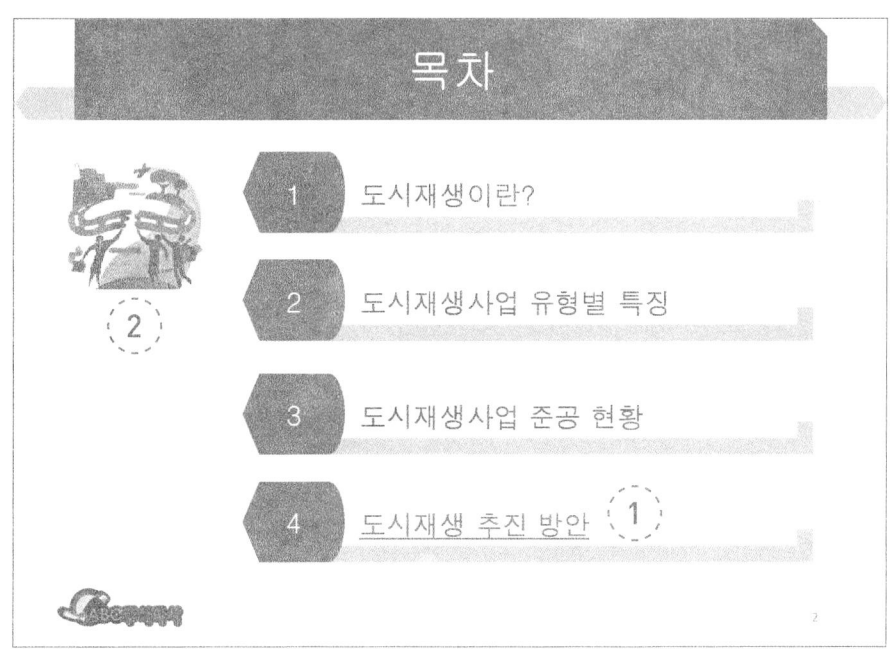

[슬라이드 3] ≪텍스트/동영상 슬라이드≫   60점

(1) 텍스트 작성 : 글머리 기호 사용(❖, ✓)
- ❖ 문단(굴림, 24pt, 굵게, 줄간격 : 1.5줄), ✓ 문단(굴림, 20pt, 줄간격 : 1.5줄)

세부조건
① 동영상 삽입 :
- 「내 PC₩문서₩ITQ₩Picture₩동영상.wmv」
- 자동실행, 반복재생 설정

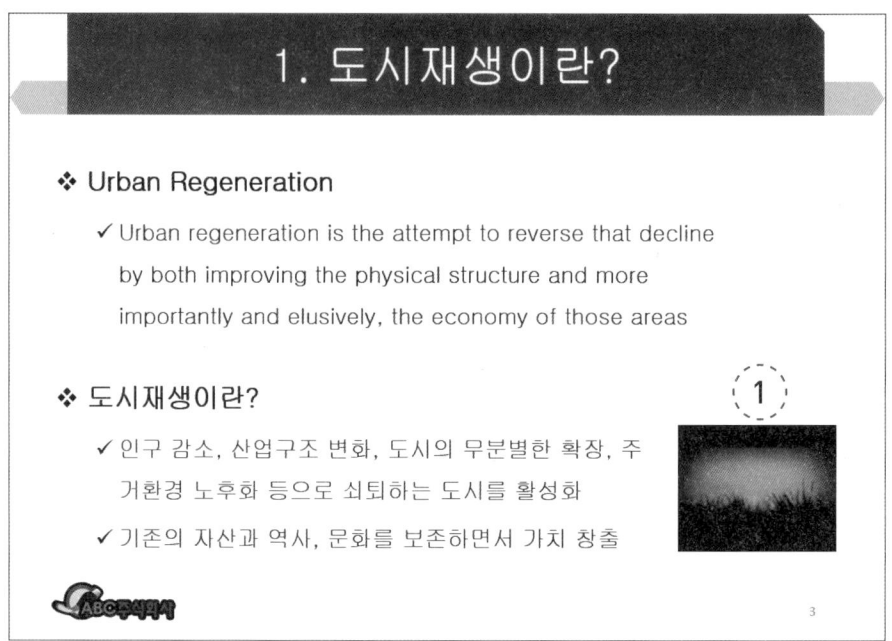

[슬라이드 4] ≪표 슬라이드≫   80점

(1) 도형과 표 작성 기능을 이용하여 슬라이드를 작성한다(글꼴 : 돋움, 18pt).

세부조건
① 상단 도형 :
2개 도형의 조합으로 작성

② 좌측 도형 :
그라데이션 효과(선형 아래쪽)

③ 표 스타일 :
테마 스타일 1 – 강조 5

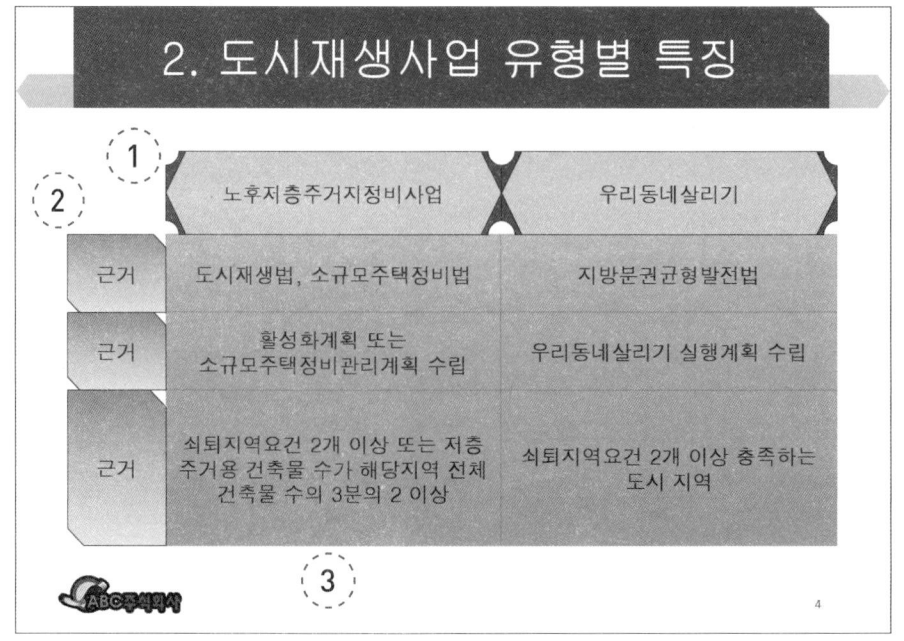

[슬라이드 5] ≪차트 슬라이드≫ 100점

(1) 차트 작성 기능을 이용하여 슬라이드를 작성한다.
(2) 차트 : 종류(묶은 세로 막대형), 글꼴(굴림, 16pt), 외곽선

세부조건

※ 차트설명
- 차트 제목 : 궁서, 24pt, 굵게,
  채우기(흰색), 테두리,
  그림자(오프셋 오른쪽)
- 차트 영역 : 채우기(노랑)
  그림 영역 : 채우기(흰색)
- 데이터 서식 : 진행중 계열을 표식(◆)
  이 있는 꺾은선형으로 변경 후 보조
  축으로 지정
- 값 표시 : 2020년의 진행중 계열만

① 도형 삽입
- 스타일 : 미세 효과 – 파랑, 강조 1
- 글꼴 : 돋움, 18pt

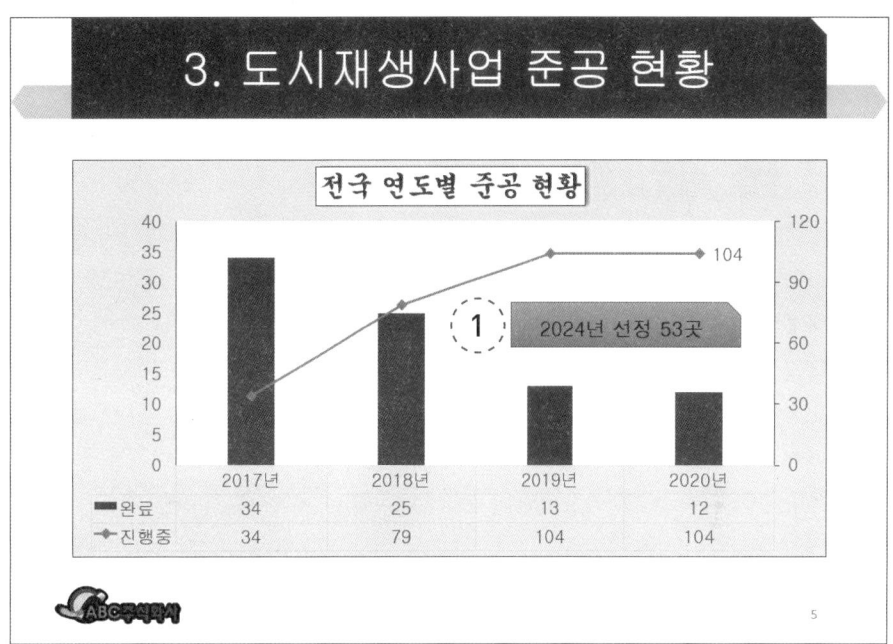

[슬라이드 6] ≪도형 슬라이드≫ 100점

(1) 슬라이드와 같이 도형 및 스마트아트를 배치한다(글꼴 : 돋움, 18pt).
(2) 애니메이션 순서 : ① ⇒ ②

세부조건

① 도형 및 스마트아트 편집
- 스마트아트 디자인
  : 3차원 만화,
  3차원 벽돌
- 그룹화 후 애니메이션 효과
  : 올라오기(서서히 아래로)

② 도형 편집
- 그룹화 후 애니메이션 효과
  : 회전

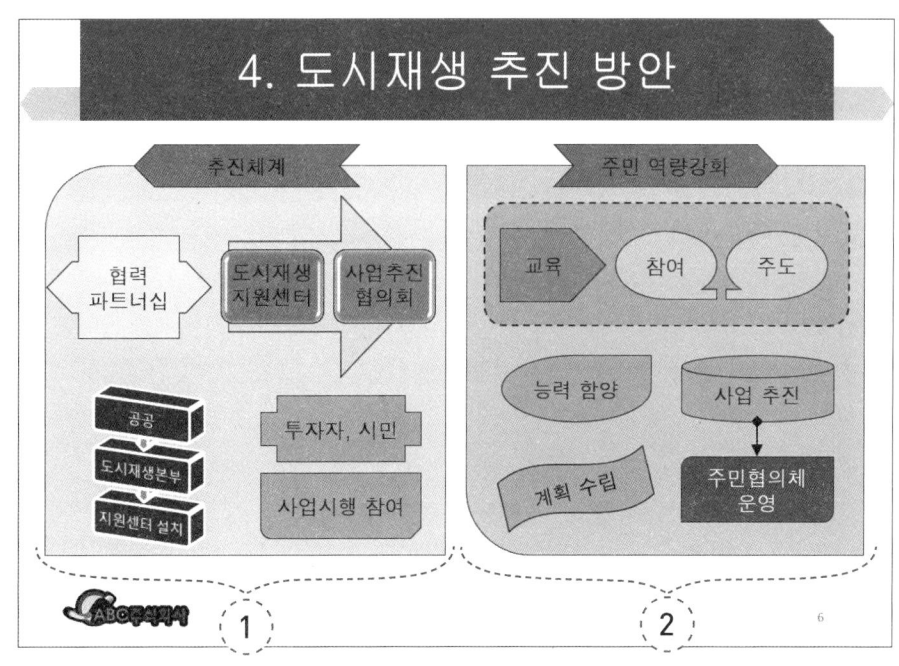

정보기술자격(ITQ) 최신유형 기출문제

작성 시간 / 시험 시간	채점 결과
분 / 60분	점 / 500점

과목	코드	문제유형	시험시간	수험번호	성명
한글파워포인트	1142	D	60분		

MS오피스

· 수험자 유의사항 ·

- 수험자는 문제지를 받는 즉시 문제지와 **수험표상의 시험과목(프로그램)이 동일한지 반드시 확인**하여야 합니다.
- 파일명은 본인의 "수험번호-성명"으로 입력하여 답안 폴더(내 PC\문서\ITQ)에 하나의 파일로 저장해야 하며, 답안 파일을 전송하지 않아 미제출로 처리될 경우 실격 처리합니다(예 : 12345678-홍길동.pptx).
- 답안 작성을 마치면 파일을 저장하고, '답안 전송' 버튼을 선택하여 감독위원 PC로 답안을 전송하십시오. 수험생 정보와 저장한 파일명이 다를 경우 전송되지 않으므로 주의하시기 바랍니다.
- 답안 작성 중에도 **주기적으로 저장하고, '답안 전송'**하여야 문제 발생을 줄일 수 있습니다. 작업한 내용을 저장하지 않고 전송할 경우 이전에 저장된 내용이 전송되오니 이점 유의하시기 바랍니다.
- 답안 문서는 지정된 경로 외의 다른 보조기억장치에 저장하는 경우, 지정된 시험 시간 외에 작성된 파일을 활용할 경우, 기타 통신 수단(이메일, 메신저, 네트워크 등)을 이용하여 타인에게 전달 또는 외부 반출하는 경우는 부정 처리합니다.
- 시험 중 부주의 또는 고의로 시스템을 파손한 경우는 수험자가 변상해야 하며, 〈수험자 유의사항〉에 기재된 방법대로 이행하지 않아 생기는 불이익은 수험생 당사자의 책임임을 알려 드립니다.
- 문제의 조건은 MS오피스 2021 버전으로 설정되어 있습니다.
  이와 관련하여 작성한 답안의 출력형태가 문제지와 다를 수 있습니다.
- 시험을 완료한 수험자는 답안파일이 전송되었는지 확인한 후 감독위원의 지시에 따라 문제지를 제출하고 퇴실합니다.

· 답안 작성요령 ·

- 온라인 답안 작성 절차
  수험자 등록 ⇒ 시험 시작 ⇒ 답안파일 저장 ⇒ 답안 전송 ⇒ 시험 종료
- 슬라이드의 크기는 A4 Paper로 설정하여 작성합니다.
- 슬라이드의 총 개수는 6개로 구성되어 있으며 슬라이드 1부터 순서대로 작업하고 반드시 문제와 세부조건대로 합니다.
- 별도의 지시사항이 없는 경우 출력형태를 참조하여 글꼴색은 검정 또는 흰색으로 작성하고, 기타사항은 전체적인 균형을 고려하여 작성합니다.
- 슬라이드 도형 및 개체에 출력형태와 다른 스타일(그림자, 외곽선 등)을 적용했을 경우 감점처리 됩니다.
- 슬라이드 번호를 작성합니다(슬라이드 1에는 생략).
- 2~6번 슬라이드 제목 도형과 하단 로고는 슬라이드 마스터를 이용하여 출력형태와 동일하게 작성합니다(슬라이드 1에는 생략).
- 문제와 세부조건, 세부조건 번호 ◌(점선원)는 입력하지 않습니다.
- 각 개체의 위치는 오른쪽의 슬라이드와 동일하게 구성합니다.
- 그림 삽입 문제의 경우 반드시 「내 PC\문서\ITQ\Picture」 폴더에서 정확한 파일을 선택하여 삽입하십시오.
- 각 슬라이드를 각각의 파일로 작업해서 저장할 경우 실격 처리됩니다.

[전체구성] 60점

(1) 슬라이드 크기 및 순서 : 크기를 A4 용지로 설정하고 슬라이드 순서에 맞게 작성한다.
(2) 슬라이드 마스터 : 2~6슬라이드의 제목, 하단 로고, 슬라이드 번호는 슬라이드 마스터를 이용하여 작성한다.
 - 제목 글꼴(돋움, 40pt, 흰색), 가운데 맞춤, 도형(선 없음)
 - 하단 로고(「내 PC₩문서₩ITQ₩Picture₩로고2.jpg」, 배경(회색) 투명색으로 설정)

[슬라이드 1] ≪표지 디자인≫ 40점

(1) 표지 디자인 : 도형, 워드아트 및 그림을 이용하여 작성한다.

세부조건
① 도형 편집
 - 도형에 그림 채우기 :
  「내 PC₩문서₩ITQ₩Picture₩
  그림1.jpg」, 투명도 50%
 - 도형 효과 :
  부드러운 가장자리 5포인트
② 워드아트 삽입
 - 변환 : 물결, 아래로
 - 글꼴 : 굴림, 굵게
 - 텍스트 반사 : 전체 반사, 터치
③ 그림 삽입
 - 「내 PC₩문서₩ITQ₩Picture₩
  로고2.jpg」
 - 배경(회색) 투명색으로 설정

[슬라이드 2] ≪목차 슬라이드≫ 60점

(1) 출력형태와 같이 도형을 이용하여 목차를 작성한다(글꼴 : 굴림, 24pt).
(2) 도형 : 선 없음

세부조건
① 텍스트에 링크 적용
 → '슬라이드 5'
② 그림 삽입
 - 「내 PC₩문서₩ITQ₩Picture₩
  그림4.jpg」
 - 자르기 기능 이용

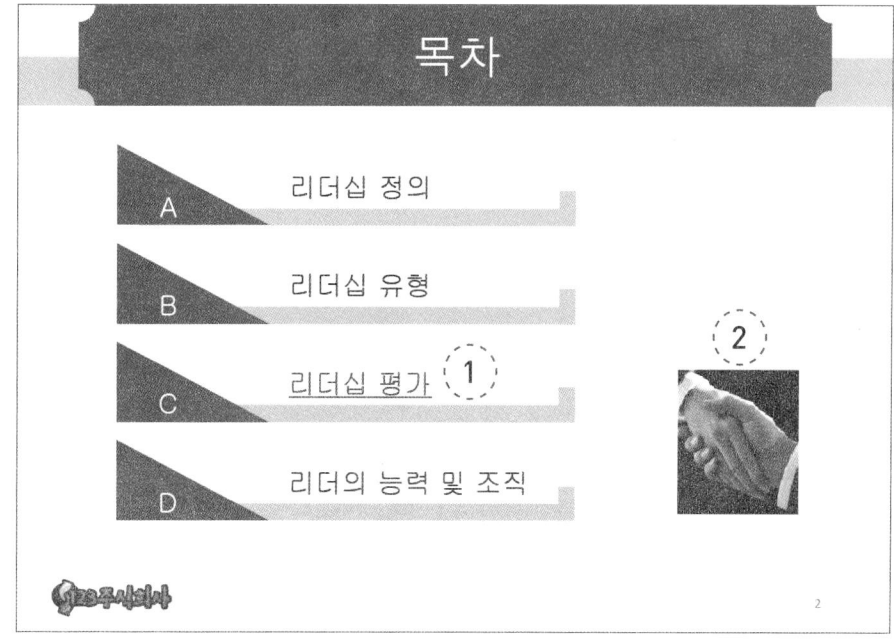

[슬라이드 3] ≪텍스트/동영상 슬라이드≫ 60점

(1) 텍스트 작성 : 글머리 기호 사용(◆, ✓)
- ◆문단(돋움, 24pt, 굵게, 줄간격 : 1.5줄), ✓문단(돋움, 20pt, 줄간격 : 1.5줄)

세부조건

① 동영상 삽입 :
- 「내 PC₩문서₩ITQ₩Picture₩동영상.wmv」
- 자동실행, 반복재생 설정

A. 리더십 정의

◆ Leadership
- ✓ Leadership is the ability to present visions and lead members in a certain direction to generate results
- ✓ Leader adapt well to environmental changes and motivate members

◆ 리더십 정의
- ✓ 리더십은 구성들에게 비전을 제시하고, 그들을 일정한 방향으로 이끌어 성과를 창출하게 하는 능력으로 리더는 변화에 대한 적응력을 높이며 동기를 부여함

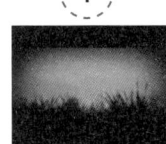

[슬라이드 4] ≪표 슬라이드≫ 80점

(1) 도형과 표 작성 기능을 이용하여 슬라이드를 작성한다(글꼴 : 굴림, 18pt).

세부조건

① 상단 도형 :
  2개 도형의 조합으로 작성

② 좌측 도형 :
  그라데이션 효과(선형 아래쪽)

③ 표 스타일 :
  테마 스타일 1 - 강조 5

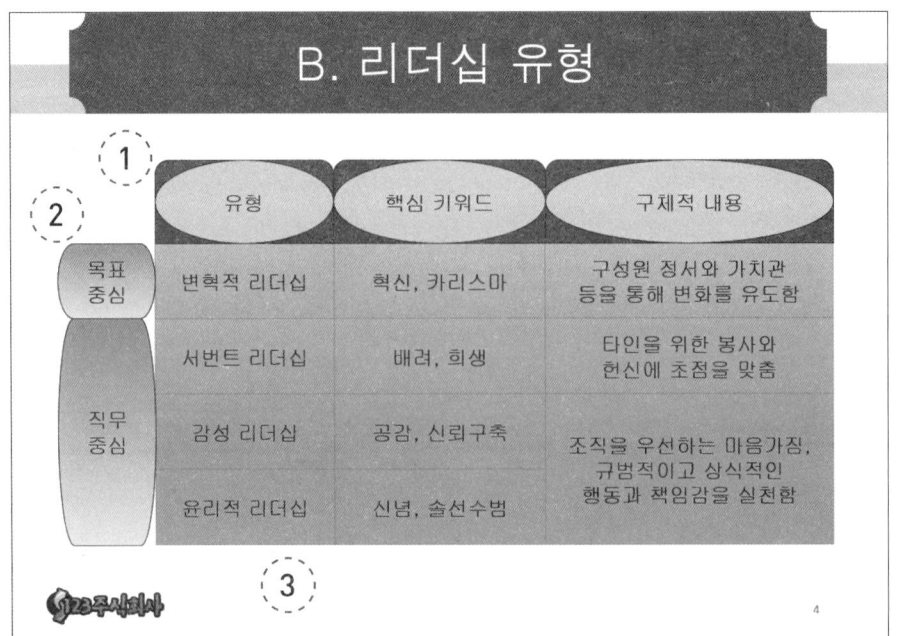

B. 리더십 유형

	유형	핵심 키워드	구체적 내용
목표 중심	변혁적 리더십	혁신, 카리스마	구성원 정서와 가치관 등을 통해 변화를 유도함
	서번트 리더십	배려, 희생	타인을 위한 봉사와 헌신에 초점을 맞춤
직무 중심	감성 리더십	공감, 신뢰구축	조직을 우선하는 마음가짐, 규범적이고 상식적인 행동과 책임감을 실천함
	윤리적 리더십	신념, 솔선수범	

[슬라이드 5] ≪차트 슬라이드≫   100점

(1) 차트 작성 기능을 이용하여 슬라이드를 작성한다.
(2) 차트 : 종류(묶은 세로 막대형), 글꼴(돋움, 16pt), 외곽선

세부조건

※ 차트설명
- 차트 제목 : 궁서, 24pt, 굵게, 채우기(흰색), 테두리, 그림자(오프셋 왼쪽)
- 차트 영역 : 채우기(노랑) 그림 영역 : 채우기(흰색)
- 데이터 서식 : 조직외 계열을 표식(◆)이 있는 꺾은선형으로 변경 후 보조축으로 지정
- 값 표시 : 탁월형의 조직내 계열만

① 도형 삽입
 - 스타일 : 미세 효과 – 파랑, 강조 1
 - 글꼴 : 굴림, 18pt

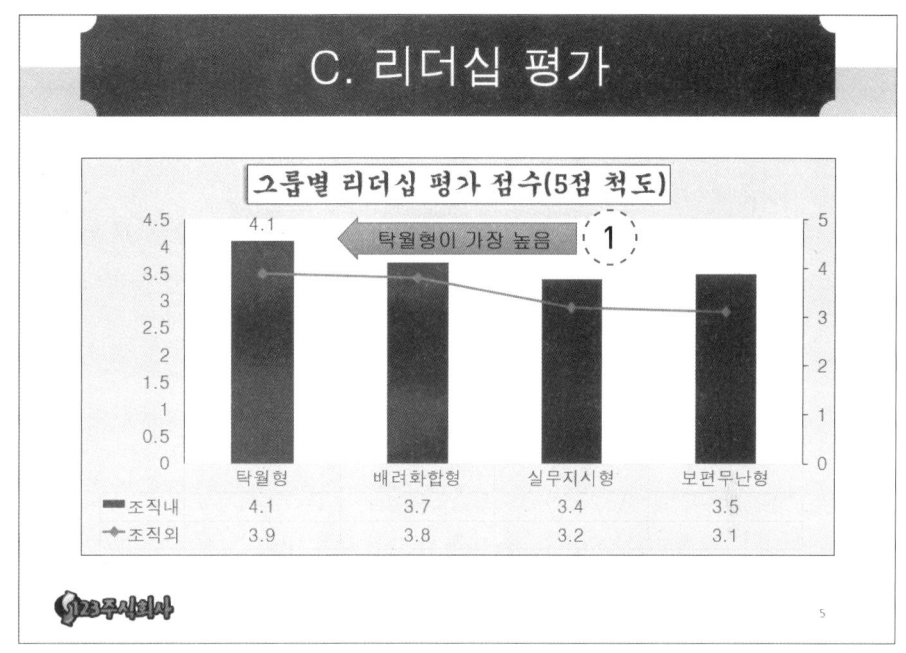

[슬라이드 6] ≪도형 슬라이드≫   100점

(1) 슬라이드와 같이 도형 및 스마트아트를 배치한다(글꼴 : 돋움, 18pt).
(2) 애니메이션 순서 : ① ⇒ ②

세부조건

① 도형 및 스마트아트 편집
 - 스마트아트 디자인
  : 3차원 벽돌,
   3차원 만화
 - 그룹화 후 애니메이션 효과
  : 날아오기(왼쪽에서)

② 도형 편집
 - 그룹화 후 애니메이션 효과
  : 회전

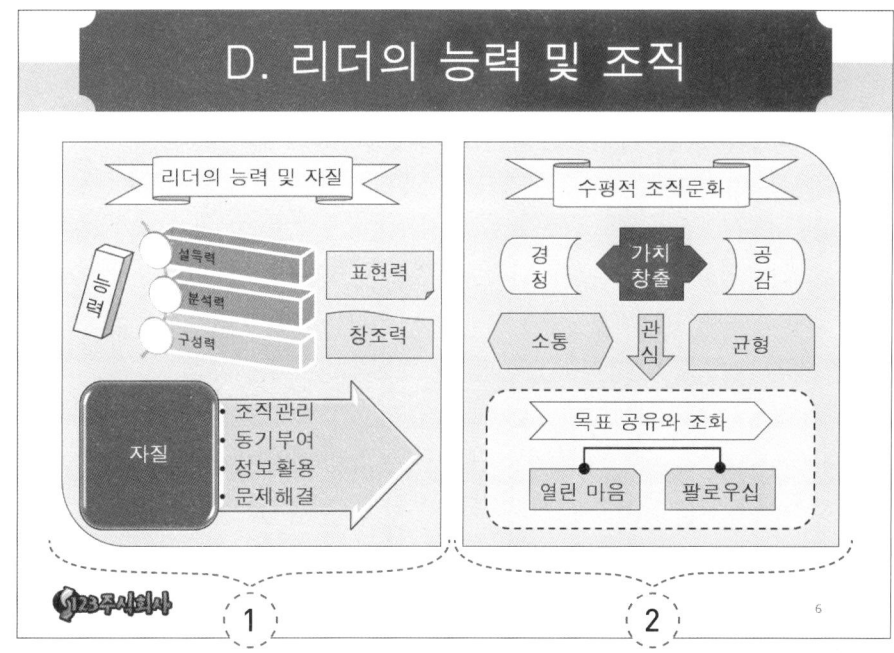

제 05 회 정보기술자격(ITQ) 최신유형 기출문제

과목	코드	문제유형	시험시간	수험번호	성명
한글파워포인트	1142	A	60분		

작성 시간 / 시험 시간: 분 / 60분
채점 결과: 점 / 500점

MS오피스

· 수험자 유의사항 ·

- 수험자는 문제지를 받는 즉시 문제지와 **수험표상의 시험과목(프로그램)이 동일한지 반드시 확인**하여야 합니다.
- 파일명은 본인의 "수험번호-성명"으로 입력하여 답안 폴더(내 PC₩문서₩ITQ)에 하나의 파일로 저장해야 하며, 답안 파일을 전송하지 않아 미제출로 처리될 경우 실격 처리합니다(예 : 12345678-홍길동.pptx).
- 답안 작성을 마치면 파일을 저장하고, '답안 전송' 버튼을 선택하여 감독위원 PC로 답안을 전송하십시오. 수험생 정보와 저장한 파일명이 다를 경우 전송되지 않으므로 주의하시기 바랍니다.
- 답안 작성 중에도 **주기적으로 저장하고, '답안 전송'**하여야 문제 발생을 줄일 수 있습니다. 작업한 내용을 저장하지 않고 전송할 경우 이전에 저장된 내용이 전송되오니 이점 유의하시기 바랍니다.
- 답안 문서는 지정된 경로 외의 다른 보조기억장치에 저장하는 경우, 지정된 시험 시간 외에 작성된 파일을 활용할 경우, 기타 통신 수단(이메일, 메신저, 네트워크 등)을 이용하여 타인에게 전달 또는 외부 반출하는 경우는 부정 처리합니다.
- 시험 중 부주의 또는 고의로 시스템을 파손한 경우는 수험자가 변상해야 하며, 〈수험자 유의사항〉에 기재된 방법대로 이행하지 않아 생기는 불이익은 수험생 당사자의 책임임을 알려 드립니다.
- 문제의 조건은 MS오피스 2021 버전으로 설정되어 있습니다.
  이와 관련하여 작성한 답안의 출력형태가 문제지와 다를 수 있습니다.
- 시험을 완료한 수험자는 답안파일이 전송되었는지 확인한 후 감독위원의 지시에 따라 문제지를 제출하고 퇴실합니다.

· 답안 작성요령 ·

- 온라인 답안 작성 절차
  수험자 등록 ⇒ 시험 시작 ⇒ 답안파일 저장 ⇒ 답안 전송 ⇒ 시험 종료
- 슬라이드의 크기는 A4 Paper로 설정하여 작성합니다.
- 슬라이드의 총 개수는 6개로 구성되어 있으며 슬라이드 1부터 순서대로 작업하고 반드시 문제와 세부조건대로 합니다.
- 별도의 지시사항이 없는 경우 출력형태를 참조하여 글꼴색은 검정 또는 흰색으로 작성하고, 기타사항은 전체적인 균형을 고려하여 작성합니다.
- 슬라이드 도형 및 개체에 출력형태와 다른 스타일(그림자, 외곽선 등)을 적용했을 경우 감점처리 됩니다.
- 슬라이드 번호를 작성합니다(슬라이드 1에는 생략).
- 2~6번 슬라이드 제목 도형과 하단 로고는 슬라이드 마스터를 이용하여 출력형태와 동일하게 작성합니다(슬라이드 1에는 생략).
- 문제와 세부조건, 세부조건 번호 ۞(점선원)는 입력하지 않습니다.
- 각 개체의 위치는 오른쪽의 슬라이드와 동일하게 구성합니다.
- 그림 삽입 문제의 경우 반드시 「내 PC₩문서₩ITQ₩Picture」 폴더에서 정확한 파일을 선택하여 삽입하십시오.
- 각 슬라이드를 각각의 파일로 작업해서 저장할 경우 실격 처리됩니다.

[전체구성] 60점

(1) 슬라이드 크기 및 순서 : 크기를 A4 용지로 설정하고 슬라이드 순서에 맞게 작성한다.
(2) 슬라이드 마스터 : 2~6슬라이드의 제목, 하단 로고, 슬라이드 번호는 슬라이드 마스터를 이용하여 작성한다.
   - 제목 글꼴(돋움, 40pt, 흰색), 가운데 맞춤, 도형(선 없음)
   - 하단 로고(「내 PC₩문서₩ITQ₩Picture₩로고2.jpg」, 배경(회색) 투명색으로 설정)

[슬라이드 1] ≪표지 디자인≫ 40점

(1) 표지 디자인 : 도형, 워드아트 및 그림을 이용하여 작성한다.

세부조건

① 도형 편집
  - 도형에 그림 채우기 :
    「내 PC₩문서₩ITQ₩Picture₩그림1.jpg」, 투명도 50%
  - 도형 효과 :
    부드러운 가장자리 5포인트

② 워드아트 삽입
  - 변환 : 물결, 아래로
  - 글꼴 : 굴림, 굵게
  - 텍스트 반사 : 전체 반사, 터치

③ 그림 삽입
  - 「내 PC₩문서₩ITQ₩Picture₩로고2.jpg」
  - 배경(회색) 투명색으로 설정

[슬라이드 2] ≪목차 슬라이드≫ 60점

(1) 출력형태와 같이 도형을 이용하여 목차를 작성한다(글꼴 : 굴림, 24pt).
(2) 도형 : 선 없음

세부조건

① 텍스트에 링크 적용
  → '슬라이드 5'

② 그림 삽입
  - 「내 PC₩문서₩ITQ₩Picture₩그림4.jpg」
  - 자르기 기능 이용

[슬라이드 3] ≪텍스트/동영상 슬라이드≫ 60점

(1) 텍스트 작성 : 글머리 기호 사용(◆, ✓)
  ◆ 문단(돋움, 24pt, 굵게, 줄간격 : 1.5줄), ✓문단(돋움, 20pt, 줄간격 : 1.5줄)

세부조건
① 동영상 삽입 :
  - 「내 PC₩문서₩ITQ₩Picture₩동영상.wmv」
  - 자동실행, 반복재생 설정

A. 메타버스의 정의 및 특징

◆ **Metaverse**
  ✓ A compound word of the Greek word meta, meaning 'transcend or more', and universe, meaning 'the world or the universe'
  ✓ It refers to a new cyber world where virtual and real realities interact

◆ **메타버스의 특징**
  ✓ 아바타를 통해 다른 사람들과 상호작용하는 활동을 하고, 공연을 열고 티켓을 판매하는 등의 경제 활동이 가능하며 현실의 정보나 데이터를 반영

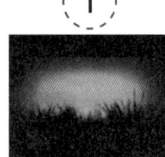

[슬라이드 4] ≪표 슬라이드≫ 80점

(1) 도형과 표 작성 기능을 이용하여 슬라이드를 작성한다(글꼴 : 굴림, 18pt).

세부조건
① 상단 도형 :
  2개 도형의 조합으로 작성
② 좌측 도형 :
  그라데이션 효과(선형 아래쪽)
③ 표 스타일 :
  테마 스타일 1 - 강조 5

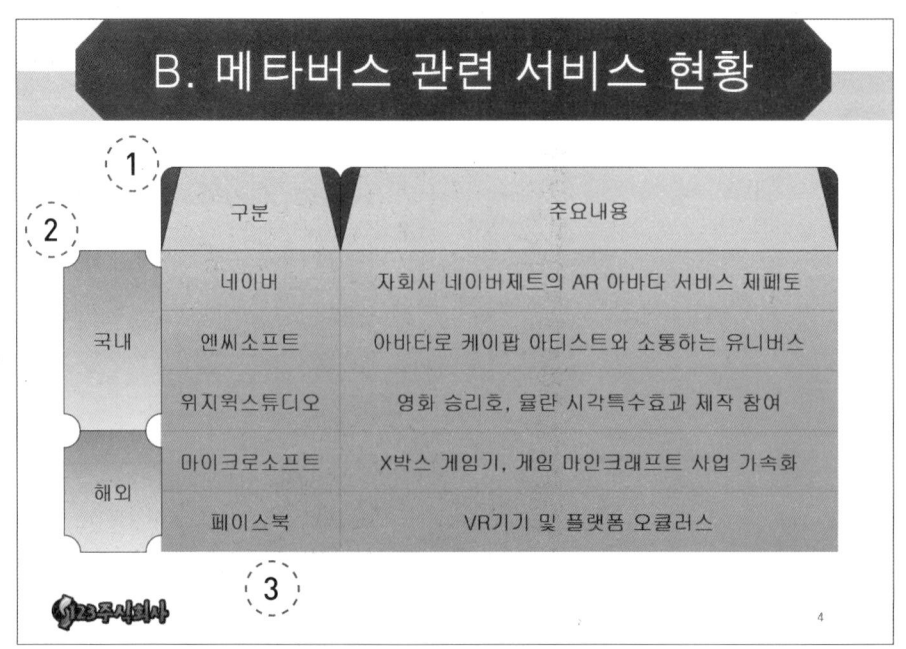

[슬라이드 5] ≪차트 슬라이드≫ 100점

(1) 차트 작성 기능을 이용하여 슬라이드를 작성한다.
(2) 차트 : 종류(묶은 세로 막대형), 글꼴(돋움, 16pt), 외곽선

세부조건

※ 차트설명
- 차트 제목 : 궁서, 24pt, 굵게, 채우기(흰색), 테두리, 그림자(오프셋 왼쪽)
- 차트 영역 : 채우기(노랑) 그림 영역 : 채우기(흰색)
- 데이터 서식 : 콘텐츠 계열을 표식(◆)이 있는 꺾은선형으로 변경 후 보조축으로 지정
- 값 표시 : 2025년의 하드웨어 계열만

① 도형 삽입
 - 스타일 : 미세 효과 – 파랑, 강조 1
 - 글꼴 : 굴림, 18pt

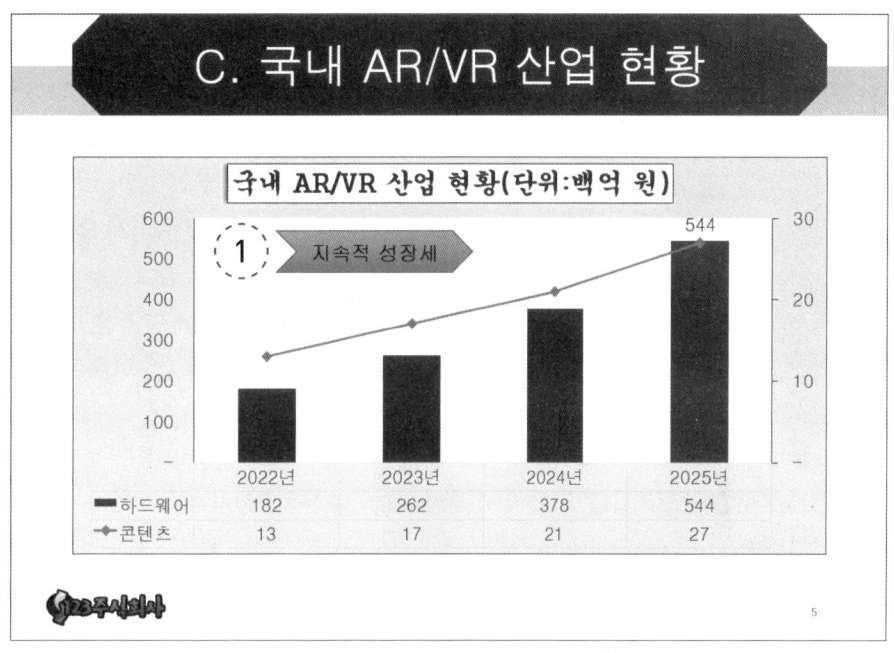

[슬라이드 6] ≪도형 슬라이드≫ 100점

(1) 슬라이드와 같이 도형 및 스마트아트를 배치한다(글꼴 : 돋움, 18pt).
(2) 애니메이션 순서 : ① ⇒ ②

세부조건

① 도형 및 스마트아트 편집
 - 스마트아트 디자인
   : 3차원 벽돌, 3차원 경사
 - 그룹화 후 애니메이션 효과
   : 날아오기(왼쪽에서)

② 도형 편집
 - 그룹화 후 애니메이션 효과
   : 회전

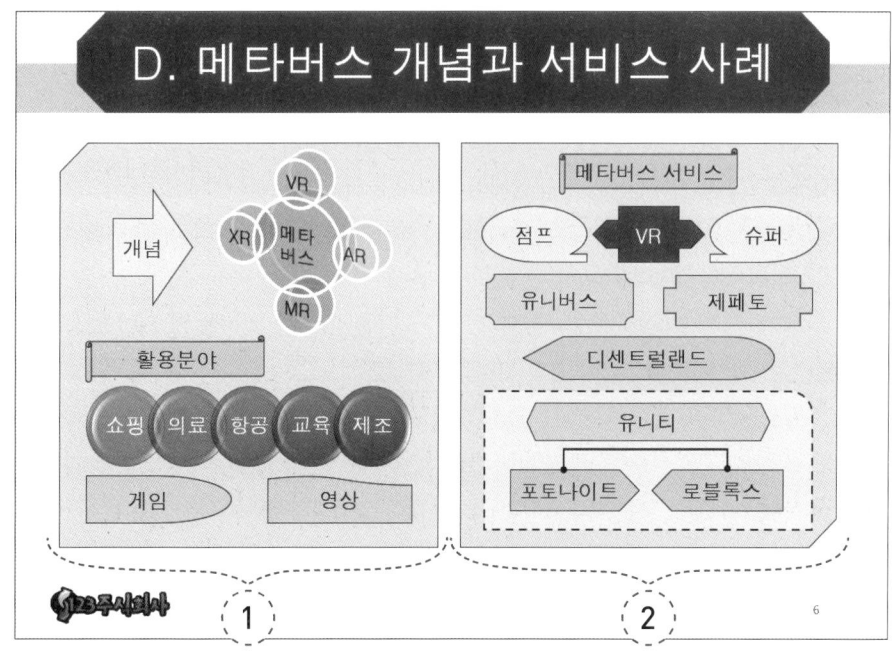

제06회 정보기술자격(ITQ) 최신유형 기출문제

과목	코드	문제유형	시험시간	수험번호	성명
한글파워포인트	1142	B	60분		

MS오피스

· 수험자 유의사항 ·

- 수험자는 문제지를 받는 즉시 문제지와 **수험표상의 시험과목(프로그램)이 동일한지 반드시 확인**하여야 합니다.
- 파일명은 본인의 "수험번호-성명"으로 입력하여 답안 폴더(내 PC\문서\ITQ)에 하나의 파일로 저장해야 하며, 답안 파일을 전송하지 않아 미제출로 처리될 경우 실격 처리합니다(예 : 12345678-홍길동.pptx).
- 답안 작성을 마치면 파일을 저장하고, '답안 전송' 버튼을 선택하여 감독위원 PC로 답안을 전송하십시오. 수험생 정보와 저장한 파일명이 다를 경우 전송되지 않으므로 주의하시기 바랍니다.
- 답안 작성 중에도 **주기적으로 저장하고, '답안 전송'**하여야 문제 발생을 줄일 수 있습니다. 작업한 내용을 저장하지 않고 전송할 경우 이전에 저장된 내용이 전송되오니 이점 유의하시기 바랍니다.
- 답안 문서는 지정된 경로 외의 다른 보조기억장치에 저장하는 경우, 지정된 시험 시간 외에 작성된 파일을 활용할 경우, 기타 통신 수단(이메일, 메신저, 네트워크 등)을 이용하여 타인에게 전달 또는 외부 반출하는 경우는 부정 처리합니다.
- 시험 중 부주의 또는 고의로 시스템을 파손한 경우는 수험자가 변상해야 하며, 〈수험자 유의사항〉에 기재된 방법대로 이행하지 않아 생기는 불이익은 수험생 당사자의 책임임을 알려 드립니다.
- 문제의 조건은 MS오피스 2021 버전으로 설정되어 있습니다.
  이와 관련하여 작성한 답안의 출력형태가 문제지와 다를 수 있습니다.
- 시험을 완료한 수험자는 답안파일이 전송되었는지 확인한 후 감독위원의 지시에 따라 문제지를 제출하고 퇴실합니다.

· 답안 작성요령 ·

- 온라인 답안 작성 절차
  수험자 등록 ⇒ 시험 시작 ⇒ 답안파일 저장 ⇒ 답안 전송 ⇒ 시험 종료
- 슬라이드의 크기는 A4 Paper로 설정하여 작성합니다.
- 슬라이드의 총 개수는 6개로 구성되어 있으며 슬라이드 1부터 순서대로 작업하고 반드시 문제와 세부조건대로 합니다.
- 별도의 지시사항이 없는 경우 출력형태를 참조하여 글꼴색은 검정 또는 흰색으로 작성하고, 기타사항은 전체적인 균형을 고려하여 작성합니다.
- 슬라이드 도형 및 개체에 출력형태와 다른 스타일(그림자, 외곽선 등)을 적용했을 경우 감점처리 됩니다.
- 슬라이드 번호를 작성합니다(슬라이드 1에는 생략).
- 2~6번 슬라이드 제목 도형과 하단 로고는 슬라이드 마스터를 이용하여 출력형태와 동일하게 작성합니다(슬라이드 1에는 생략).
- 문제와 세부조건, 세부조건 번호 ○(점선원)는 입력하지 않습니다.
- 각 개체의 위치는 오른쪽의 슬라이드와 동일하게 구성합니다.
- 그림 삽입 문제의 경우 반드시 「내 PC\문서\ITQ\Picture」 폴더에서 정확한 파일을 선택하여 삽입하십시오.
- 각 슬라이드를 각각의 파일로 작업해서 저장할 경우 실격 처리됩니다.

[전체구성] 60점

(1) 슬라이드 크기 및 순서 : 크기를 A4 용지로 설정하고 슬라이드 순서에 맞게 작성한다.
(2) 슬라이드 마스터 : 2~6슬라이드의 제목, 하단 로고, 슬라이드 번호는 슬라이드 마스터를 이용하여 작성한다.
　　- 제목 글꼴(돋움, 40pt, 흰색), 가운데 맞춤, 도형(선 없음)
　　- 하단 로고(「내 PC₩문서₩ITQ₩Picture₩로고2.jpg」, 배경(회색) 투명색으로 설정)

[슬라이드 1] ≪표지 디자인≫ 40점

(1) 표지 디자인 : 도형, 워드아트 및 그림을 이용하여 작성한다.

세부조건

① 도형 편집
　- 도형에 그림 채우기 :
　　「내 PC₩문서₩ITQ₩Picture₩
　　그림1.jpg」, 투명도 50%
　- 도형 효과 :
　　부드러운 가장자리 5포인트

② 워드아트 삽입
　- 변환 : 물결, 아래로
　- 글꼴 : 굴림, 굵게
　- 텍스트 반사 : 전체 반사, 터치

③ 그림 삽입
　- 「내 PC₩문서₩ITQ₩Picture₩
　　로고2.jpg」
　- 배경(회색) 투명색으로 설정

[슬라이드 2] ≪목차 슬라이드≫ 60점

(1) 출력형태와 같이 도형을 이용하여 목차를 작성한다(글꼴 : 굴림, 24pt).
(2) 도형 : 선 없음

세부조건

① 텍스트에 링크 적용
　→ '슬라이드 5'

② 그림 삽입
　- 「내 PC₩문서₩ITQ₩Picture₩
　　그림4.jpg」
　- 자르기 기능 이용

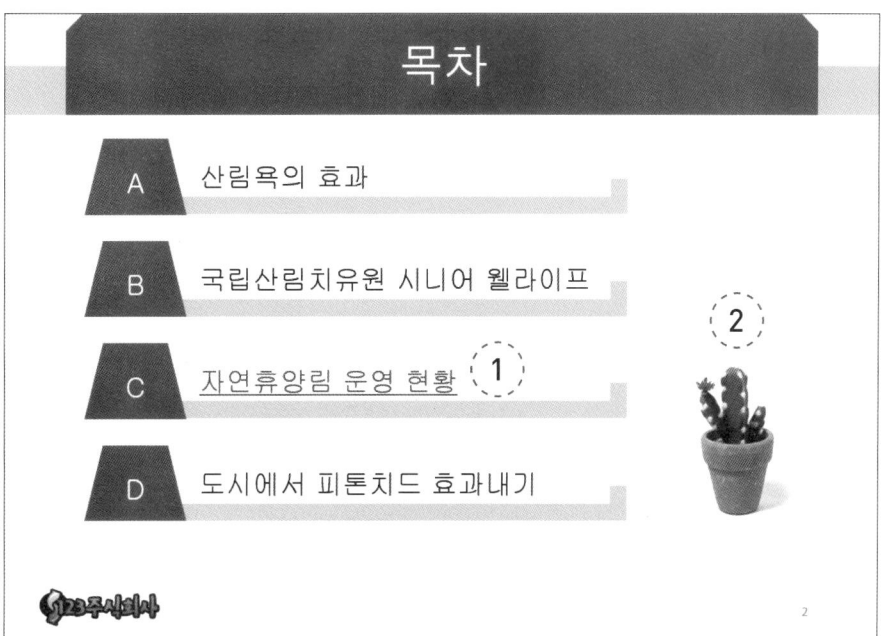

[슬라이드 3] ≪텍스트/동영상 슬라이드≫   60점

(1) 텍스트 작성 : 글머리 기호 사용(◆, ✓)
   ◆ 문단(돋움, 24pt, 굵게, 줄간격 : 1.5줄), ✓ 문단(돋움, 20pt, 줄간격 : 1.5줄)

세부조건

① 동영상 삽입 :
   - 「내 PC₩문서₩ITQ₩Picture₩동영상.wmv」
   - 자동실행, 반복재생 설정

A. 산림욕의 효과

◆ The effect of forest bath
   ✓ Terpenes emitted by the trees of the forest remove harmful substances
   ✓ Purifying the mind and body to relieve stress

◆ 산림욕의 효과
   ✓ 숲의 나무들이 발산하는 피톤치드가 유해한 물질을 제거하여 스트레스를 완화하고 심신을 순화시켜주며, 심폐기능 강화로 기관지 천식, 폐결핵 치료에 도움

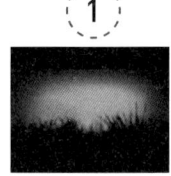

[슬라이드 4] ≪표 슬라이드≫   80점

(1) 도형과 표 작성 기능을 이용하여 슬라이드를 작성한다(글꼴 : 굴림, 18pt).

세부조건

① 상단 도형 :
   2개 도형의 조합으로 작성

② 좌측 도형 :
   그라데이션 효과(선형 아래쪽)

③ 표 스타일 :
   테마 스타일 1 - 강조 5

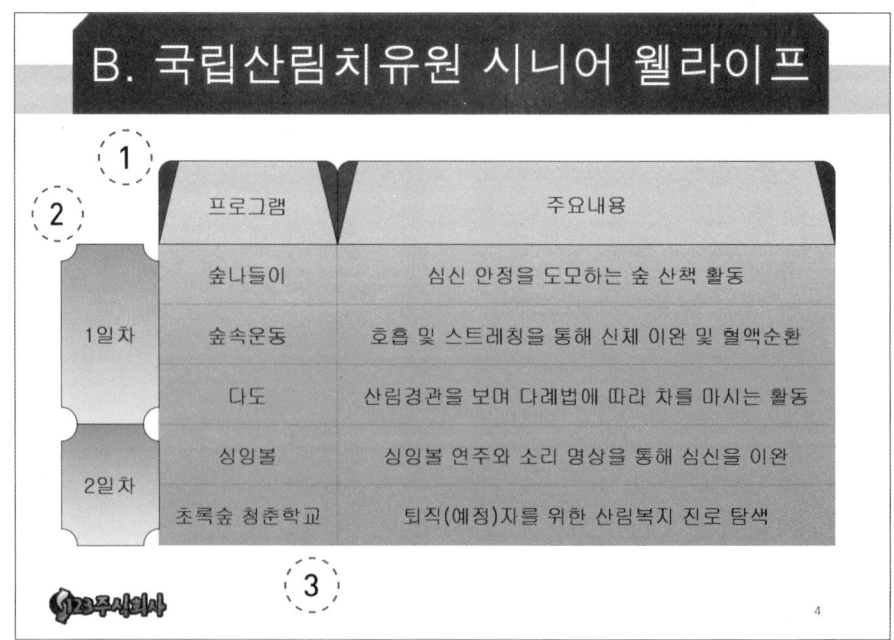

[슬라이드 5] ≪차트 슬라이드≫ 100점

(1) 차트 작성 기능을 이용하여 슬라이드를 작성한다.
(2) 차트 : 종류(묶은 세로 막대형), 글꼴(돋움, 16pt), 외곽선

세부조건

※ 차트설명
- 차트 제목 : 궁서, 24pt, 굵게,
  채우기(흰색), 테두리,
  그림자(오프셋 오른쪽)
- 차트 영역 : 채우기(노랑)
  그림 영역 : 채우기(흰색)
- 데이터 서식 : 숙박객 사용자 계열
  을 표식(◆)이 있는 꺾은선형으로
  변경 후 보조축으로 지정
- 값 표시 : 2025년 입장객 계열만

① 도형 삽입
 - 스타일 : 미세 효과 – 파랑, 강조 1
 - 글꼴 : 굴림, 18pt

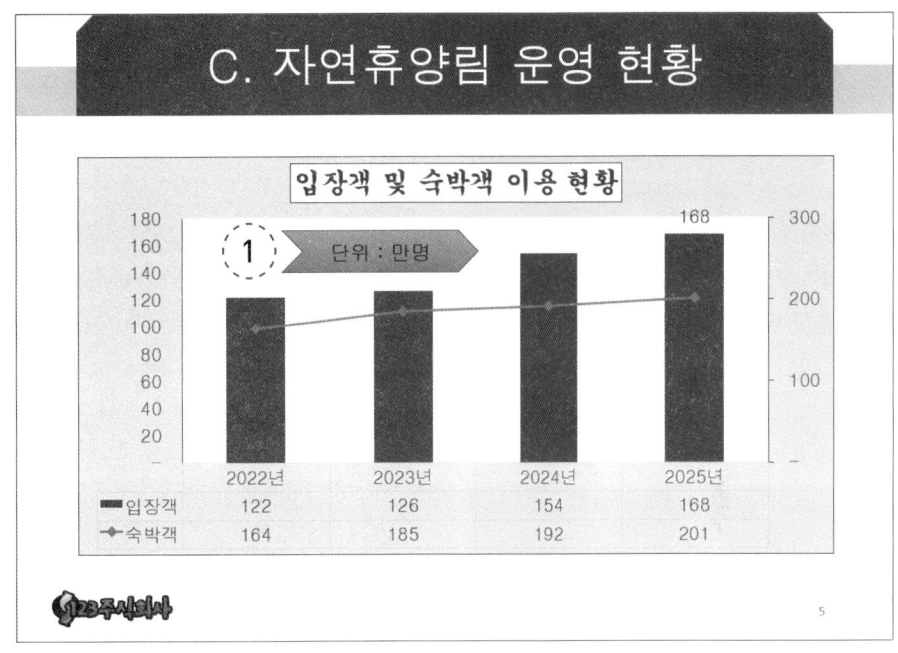

[슬라이드 6] ≪도형 슬라이드≫ 100점

(1) 슬라이드와 같이 도형 및 스마트아트를 배치한다(글꼴 : 굴림, 18pt).
(2) 애니메이션 순서 : ① ⇒ ②

세부조건

① 도형 및 스마트아트 편집
 - 스마트아트 디자인
   : 3차원 벽돌,
   3차원 경사
 - 그룹화 후 애니메이션 효과
   : 날아오기(왼쪽에서)

② 도형 편집
 - 그룹화 후 애니메이션 효과
   : 회전

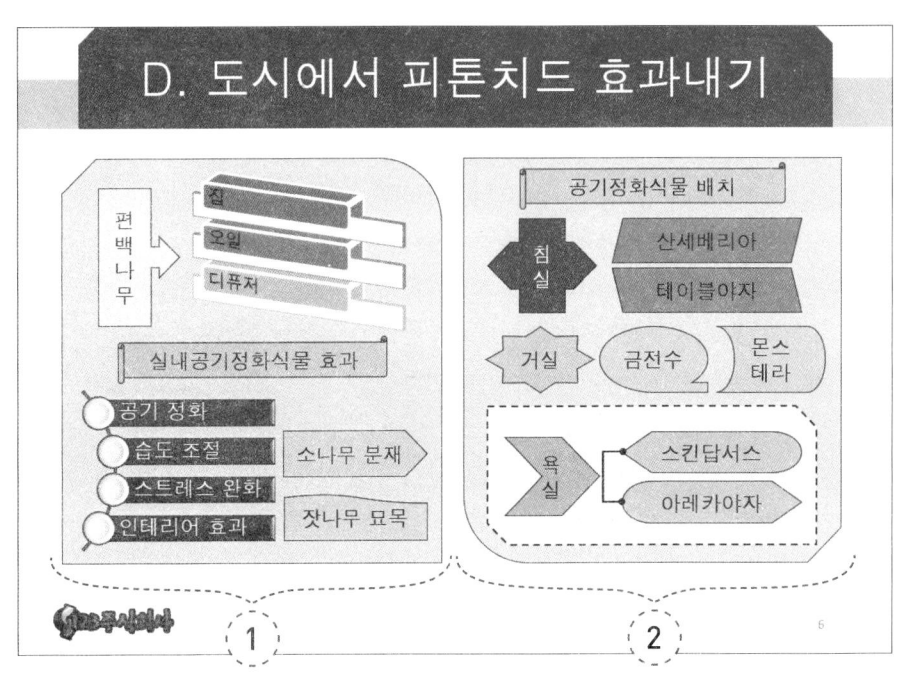

정보기술자격(ITQ) 최신유형 기출문제

과목	코드	문제유형	시험시간	수험번호	성명
한글파워포인트	1142	C	60분		

MS오피스

• 수험자 유의사항 •

- 수험자는 문제지를 받는 즉시 문제지와 **수험표상의 시험과목(프로그램)이 동일한지 반드시 확인**하여야 합니다.
- 파일명은 본인의 "수험번호-성명"으로 입력하여 답안 폴더(내 PC\문서\ITQ)에 하나의 파일로 저장해야 하며, 답안 파일을 전송하지 않아 미제출로 처리될 경우 실격 처리합니다(예 : 12345678-홍길동.pptx).
- 답안 작성을 마치면 파일을 저장하고, '답안 전송' 버튼을 선택하여 감독위원 PC로 답안을 전송하십시오. 수험생 정보와 저장한 파일명이 다를 경우 전송되지 않으므로 주의하시기 바랍니다.
- 답안 작성 중에도 **주기적으로 저장하고, '답안 전송'**하여야 문제 발생을 줄일 수 있습니다. 작업한 내용을 저장하지 않고 전송할 경우 이전에 저장된 내용이 전송되오니 이점 유의하시기 바랍니다.
- 답안 문서는 지정된 경로 외의 다른 보조기억장치에 저장하는 경우, 지정된 시험 시간 외에 작성된 파일을 활용할 경우, 기타 통신 수단(이메일, 메신저, 네트워크 등)을 이용하여 타인에게 전달 또는 외부 반출하는 경우는 부정 처리합니다.
- 시험 중 부주의 또는 고의로 시스템을 파손한 경우는 수험자가 변상해야 하며, 〈수험자 유의사항〉에 기재된 방법대로 이행하지 않아 생기는 불이익은 수험생 당사자의 책임임을 알려 드립니다.
- 문제의 조건은 MS오피스 2021 버전으로 설정되어 있습니다.
  이와 관련하여 작성한 답안의 출력형태가 문제지와 다를 수 있습니다.
- 시험을 완료한 수험자는 답안파일이 전송되었는지 확인한 후 감독위원의 지시에 따라 문제지를 제출하고 퇴실합니다.

• 답안 작성요령 •

- 온라인 답안 작성 절차
  수험자 등록 ⇒ 시험 시작 ⇒ 답안파일 저장 ⇒ 답안 전송 ⇒ 시험 종료
- 슬라이드의 크기는 A4 Paper로 설정하여 작성합니다.
- 슬라이드의 총 개수는 6개로 구성되어 있으며 슬라이드 1부터 순서대로 작업하고 반드시 문제와 세부조건대로 합니다.
- 별도의 지시사항이 없는 경우 출력형태를 참조하여 글꼴색은 검정 또는 흰색으로 작성하고, 기타사항은 전체적인 균형을 고려하여 작성합니다.
- 슬라이드 도형 및 개체에 출력형태와 다른 스타일(그림자, 외곽선 등)을 적용했을 경우 감점처리 됩니다.
- 슬라이드 번호를 작성합니다(슬라이드 1에는 생략).
- 2~6번 슬라이드 제목 도형과 하단 로고는 슬라이드 마스터를 이용하여 출력형태와 동일하게 작성합니다(슬라이드 1에는 생략).
- 문제와 세부조건, 세부조건 번호 ◌(점선원)는 입력하지 않습니다.
- 각 개체의 위치는 오른쪽의 슬라이드와 동일하게 구성합니다.
- 그림 삽입 문제의 경우 반드시 「내 PC\문서\ITQ\Picture」 폴더에서 정확한 파일을 선택하여 삽입하십시오.
- 각 슬라이드를 각각의 파일로 작업해서 저장할 경우 실격 처리됩니다.

kpc 한국생산성본부

[전체구성] 60점

(1) 슬라이드 크기 및 순서 : 크기를 A4 용지로 설정하고 슬라이드 순서에 맞게 작성한다.
(2) 슬라이드 마스터 : 2~6슬라이드의 제목, 하단 로고, 슬라이드 번호는 슬라이드 마스터를 이용하여 작성한다.
 - 제목 글꼴(돋움, 40pt, 흰색), 가운데 맞춤, 도형(선 없음)
 - 하단 로고(「내 PC\문서\ITQ\Picture\로고1.jpg」, 배경(회색) 투명색으로 설정)

[슬라이드 1] 《표지 디자인》 40점

(1) 표지 디자인 : 도형, 워드아트 및 그림을 이용하여 작성한다.

세부조건

① 도형 편집
 - 도형에 그림 채우기 :
   「내 PC\문서\ITQ\Picture\
   그림1.jpg」, 투명도 50%
 - 도형 효과 :
   부드러운 가장자리 5포인트
② 워드아트 삽입
 - 변환 : 수축
 - 글꼴 : 궁서, 굵게
 - 텍스트 반사 : 근접 반사, 터치
③ 그림 삽입
 - 「내 PC\문서\ITQ\Picture\
   로고1.jpg」
 - 배경(회색) 투명색으로 설정

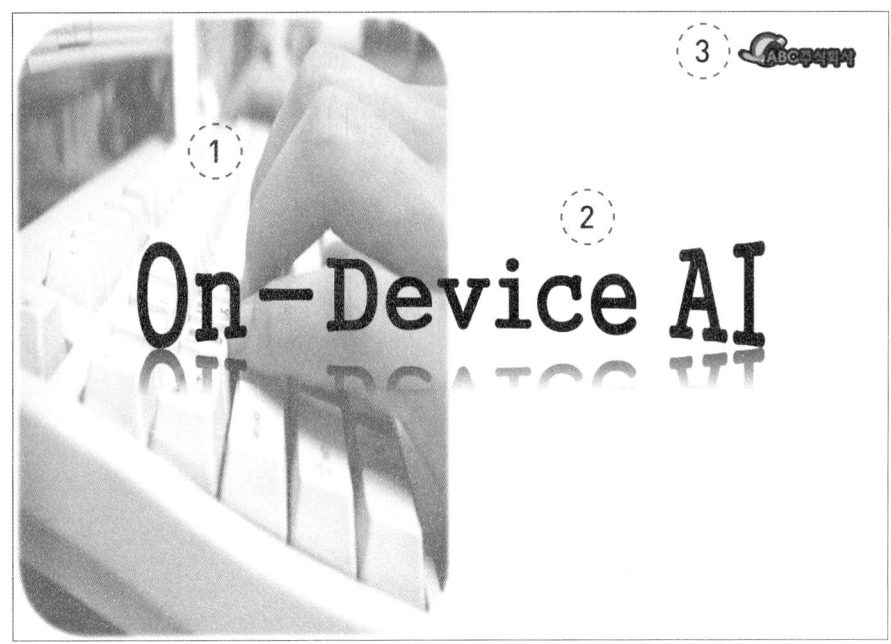

[슬라이드 2] 《목차 슬라이드》 60점

(1) 출력형태와 같이 도형을 이용하여 목차를 작성한다(글꼴 : 돋움, 24pt).
(2) 도형 : 선 없음

세부조건

① 텍스트에 링크 적용
 → '슬라이드 6'
② 그림 삽입
 - 「내 PC\문서\ITQ\Picture\
   그림5.jpg」
 - 자르기 기능 이용

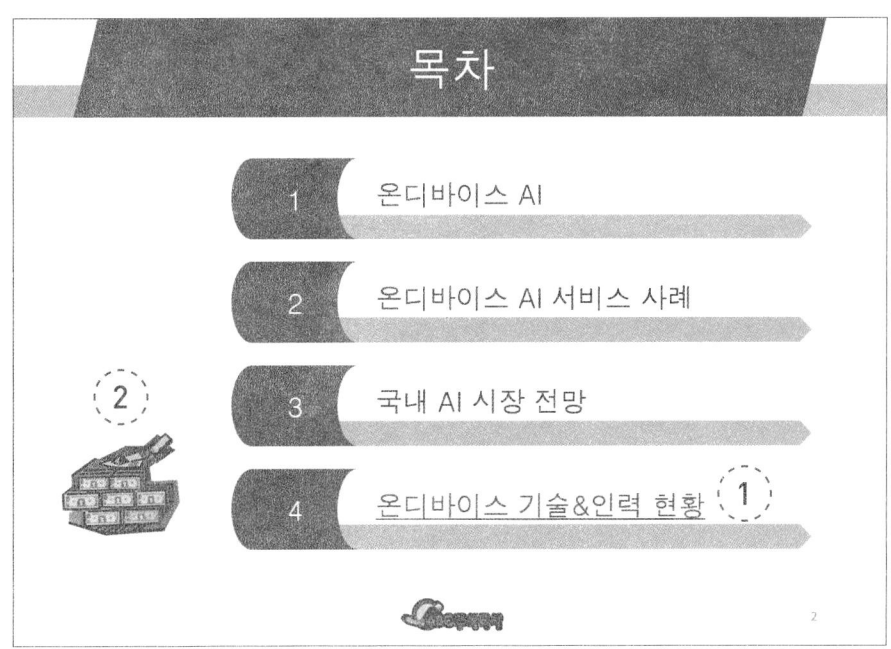

[슬라이드 3] ≪텍스트/동영상 슬라이드≫ 60점

(1) 텍스트 작성 : 글머리 기호 사용(➤, ✓)
➤문단(굴림, 24pt, 굵게, 줄간격 : 1.5줄), ✓문단(굴림, 20pt, 줄간격 : 1.5줄)

세부조건
① 동영상 삽입 :
- 「내 PC₩문서₩ITQ₩Picture₩동영상.wmv」
- 자동실행, 반복재생 설정

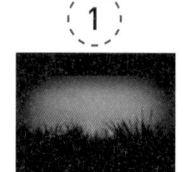

[슬라이드 4] ≪표 슬라이드≫ 80점

(1) 도형과 표 작성 기능을 이용하여 슬라이드를 작성한다(글꼴 : 굴림, 18pt).

세부조건
① 상단 도형 :
   2개 도형의 조합으로 작성
② 좌측 도형 :
   그라데이션 효과(선형 아래쪽)
③ 표 스타일 :
   테마 스타일 1 - 강조 5

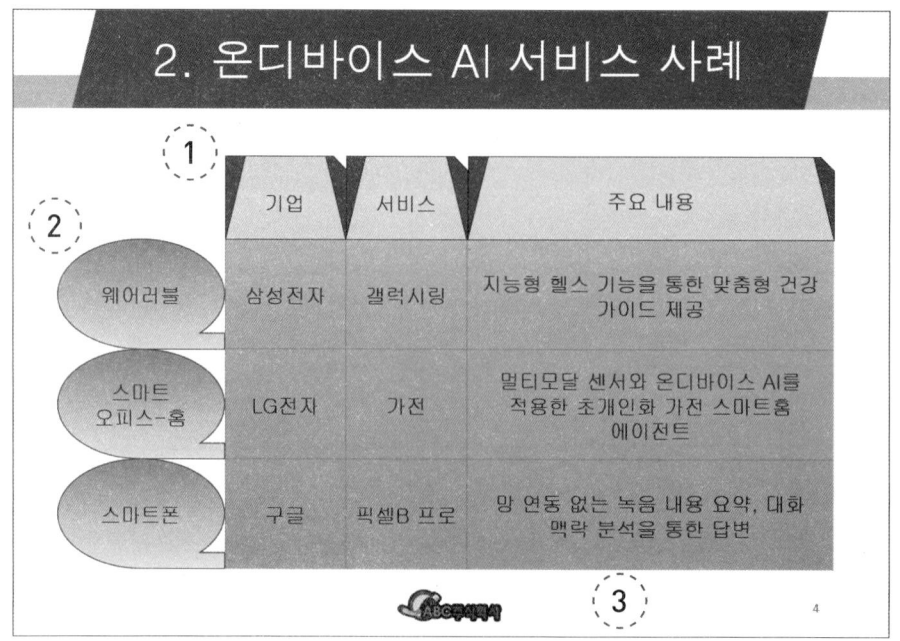

[슬라이드 5]   ≪차트 슬라이드≫   100점

(1) 차트 작성 기능을 이용하여 슬라이드를 작성한다.
(2) 차트 : 종류(묶은 세로 막대형), 글꼴(돋움, 16pt), 외곽선

세부조건

※ 차트설명
- 차트 제목 : 굴림, 24pt, 굵게,
  채우기(흰색), 테두리,
  그림자(오프셋 오른쪽)
- 차트 영역 : 채우기(노랑)
  그림 영역 : 채우기(흰색)
- 데이터 서식 : 증감율 계열을 표식
  (◆)이 있는 꺾은선형으로 변경 후
  보조축으로 지정
- 값 표시 : 2027년의 시장규모 계열만

① 도형 삽입
  - 스타일 : 미세 효과 – 파랑, 강조 1
  - 글꼴 : 굴림, 18pt

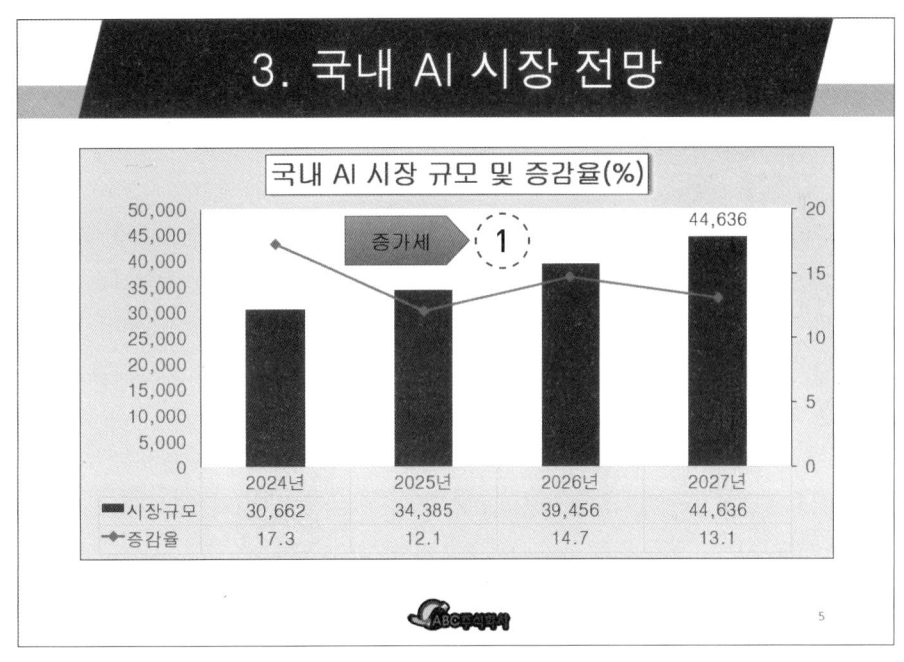

[슬라이드 6]   ≪도형 슬라이드≫   100점

(1) 슬라이드와 같이 도형 및 스마트아트를 배치한다(글꼴 : 굴림, 18pt).
(2) 애니메이션 순서 : ① ⇒ ②

세부조건

① 도형 및 스마트아트 편집
  - 그룹화 후 애니메이션 효과
    : 나누기(세로 바깥쪽으로)

② 도형 편집
  - 스마트아트 디자인
    : 3차원 경사,
     3차원 만화
  - 그룹화 후 애니메이션 효과
    : 바운드

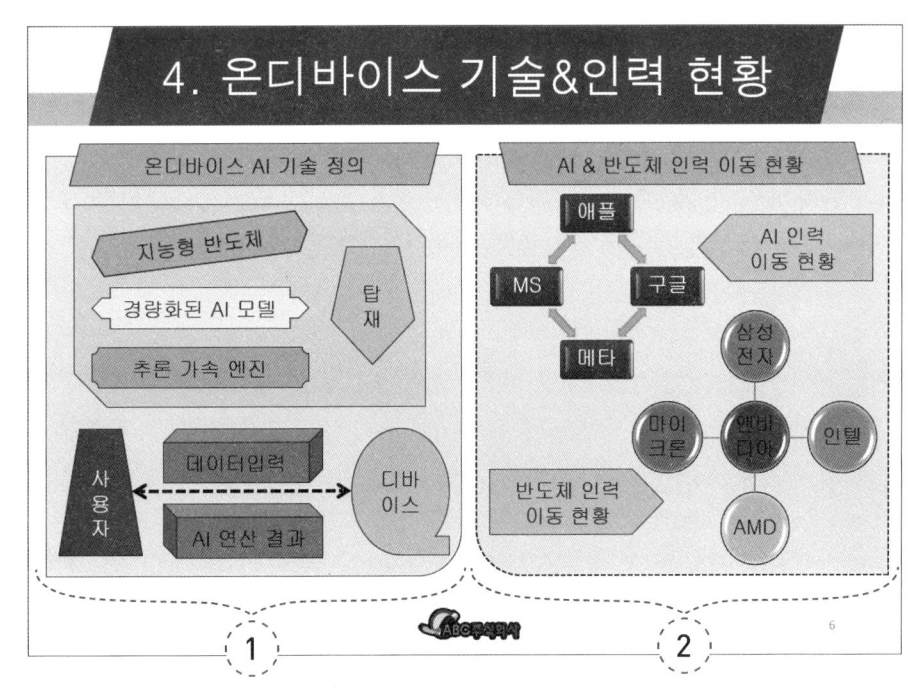

제 08 회 정보기술자격(ITQ) 최신유형 기출문제

과목	코드	문제유형	시험시간	수험번호	성명
한글파워포인트	1142	D	60분		

작성 시간 / 시험 시간 : 분 / 60분
채점 결과 : 점 / 500점

MS오피스

・수험자 유의사항・

- 수험자는 문제지를 받는 즉시 문제지와 **수험표상의 시험과목(프로그램)이 동일한지 반드시 확인**하여야 합니다.
- 파일명은 본인의 "수험번호-성명"으로 입력하여 답안 폴더(내 PC\문서\ITQ)에 하나의 파일로 저장해야 하며, 답안 파일을 전송하지 않아 미제출로 처리될 경우 실격 처리합니다(예 : 12345678-홍길동.pptx).
- 답안 작성을 마치면 파일을 저장하고, '답안 전송' 버튼을 선택하여 감독위원 PC로 답안을 전송하십시오. 수험생 정보와 저장한 파일명이 다를 경우 전송되지 않으므로 주의하시기 바랍니다.
- 답안 작성 중에도 **주기적으로 저장하고, '답안 전송'**하여야 문제 발생을 줄일 수 있습니다. 작업한 내용을 저장하지 않고 전송할 경우 이전에 저장된 내용이 전송되오니 이점 유의하시기 바랍니다.
- 답안 문서는 지정된 경로 외의 다른 보조기억장치에 저장하는 경우, 지정된 시험 시간 외에 작성된 파일을 활용할 경우, 기타 통신 수단(이메일, 메신저, 네트워크 등)을 이용하여 타인에게 전달 또는 외부 반출하는 경우는 부정 처리합니다.
- 시험 중 부주의 또는 고의로 시스템을 파손한 경우는 수험자가 변상해야 하며, 〈수험자 유의사항〉에 기재된 방법대로 이행하지 않아 생기는 불이익은 수험생 당사자의 책임임을 알려 드립니다.
- 문제의 조건은 MS오피스 2021 버전으로 설정되어 있습니다.
  이와 관련하여 작성한 답안의 출력형태가 문제지와 다를 수 있습니다.
- 시험을 완료한 수험자는 답안파일이 전송되었는지 확인한 후 감독위원의 지시에 따라 문제지를 제출하고 퇴실합니다.

・답안 작성요령・

- 온라인 답안 작성 절차
  수험자 등록 ⇒ 시험 시작 ⇒ 답안파일 저장 ⇒ 답안 전송 ⇒ 시험 종료
- 슬라이드의 크기는 A4 Paper로 설정하여 작성합니다.
- 슬라이드의 총 개수는 6개로 구성되어 있으며 슬라이드 1부터 순서대로 작업하고 반드시 문제와 세부조건대로 합니다.
- 별도의 지시사항이 없는 경우 출력형태를 참조하여 글꼴색은 검정 또는 흰색으로 작성하고, 기타사항은 전체적인 균형을 고려하여 작성합니다.
- 슬라이드 도형 및 개체에 출력형태와 다른 스타일(그림자, 외곽선 등)을 적용했을 경우 감점처리 됩니다.
- 슬라이드 번호를 작성합니다(슬라이드 1에는 생략).
- 2~6번 슬라이드 제목 도형과 하단 로고는 슬라이드 마스터를 이용하여 출력형태와 동일하게 작성합니다(슬라이드 1에는 생략).
- 문제와 세부조건, 세부조건 번호 ⓘ(점선원)는 입력하지 않습니다.
- 각 개체의 위치는 오른쪽의 슬라이드와 동일하게 구성합니다.
- 그림 삽입 문제의 경우 반드시 「내 PC\문서\ITQ\Picture」 폴더에서 정확한 파일을 선택하여 삽입하십시오.
- 각 슬라이드를 각각의 파일로 작업해서 저장할 경우 실격 처리됩니다.

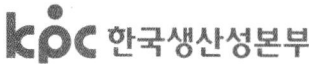

[전체구성] 60점

(1) 슬라이드 크기 및 순서 : 크기를 A4 용지로 설정하고 슬라이드 순서에 맞게 작성한다.
(2) 슬라이드 마스터 : 2~6슬라이드의 제목, 하단 로고, 슬라이드 번호는 슬라이드 마스터를 이용하여 작성한다.
   - 제목 글꼴(돋움, 40pt, 흰색), 가운데 맞춤, 도형(선 없음)
   - 하단 로고(「내 PC₩문서₩ITQ₩Picture₩로고1.jpg」, 배경(회색) 투명색으로 설정)

[슬라이드 1]   ≪표지 디자인≫   40점

(1) 표지 디자인 : 도형, 워드아트 및 그림을 이용하여 작성한다.

세부조건

① 도형 편집
  - 도형에 그림 채우기 :
    「내 PC₩문서₩ITQ₩Picture₩
    그림1.jpg」, 투명도 50%
  - 도형 효과 :
    부드러운 가장자리 5포인트
② 워드아트 삽입
  - 변환 : 수축
  - 글꼴 : 궁서, 굵게
  - 텍스트 반사 : 근접 반사, 터치
③ 그림 삽입
  - 「내 PC₩문서₩ITQ₩Picture₩
    로고1.jpg」
  - 배경(회색) 투명색으로 설정

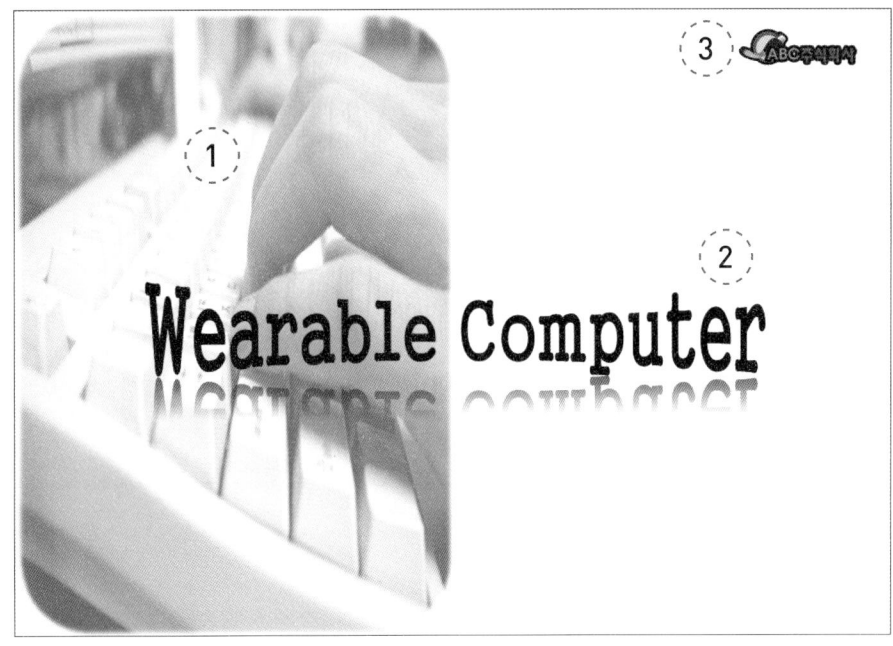

[슬라이드 2]   ≪목차 슬라이드≫   60점

(1) 출력형태와 같이 도형을 이용하여 목차를 작성한다(글꼴 : 돋움, 24pt).
(2) 도형 : 선 없음

세부조건

① 텍스트에 링크 적용
  → '슬라이드 6'
② 그림 삽입
  - 「내 PC₩문서₩ITQ₩Picture₩
    그림5.jpg」
  - 자르기 기능 이용

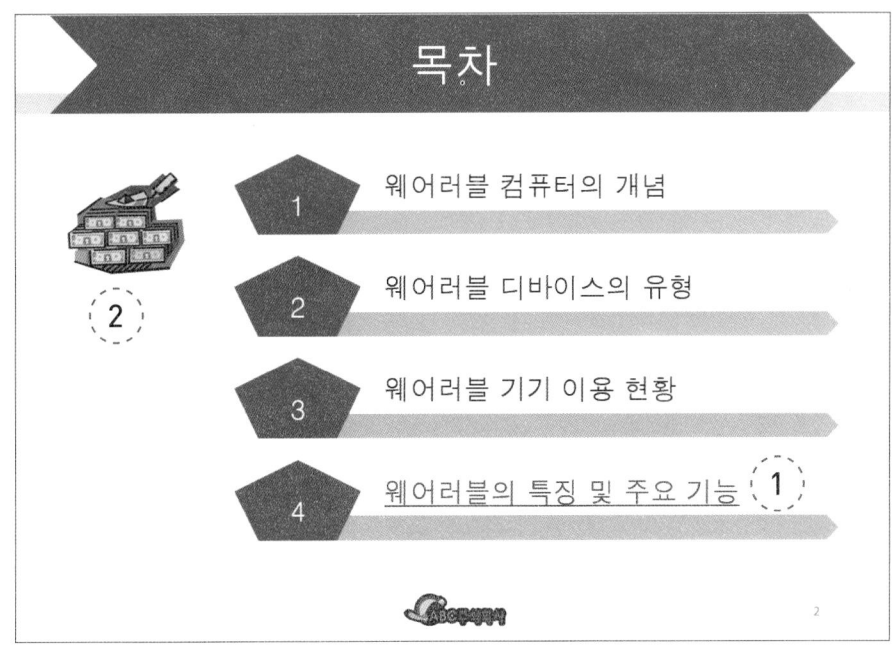

[슬라이드 3] ≪텍스트/동영상 슬라이드≫ 60점

(1) 텍스트 작성 : 글머리 기호 사용(❖, ■)
   ❖문단(굴림, 24pt, 굵게, 줄간격 : 1.5줄), ■문단(굴림, 20pt, 줄간격 : 1.5줄)

세부조건
① 동영상 삽입 :
 - 「내 PC₩문서₩ITQ₩Picture₩동영상.wmv」
 - 자동실행, 반복재생 설정

1. 웨어러블 컴퓨터의 개념

➢ **Wearable computer**
  ✓ An electronic device worn as an accessory such as a watch, designed to enhance human abilities while keeping the hands free

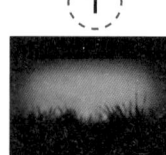

➢ **웨어러블 컴퓨터란?**
  ✓ 손을 자유롭게 사용하면서도 컴퓨팅 기능을 활용하여 인간의 능력을 보완하거나 향상시키는 전자 기기
  ✓ 일상생활에 필요한 각종 디지털 기기나 기능을 의복에 통합

[슬라이드 4] ≪표 슬라이드≫ 80점

(1) 도형과 표 작성 기능을 이용하여 슬라이드를 작성한다(글꼴 : 굴림, 18pt).

세부조건
① 상단 도형 :
   2개 도형의 조합으로 작성
② 좌측 도형 :
   그라데이션 효과(선형 아래쪽)
③ 표 스타일 :
   테마 스타일 1 - 강조 5

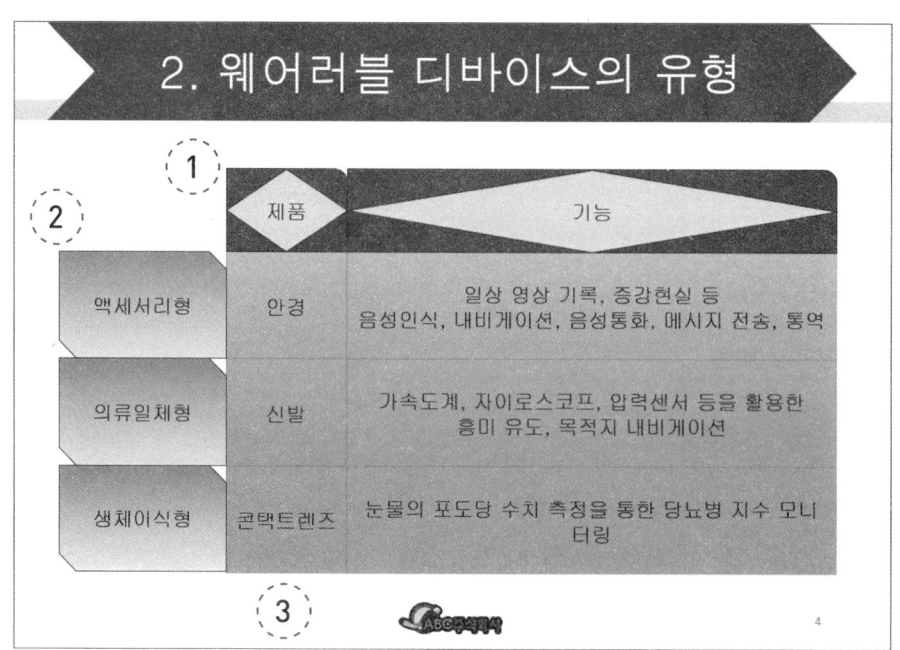

[슬라이드 5] ≪차트 슬라이드≫ 100점

(1) 차트 작성 기능을 이용하여 슬라이드를 작성한다.
(2) 차트 : 종류(묶은 세로 막대형), 글꼴(굴림, 16pt), 외곽선

세부조건

※ 차트설명
- 차트 제목 : 굴림, 24pt, 굵게, 채우기(흰색), 테두리, 그림자(오프셋 오른쪽)
- 차트 영역 : 채우기(노랑) 그림 영역 : 채우기(흰색)
- 데이터 서식 : 여성 계열을 표식(◆)이 있는 꺾은선형으로 변경 후 보조축으로 지정
- 값 표시 : 엔터테인먼트의 남성 계열만

① 도형 삽입
- 스타일 : 미세 효과 – 파랑, 강조 1
- 글꼴 : 굴림, 18pt

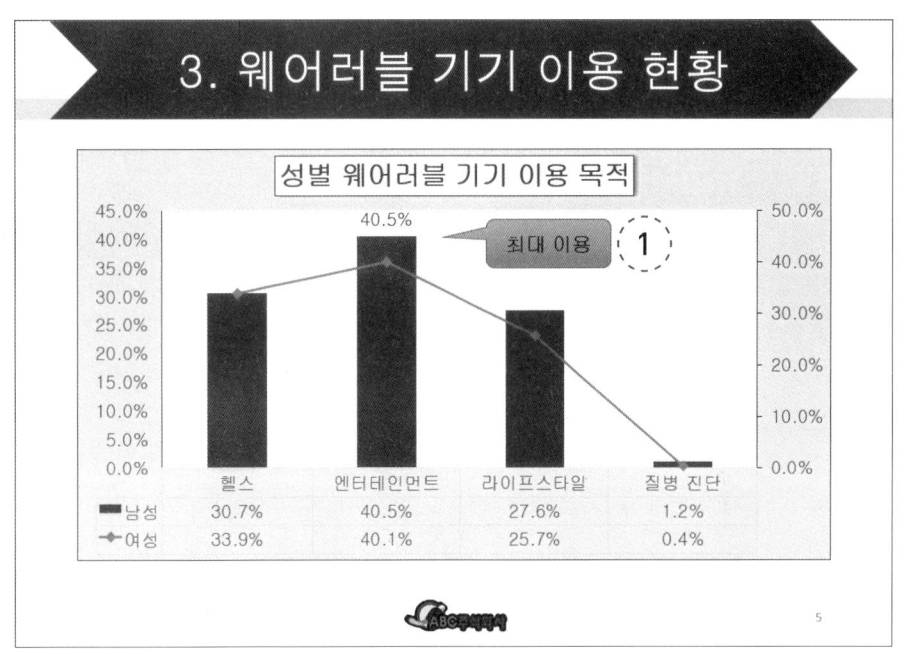

[슬라이드 6] ≪도형 슬라이드≫ 100점

(1) 슬라이드와 같이 도형 및 스마트아트를 배치한다(글꼴 : 굴림, 18pt).
(2) 애니메이션 순서 : ① ⇒ ②

세부조건

① 도형 및 스마트아트 편집
- 그룹화 후 애니메이션 효과
  : 나누기(세로 바깥쪽으로)

② 도형 편집
- 스마트아트 디자인
  : 3차원 경사, 3차원 만화
- 그룹화 후 애니메이션 효과
  : 바운드

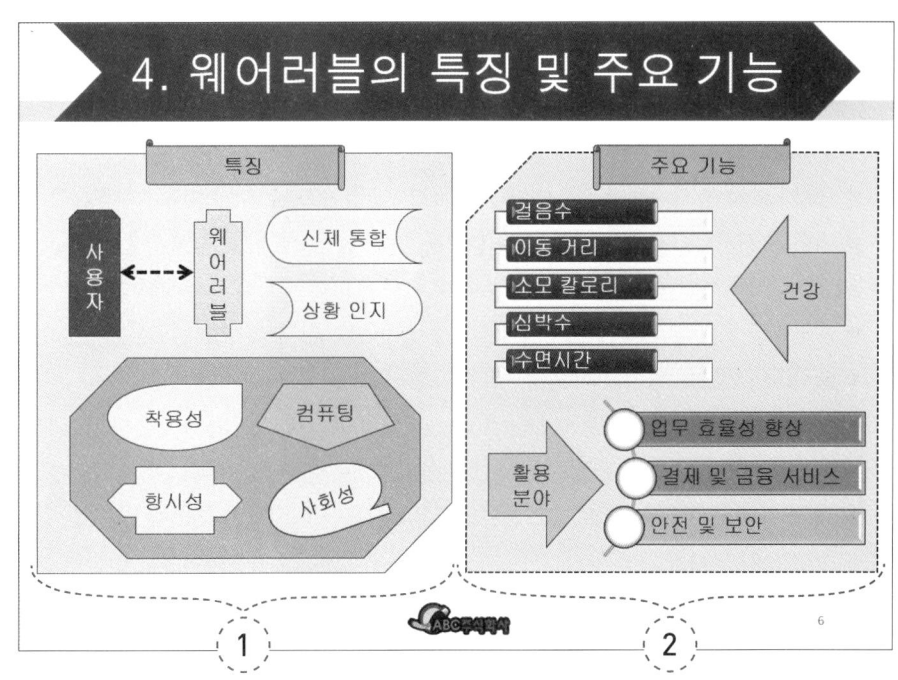

제 09 회 정보기술자격(ITQ) 최신유형 기출문제

과목	코드	문제유형	시험시간	수험번호	성명
한글파워포인트	1142	A	60분		

작성 시간 / 시험 시간: 분 / 60분
채점 결과: 점 / 500점

MS오피스

·수험자 유의사항·

- 수험자는 문제지를 받는 즉시 문제지와 **수험표상의 시험과목(프로그램)이 동일한지 반드시 확인**하여야 합니다.
- 파일명은 본인의 "수험번호-성명"으로 입력하여 답안 폴더(내 PC₩문서₩ITQ)에 하나의 파일로 저장해야 하며, 답안 파일을 전송하지 않아 미제출로 처리될 경우 실격 처리합니다(예 : 12345678-홍길동.pptx).
- 답안 작성을 마치면 파일을 저장하고, '답안 전송' 버튼을 선택하여 감독위원 PC로 답안을 전송하십시오. 수험생 정보와 저장한 파일명이 다를 경우 전송되지 않으므로 주의하시기 바랍니다.
- 답안 작성 중에도 **주기적으로 저장하고, '답안 전송'**하여야 문제 발생을 줄일 수 있습니다. 작업한 내용을 저장하지 않고 전송할 경우 이전에 저장된 내용이 전송되오니 이점 유의하시기 바랍니다.
- 답안 문서는 지정된 경로 외의 다른 보조기억장치에 저장하는 경우, 지정된 시험 시간 외에 작성된 파일을 활용할 경우, 기타 통신 수단(이메일, 메신저, 네트워크 등)을 이용하여 타인에게 전달 또는 외부 반출하는 경우는 부정 처리합니다.
- 시험 중 부주의 또는 고의로 시스템을 파손한 경우는 수험자가 변상해야 하며, 〈수험자 유의사항〉에 기재된 방법대로 이행하지 않아 생기는 불이익은 수험생 당사자의 책임임을 알려 드립니다.
- 문제의 조건은 MS오피스 2021 버전으로 설정되어 있습니다.
이와 관련하여 작성한 답안의 출력형태가 문제지와 다를 수 있습니다.
- 시험을 완료한 수험자는 답안파일이 전송되었는지 확인한 후 감독위원의 지시에 따라 문제지를 제출하고 퇴실합니다.

·답안 작성요령·

- 온라인 답안 작성 절차
수험자 등록 ⇒ 시험 시작 ⇒ 답안파일 저장 ⇒ 답안 전송 ⇒ 시험 종료
- 슬라이드의 크기는 A4 Paper로 설정하여 작성합니다.
- 슬라이드의 총 개수는 6개로 구성되어 있으며 슬라이드 1부터 순서대로 작업하고 반드시 문제와 세부조건대로 합니다.
- 별도의 지시사항이 없는 경우 출력형태를 참조하여 글꼴색은 검정 또는 흰색으로 작성하고, 기타사항은 전체적인 균형을 고려하여 작성합니다.
- 슬라이드 도형 및 개체에 출력형태와 다른 스타일(그림자, 외곽선 등)을 적용했을 경우 감점처리 됩니다.
- 슬라이드 번호를 작성합니다(슬라이드 1에는 생략).
- 2~6번 슬라이드 제목 도형과 하단 로고는 슬라이드 마스터를 이용하여 출력형태와 동일하게 작성합니다(슬라이드 1에는 생략).
- 문제와 세부조건, 세부조건 번호 ○(점선원)는 입력하지 않습니다.
- 각 개체의 위치는 오른쪽의 슬라이드와 동일하게 구성합니다.
- 그림 삽입 문제의 경우 반드시 「내 PC₩문서₩ITQ₩Picture」 폴더에서 정확한 파일을 선택하여 삽입하십시오.
- 각 슬라이드를 각각의 파일로 작업해서 저장할 경우 실격 처리됩니다.

[전체구성] — 60점

(1) 슬라이드 크기 및 순서 : 크기를 A4 용지로 설정하고 슬라이드 순서에 맞게 작성한다.
(2) 슬라이드 마스터 : 2~6슬라이드의 제목, 하단 로고, 슬라이드 번호는 슬라이드 마스터를 이용하여 작성한다.
  - 제목 글꼴(돋움, 40pt, 흰색), 가운데 맞춤, 도형(선 없음)
  - 하단 로고(「내 PC\문서\ITQ\Picture\로고1.jpg」, 배경(회색) 투명색으로 설정)

[슬라이드 1] ≪표지 디자인≫ — 40점

(1) 표지 디자인 : 도형, 워드아트 및 그림을 이용하여 작성한다.

세부조건

① 도형 편집
  - 도형에 그림 채우기 :
    「내 PC\문서\ITQ\Picture\
    그림1.jpg」, 투명도 50%
  - 도형 효과 :
    부드러운 가장자리 5포인트
② 워드아트 삽입
  - 변환 : 수축
  - 글꼴 : 궁서, 굵게
  - 텍스트 반사 : 근접 반사, 터치
③ 그림 삽입
  - 「내 PC\문서\ITQ\Picture\
    로고1.jpg」
  - 배경(회색) 투명색으로 설정

[슬라이드 2] ≪목차 슬라이드≫ — 60점

(1) 출력형태와 같이 도형을 이용하여 목차를 작성한다(글꼴 : 돋움, 24pt).
(2) 도형 : 선 없음

세부조건

① 텍스트에 링크 적용
  → '슬라이드 6'
② 그림 삽입
  - 「내 PC\문서\ITQ\Picture\
    그림4.jpg」
  - 자르기 기능 이용

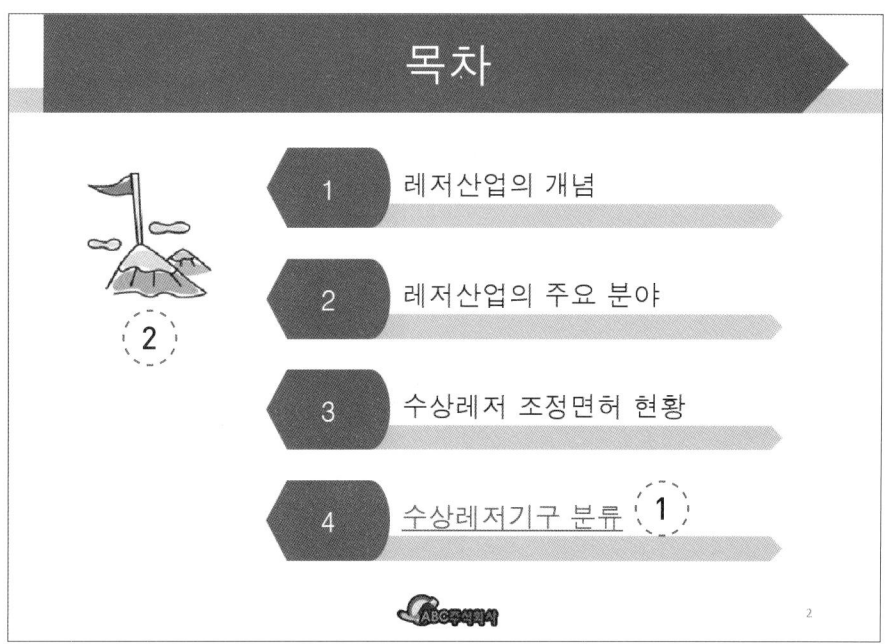

[슬라이드 3] ≪텍스트/동영상 슬라이드≫ 60점

(1) 텍스트 작성 : 글머리 기호 사용(➤, ✓)
　➤문단(굴림, 24pt, 굵게, 줄간격 : 1.5줄), ✓문단(굴림, 20pt, 줄간격 : 1.5줄)

세부조건
① 동영상 삽입 :
　-「내 PC₩문서₩ITQ₩Picture₩동영상.wmv」
　- 자동실행, 반복재생 설정

1. 레저산업의 개념

➤ Leisure industry
　✓ The leisure industry is an industry that aims to provide people with enjoyment and satisfaction, relieve stress, and enhance the quality of life

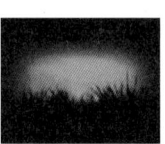

➤ 레저산업이란?
　✓ 레저 수요를 수용하기 위한 유형, 무형의 재화와 서비스를 공급, 제조, 판매하며 소비의 촉진을 위한 유형의 산업
　✓ 사람들에게 즐거움과 만족감을 제공하고 삶의 질을 높임

[슬라이드 4] ≪표 슬라이드≫ 80점

(1) 도형과 표 작성 기능을 이용하여 슬라이드를 작성한다(글꼴 : 굴림, 18pt).

세부조건
① 상단 도형 :
　2개 도형의 조합으로 작성
② 좌측 도형 :
　그라데이션 효과(선형 아래쪽)
③ 표 스타일 :
　테마 스타일 1 - 강조 5

2. 레저산업의 주요 분야

	내용	예
스포츠	직접 운동을 하거나 스포츠 경기 관람하는 것과 관련된 모든 분야	스키장, 골프장, 스포츠 장비 판매, 경기 관람
휴식 및 휴양	몸과 마음의 피로를 풀고 재충전하는 활동과 관련된 분야	스파, 카페, 명상 센터, 찜질방
문화 및 예술	문화적 교양을 쌓거나 예술 작품을 감상하고 체험하는 활동	박물관, 미술관, 갤러리, 도서관, 박람회

[슬라이드 5] ≪차트 슬라이드≫   100점

(1) 차트 작성 기능을 이용하여 슬라이드를 작성한다.
(2) 차트 : 종류(묶은 세로 막대형), 글꼴(돋움, 16pt), 외곽선

세부조건

※ 차트설명
- 차트 제목 : 굴림, 24pt, 굵게, 채우기(흰색), 테두리, 그림자(오프셋 오른쪽)
- 차트 영역 : 채우기(노랑) 그림 영역 : 채우기(흰색)
- 데이터 서식 : 일반1급 계열을 표식(◆)이 있는 꺾은선형으로 변경 후 보조축으로 지정
- 값 표시 : 2020년의 요트 계열만

① 도형 삽입
 – 스타일 : 미세 효과 – 파랑, 강조 1
 – 글꼴 : 굴림, 18pt

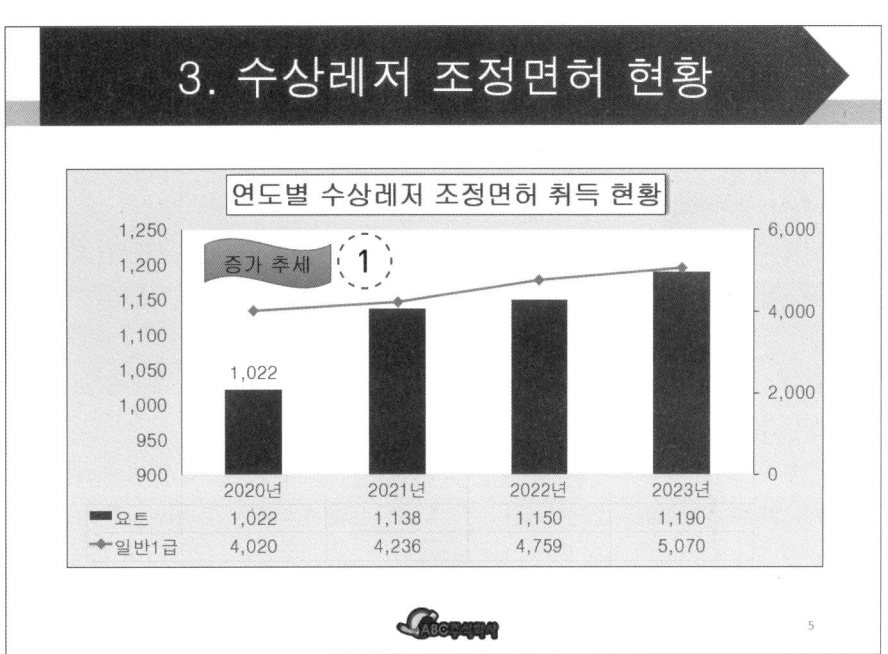

[슬라이드 6] ≪도형 슬라이드≫   100점

(1) 슬라이드와 같이 도형 및 스마트아트를 배치한다(글꼴 : 굴림, 18pt).
(2) 애니메이션 순서 : ① ⇒ ②

세부조건

① 도형 및 스마트아트 편집
 – 그룹화 후 애니메이션 효과
  : 나누기(세로 바깥쪽으로)

② 도형 편집
 – 스마트아트 디자인
  : 3차원 경사, 3차원 만화
 – 그룹화 후 애니메이션 효과
  : 바운드

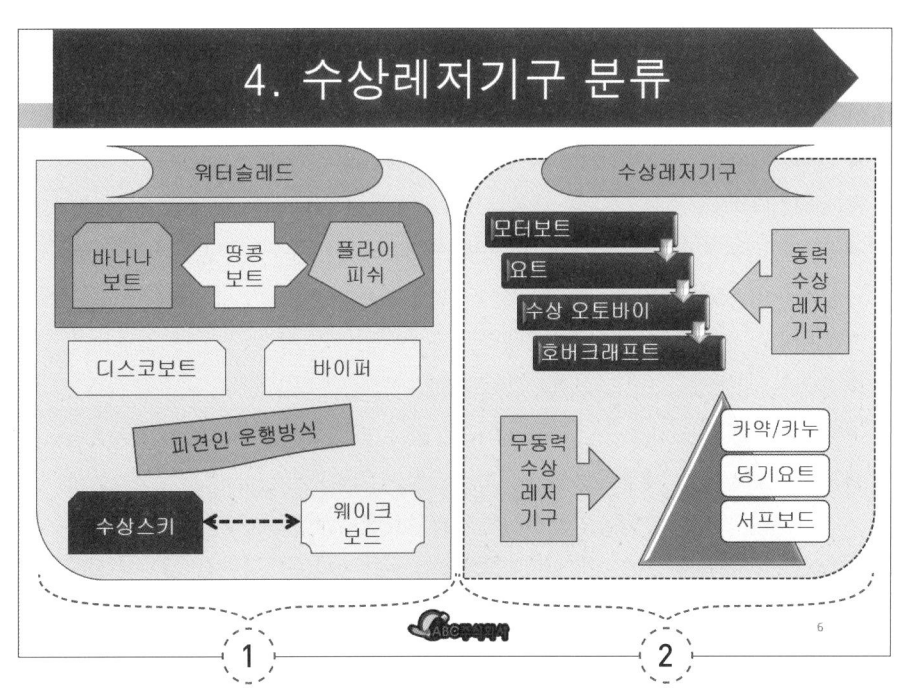

제10회 정보기술자격(ITQ) 최신유형 기출문제

작성 시간 / 시험 시간	채점 결과
분 / 60분	점 / 500점

과목	코드	문제유형	시험시간	수험번호	성명
한글파워포인트	1142	B	60분		

MS오피스

· 수험자 유의사항 ·

- 수험자는 문제지를 받는 즉시 문제지와 **수험표상의 시험과목(프로그램)이 동일한지 반드시 확인**하여야 합니다.
- 파일명은 본인의 "수험번호-성명"으로 입력하여 답안 폴더(내 PC\문서\ITQ)에 하나의 파일로 저장해야 하며, 답안 파일을 전송하지 않아 미제출로 처리될 경우 실격 처리합니다(예 : 12345678-홍길동.pptx).
- 답안 작성을 마치면 파일을 저장하고, '답안 전송' 버튼을 선택하여 감독위원 PC로 답안을 전송하십시오. 수험생 정보와 저장한 파일명이 다를 경우 전송되지 않으므로 주의하시기 바랍니다.
- 답안 작성 중에도 **주기적으로 저장하고, '답안 전송'**하여야 문제 발생을 줄일 수 있습니다. 작업한 내용을 저장하지 않고 전송할 경우 이전에 저장된 내용이 전송되오니 이점 유의하시기 바랍니다.
- 답안 문서는 지정된 경로 외의 다른 보조기억장치에 저장하는 경우, 지정된 시험 시간 외에 작성된 파일을 활용할 경우, 기타 통신 수단(이메일, 메신저, 네트워크 등)을 이용하여 타인에게 전달 또는 외부 반출하는 경우는 부정 처리합니다.
- 시험 중 부주의 또는 고의로 시스템을 파손한 경우는 수험자가 변상해야 하며, 〈수험자 유의사항〉에 기재된 방법대로 이행하지 않아 생기는 불이익은 수험생 당사자의 책임임을 알려 드립니다.
- 문제의 조건은 MS오피스 2021 버전으로 설정되어 있습니다.
  이와 관련하여 작성한 답안의 출력형태가 문제지와 다를 수 있습니다.
- 시험을 완료한 수험자는 답안파일이 전송되었는지 확인한 후 감독위원의 지시에 따라 문제지를 제출하고 퇴실합니다.

· 답안 작성요령 ·

- 온라인 답안 작성 절차
  수험자 등록 ⇒ 시험 시작 ⇒ 답안파일 저장 ⇒ 답안 전송 ⇒ 시험 종료
- 슬라이드의 크기는 A4 Paper로 설정하여 작성합니다.
- 슬라이드의 총 개수는 6개로 구성되어 있으며 슬라이드 1부터 순서대로 작업하고 반드시 문제와 세부조건대로 합니다.
- 별도의 지시사항이 없는 경우 출력형태를 참조하여 글꼴색은 검정 또는 흰색으로 작성하고, 기타사항은 전체적인 균형을 고려하여 작성합니다.
- 슬라이드 도형 및 개체에 출력형태와 다른 스타일(그림자, 외곽선 등)을 적용했을 경우 감점처리 됩니다.
- 슬라이드 번호를 작성합니다(슬라이드 1에는 생략).
- 2~6번 슬라이드 제목 도형과 하단 로고는 슬라이드 마스터를 이용하여 출력형태와 동일하게 작성합니다(슬라이드 1에는 생략).
- 문제와 세부조건, 세부조건 번호 ○(점선원)는 입력하지 않습니다.
- 각 개체의 위치는 오른쪽의 슬라이드와 동일하게 구성합니다.
- 그림 삽입 문제의 경우 반드시「내 PC\문서\ITQ\Picture」폴더에서 정확한 파일을 선택하여 삽입하십시오.
- 각 슬라이드를 각각의 파일로 작업해서 저장할 경우 실격 처리됩니다.

kpc 한국생산성본부

[전체구성] 60점

(1) 슬라이드 크기 및 순서 : 크기를 A4 용지로 설정하고 슬라이드 순서에 맞게 작성한다.
(2) 슬라이드 마스터 : 2~6슬라이드의 제목, 하단 로고, 슬라이드 번호는 슬라이드 마스터를 이용하여 작성한다.
   - 제목 글꼴(돋움, 40pt, 흰색), 가운데 맞춤, 도형(선 없음)
   - 하단 로고(「내 PC₩문서₩ITQ₩Picture₩로고1.jpg」, 배경(회색) 투명색으로 설정)

[슬라이드 1]   ≪표지 디자인≫ 40점

(1) 표지 디자인 : 도형, 워드아트 및 그림을 이용하여 작성한다.

세부조건

① 도형 편집
   - 도형에 그림 채우기 :
     「내 PC₩문서₩ITQ₩Picture₩
     그림1.jpg」, 투명도 50%
   - 도형 효과 :
     부드러운 가장자리 5포인트
② 워드아트 삽입
   - 변환 : 기울기, 위로
   - 글꼴 : 굴림, 굵게
   - 텍스트 반사 : 1/2 반사, 터치
③ 그림 삽입
   - 「내 PC₩문서₩ITQ₩Picture₩
     로고1.jpg」
   - 배경(회색) 투명색으로 설정

[슬라이드 2]   ≪목차 슬라이드≫ 60점

(1) 출력형태와 같이 도형을 이용하여 목차를 작성한다(글꼴 : 돋움, 24pt).
(2) 도형 : 선 없음

세부조건

① 텍스트에 링크 적용
   → '슬라이드 5'
② 그림 삽입
   - 「내 PC₩문서₩ITQ₩Picture₩
     그림5.jpg」
   - 자르기 기능 이용

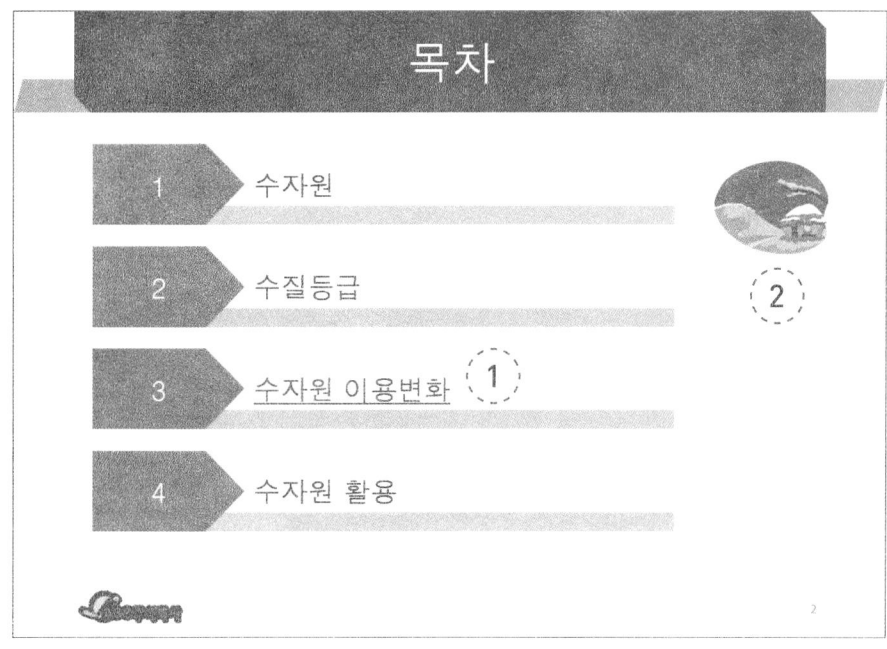

[슬라이드 3] ≪텍스트/동영상 슬라이드≫ 60점

(1) 텍스트 작성 : 글머리 기호 사용(❖, ■)
  ❖ 문단(굴림, 24pt, 굵게, 줄간격 : 1.5줄), ■ 문단(굴림, 20pt, 줄간격 : 1.5줄)

세부조건

① 동영상 삽입 :
  - 「내 PC\문서\ITQ\Picture\동영상.wmv」
  - 자동실행, 반복재생 설정

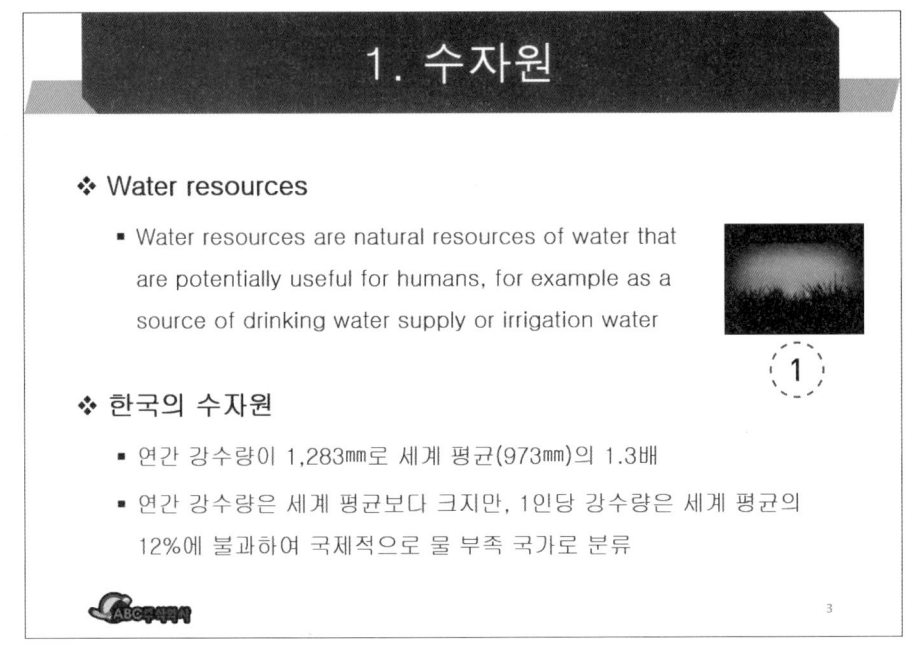

[슬라이드 4] ≪표 슬라이드≫ 80점

(1) 도형과 표 작성 기능을 이용하여 슬라이드를 작성한다(글꼴 : 굴림, 18pt).

세부조건

① 상단 도형 :
  2개 도형의 조합으로 작성

② 좌측 도형 :
  그라데이션 효과(선형 아래쪽)

③ 표 스타일 :
  테마 스타일 1 - 강조 5

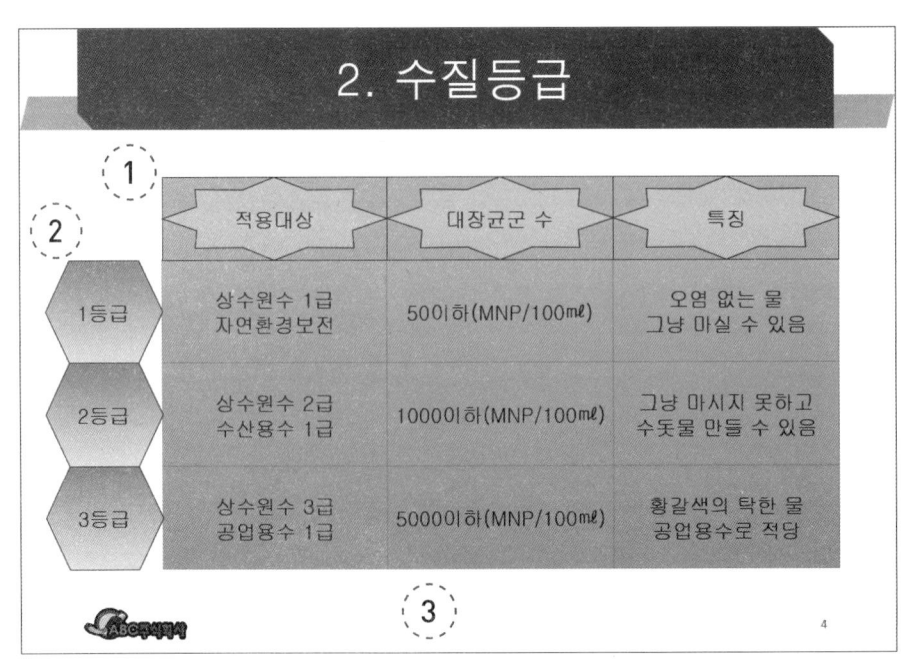

[슬라이드 5] ≪차트 슬라이드≫ 100점

(1) 차트 작성 기능을 이용하여 슬라이드를 작성한다.
(2) 차트 : 종류(묶은 세로 막대형), 글꼴(돋움, 16pt), 외곽선

세부조건

※ 차트설명
- 차트 제목 : 궁서, 24pt, 굵게, 채우기(흰색), 테두리, 그림자(오프셋 오른쪽)
- 차트 영역 : 채우기(노랑) 그림 영역 : 채우기(흰색)
- 데이터 서식 : 농업용수 계열을 표식(◆)이 있는 꺾은선형으로 변경 후 보조축으로 지정
- 값 표시 : 1994의 농업용수 계열만

① 도형 삽입
  - 스타일 : 미세 효과 – 파랑, 강조 1
  - 글꼴 : 굴림, 18pt

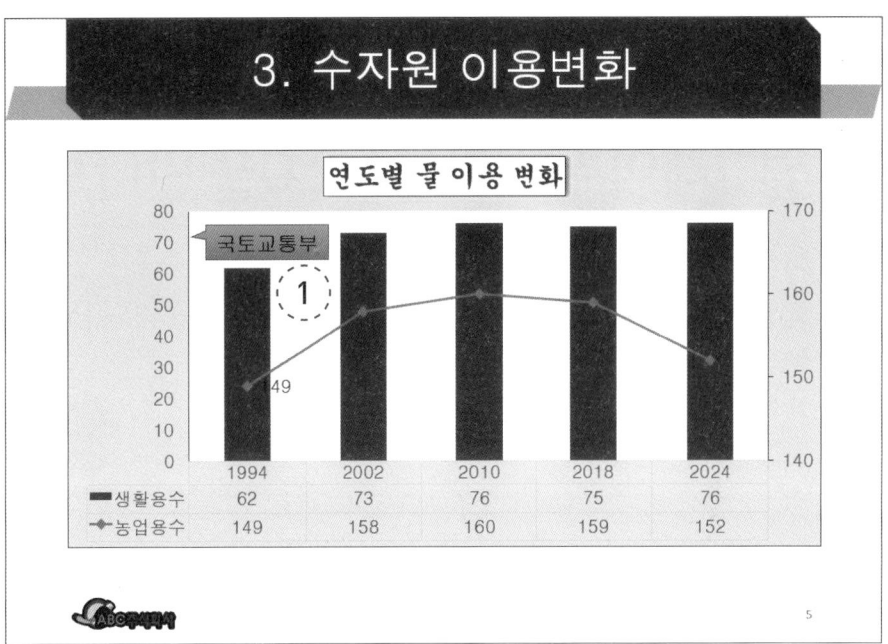

[슬라이드 6] ≪도형 슬라이드≫ 100점

(1) 슬라이드와 같이 도형 및 스마트아트를 배치한다(글꼴 : 돋움, 18pt).
(2) 애니메이션 순서 : ① ⇒ ②

세부조건

① 도형 편집
  - 스마트아트 디자인 : 3차원 경사, 3차원 만화
  - 그룹화 후 애니메이션 효과 : 닦아내기(위에서)

② 도형 및 스마트아트 편집
  - 그룹화 후 애니메이션 효과 : 회전

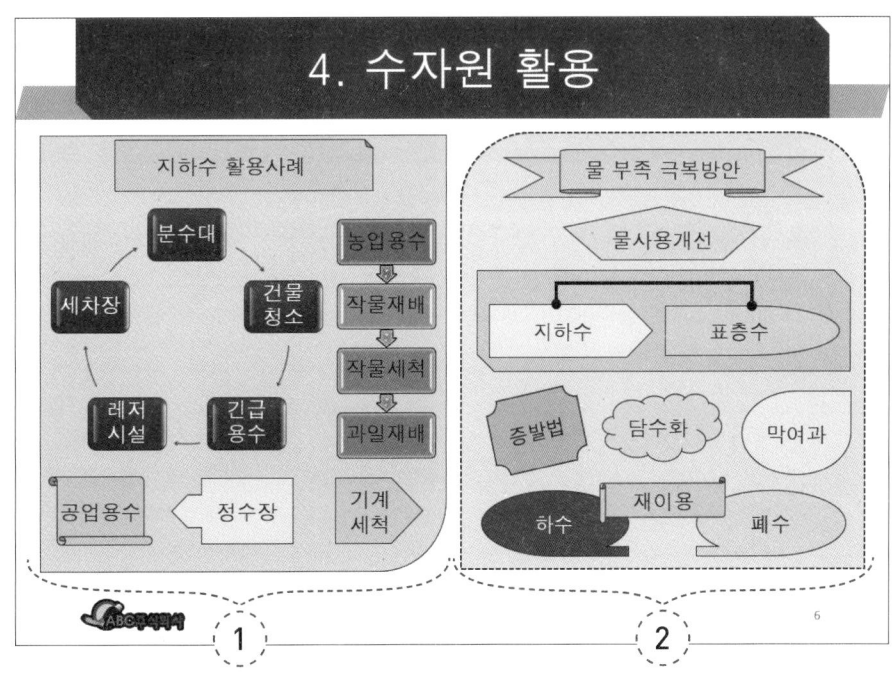

K마블 소개

아카데미소프트와 코딩아지트의 컴교실 **타자 프로그램**

 **V2.0 업그레이드**

[K마블이란?]

[K마블인트로]

업그레이 된 K마블 V2.0을 만나보세요!

▶ 키우스봇과 함께하는 **무료 타자프로그램**!
▶ 영문 버전 오픈-**영어 키보드** 자리연습, **원어민 음성**을 들으며 타자 연습을 하는 **영어 단어연습**
▶ 온라인 대전 **2 VS 2** 모드 출시
▶ 나만의 커스텀 캐릭터 기능 오픈

100% 무료 타자프로그램

K마블 V 2.0으로 한글·영문 타자연습 모두 가능해요!!

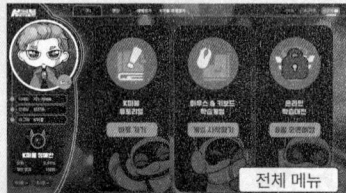
전체 메뉴

K마블 튜토리얼

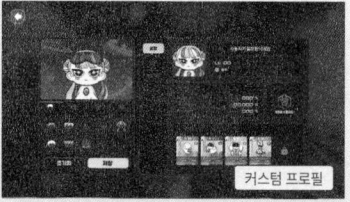
커스텀 프로필

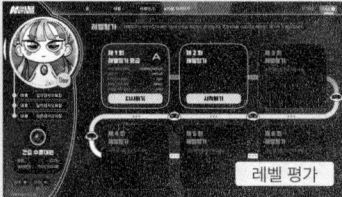
레벨 평가

영어 단어연습

온라인 대전

▶ 커스텀 프로필
자신의 캐릭터를 꾸밀 수 있는 기능이 추가되었습니다. 캐릭터의 머리, 얼굴, 옷, 장신구를 변경하여 자신만의 개성있는 캐릭터를 만들어 봅니다.

▶ 레벨평가 시인성
레벨평가 화면이 이전 화면 보다 보기 좋게 변경되었습니다. 배운 내용을 복습하여 높은 점수에 도전해 봅니다.

▶ 영어 단어연습
영어 동사 단어연습은 원어민의 영어 발음을 들으며 영어동사 단어연습을 할 수 있는 타자입니다.

▶ 온라인 대전 게임 - 영토 사수 작전
친구들과 1 VS 1 또는 2 VS 2 온라인 대전 게임으로 오타 없이 빨리 타자를 입력하여 영토를 지배하는 게임입니다. 비슷한 타수의 친구와 대결하면 재미있는 승부를 볼 수 있습니다.

컴퓨터 타자 활용 능력 자격 평가 안내

컴퓨터 자격증의 시작!
컴퓨터 타자 활용 능력

| 시행처 : 국제자격진흥원

[민간자격등록]
K마블 한글타자(2024-001827)
K마블 영문타자(2024-002318)

▶ 자격증 개요
'컴퓨터 타자 활용 능력' 자격 평가 시험은 컴퓨터 입문자를 위한 기초 자격시험으로 ITQ 및 DIAT 등 컴퓨터 자격시험 이전에 간단한 타자 능력을 평가하는 기초 자격 평가 시험입니다.

▶ 시험 과목 및 출제 기준
컴퓨터 기초 상식 + 마우스 + 키보드(타자)로 구성

시험과목	시간	문항수	배점	등급
컴퓨터 기초 상식	5	10	100	A등급 → 900점 이상
마우스 사용 능력	10	4	100	B등급 → 800점 이상
키보드(타자) 사용 능력	15	4	800	C등급 → 700점 이상 D등급 → 600점 이상
합계	30	18	1,000	비기너 → 599점 이하

▶ 자격증 특징
✓ 누구나 쉽게 온라인으로 진행
- 교육기관에서는 단체 시험을 누구나 쉽게 온라인으로 원서접수 및 자격시험을 볼 수 있습니다.
- 교육기관은 교육 현장에서 교육 후 바로 시험을 볼 수 있습니다.
- 개인 응시자도 방문 접수 및 집체 시험 없이 온라인으로 원서접수 및 자격시험을 볼 수 있습니다.

✓ 타자 능력을 평가하는 컴퓨터 기초 시험입니다.
- OA 과정 또는 ITQ 및 DIAT 등 컴퓨터 전문 자격증을 취득하기 이전에 필요한 기초 타자 자격 시험입니다.
- 컴퓨터를 처음 접하는 입문자들에게 컴퓨터 기초 지식과 타자 및 마우스 사용 능력을 평가하는 시험입니다.

✓ 학습과 시험이 간단 명료합니다.
- K마블과 교재로 학습하고 해당 내용에서 출제하는 간단한 시험입니다.

✓ 모든 시험이 CBT 방식으로 컴퓨터에서 모두 시행됩니다.
- 시험의 모든 과목이 컴퓨터에서 진행됩니다.

채점프로그램 MAG 소개

자격증 채점프로그램의 새로운 변화!!
MAG 채점 프로그램

❶ 개인용 채점프로그램_MAG PER 2.0

▶ 개인을 위한 **채점프로그램**으로 각 자격증별 **시험 결과** 즉시 확인

▶ **빠른 채점**과 **보기 편한 디자인!**

▶ **인공지능**으로 채점 **오류 최소화!**

▲ 과목 선택

▲ 채점 결과

❷ 교육기관용 채점프로그램_MAG NET

▶ 선생님을 위한 또 다른 서비스를 제공합니다.

▶ 선생님을 위한 **온라인 채점프로그램**으로 접속한 수검자의 **시험 결과**를 실시간 확인

▶ 시험종료 후 **성적통계**로 문제별 부족한 부분과 단점을 완벽히 보완

▶ **인공지능**으로 채점율 UP

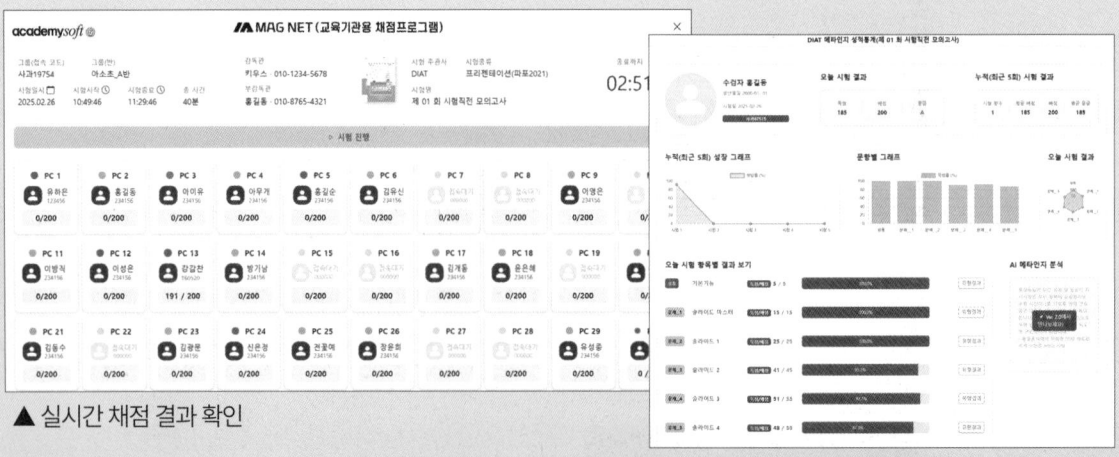

▲ 실시간 채점 결과 확인   ▲ 개인별 메타인지 성적 통계

 2026년 신간 교재부터는 웹(온라인) 버전으로 오픈됩니다.

정보기술자격(ITQ) 시험

MS오피스

과목	코 드	문제유형	시험시간	수험번호	성 명
한글파워포인트	1142	A	60분		

수험자 유의사항

- 수험자는 문제지를 받는 즉시 문제지와 **수험표상의 시험과목(프로그램)이 동일한지 반드시 확인**하여야 합니다.
- 파일명은 본인의 "수험번호-성명"으로 입력하여 답안폴더(내 PC₩문서₩ITQ)에 하나의 파일로 저장해야 하며, 답안 파일을 전송하지 않아 미제출로 처리될 경우 실격 처리합니다(예:12345678-홍길동.pptx).
- 답안 작성을 마치면 파일을 저장하고, '답안 전송' 버튼을 선택하여 감독위원 PC로 답안을 전송하십시오. 수험생 정보와 저장한 파일명이 다를 경우 전송되지 않으므로 주의하시기 바랍니다.
- 답안 작성 중에도 **주기적으로 저장하고, '답안 전송'**하여야 문제 발생을 줄일 수 있습니다. 작업한 내용을 저장하지 않고 전송할 경우 이전에 저장된 내용이 전송되오니 이점 유의하시기 바랍니다.
- 답안문서는 지정된 경로 외의 다른 보조기억장치에 저장하는 경우, 지정된 시험 시간 외에 작성된 파일을 활용할 경우, 기타 통신수단(이메일, 메신저, 네트워크 등)을 이용하여 타인에게 전달 또는 외부 반출하는 경우는 부정 처리합니다.
- 시험 중 부주의 또는 고의로 시스템을 파손한 경우는 수험자가 변상해야 하며, <수험자 유의사항>에 기재된 방법대로 이행하지 않아 생기는 불이익은 수험생 당사자의 책임임을 알려 드립니다.
- 문제의 조건은 MS오피스 2021 버전으로 설정되어 있습니다.
  이와 관련하여 작성한 답안의 출력형태가 문제지와 다를 수 있습니다.
- 시험을 완료한 수험자는 답안파일이 전송되었는지 확인한 후 감독위원의 지시에 따라 문제지를 제출하고 퇴실합니다.

답안 작성요령

- 온라인 답안 작성 절차

  수험자 등록 ⇒ 시험 시작 ⇒ 답안파일 저장 ⇒ 답안 전송 ⇒ 시험 종료

- 슬라이드의 크기는 A4 Paper로 설정하여 작성합니다.
- 슬라이드의 총 개수는 6개로 구성되어 있으며 슬라이드 1부터 순서대로 작업하고 반드시 문제와 세부조건대로 합니다.
- 별도의 지시사항이 없는 경우 출력형태를 참조하여 글꼴색은 검정 또는 흰색으로 작성하고, 기타사항은 전체적인 균형을 고려하여 작성합니다.
- 슬라이드 도형 및 개체에 출력형태와 다른 스타일(그림자, 외곽선 등)을 적용했을 경우 감점처리 됩니다.
- 슬라이드 번호를 작성합니다(슬라이드 1에는 생략).
- 2~6번 슬라이드 제목 도형과 하단 로고는 슬라이드 마스터를 이용하여 출력형태와 동일하게 작성합니다
  (슬라이드 1에는 생략).
- 문제와 세부조건, 세부조건 번호 ◌(점선원)는 입력하지 않습니다.
- 각 개체의 위치는 오른쪽의 슬라이드와 동일하게 구성합니다.
- 그림 삽입 문제의 경우 반드시 「내 PC₩문서₩ITQ₩Picture」 폴더에서 정확한 파일을 선택하여 삽입하십시오.
- 각 슬라이드를 각각의 파일로 작업해서 저장할 경우 실격 처리됩니다.

A01 / A04

[슬라이드 5] 《차트 슬라이드》 ——————————————— (100점)

(1) 차트 작성 기능을 이용하여 슬라이드를 작성한다.
(2) 차트 : 종류(묶은 세로 막대형), 글꼴(굴림, 16pt), 외곽선

세부조건

※ 차트설명
- 차트 제목 : 돋움, 24pt, 굵게, 채우기(흰색), 테두리, 그림자(오프셋 오른쪽)
- 차트 영역 : 채우기(노랑) 그림 영역 : 채우기(흰색)
- 데이터 서식 : 부정적 계열을 표식(◆)이 있는 꺾은선형으로 변경 후 보조축으로 지정
- 값 표시 : 중국의 긍정적 계열만

① 도형 삽입
  - 스타일 :
    미세 효과 - 파랑, 강조1
  - 글꼴 : 굴림, 18pt

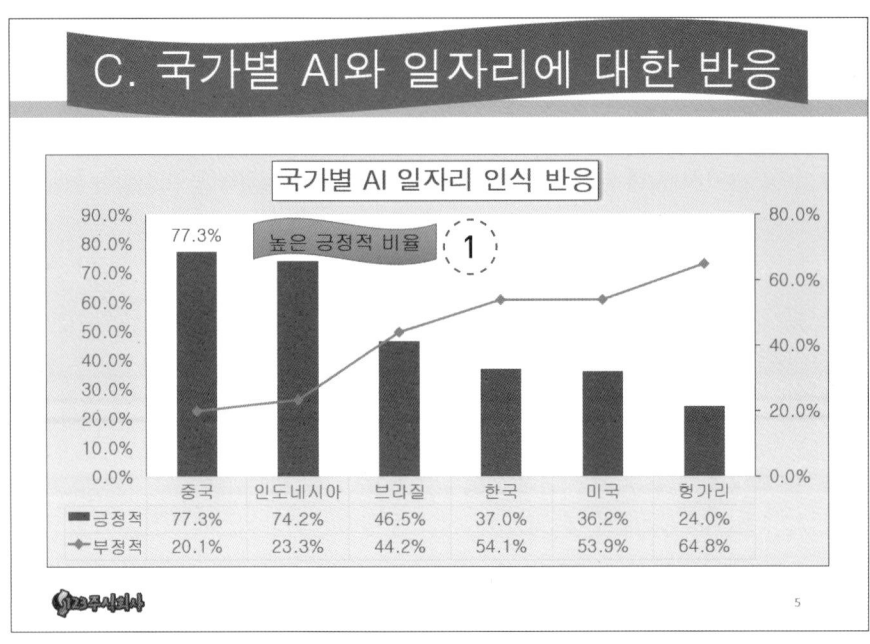

[슬라이드 6] 《도형 슬라이드》 ——————————————— (100점)

(1) 슬라이드와 같이 도형 및 스마트아트를 배치한다(글꼴 : 굴림, 18pt).
(2) 애니메이션 순서 : ① ⇒ ②

세부조건

① 도형 및 스마트아트 편집
  - 스마트아트 디자인
    : 3차원 벽돌,
    3차원 경사
  - 그룹화 후 애니메이션 효과
    : 바운드

② 도형 편집
  - 그룹화 후 애니메이션 효과
    : 실선 무늬(세로)

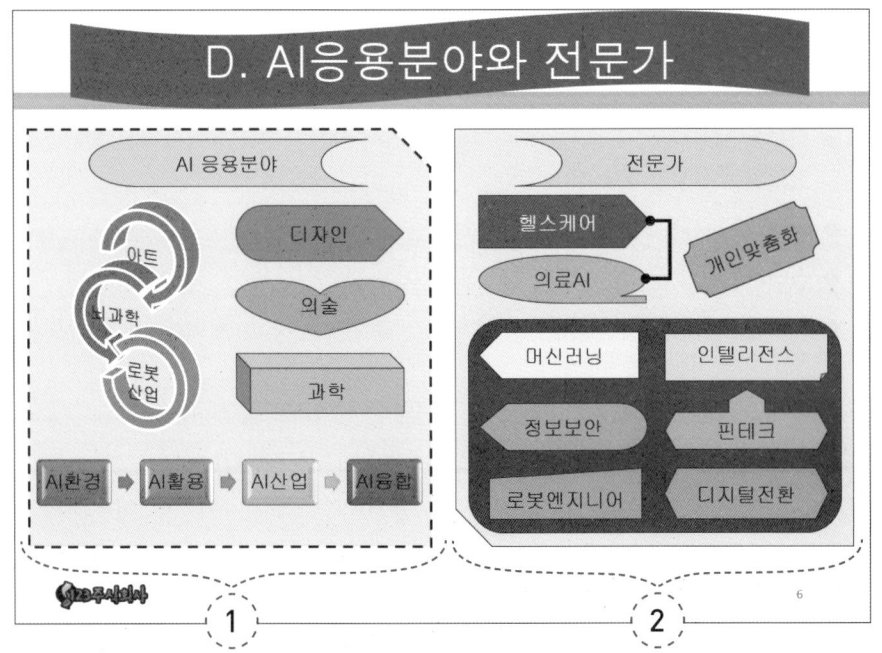

[슬라이드 3] 《텍스트/동영상 슬라이드》 ──────── (60점)

(1) 텍스트 작성 : 글머리 기호 사용(❖, ✓)
❖문단(돋움, 24pt, 굵게, 줄간격 : 1.5줄), ✓문단(돋움, 20pt, 줄간격 : 1.5줄)

세부조건

① 동영상 삽입 :
  - 「내 PC₩문서₩ITQ₩Picture₩동영상.wmv」
  - 자동실행, 반복재생 설정

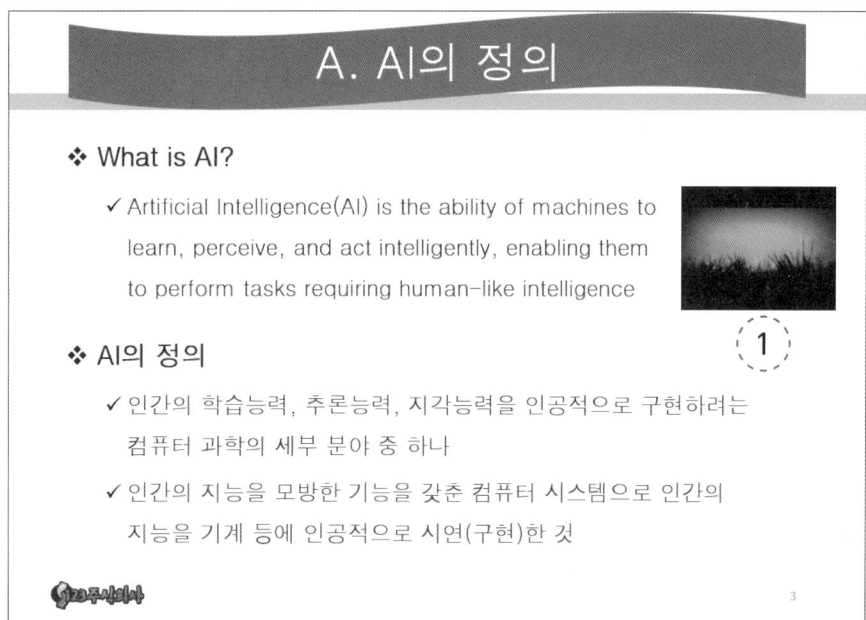

[슬라이드 4] 《표 슬라이드》 ──────── (80점)

(1) 도형과 표 작성 기능을 이용하여 슬라이드를 작성한다(글꼴 : 굴림, 18pt).

세부조건

① 상단 도형 :
  2개 도형의 조합으로 작성

② 좌측 도형 :
  그라데이션 효과(선형 아래쪽)

③ 표 스타일 :
  테마 스타일 1 - 강조 6

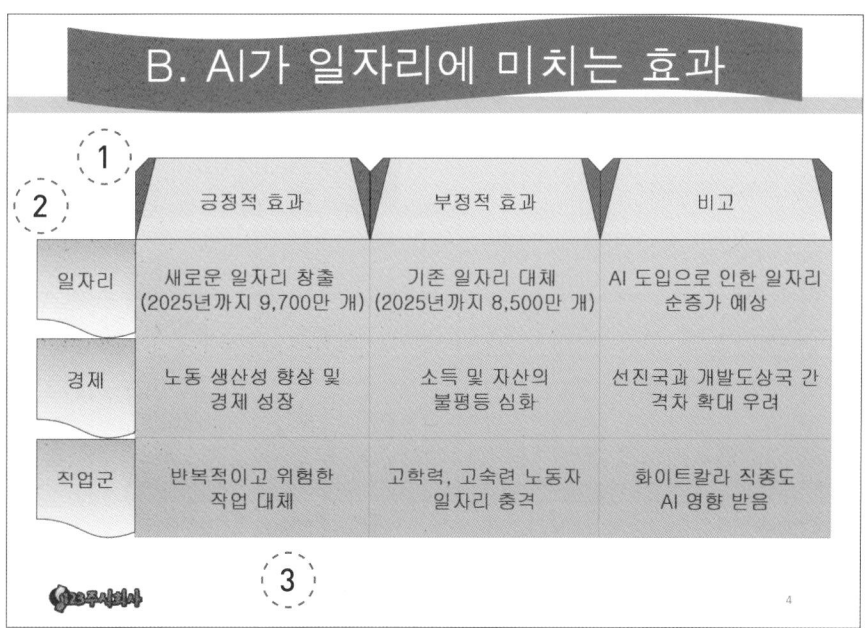

[전체구성] ――――――――――――――――――――― (60점)

(1) 슬라이드 크기 및 순서 : 크기를 A4 용지로 설정하고 슬라이드 순서에 맞게 작성한다.
(2) 슬라이드 마스터 : 2~6슬라이드의 제목, 하단 로고, 슬라이드 번호는 슬라이드 마스터를 이용하여 작성한다.
  - 제목 글꼴(돋움, 40pt, 흰색), 가운데 맞춤, 도형(선 없음)
  - 하단 로고(「내 PC₩문서₩ITQ₩Picture₩로고2.jpg」, 배경(회색) 투명한 색으로 설정)

[슬라이드 1] 《표지 디자인》 ――――――――――――― (40점)

(1) 표지 디자인 : 도형, 워드아트 및 그림을 이용하여 작성한다.

세부조건
① 도형 편집
  - 도형에 그림 채우기 :
    「내 PC₩문서₩ITQ₩Picture₩그림1.jpg」, 투명도 50%
  - 도형 효과 :
    부드러운 가장자리 5포인트
② 워드아트 삽입
  - 변환 : 갈매기형 수장, 위로
  - 글꼴 : 궁서, 굵게
  - 텍스트 반사 :
    근접 반사, 4pt 오프셋
③ 그림 삽입
  - 「내 PC₩문서₩ITQ₩Picture₩로고2.jpg」
  - 배경(회색) 투명색으로 설정

[슬라이드 2] 《목차 슬라이드》 ――――――――――――― (60점)

(1) 출력형태와 같이 도형을 이용하여 목차를 작성한다(글꼴 : 돋움, 24pt).
(2) 도형 : 선 없음

세부조건
① 텍스트에 링크 적용
  → '슬라이드 5'
② 그림 삽입
  - 「내 PC₩문서₩ITQ₩Picture₩그림4.jpg」
  - 자르기 기능 이용

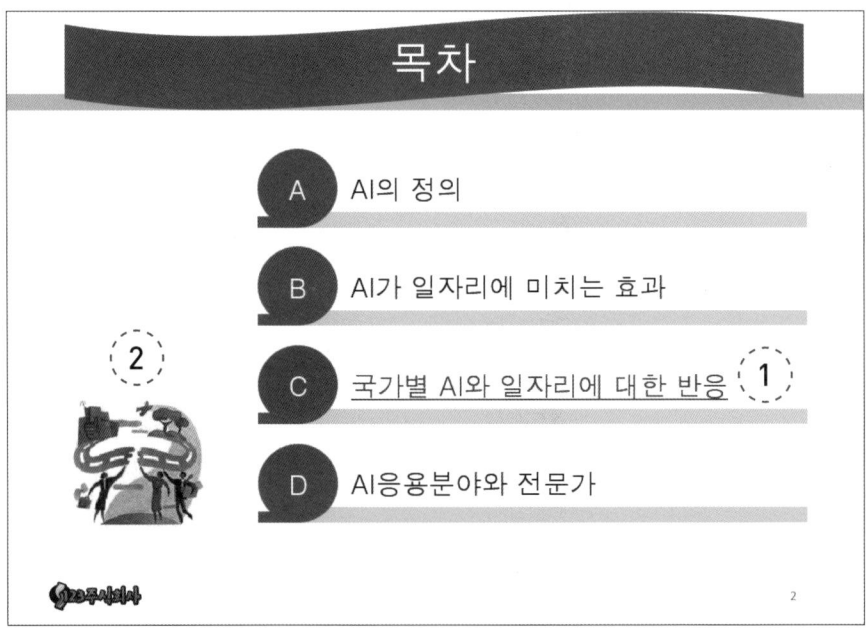

[전체구성] ──────────────────── (60점)

(1) 슬라이드 크기 및 순서 : 크기를 A4 용지로 설정하고 슬라이드 순서에 맞게 작성한다.
(2) 슬라이드 마스터 : 2~6슬라이드의 제목, 하단 로고, 슬라이드 번호는 슬라이드 마스터를 이용하여 작성한다.
  - 제목 글꼴(돋움, 40pt, 흰색), 가운데 맞춤, 도형(선 없음)
  - 하단 로고(「내 PC\문서\ITQ\Picture\로고2.jpg」, 배경(회색) 투명한 색으로 설정)

[슬라이드 1] 《표지 디자인》 ──────────── (40점)

(1) 표지 디자인 : 도형, 워드아트 및 그림을 이용하여 작성한다.

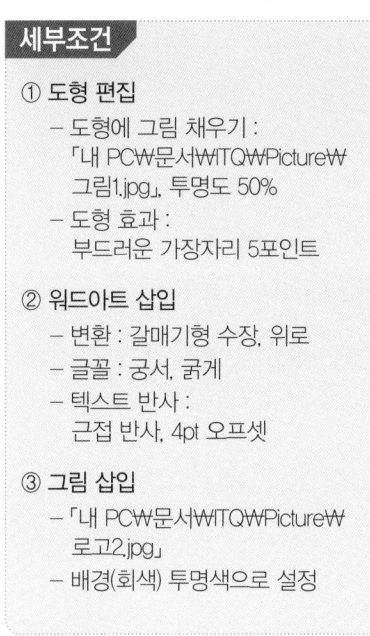

세부조건
① 도형 편집
  - 도형에 그림 채우기 :
    「내 PC\문서\ITQ\Picture\
    그림1.jpg」, 투명도 50%
  - 도형 효과 :
    부드러운 가장자리 5포인트
② 워드아트 삽입
  - 변환 : 갈매기형 수장, 위로
  - 글꼴 : 궁서, 굵게
  - 텍스트 반사 :
    근접 반사, 4pt 오프셋
③ 그림 삽입
  - 「내 PC\문서\ITQ\Picture\
    로고2.jpg」
  - 배경(회색) 투명색으로 설정

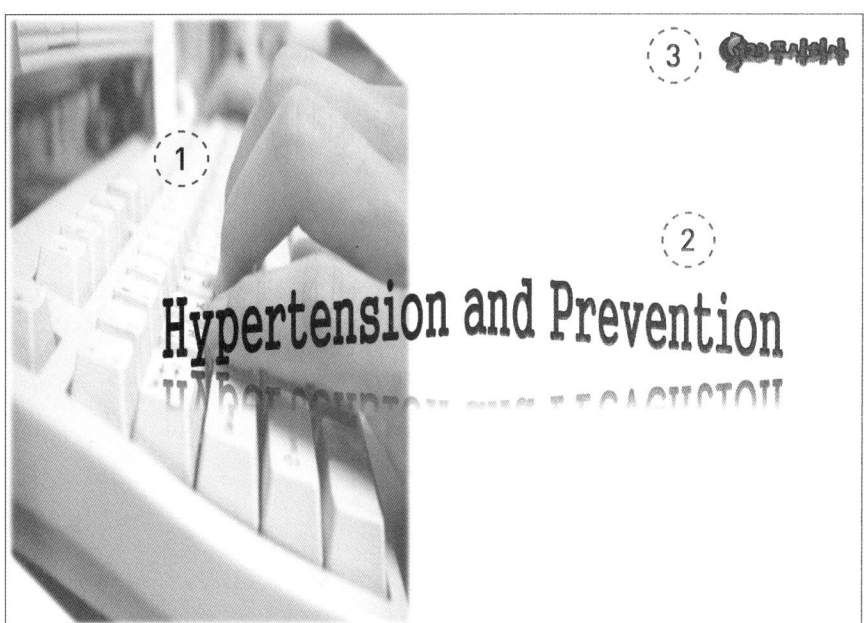

[슬라이드 2] 《목차 슬라이드》 ──────────── (60점)

(1) 출력형태와 같이 도형을 이용하여 목차를 작성한다(글꼴 : 돋움, 24pt).
(2) 도형 : 선 없음

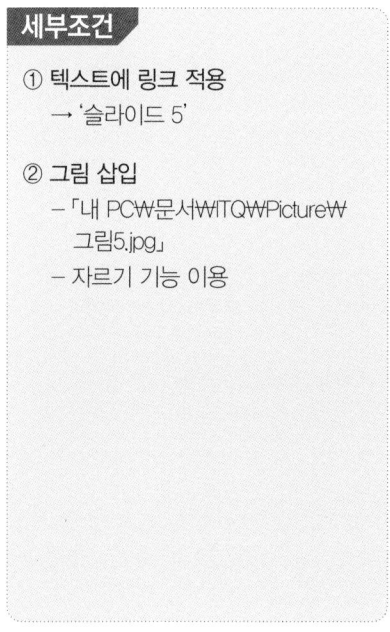

세부조건
① 텍스트에 링크 적용
  → '슬라이드 5'
② 그림 삽입
  - 「내 PC\문서\ITQ\Picture\
    그림5.jpg」
  - 자르기 기능 이용

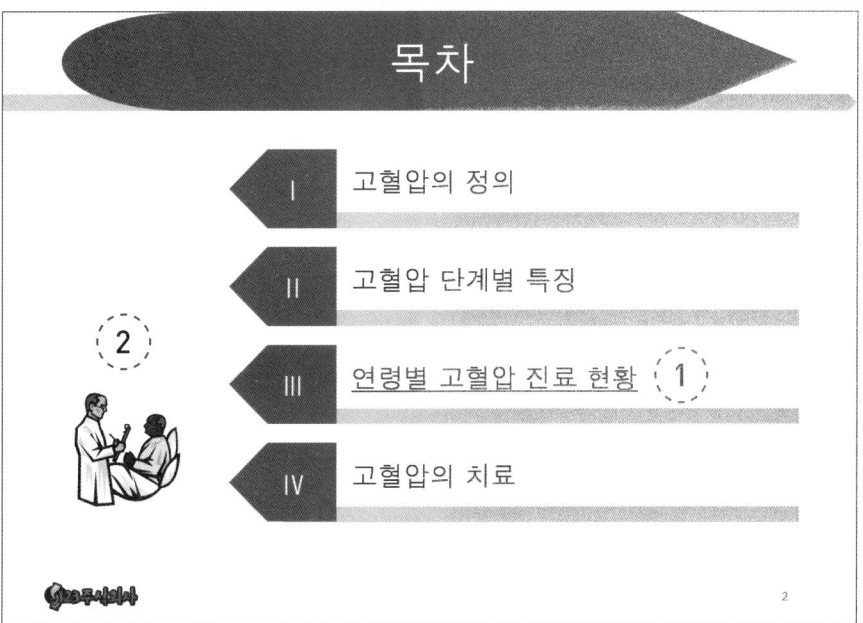

[슬라이드 3] 《텍스트/동영상 슬라이드》 ——————————— (60점)

(1) 텍스트 작성 : 글머리 기호 사용(❖, ✓)
   ❖문단(돋움, 24pt, 굵게, 줄간격 : 1.5줄), ✓문단(돋움, 20pt, 줄간격 : 1.5줄)

세부조건

① 동영상 삽입 :
  - 「내 PC₩문서₩ITQ₩Picture₩동영상.wmv」
  - 자동실행, 반복재생 설정

Ⅰ. 고혈압의 정의

❖ Definition of Hypertension
  ✓ Hypertension is diagnosed when systolic blood pressure is 140 mmHg or higher, or diastolic blood pressure is 90 mmHg or higher

❖ 고혈압의 정의
  ✓ 여러 차례 측정한 혈압의 평균값이 수축기 혈압이 140mmHg 이상이거나, 이완기 혈압이 90mmHg 이상인 경우
  ✓ 초기에는 특별한 증상이 없는 경우가 많지만 방치할 경우 뇌졸중, 심근경색, 신부전 등 심각한 합병증을 유발

[슬라이드 4] 《표 슬라이드》 ——————————— (80점)

(1) 도형과 표 작성 기능을 이용하여 슬라이드를 작성한다(글꼴 : 굴림, 18pt).

세부조건

① 상단 도형 :
  2개 도형의 조합으로 작성

② 좌측 도형 :
  그라데이션 효과(선형 아래쪽)

③ 표 스타일 :
  테마 스타일 1 - 강조 6

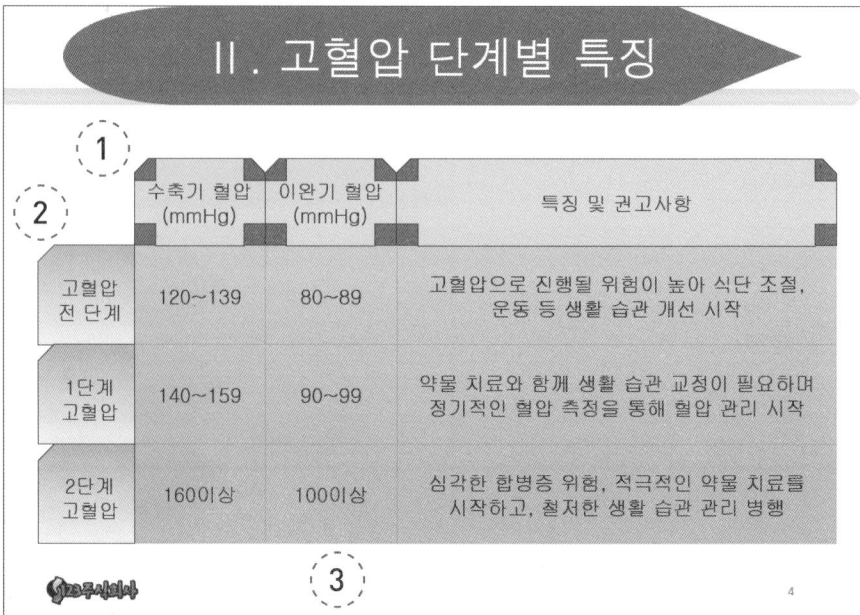

[슬라이드 5] 《차트 슬라이드》 ————————————————— (100점)

(1) 차트 작성 기능을 이용하여 슬라이드를 작성한다.
(2) 차트 : 종류(묶은 세로 막대형), 글꼴(굴림, 16pt), 외곽선

세부조건

※ **차트설명**
- 차트 제목 : 돋움, 24pt, 굵게,
  채우기(흰색), 테두리,
  그림자(오프셋 오른쪽)
- 차트 영역 : 채우기(노랑)
  그림 영역 : 채우기(흰색)
- 데이터 서식 : 50대 계열을 표식(◆)
  이 있는 꺾은선형으로 변경 후 보조
  축으로 지정
- 값 표시 : 2023년의 40대 계열만

① 도형 삽입
  - 스타일 :
    미세 효과 – 파랑, 강조1
  - 글꼴 : 굴림, 18pt

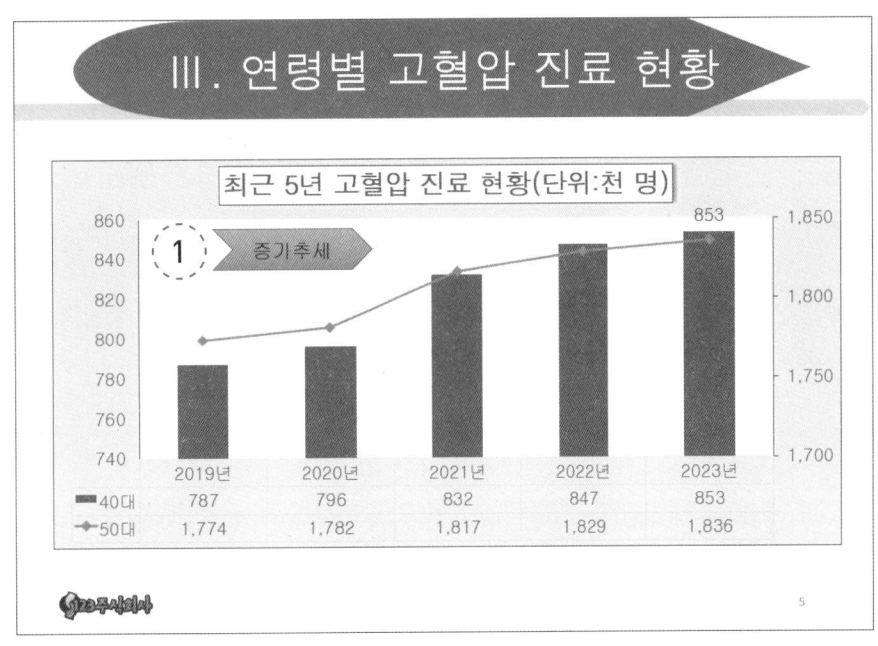

[슬라이드 6] 《도형 슬라이드》 ————————————————— (100점)

(1) 슬라이드와 같이 도형 및 스마트아트를 배치한다(글꼴 : 굴림, 18pt).
(2) 애니메이션 순서 : ① ⇒ ②

세부조건

① **도형 및 스마트아트 편집**
  - 스마트아트 디자인
    : 3차원 만화,
    3차원 경사
  - 그룹화 후 애니메이션 효과
    : 바운드

② **도형 편집**
  - 그룹화 후 애니메이션 효과
    : 닦아내기(위에서)

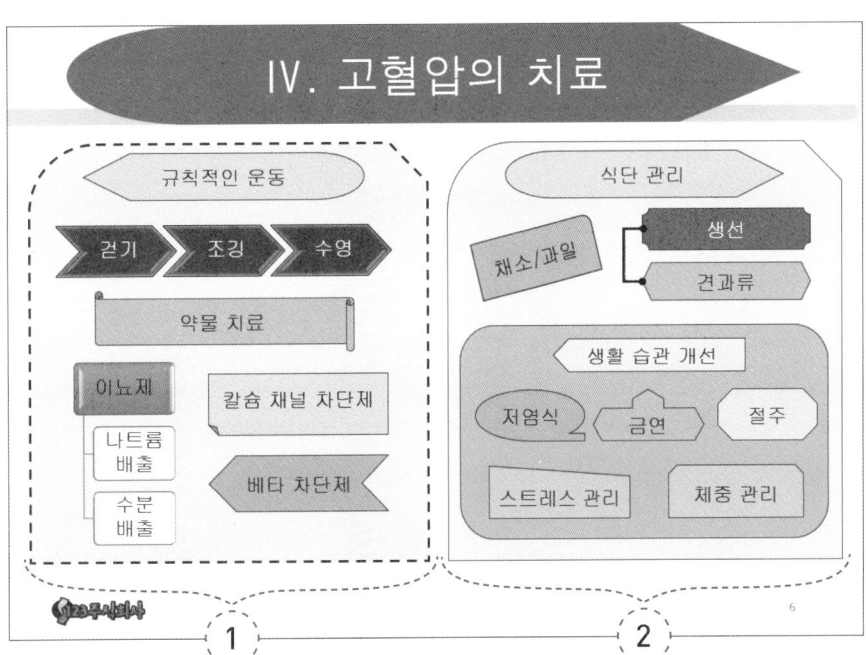

정보기술자격(ITQ) 시험

MS오피스

과 목	코 드	문제유형	시험시간	수험번호	성 명
한글파워포인트	1142	B	60분		

수험자 유의사항

- 수험자는 문제지를 받는 즉시 문제지와 **수험표상의 시험과목(프로그램)이 동일한지 반드시 확인**하여야 합니다.
- 파일명은 본인의 "수험번호-성명"으로 입력하여 답안폴더(내 PC₩문서₩ITQ)에 하나의 파일로 저장해야 하며, 답안 파일을 전송하지 않아 미제출로 처리될 경우 실격 처리합니다(예:12345678-홍길동.pptx).
- 답안 작성을 마치면 파일을 저장하고, '답안 전송' 버튼을 선택하여 감독위원 PC로 답안을 전송하십시오. 수험생 정보와 저장한 파일명이 다를 경우 전송되지 않으므로 주의하시기 바랍니다.
- 답안 작성 중에도 **주기적으로 저장하고, '답안 전송'**하여야 문제 발생을 줄일 수 있습니다. 작업한 내용을 저장하지 않고 전송할 경우 이전에 저장된 내용이 전송되오니 이점 유의하시기 바랍니다.
- 답안문서는 지정된 경로 외의 다른 보조기억장치에 저장하는 경우, 지정된 시험 시간 외에 작성된 파일을 활용할 경우, 기타 통신수단(이메일, 메신저, 네트워크 등)을 이용하여 타인에게 전달 또는 외부 반출하는 경우는 부정 처리합니다.
- 시험 중 부주의 또는 고의로 시스템을 파손한 경우는 수험자가 변상해야 하며, <수험자 유의사항>에 기재된 방법대로 이행하지 않아 생기는 불이익은 수험생 당사자의 책임임을 알려 드립니다.
- 문제의 조건은 MS오피스 2021 버전으로 설정되어 있습니다.
  이와 관련하여 작성한 답안의 출력형태가 문제지와 다를 수 있습니다.
- 시험을 완료한 수험자는 답안파일이 전송되었는지 확인한 후 감독위원의 지시에 따라 문제지를 제출하고 퇴실합니다.

답안 작성요령

- 온라인 답안 작성 절차
  수험자 등록 ⇒ 시험 시작 ⇒ 답안파일 저장 ⇒ 답안 전송 ⇒ 시험 종료
- 슬라이드의 크기는 A4 Paper로 설정하여 작성합니다.
- 슬라이드의 총 개수는 6개로 구성되어 있으며 슬라이드 1부터 순서대로 작업하고 반드시 문제와 세부조건대로 합니다.
- 별도의 지시사항이 없는 경우 출력형태를 참조하여 글꼴색은 검정 또는 흰색으로 작성하고, 기타사항은 전체적인 균형을 고려하여 작성합니다.
- 슬라이드 도형 및 개체에 출력형태와 다른 스타일(그림자, 외곽선 등)을 적용했을 경우 감점처리 됩니다.
- 슬라이드 번호를 작성합니다(슬라이드 1에는 생략).
- 2~6번 슬라이드 제목 도형과 하단 로고는 슬라이드 마스터를 이용하여 출력형태와 동일하게 작성합니다
  (슬라이드 1에는 생략).
- 문제와 세부조건, 세부조건 번호 ○(점선원)는 입력하지 않습니다.
- 각 개체의 위치는 오른쪽의 슬라이드와 동일하게 구성합니다.
- 그림 삽입 문제의 경우 반드시 「내 PC₩문서₩ITQ₩Picture」 폴더에서 정확한 파일을 선택하여 삽입하십시오.
- 각 슬라이드를 각각의 파일로 작업해서 저장할 경우 실격 처리됩니다.

정보기술자격(ITQ) 시험

MS오피스

과목	코드	문제유형	시험시간	수험번호	성명
한글파워포인트	1142	C	60분		

수험자 유의사항

- 수험자는 문제지를 받는 즉시 문제지와 **수험표상의 시험과목(프로그램)이 동일한지 반드시 확인**하여야 합니다.
- 파일명은 본인의 "수험번호-성명"으로 입력하여 답안폴더(내 PC\문서\ITQ)에 하나의 파일로 저장해야 하며, 답안 파일을 전송하지 않아 미제출로 처리될 경우 실격 처리합니다(예:12345678-홍길동.pptx).
- 답안 작성을 마치면 파일을 저장하고, '답안 전송' 버튼을 선택하여 감독위원 PC로 답안을 전송하십시오. 수험생 정보와 저장한 파일명이 다를 경우 전송되지 않으므로 주의하시기 바랍니다.
- 답안 작성 중에도 **주기적으로 저장하고, '답안 전송'**하여야 문제 발생을 줄일 수 있습니다. 작업한 내용을 저장하지 않고 전송할 경우 이전에 저장된 내용이 전송되오니 이점 유의하시기 바랍니다.
- 답안문서는 지정된 경로 외의 다른 보조기억장치에 저장하는 경우, 지정된 시험 시간 외에 작성된 파일을 활용할 경우, 기타 통신수단(이메일, 메신저, 네트워크 등)을 이용하여 타인에게 전달 또는 외부 반출하는 경우는 부정 처리합니다.
- 시험 중 부주의 또는 고의로 시스템을 파손한 경우는 수험자가 변상해야 하며, <수험자 유의사항>에 기재된 방법대로 이행하지 않아 생기는 불이익은 수험생 당사자의 책임임을 알려 드립니다.
- 문제의 조건은 MS오피스 2021 버전으로 설정되어 있습니다.
  이와 관련하여 작성한 답안의 출력형태가 문제지와 다를 수 있습니다.
- 시험을 완료한 수험자는 답안파일이 전송되었는지 확인한 후 감독위원의 지시에 따라 문제지를 제출하고 퇴실합니다.

답안 작성요령

- 온라인 답안 작성 절차

  수험자 등록 ⇒ 시험 시작 ⇒ 답안파일 저장 ⇒ 답안 전송 ⇒ 시험 종료

- 슬라이드의 크기는 A4 Paper로 설정하여 작성합니다.
- 슬라이드의 총 개수는 6개로 구성되어 있으며 슬라이드 1부터 순서대로 작업하고 반드시 문제와 세부조건대로 합니다.
- 별도의 지시사항이 없는 경우 출력형태를 참조하여 글꼴색은 검정 또는 흰색으로 작성하고, 기타사항은 전체적인 균형을 고려하여 작성합니다.
- 슬라이드 도형 및 개체에 출력형태와 다른 스타일(그림자, 외곽선 등)을 적용했을 경우 감점처리 됩니다.
- 슬라이드 번호를 작성합니다(슬라이드 1에는 생략).
- 2~6번 슬라이드 제목 도형과 하단 로고는 슬라이드 마스터를 이용하여 출력형태와 동일하게 작성합니다
  (슬라이드 1에는 생략).
- 문제와 세부조건, 세부조건 번호 ◌(점선원)는 입력하지 않습니다.
- 각 개체의 위치는 오른쪽의 슬라이드와 동일하게 구성합니다.
- 그림 삽입 문제의 경우 반드시 「내 PC\문서\ITQ\Picture」 폴더에서 정확한 파일을 선택하여 삽입하십시오.
- 각 슬라이드를 각각의 파일로 작업해서 저장할 경우 실격 처리됩니다.

[슬라이드 5] 《차트 슬라이드》 ─────────── (100점)

(1) 차트 작성 기능을 이용하여 슬라이드를 작성한다.
(2) 차트 : 종류(묶은 세로 막대형), 글꼴(돋움, 16pt), 외곽선

세부조건

※ 차트설명
- 차트 제목 : 궁서, 24pt, 굵게, 채우기(흰색), 테두리, 그림자(오프셋 아래쪽)
- 차트 영역 : 채우기(노랑) 그림 영역 : 채우기(흰색)
- 데이터 서식 : 2023년 계열을 표식(◆)이 있는 꺾은선형으로 변경 후 보조축으로 지정
- 값 표시 : 커피의 2022년 계열만

① 도형 삽입
  - 스타일 : 미세 효과 – 파랑, 강조1
  - 글꼴 : 돋움, 18pt

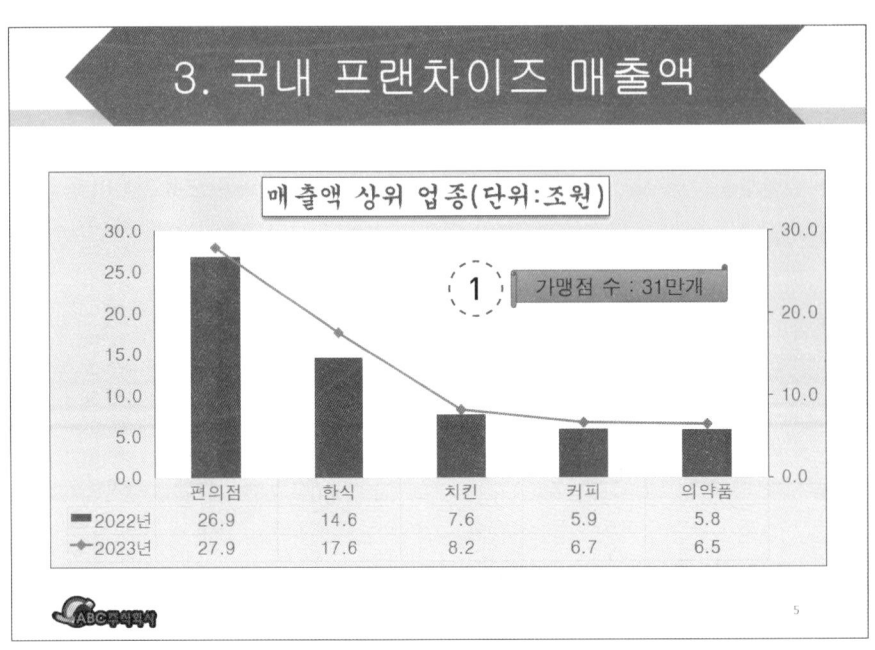

[슬라이드 6] 《도형 슬라이드》 ─────────── (100점)

(1) 슬라이드와 같이 도형 및 스마트아트를 배치한다(글꼴 : 돋움, 18pt).
(2) 애니메이션 순서 : ① ➡ ②

세부조건

① 도형 및 스마트아트 편집
  - 스마트아트 디자인 : 3차원 만화, 3차원 경사
  - 그룹화 후 애니메이션 효과 : 회전

② 도형 편집
  - 그룹화 후 애니메이션 효과 : 날아오기(위에서)

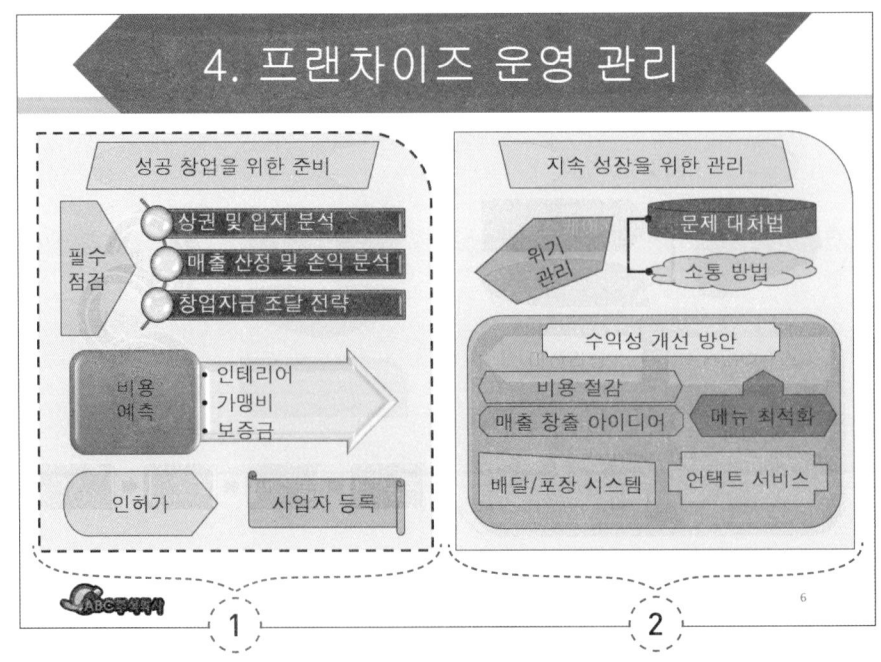

[슬라이드 3] 《텍스트/동영상 슬라이드》 ──────────── (60점)

(1) 텍스트 작성 : 글머리 기호 사용(➤, ✓)
  ➤문단(굴림, 24pt, 굵게, 줄간격 : 1.5줄), ✓문단(굴림, 20pt, 줄간격 : 1.5줄)

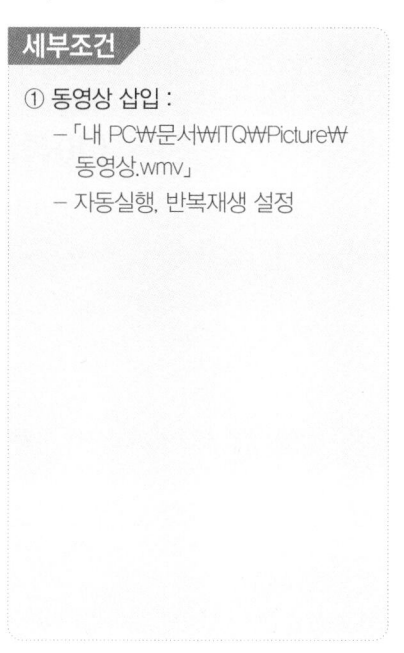

세부조건
① 동영상 삽입 :
  - 「내 PC₩문서₩ITQ₩Picture₩동영상.wmv」
  - 자동실행, 반복재생 설정

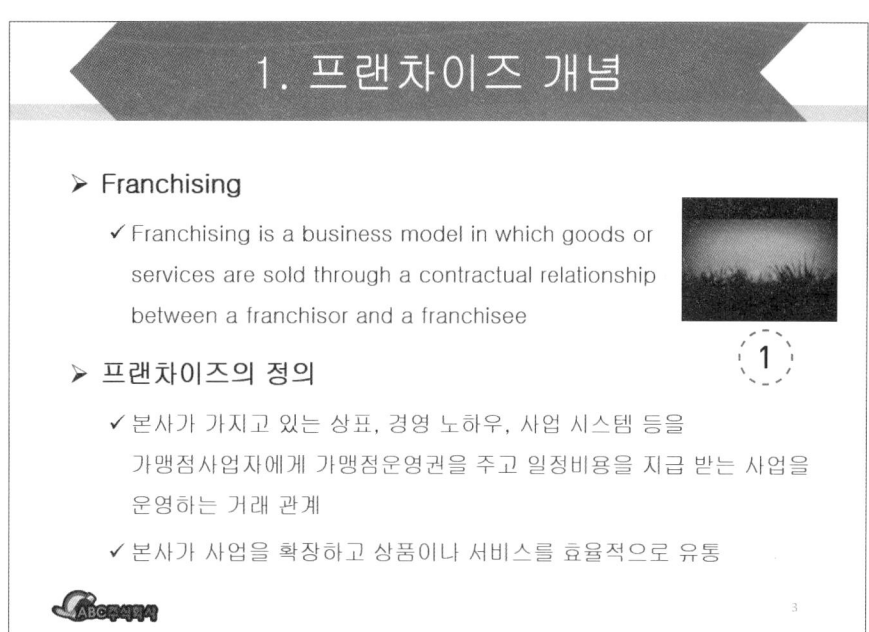

[슬라이드 4] 《표 슬라이드》 ──────────── (80점)

(1) 도형과 표 작성 기능을 이용하여 슬라이드를 작성한다(글꼴 : 돋움, 18pt).

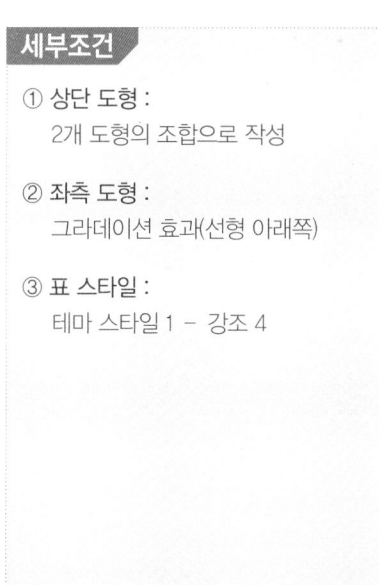

세부조건
① 상단 도형 :
  2개 도형의 조합으로 작성

② 좌측 도형 :
  그라데이션 효과(선형 아래쪽)

③ 표 스타일 :
  테마 스타일 1 - 강조 4

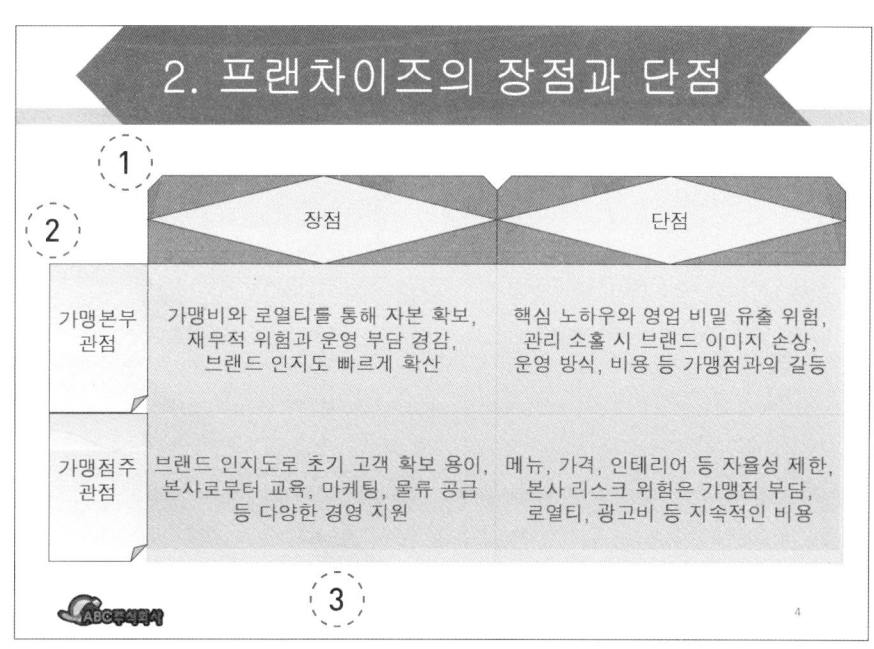

[전체구성] ──────────────────────── (60점)

(1) 슬라이드 크기 및 순서 : 크기를 A4 용지로 설정하고 슬라이드 순서에 맞게 작성한다.
(2) 슬라이드 마스터 : 2~6슬라이드의 제목, 하단 로고, 슬라이드 번호는 슬라이드 마스터를 이용하여 작성한다.
 - 제목 글꼴(굴림, 40pt, 흰색), 가운데 맞춤, 도형(선 없음)
 - 하단 로고(「내 PC\문서\ITQ\Picture\로고1.jpg」, 배경(회색) 투명한 색으로 설정)

[슬라이드 1] 《표지 디자인》 ──────────── (40점)

(1) 표지 디자인 : 도형, 워드아트 및 그림을 이용하여 작성한다.

세부조건

① 도형 편집
 - 도형에 그림 채우기 :
  「내 PC\문서\ITQ\Picture\
  그림3.jpg」, 투명도 50%
 - 도형 효과 :
  부드러운 가장자리 5포인트

② 워드아트 삽입
 - 변환 : 물결, 아래로
 - 글꼴 : 궁서, 굵게
 - 텍스트 반사 :
  근접 반사, 4pt 오프셋

③ 그림 삽입
 - 「내 PC\문서\ITQ\Picture\
  로고1.jpg」
 - 배경(회색) 투명색으로 설정

[슬라이드 2] 《목차 슬라이드》 ──────────── (60점)

(1) 출력형태와 같이 도형을 이용하여 목차를 작성한다(글꼴 : 굴림, 24pt).
(2) 도형 : 선 없음

세부조건

① 텍스트에 링크 적용
 → '슬라이드 6'

② 그림 삽입
 - 「내 PC\문서\ITQ\Picture\
  그림5.jpg」
 - 자르기 기능 이용

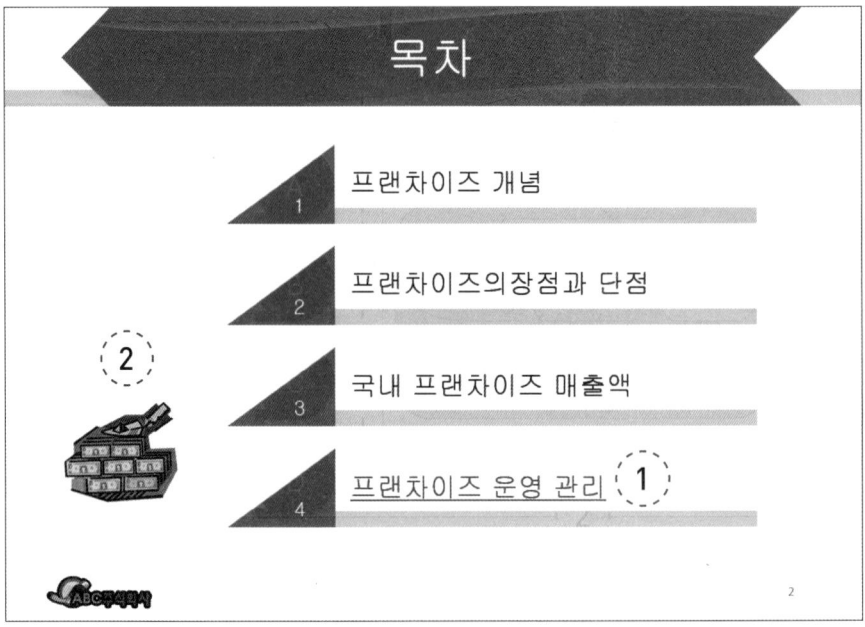